新编精短祝酒词

实用精短
文库

余柏◎主编

哈尔滨出版社
HARBIN PUBLISHING HOUSE

图书在版编目（CIP）数据

新编精短祝酒词 / 余柏主编.—哈尔滨：哈尔滨
出版社，2018.6
　　（实用精短文库）
　　ISBN 978-7-5484-3798-7

　　Ⅰ.①新…　Ⅱ.①余…　Ⅲ.①汉语 – 格言 – 汇编
Ⅳ.①H136.31

中国版本图书馆CIP数据核字（2017）第310526号

书　　　名：**新编精短祝酒词**

作　　　者：余　柏　主编
责任编辑：韩伟锋　翟嫦娥
责任审校：李　战
封面设计：琥珀视觉

出版发行：哈尔滨出版社（Harbin Publishing House）
社　　　址：哈尔滨市松北区世坤路738号9号楼　　邮编：150028
经　　　销：全国新华书店
印　　　刷：哈尔滨市石桥印务有限公司
网　　　址：www.hrbcbs.com　　www.mifengniao.com
E-mail：hrbcbs@yeah.net
编辑版权热线：（0451）87900271　87900272
销售热线：（0451）87900202　87900203
邮购热线：4006900345　　（0451）87900256

开　　　本：787mm×1092mm　　1/16　　印张：28　　字数：430千字
版　　　次：2018年6月第1版
印　　　次：2018年6月第1次印刷
书　　　号：ISBN 978-7-5484-3798-7
定　　　价：68.00元

凡购本社图书发现印装错误，请与本社印制部联系调换。

服务热线：（0451）87900278

前　言

　　"一壶浊酒喜相逢，古今多少事，都付笑谈中。"人生在世，乐事之一就包括小酌畅饮。任他山穷水也尽，任他柳暗花不明，只要有美酒，大事小事便顿时化为乌有，天地万物即刻视作无物。可以说，酒是天地间的尤物，饮酒是人生快意之事。不论高贵低贱，不管文雅粗俗，爱酒者甚众。在某种意义上，一部人类文明史，几乎页页都散发着浓郁醉人的酒香。

　　酒是液体，也是载体。不仅因为它融入了酒精，也因为它承载了感情。少年壮志，曾经对酒当歌；送别挚友，为君把酒向斜阳；思家念远，酒入愁肠，化作相思泪；人海浮沉，忍把浮名，换了浅斟低唱；落寞孤寂，便可见衣上酒痕诗里字；得意洒脱，更是峨冠一抛，把酒祝东风。

　　然世有饮者，而后有佳酿。要成为饮者，并非喝几口便算，也非喝到烂醉才成。所谓饮者，需有所吐露。心之所想所愿，发之为声，言之成辞，酒助辞兴，辞助酒威，两相交融，彼此催化，相得益彰。所谓酒逢知己饮，诗向会人吟。不吟不可以成为诗人，不饮又岂能成为饮者！于是，便有了千古流传的祝酒词。

　　在现代社会，更不要小看祝酒词的作用。一个用心的人，会通过祝酒词的语言，把酒的各种作用发挥到极致，能句句引导听者跟上自己的思路，达到自己的目的。也许你认为这有些夸张，认为饮用的是不是名酒，酒店的名气大小，环境的雅俗，酒具是否典雅别致，菜肴是否丰盛可口，这些因素才是酒宴是否成功的条件。实际上这些条件固然重要，却不是决定因素。决定因素乃是酒桌上祝酒词的好坏。哪怕是一场豪华盛宴，如果酒桌上的语言不当，一样会不欢而散。反之，哪怕是小饭馆里吃着小葱拌豆腐，喝着二锅头，只要有恰到好处的祝酒词，也一样"良言一句三冬暖"，能圆满地达到酒宴的目的，其价值往往超过价格。这正是祝酒词的魔力与魅力所在。

如果您是一个经常有应酬的人，就会注意到，每个人在酒桌上所说的祝酒词都很有自己的风格和个性。有的人像在作诗，有的人像在朗读一篇散文，有的人虽然简短几句话却言简意赅。会应酬的人都有属于自己的祝酒风格，也应该掌握几种祝酒词的技巧，熟悉一些祝酒词的佳句。基于此种考虑，我们从大量祝酒词中精挑细选，辑成本书。这是一本教会人们运用祝酒词实用技巧的书，是广大美酒爱好者沟通心灵的书，是向广大美酒爱好者传播酒文化的书。您可以一口气读完这本书，或是在参加某类聚会前临时抱抱佛脚，读一读书中与您聚会性质相似的那一篇。我们有理由相信，这本书对您的生活大有帮助。

本书从体例上分为三个部分：酒常识介绍了本章主题的定义，让读者了解相关内涵，准确掌握该种祝酒词的应用范围和场合；酒词话是主体部分，为祝酒词的具体范例精选集锦，涵盖了各种人物身份、角色及场景，所选范例短小精悍，适用于各种酒席宴会的现场氛围和要求；酒文化是相关知识的拓展，如礼仪、风俗、历史等，用以拓展读者的视野，辅助读者更好地理解和运用祝酒词。

全书分为商务酒、政务酒、就职酒、职场酒、外务酒、迎宾酒、饯行酒、开业酒、庆功酒、节庆酒、庆典酒、答谢酒、开幕酒、闭幕酒、励志酒、聚会酒、婚嫁酒、生日酒、乔迁酒，共十九章。在每章中又进行了细分，对不同的酒宴类型进行集中编排，方便读者查找、应用与记忆。

本书的特点如下：

第一，范例精短，字数多不过千，例例精彩，便于学习和掌握。

第二，形式创新，对每个范例都提炼出人物、场合、时机、语言风格、精彩词句等关键要素，既方便读者查找、对照、选取，也便于读者通过几个关键词串联起整个讲话，容易记忆，还可以方便读者挑选精彩句式直接引用。

第三，风格多样，所选范例各具风格。逻辑严谨者环环相扣，滴水不漏；激情四射者天马行空，热情奔放；诙谐幽默者充满智慧，引人思考；文采飞扬者行云流水，辞藻华丽。

我们把本书推荐给您，帮助您在最短的时间内最快提升讲话水平。精短致辞是整个社会讲话的新风尚、大趋势，通过本书的训练，您定能掌握让人过耳不忘的酒宴祝酒的真本领。

山不在高，有仙则名；水不在深，有龙则灵；词不在多，经典就行！好酒要细细品味，好词要慢慢吟诵，让我们为了《新编精短祝酒词》的出版面世，干杯！

目 录

第3章 就职酒：醉里乾坤大，壶中日月长

第4章 职场酒：我醉君复乐，陶然共忘机

第5章 外务酒：与君共时物，尽此盈樽酒

第6章 迎宾酒：珍重主人心，酒深情亦深

第7章 饯行酒：何当重相见，樽酒慰离颜

第8章 开业酒：我愿东海水，尽向杯中流

第9章 庆功酒：煮酒谈三国，烹茶论古今

第10章 节庆酒：夜风吹醉舞，庭户对酣歌

第 11 章　庆典酒：凭君满酌酒，听我醉中吟

第 12 章　答谢酒：何处难忘酒，军功第一高

第13章 开幕酒：劝君金屈卮，满酌不须辞

第14章 闭幕酒：斗酒相欢娱，聊厚不为薄

第 15 章　励志酒：荆轲饮燕市，酒酣气益震

第 16 章　聚会酒：此时无一盏，何以叙平生

第 17 章　婚嫁酒：酒为看花酝，花须趁酒红

第 18 章　生日酒：樽有乌程酒，劝君千万寿

第19章 乔迁酒：迁人发佳兴，弥胜未醉时

第 *1* 章
商务酒：堂上陈美酒，
堂下列笙歌

商务酒概要
酒·常·识

　　商务酒是指以商务活动为背景的酒种，是专为各类商务活动量身定制的一类酒品，主要用于商务活动中的沟通、交流、宴请等。以商务酒为核心的活动通常被称为商务酒会、商务宴会，在这种场合发表的祝酒词即商务祝酒词。

祝酒词范例
酒·词·话

❶ 新品上市祝酒词

■ 范例 1 ■

【致辞人】公司总经理
【场　合】九粮液新品上市发布酒会
【时　机】开场致辞
【风　格】文采飞扬

【听　　众】地方领导、兄弟企业代表、新老客户代表、"九"文化有奖征文大赛获奖者、媒体记者等

【关键词】举杯　碰杯　赞誉　应运而生　三江水　四海宾　财源　水源

【金　　句】不说"酒气冲天飞鸟闻香变凤，金樽落水游鱼得味成龙"，却也能"沽酒客来风亦醉，欢宴人去路还香"。

尊敬的各位来宾，各位新老朋友：

举杯邀嘉宾，碰杯心贴心。在这诗意浓浓，情意浓浓，"九香"四溢的清晨，我们迎来了××集团九粮家族另一高端成员的诞生。它就是55°375mL九粮液。"好酒喜迎八方来客，佳酿欣会四海宾朋"，在此，我们向多年来支持和关心九粮液的各界同人，向新老客户，向所有的来宾表示热烈的欢迎！我们也借此机会，向过去给予我们公司支持和帮助的全体贵宾表示衷心的感谢！

正如大家所知，九粮液自上市以来，一直受到广大消费者和经销商的赞誉。人称："酒闻十里春无价，醉买三杯梦亦香。"我们在挖掘近1800年前汉代"九坛春"酒法的基础上，不断改革创新，发明了开创中国"九粮香型"白酒新时代的"九粮九轮"发酵工艺，现已被授予国家专利。伴随着九粮液市场的高歌猛进，适量饮酒、饮健康酒却又不失高度白酒的品质，成为九粮液这一品牌关爱消费者健康顺理成章的事情。此次上市的55°375mL九粮液就是在此理念下应运而生的。我们的55°375mL九粮液与传统白酒相比，酒精度高一点，品味也更高一点。不说"酒气冲天飞鸟闻香变凤，金樽落水游鱼得味成龙"，却也能"沽酒客来风亦醉，欢宴人去路还香"。在建设九粮液品牌的道路上，我公司一直注重酒文化的发掘。今年三月我公司举办"九"文化有奖征文大赛，就是为品牌寻求长久的文化基石。相信今天到场的"九"文化有奖征文大赛获奖者对此会有更多的感悟。在此，我谨代表公司再次感谢你们的莅临指导。谢谢！

"名牌誉满三江水，优质能招四海宾。"九粮液品牌营销有限公司愿意和各方客户共同开发、联合经营、互惠互利。为实现九粮液"挥手陇原，告别祁连，饮马长江，逐鹿中原，放眼世界"的美好前景，我们共同举杯，

祝福九粮液的明天更加美好，祝福来宾朋友们身体健康，生意兴隆，财源更比水源长，干杯！

■ 范例 2 ■

【致辞人】县委书记
【场　合】祥酒品牌开创五周年暨新酒品上市发布会
【时　机】中场致辞
【风　格】殷切希望
【听　众】地方领导、酒业代表、媒体记者等
【关键词】品牌　上市　第一家　创新　战略　转变
【金　句】以新酒品上市为新的起点，继续开拓创新，发挥品牌和技术优势，不断发展壮大，做优做强，以更加优质的产品和服务回报社会。

尊敬的各位领导、各位来宾、同志、朋友：

值此中秋佳节即将来临之际，我们欢聚一堂，隆重举行纪念祥酒品牌开创五周年暨新酒品上市发布会。借此机会，我谨代表中共××县委、××县人民政府，对××酒业致以热烈的祝贺，对在百忙之中光临今天盛会的各位领导、各位专家、各位来宾、新闻界的朋友以及长期以来关心和支持××酒业的各界人士表示衷心的感谢！

××酒业，作为××市白酒行业中第一家拥有中国驰名商标的白酒生产企业，自成立以来，不断加大创新力度，大力实施品牌营销战略，顺利完成了国企向民企、负资产向净资产、中低档产品向中高档产品的三个转变，已发展成为地方经济发展的支柱实体，××省十佳白酒生产基地。此次新酒品上市，不仅是企业发展史上的一件大事，也是××省经济社会发展中的一件大事。在此，我衷心希望××酒业以新酒品上市为新的起点，继续开拓创新，发挥品牌和技术优势，不断发展壮大，做优做强，以更加优质的产品和服务回报社会，也希望××酒业为××企业的发展做出表率，为经济社会发展做出更大的贡献！

××县委、县政府将一如既往地为企业的发展创造更加优良的环境，提供更加优质高效的支持和服务。最后，衷心祝贺发布会顺利举行！

让我们举起酒杯，祝各位领导、各位来宾身体健康，工作顺利，万事如意！干杯！

▦ 范例 3 ▦

【致辞人】总经理
【场　合】2007××酒业经销商答谢会暨新品上市酒会
【时　机】开场致辞
【风　格】文采飞扬　激情四射
【听　众】地方领导、经销商、媒体记者
【关键词】上市　友谊　品牌　生机勃勃　鼎力相助　先机
【金　句】冬去犹留诗意在，春来身入画图中。财源福源源源不断，心愿情愿事事如愿。

尊敬的各位来宾、各位同人：

大家上午好！

"冬去犹留诗意在，春来身入画图中"，在满怀豪情迎接新的一年到来之际，我们在此隆重举行2007××酒业经销商答谢会暨新品上市酒会。与各位同人、朋友同聚一堂，共述友谊，我心里感到非常高兴。首先，请允许我代表××酒业全体员工，对各位的到来表示热烈的欢迎！

近几年来，在××市委、市政府的正确领导下，通过××酒业全体员工的共同努力，内部管理水平不断提高，产品质量不断提升，品牌优势不断凸现，企业呈现出了一派生机勃勃的崭新局面。这些成绩的取得与在座各位的大力支持与鼎立相助是分不开的，××酒业的发展历史必将为你们记下浓墨重彩的一笔，我在此向你们表示衷心的感谢！

今天，我们隆重推出这款新酒——苏格拉帝，标志着我们××酒业正在向国际化进军，同时必将为在座诸位带来滚滚的财富和黄金的事业。

2007年××酒业将全面推进市场化进程，以××为中心，辐射带动周边地区，以此打造样板市场。我们的招商工作也将随之展开，今天在座的大家算得上"抢占先机"了！

为了答谢大家一年来对××酒业的支持，我们借本次苏格拉帝上市机会，制定了丰厚的市场支持政策，并将市场支持政策做成小册子作为新年礼品，赠送给各位朋友。具体的支持政策，请翻开大家手中的订货政策小册子，机会现在就在大家的手上，××酒业愿与大家共创黄金事业！

最后我代表××酒业携全体员工祝愿大家：财源福源源源不断，心愿情愿事事如愿！

让我们举起酒杯，为了××酒业和各位经销商美好的明天，干杯！

❷ 商务推介会祝酒词

■ 范例4 ■

....

【致辞人】地方领导
【场　合】中国·×× (泰国) 投资环境推介会招待宴会
【时　机】中场致辞
【风　格】地方优势突显
【听　众】地方领导、地方代表、泰国代表、媒体记者
【关键词】厚爱 合作 发达 宝地 商机 发展
【金　句】今朝相聚喜事多，酒逢知己千杯少。

....

尊敬的女士们、先生们：

晚上好！

为了答谢大家对"江风海韵北上海"——中国·××的关心和厚爱，为了增进感情、扩大交流、加强合作，今晚，我们特借这家泰国酒店，隆重举办中国·×× (泰国) 投资环境推介会招待宴会，共祝我们的事业兴旺发达，我们的友谊地久天长！

××是一块资源丰富的宝地，濒江临海是它得天独厚的区位优势，通江达海是它世纪跨越的战略追求。它把纯朴的热情带给每一位朋友，也把

无限的商机奉献给每一位投资者。今晚，老友新朋，欢聚一堂，同叙友谊，共谋发展，其情真真，其意切切，一定会给我们留下不可磨灭的美好回忆。女士们，先生们，朋友们，有缘千里来相会，这次投资环境推介会为我们提供了相互交流、增进友谊的机会，更为我们搭建了加强合作、实现双赢的平台。中国有句古话：路途虽然遥远，但越走就会越近。我相信，在我们双方的共同努力下，友谊的桥梁一定会化作腾飞的翅膀，真诚的合作一定会敲开成功的大门！

今朝相聚喜事多，酒逢知己千杯少。我提议，让我们共同举杯，为了中泰两国的深厚友谊，为了我们携手发展的美好未来，为了各位来宾的身体健康、事业兴旺，干杯！

■ 范例 5 ■

【致辞人】某县县委副书记
【场　合】2011 年湖南××承接产业转移招商推介会
【时　机】中场致辞
【风　格】平易朴实　情理交融
【听　众】地方领导、商家代表、媒体记者
【关键词】激情　敬意　感谢　发展
【金　句】欢歌迎贵客，美酒敬嘉宾。借此机会，我敬大家三杯酒：第一杯是友情酒。第二杯是感谢酒。第三杯是邀请酒。

尊敬的各位领导，女士们、先生们、朋友们：

大家晚上好！

在这热情奔放、充满激情的七月之夜，我们在此宴请出席 2011 年湖南××承接产业转移招商推介会的各级领导和八方宾朋，共同庆祝这次活动的圆满成功。首先，我谨代表中共××县委、××县人民政府及全县 37 万人民，向百忙之中参加这次招商推介会的各级领导、各位嘉宾表示最热烈的欢迎，向给予鼎力支持的广东××区委、区政府表示最崇高的敬意，向多年来关心支持××经济发展的各位领导、各界朋友表示最衷心的感谢！

欢歌迎贵客，美酒敬嘉宾。借此机会，我敬大家三杯酒：第一杯是友情酒。今天，我们有幸邀请到100多位商界精英、知名企业家参加这次承接产业转移招商推介会，彼此结成了朋友，加深了了解，增进了感情，促进了合作，让我们同心同向，携起手来共同发展！第二杯是感谢酒。感谢××区委、区政府领导，××市委、市政府领导，以及各位老乡、各位新老朋友，在百忙之中前来参加这次招商推介会，招商推介会为我们搭建了沟通合作、互利共赢的桥梁！第三杯是邀请酒。我真诚邀请在座各位领导、各位嘉宾、各位客商以及你们的朋友到××观光旅游、考察洽谈、投资兴业、共谋发展！

现在，我提议，为了今天招商推介会的圆满成功，为了我们的友谊长存，为了明天的事业发展，干杯！

■ 范例6 ■

【致辞人】市委书记
【场　合】2008辽宁××（大连）招商项目推介会
【时　机】结尾致辞
【风　格】激情四射　环环相扣
【听　众】地方领导、地方企业代表、媒体记者
【关键词】友谊　感谢　发展　强劲　投资环境　支持
【金　句】昨天的××，凝聚着大家的心血和汗水；明天的××，更需要大家的关心与呵护。

尊敬的各位领导，女士们、先生们、朋友们：

在满目皆绿、春意盎然的美好季节，我们怀着增进友谊、寻求合作、共同发展的真诚愿望，相聚在美丽的海滨城市——大连，隆重举行2008辽宁××（大连）招商项目推介会。在此，我谨代表中共××市委、市人民政府和54万××人民，向参加今天招商项目推介会的各位领导、各位来宾表示诚挚的欢迎，向今天经过洽谈成功签约的项目负责人表示热烈的祝贺，

向为举办这次招商项目推介会付出辛勤劳动做出突出贡献的各界人士表示衷心的感谢!

这次招商项目推介会,是××市委、市政府年初确定的一次大型的国内招商活动。它不仅为我们提供了相互交流、增进友谊的机会,更为我们搭建了加强合作、共谋发展的平台。发展是永恒的主题,合作是成功的基石。××山川秀美,资源丰富;历史悠久,文化厚重;交通发达,基础设施完善;工业发展较快,开放势头强劲。昨天的××,凝聚着大家的心血和汗水;明天的××,更需要大家的关心与呵护。在这里,我们热忱欢迎各位朋友、各位企业家捷足先登,抢占商机,到××来投资兴业,我们将为您创造良好的投资环境,努力把××打造成招商引资的政策洼地、服务高地和投资宝地。我们保证,在公平竞争中,投资者的利益在××将得到最好的回报。我们相信,有您创业的激情和一如既往的支持,有我们热情周到的服务和坚持不懈的努力,××的明天一定会更加美好!××湾畔的这颗明珠一定会更加璀璨!

最后,祝各位领导和各位来宾身体健康、生活愉快、事业发达!现在我提议,为这次招商项目推介会圆满成功,为各位朋友能在××获得丰厚的投资回报,为我们的友谊与合作干杯!谢谢大家!

❸ 商务招待会祝酒词

■ 范例7 ■

【致辞人】商会会长
【场　合】宁波市××商会2010年度总结大会招待晚宴
【时　机】开场致辞
【风　格】环环相扣　文采飞扬
【听　众】地方领导、商会会员、媒体记者
【关键词】关怀　共聚　规范　凝聚力　影响力　美誉度
【金　句】参天之树,必有其根;怀山之水,必有其源。岁月不居,时节如流。

尊敬的各位领导、各位来宾，亲爱的会员们：

大家晚上好！

参天之树，必有其根；怀山之水，必有其源。今天，我们宁波市××商会全体会员在各级领导的关怀下，在各位宾朋的支持下共聚一堂，使这里成了家的世界，情的海洋。在此，我谨代表商会全体同人，对出席今天晚宴的领导和嘉宾表示热烈的欢迎和衷心的感谢！

岁月不居，时节如流。在即将过去的一年里，我们宁波市××商会在宁波、温州两地领导的帮助指导下，在全体会员的共同努力下，按照年初制定的"规范组织、扩大影响；加强交流、服务会员"的工作方针，不断强化自身基层建设，成为全市首批"五有五好"规范化达标商会；进一步完善组织架构，成立了商会党支部；广泛开展活动，深化交流协作；积极牵线搭桥，协助政府招商引资，为会员企业发展寻找商机；积极维护会员合法权益，为会员排忧解难；积极履行社会责任，通过捐款捐物，为慈善、光彩事业做贡献。商会的凝聚力、影响力和美誉度进一步得到巩固提高。同时，我们还积极开拓，大胆改革，健全组织，创新管理，商会的领导力量进一步加强，管理机制进一步完善。

成绩的取得，得益于两地领导的帮助指导，得益于各位嘉宾的关心支持，得益于全体会员的团结拼搏、不懈努力。借此机会，我代表商会对一直以来关心、支持商会建设的各位领导、各位来宾，对热衷商会事业的会员们，再次表示衷心的感谢！

充实、有成就的 2010 年已在商会发展史上写下浓墨重彩的一笔，新的、充满希望的 2011 年正向我们迎面而来。美好前景，催人奋进。我们坚信，商会明年的各项工作一定会更上一层楼！

元旦佳节即将来临，借此机会，我提前向各位领导、各位来宾，亲爱的会员们致以节日的问候！

最后，我提议大家共同举杯，为我们更加灿烂美好的明天，干杯！

【致辞人】厂长
【场　合】×××厂洽谈贸易合作事宜招待宴会
【时　机】开场致辞
【风　格】情真意切
【听　众】×××厂员工、兄弟企业代表
【关键词】合作　成绩　真诚　支持　感谢
【金　句】有朋自远方来，不亦乐乎?

女士们、先生们:

值此×××厂××周年厂庆之际，请允许我代表×××厂，并以我个人的名义，向远道而来的贵宾们表示热烈的欢迎。

朋友们不顾路途遥远专程前来贺喜并洽谈贸易合作事宜，为我厂××周年庆更添了一份热烈和祥和，我由衷地感到高兴，并对朋友们为增进双方友好关系做出努力的行动，表示诚挚的谢意!

今天在座的各位来宾中，有许多是我们的老朋友，我们之间有着良好的合作关系。我厂建厂××年能取得今天的成绩，离不开老朋友们的大力支持。对此，我们表示由衷的感谢。同时，我们也为能有幸结识来自全国各地的新朋友感到十分高兴。在此，我向新朋友们的到来表示热烈欢迎，并希望能与新朋友们密切协作，发展相互间的友好合作关系。

"有朋自远方来，不亦乐乎?"在此新朋老友相会之际，我提议:为今后我们之间的进一步合作，为我们之间日益增进的友谊，为朋友们的健康幸福，干杯!

■ 范例 9 ■

【致辞人】总经理
【场　合】××干洗连锁管理有限公司 2009 年年终招待会
【时　机】中场致辞

【风　格】回顾过去 展望未来
【听　众】商业合作伙伴、公司员工及家属
【关键词】憧憬 祝福 创新 奋斗
【金　句】回顾过去，成绩可喜；展望未来，重任在肩。

亲爱的加盟商、全体员工及家属：

一元复始，万象更新，我们满怀憧憬迎来世博之年。在这辞旧迎新的时刻，我谨代表××干洗连锁管理有限公司领导班子向辛勤耕耘、奋发向上、努力工作在洗衣服务、干洗店连锁加盟、店面设计和干洗机等设备设计、经营管理、生产质检等一线的全体员工及家属，特别向长期在外工作、默默奉献的广大从事干洗设备售后服务工作的同事，向关心支持、心系绿色环保的各级领导和社会各界人士致以亲切的问候和新年的祝福。

回顾过去，成绩可喜；展望未来，重任在肩。2010年，是"十一五"规划与"十二五"规划承上启下的关键一年，公司将继续实施新一轮"三年行动纲要"。2010年，我们将面对新的机遇和挑战，公司将进一步深入贯彻落实科学发展观，紧密团结广大干部员工，大力推进科技创新，进一步提高经营质量和管理水平。2010年，上海将迎来世博会，希望全体员工做好服务世博、支持世博的工作，并以优异的工作成绩和良好的公司风貌，迎接世博会的召开。2010年，让我们携手共进，为实现我公司建设成"国内知名、行业领先、特色鲜明、经营管理高水平企业"的目标而努力奋斗！

最后，我衷心祝愿大家新年快乐，身体健康，合家幸福，万事如意！干杯！

■ 范例 10 ■

【致辞人】外埠企业代表
【场　合】项目交流合作招待酒会
【时　机】中场致辞
【风　格】简洁大气
【听　众】地方领导、企业代表、媒体记者

【关键词】考察 感谢 平台 交流 机遇

【金 句】哈尔滨有"天鹅项下的珍珠"以及"东方莫斯科"、"东方小巴黎"之美称。哈尔滨是一片方兴未艾的投资热土，是一片商机无限的创业宝地，我相信我们大家在这里一定会有很好的收获。

尊敬的各位领导，女士们、先生们、朋友们：

大家晚上好！

首先，请允许我代表到黑龙江投资考察的广大企业家朋友，向哈尔滨市委、市政府举办这次晚宴给我们提供了一个相互交流，畅叙友情，共话合作的机会，表示衷心感谢，向各位领导、各位朋友在百忙中出席晚宴表示深深的谢意。

这次能够近距离感受哈尔滨的发展脉搏，是我们一生难忘的机遇。哈尔滨是欧亚大陆桥的明珠，是个美丽让人神往的地方。哈尔滨有"天鹅项下的珍珠"以及"东方莫斯科"、"东方小巴黎"之美称，有全国闻名的哈洽会。哈洽会不但是全国最重要的展会，而且是我国对俄经贸科技合作及东北亚区域合作的重要平台。这里的冰雪文化、冰雪经济更是世界闻名。

按照党中央、国务院的发展方略，在黑龙江省委、省政府的正确领导下，哈尔滨这几年抓住振兴东北老工业基地的机遇，积极实施科学发展，经济持续出现稳步快速增长，成为东北亚重要的国际经贸城和东北亚重要的中心城市。这一切无疑离不开哈尔滨人民的不懈努力，我想更离不开哈尔滨市委、市政府的高效运行，离不开××书记和××市长等各位领导的有力领导。我在全国各地谈合作的过程中，经常听到人们评价哈尔滨市近年来建设得越来越美丽了，效率越来越高了，工作越来越务实了。作为哈尔滨市的好朋友，我听到后感到由衷高兴。作为一个企业家，对各位领导的实干精神，我表示由衷敬仰。

此次来黑龙江投资考察的朋友都是各企业界的知名人士，在全国各地都有很好的发展。我们希望通过今天晚上的交流和沟通，大家能够对哈尔滨有更新的认识，更深的感情，在哈尔滨找到新的发展机遇。哈尔滨是一片方兴未艾的投资热土，是一片商机无限的创业宝地，我相信我们大家在这里一定会有很好的收获。

最后，我们衷心期望哈尔滨市在××书记、××市长的带领下，社会、经济、文化、民生等各项工作蒸蒸日上，再创辉煌。祝大家身体健康、万事顺意。

谢谢大家！干杯！

◾ 范例11 ◾

【致辞人】主办方主席
【场　合】第六届××制冷展暨联谊会答谢宴会
【时　机】开场致辞
【风　格】文采飞扬　激情四射
【听　众】行业代表、公司员工、媒体记者
【关键词】朋友　感谢　发展　了解　合作　兴隆
【金　句】一曲霓裳传玉笛；四围云锦拥金徽。火树银花夜上海，酒不醉人人自醉。玉轮光满大千界；银汉秋澄三五宵。

各位领导、各位朋友、各位来宾：

一曲霓裳传玉笛；四围云锦拥金徽。

十里洋场，华灯初上。今夜我们在这金碧辉煌的××大酒店内热烈欢迎来自全国制冷、暖通、空调行业的新老朋友。火树银花夜上海，酒不醉人人自醉。首先，我谨代表本次展会的主办方，对给予本次会议大力支持的上海、长沙各部门领导和湖南、上海制冷暖通空调行业学会的领导、专家以及为本次会议提供全方位支持和服务的东道主——上海××等上海制冷界同人表示衷心感谢，对莅临本次会议的各位代表表示热烈欢迎！

××制冷展暨联谊会已经成功举办了五届，今年是第六届，随着我们行业的不断发展，我们的参会企业越来越多，明年的此时将会有更多的新朋友与大家同宴共庆。最后我祝愿各位新老朋友借上海这块最具商机的宝地广交朋友、扩大生意，冲出国门走向世界，也希望各位同行相互之间多交流，增进了解，增进友谊，加强合作，明年更上一层楼！

玉轮光满大千界；银汉秋澄三五宵。让我们为本次会议的圆满成功，为各位的蒸蒸日上、生意兴隆、健康幸福——干杯！谢谢大家。

④ 行业研讨会祝酒词

▪ 范例 12 ▪

【致辞人】×××有限公司总经理
【场　合】××行业商业研讨会招待晚宴
【时　机】开场致辞
【风　格】引经据典　文采飞扬
【听　众】行业代表、公司员工
【关键词】感谢　憧憬　渴望　上市　做大做强　东风
【金　句】今夜的香格里拉高朋若星光熠熠，今夜的香格里拉智慧与皓月齐辉。今天研讨会上各位嘉宾的精彩发言，对从事××行业的人来说，与孔子闻《韶》有异曲同工之妙。

各位嘉宾、各位朋友、各位同事：

今夜的香格里拉高朋若星光熠熠，今夜的香格里拉智慧与皓月齐辉。在经历了一个充盈着睿智与思辨的下午之后，现在的宴会厅里美酒的醇香已经满溢，各色美味佳肴早已迫不及待地挑动着我们的味蕾。

在宴会开始之前，作为本次研讨会的主办方，我代表×××有限公司的全体员工，再次真诚地感谢各位嘉宾对本次研讨会的大力支持，更要感谢各位在研讨会上拿出的真知灼见。孔子在齐闻《韶》，三月不知肉味，曰：不图为乐之至于斯也。今天研讨会上各位嘉宾的精彩发言，对从事××行业的人来说，与孔子闻《韶》有异曲同工之妙，足以让我们每一个从事这个行业的人对××行业不可限量的前景有了更多的憧憬与渴望。

当今的中国早已步入了知识经济的时代，科学技术是第一生产力早已成为被无数次成功验证的真理。作为上市公司的×××有限公司更是深感责任重大。把企业做大做强是我们的使命，服务全球顶级系统设备制造商是我们的发展愿景。我相信，借助这一次的东风，我们一定会不辱使命，交出满意的答卷。

此时，窗外的上弦月已悄悄升起，我们"举杯邀明月"，为今天研讨会的成功，干杯！

■ 范例 13 ■

【致辞人】集团总裁
【场　合】第×届企业发展研讨会招待宴会
【时　机】开场致辞
【风　格】修辞得体 激情有力
【听　众】政府领导、企业界代表、学者
【关键词】风景 五湖四海 满载而归 硕果飘香 人声鼎沸 绚烂
【金　句】最是一年好风景，瓜果飘香又逢君。

尊敬的各位领导，女士们、先生们、朋友们：

大家好！

俗话说，"最是一年好风景，瓜果飘香又逢君"。在这个硕果飘香的金秋时节，我们迎来了第×届企业发展研讨会在××市隆重开幕；我们也荣幸地邀请到来自五湖四海、各行各业的商界精英。我代表主办方向你们的到来表示热烈的欢迎！

本次研讨会的主题是企业在特许连锁经营模式环境下的迅速发展，会议旨在交流市场运作经验、实现资源共享；倡导特许经营渠道、发挥规模效应；推广厂商联合模式，促进互利共赢。我相信，我们怀着共同的目的与诚意而来，定能取得一系列共识满载而归。

朋友们，九月的××硕果飘香，九月的××人声鼎沸，这象征着收获的季节正是我们为企业未来谋发展的大好时机，正是我们为我国经济建设贡献力量的绝佳机会。让我们携手并进，勇于尝试，共谋发展，再创辉煌！

最后，我提议：让我们举起手中的酒杯，斟满象征希望的葡萄酒，为了我们的祖国繁荣昌盛，为了我们的事业更加绚烂，为了我们企业界的团结协作，为了我们的友谊与健康，干杯！

■ 范例 14 ■

【致辞人】集团书记
【场　合】大宗商品电子商务研讨会暨××在线电子商务平台开通庆典晚宴
【时　机】总结致辞
【风　格】逻辑严谨
【听　众】地方行业领导、企业界代表、专家学者、记者
【关键词】高朋满座 美酒飘香 己任 创造性 开放 共赢 百尺竿头，更进一步
【金　句】展望未来，我们豪情满怀。我们将继续坚持"创新服务、创新科技、创新人才"的企业精神，百尺竿头，更进一步。

尊敬的各位领导、各位嘉宾：

大家晚上好！

下午，我们成功举办了大宗商品电子商务研讨会暨××在线电子商务平台开通庆典，现在，我们欢聚宴会厅，高朋满座，美酒飘香。我谨代表××集团、××在线，对在百忙之中莅临晚宴的各位领导、各位嘉宾、各位钢贸、仓储、物流企业以及金融界、媒体界的朋友表示最热烈的欢迎和诚挚的感谢！

全球一体化的市场形态已经步入知识经济时代，经济的增长与社会的进步比以往任何时候都更加依赖于科技的创新与发展。××集团与时俱进，以科技创新为己任，专注于金融服务、大宗商品电子商务和移动通信与社交系统的开发运营。

为彻底解决电子商务行业中存在的在信息、资金、物流、技术研发等

方面深层次问题，××集团运用现代信息技术和通信手段，依托集团在担保、监管、软件开发等方面的优势，创造性地建立起"××在线"第四代电子商务平台。这是一个无缝交易的平台，这是一个全产业链的平台，这更是一个开放的平台，一个共赢的平台。

展望未来，我们豪情满怀。我们将继续坚持"创新服务、创新科技、创新人才"的企业精神，百尺竿头，更进一步。在此，我衷心感谢社会各界对××集团、××在线的大力关心、支持和厚爱。让我们进一步精诚合作，携手迈向美好明天！

各位领导、各位嘉宾，现在，让我们共同举杯：为大宗商品电子商务研讨会暨××在线电子商务平台开通庆典取得圆满成功；为我们进一步的合作，实现共赢；为各位领导、嘉宾的身体健康、事业辉煌腾达，干杯！

漫话商务酒
酒·文·化

酒桌上的礼仪小常识，初入社会的朋友们不妨来看看，对大家一定有所帮助。初入社会应酬方面肯定是必不可少的一个环节，所以大家一定要多了解了解才是。

敬酒也就是祝酒，是指在正式宴会上，由男主人向来宾提议，提出某个事由而饮酒。在饮酒时，通常要讲一些祝愿、祝福类的话，甚至主人和主宾还要发表一篇专门的祝酒词。祝酒词内容越短越好。

敬酒可以随时在饮酒的过程中进行。要是致正式祝酒词，就应在特定的时间进行，并不能因此影响来宾的用餐。祝酒词适合在宾主入座后、用餐前开始。也可以在吃过主菜后、甜品上桌前进行。

一、怎么斟酒

敬酒之前需要斟酒。按照规范来说，除主人和服务人员外，其他宾客一般不要自行给别人斟酒。如果主人亲自斟酒，应该用本次宴会上最好的酒斟，宾客要端起酒杯致谢，必要的时候应该起身站立。

如果是作为大型的商务用餐来说，应该是服务人员来斟酒。斟酒一般要从位高者开始，然后顺时针斟。如果宾客不需要酒了，可以把手挡在酒杯上，说声"不用了，谢谢"就可以了。这时候，斟酒者就没有必要非得一再要求斟酒。

中餐里，别人斟酒的时候，也可以回敬以"叩指礼"。特别是自己的身份比主人高的时候。叩指礼，即以右手拇指、食指、中指捏在一起，指尖向下，轻叩几下桌面表示对斟酒的感谢。

酒倒多少才合适呢？白酒和啤酒可以斟满，而其他洋酒就不用斟满。

二、什么时候敬酒

敬酒应该在特定的时间进行，并以不影响来宾用餐为首要考虑。敬酒分为正式敬酒和普通敬酒。正式敬酒，一般是在宾主入席后、用餐前开始，一般都是主人来敬，这种祝酒词内容可以稍长一点，但也就是在五分钟之内讲完。而普通敬酒，只要是在正式敬酒之后就可以开始了。但要注意是在对方方便的时候，比如对方当时没有和其他人敬酒，嘴里没有咀嚼，这样认为对方可能愿意接受你的敬酒。而且，如果向同一个人敬酒，应该等身份比自己高的人敬过之后再敬。

三、敬酒的举止要求

无论是主人还是来宾，如果是在自己的座位上向集体敬酒，就要求首先站起身来，面含微笑，手拿酒杯，面朝大家。

当主人向集体敬酒，说祝酒词的时候，所有人应该一律停止用餐或喝酒。主人提议干杯的时候，所有人都要端起酒杯站起来，互相碰一碰。按国际通行的做法，敬酒不一定要喝干。但即使平时滴酒不沾的人，也要拿起酒杯抿上一口装装样子，以示对主人的尊重。

除了主人向集体敬酒，来宾也可以向集体敬酒。来宾的祝酒词可以说得更简短，甚至一两句话都可以。比如："各位，为了以后我们的合作愉快，干杯！"

平时涉及礼仪规范内容更多的还是普通敬酒。普通敬酒就是在主人正式敬酒之后，各位来宾和主人之间或者来宾之间可以互相敬酒，同时说一两句简单的祝酒词或劝酒词。

别人向你敬酒的时候，你要手举酒杯到双眼高度，在对方说了祝酒词或"干杯"之后，再喝。喝完后，你还要手拿酒杯和对方对视一下，这一敬酒过程才结束。

敬酒的时候还要特别注意的一点就是：敬酒无论是敬的一方还是接受的一方，都要注意入乡随俗。特别是在我国东北或内蒙古等北方地区，敬酒的时候往往讲究"端起即干"。这种方式更能表达诚意、敬意。所以，在具体的应对上就应注意，自己酒量欠佳应该事先诚恳说明，不要看似豪爽地端着酒去敬对方，而对方一口干了，你却只是"意思意思"，这样往往会引起对方的不快。

在中餐里，还有一个讲究。即主人亲自向你敬酒干杯后，你要回敬主人，和他再干一杯。回敬的时候，要右手拿着杯子，左手托底，和对方同时喝。干杯的时候，可以象征性和对方轻碰一下酒杯，不要用力过猛，非听到响声不可。出于敬重，可以使自己的酒杯较低于对方酒杯。如果和对方相距较远，可以以酒杯杯底轻碰桌面，表示碰杯。

和中餐不同的是，西餐用来敬酒、干杯的酒，一般都用香槟酒。而且，只是敬酒不劝酒，只敬酒而不真正碰杯。还不可以越过自己身边的人和相距较远者祝酒干杯，尤其是交叉干杯。

四、敬酒的注意要点

1. 众欢同乐，切忌私语

大多数酒宴宾客都较多，所以应尽量多谈论一些大部分人能够参与的话题，得到多数人的认同。因为个人的兴趣爱好、知识面不同，所以话题尽量不要太偏，避免唯我独尊，天南海北，神侃无边，出现跑题现象，而忽略了众人。

特别是尽量不要与人贴耳小声私语，给别人一种神秘感，这样往往会使宾客产生"就你俩好"的嫉妒心理，影响喝酒的效果。

2. 瞄准宾主，把握大局

大多数酒宴都有一个主题，也就是喝酒的目的。赴宴时首先应环视一下各位的神态表情，分清主次，不要单纯地为了喝酒而喝酒，而失去交友的好机会，更不能哗众取宠搅乱东道主的意思。

3. 语言得当，诙谐幽默

酒桌上可以显示出一个人的才华、常识、修养和交际风度，有时一句诙谐幽默的话，会给客人留下很深的印象，使人无形中对你产生好感。所以，应该知道什么时候该说什么话，语言得当，诙谐幽默很关键。

4. 劝酒适度，切莫强求

在酒桌上往往会遇到劝酒的现象，有的人总喜欢把酒场当战场，想方设法劝别人多喝几杯，认为不喝到量就是不实在。其实有时过分地劝酒，会将原有的朋友感情完全破坏。

5. 敬酒有序，主次分明

敬酒也是一门学问。一般情况下敬酒应以年龄大小、职位高低、主宾身份为序，敬酒前一定要充分考虑好敬酒的顺序，分明主次。即使与不熟悉的人在一起喝酒，也要先打听一下身份或是留意别人如何称呼，这一点心中要有数，避免出现尴尬或伤感情的局面。敬酒时一定要把握好敬酒的顺序。有求于某位客人在席上时，对他自然要倍加恭敬，但是要注意，如果在场有更高身份或年长的人，则不应只对能帮你忙的人毕恭毕敬，也要先给尊者长者敬酒，不然会使大家都很难为情。

6. 察言观色，了解人心

要想在酒桌上得到大家的赞赏，就必须学会察言观色。因为与人交际，就要了解人心，左右逢源，这样才能演好酒桌上的角色。

7. 锋芒渐露，稳坐泰山

酒宴上要看清场合，正确估计自己的实力，不要太冲动，尽量保留一些酒力和说话的分寸，既不让别人小看自己又不要过分地表露自己，选择适当的机会，逐渐露出自己的锋芒，才能稳坐泰山，不致给别人产生"就这点能力"的想法，使大家不敢低估你的实力。

五、商务宴中的位次礼仪

在正式的商务宴请中，位次的排列最为讲究。宴请位次的排列主要涉及两个问题：桌次和座次。

1. 桌次的安排

主桌的确定：居中为上、以右为上、以近为上。

按习惯，桌次的高低以离主桌位置远近而定。以主人的桌为基准，右高左低，近高远低；桌子之间的距离要适中，各个座位之间的距离要相等。

2. 座次的排列

面门居中为主人：座次以主人的座位为中心，如果女主人参加时，则以主人和女主人为基准，近高远低，右高左低，依次排列。

主人右侧是主宾：把主宾安排在主人的右手位置，主宾夫人安排在女主人的右手位置。主左宾右分两侧而坐。翻译安排在主宾右侧。

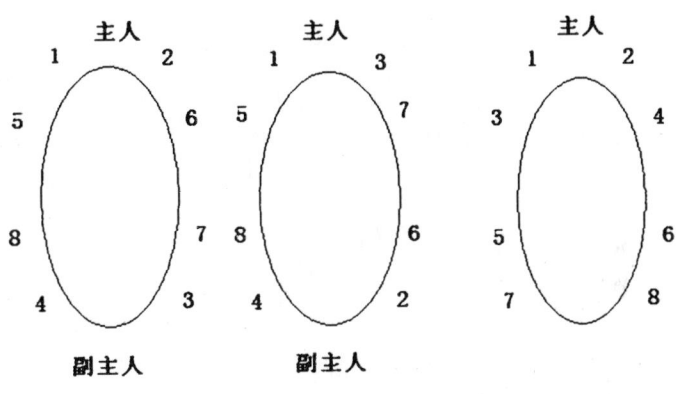

宴会位次示意图

西餐的位置排列与中餐有相当大的区别，中餐多使用圆桌，而西餐一般都使用长桌。如果男女二人同去餐厅，男士应请女士坐在自己的右边，还得注意不可让她坐在人来人往的过道边。若只有一个靠墙的位置，应请女士就座，男士坐在她的对面。如果是两对夫妻就餐，夫人们应坐在靠墙的位置上，先生则坐在各自夫人的对面。如果两位男士陪同一位女士进餐，女士应坐在两位男士的中间。如果两位同性进餐，那么靠墙的位置应让给其中的牛长者。西餐还有个规矩，即每个人入座或离座，均应从座椅的左侧进出。举行正式宴会时，座席排列按国际惯例：桌次的高低依距离主桌位置的远近而右高左低，桌次多时应摆上桌次牌。同一桌上席位的高低也是依距离主人座位的远近而定。西方习俗是男女交叉安排，即使是夫妻也是如此。

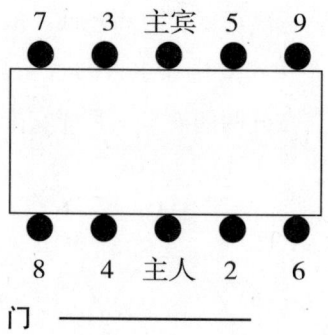

不偕夫人宴会位次示意图

（横向餐桌）

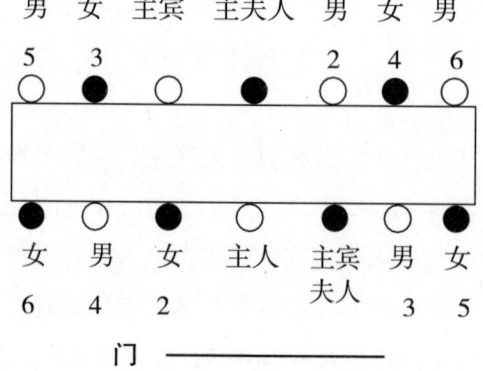

偕夫人宴会位次示意图

（横向餐桌）

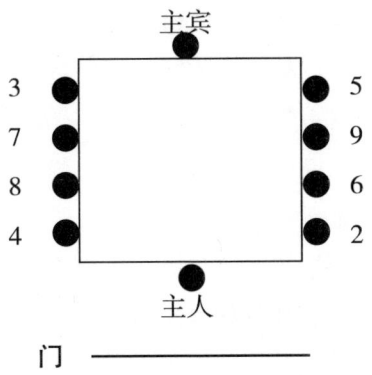

不偕夫人宴会位次示意图

（纵向餐桌）

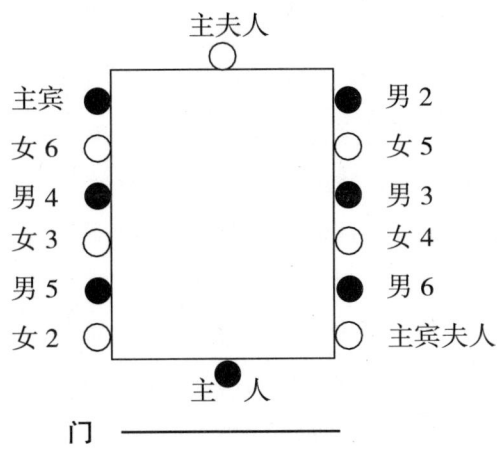

偕夫人宴会位次示意图

（纵向餐桌）

◆ **商务祝酒词集锦**

借着金风送爽，我们今晚相聚在美丽的××。我和我的同事们在这里与各位顾问和嘉宾欢聚一堂，感到非常高兴。我谨代表××投资公司对各位的光临表示热烈的欢迎。我愿借此机会，向你们并通过你们，向所有关心和支持××发展的朋友，表示诚挚的谢意和良好的祝愿！

今晚，各国朋友欢聚一堂，我希望中外同行广交朋友，寻求合作，共同度过一个愉快的夜晚。最后，请大家举杯，为中国国际××展览会的圆满成功，为朋友们的健康，干杯！

我真诚地希望，与各位新老朋友进一步增进友谊，密切联系，加强合作，携手创业！我也诚挚地邀请尊贵的朋友们，常到××网走一走、看一看，指导工作，做客网站！

在风和日丽的金秋时节，在繁华秀美的省会××，与出席××研讨会的领导和精英、儒商名流、媒体友人、有识之士真情相聚，共叙情谊，共探"××之道"，我和我的同事们都感到由衷的高兴。

时间短暂，情义无限。过去，各位领导、各位来宾和各位朋友对××的发展给予了关心和支持。今天，绿色食品行业发展研讨会又为我们架起了友谊的桥梁。今后，我们更真诚地希望各位领导、各位来宾、各位朋友来××就像走亲戚一样常来常往，常往常新；更欢迎大家来××投资发展，共图大业。好客的××，纯朴的××人，随时欢迎各位的到来。

物联网产业作为新兴战略型产业，是一个政策导向型产业，现在尚处在发展初期，更需要各级政府的推动和率先实际应用。我们协会就是站在企业与政府之间的那座桥梁，希望为企业服务的同时助力政府的相关行业政策的规范和制定。有各级领导的扶持，有会员企业的支持，还有我们秘书处最真诚的努力，我们的协会，我们的企业，我们的行业一定会更辉煌！

第 **2** 章

政务酒：白酒一樽满，
坐歌天地清

政务酒概要

酒·常·识

　　政务，就是行政事务，泛指国家的管理工作。政务酒是指以政务活动为背景的酒种，是专为各类政务活动量身定制的一类酒品，主要用于政务活动中的沟通、交流、宴请等。以政务酒为核心的活动通常被称为政务酒会、政务宴会，在这种场合发表的祝酒词即政务祝酒词。

祝酒词范例

酒·词·话

◆ 政府联谊会祝酒词

▆ 范例1 ▆

　　【致辞人】某乡管委会负责人
　　【场　合】2011年××乡管委会迎新春茶话会
　　【时　机】开场致辞
　　【风　格】文采飞扬　环环相扣

【听　众】人大代表、政协委员、管委会领导、管委会职工

【关键词】欢聚　友情　信心　希望　民生

【金　句】虎振雄风留浩气，兔迎盛世启新程。金戈铁马闻
征鼓，只争朝夕启新程。风雨多经志弥坚，关山初度路犹长。

同志们、朋友们：

虎振雄风留浩气，兔迎盛世启新程。今天我们在这里欢聚一堂，共叙友情，共享和谐太平，共迎新春佳节，共谋美好明天。值此辞旧迎新之际，我谨代表管委会向各位人大代表、政协委员，广大党员干部，并通过你们向××三万父老乡亲，致以新春的问候和良好的祝愿！

回眸岁月痕履，让人感慨万千。刚刚过去的 2010 年，是全面完成"十一五"规划的收官之年，是××管委会团结带领广大党员干部，励精图治、开拓创新、力克时艰，取得辉煌成就的一年。在这一年里，我们以打造"经济发展最快、建设环境最优、人居环境最佳、社会环境最好"的幸福××为目标，以饱满的热情和冲天的干劲，开拓创新，锐意进取，全面完成了××县委、县政府下达的各项工作任务，××经济社会呈现出又好又快的良好发展态势。

金戈铁马闻征鼓，只争朝夕启新程。面对 2011 年，我们豪情依然，信心满怀。新的一年，是实施"十二五"规划的开局之年，也是××加快开发发展和城乡统筹步伐的关键之年。新的一年，我们站在一个新的起点上，告别的不仅是一个年头，而是××管委会辉煌灿烂的历史；我们迎来的也不仅是又一个春夏秋冬，而是××管委会充满机遇和挑战的岁月。新的一年，当我们再次站在开发发展和城乡统筹的潮头浪尖，我们每个人面临的是巨大的荣誉和挑战；当我们在新的征程中破浪远航时，我们每个人扬起的是事业的风帆和希望。

风雨多经志弥坚，关山初度路犹长。新的一年，我们将紧紧围绕"打造工业新城，推进城乡统筹，建设幸福××"这一目标，狠抓项目落实和拆迁安置这两个重点，全面提升辖区的城市化水平、工业化水平和群众生活水平，切实增强基层党组织的战斗力，园区吸纳项目的承载力，维护稳

定的防控力，党委决策的执行力，努力实现"实践科学发展、基层组织建设、增加群众收入、改善民生问题、维护社会稳定"的新突破，全力打造实力、生态、文明、平安、活力的社会主义和谐新××。

新的征程任务艰巨，新的目标催人奋进。同志们！昨天，我们风雨同舟，荣辱与共；今天，我们众志成城，坦诚相见；明天，我们携手共进，再创辉煌。让我们在县委、县政府的坚强领导下，继续发扬"事不避难、任劳任怨、攻坚克难、勇于担当"的××精神，力争在新的一年里在继续解放思想上迈出新步伐，在推动科学发展上取得新进展，在加快开发发展和推进城乡统筹上实现新突破，在促进社会和谐上见到新成效，以崭新的业绩和丰硕的成果向建党90周年献礼！

最后，我衷心地祝愿大家及家人新春愉快，幸福安康！谢谢大家！为了××明天更美好，干杯！

▣ 范例 2 ▣

【致辞人】某市市长
【场　合】国庆招待会
【时　机】开场致辞
【风　格】情真意切 声音高亢 深情祝福
【听　众】地方领导、来宾、媒体记者
【关键词】华诞 感谢 生命力 腾飞 发展 积极
【金　句】×江两岸万众欢庆，展览中心胜友如云。沧桑巨变今胜昔，明珠熠熠耀×江。

女士们、先生们，同志们、朋友们：

××年激情岁月，××载春华秋实，伟大的中华人民共和国迎来了又一个华诞，今夜×江两岸万众欢庆，展览中心胜友如云，在此，我代表××市人民政府向全市人民和在××工作、生活的海内外朋友致以亲切问候，向所有关心和支持××发展的同志、朋友表示衷心的感谢！

新中国成立××年来的光辉历程，显示了中华民族不屈的意志和旺盛的生命力。伴随着祖国腾飞，我市发展日新月异。在这座充满活力的城市，勤劳勇敢的××人民正在用智慧和汗水建设自己的美好家园。改革开放以来，中央领导集体对××的发展始终深切关怀、倾注心血，为××的改革开放和现代化建设指明了方向。今年以来，在党中央、国务院的坚强领导下，××把树立和落实科学发展观贯穿于各项工作的始终，坚决、积极、全面、有力地贯彻落实中央宏观调控政策，并取得了显著成效。全市经济保持平稳健康发展，各项社会事业全面进步，城乡人民生活继续得到改善。

沧桑巨变今胜昔，明珠熠熠耀×江。中央要求××率先全面建成小康社会，率先基本实现现代化，这是××的光荣使命。××人民要求真务实，艰苦奋斗，开拓创新，服务全国，向着社会主义现代化国际大都市和国际经济、金融、贸易、航运中心之一的宏伟目标迈进！

现在，我提议：为庆祝中华人民共和国成立××周年，为伟大祖国的繁荣昌盛，为各位来宾和朋友的身体健康，干杯！

■ 范例 3 ■

【致辞人】某市市委书记
【场　合】××市 2011 年元宵节焰火晚会
【时　机】开场致辞
【风　格】情真意切　朴实简洁
【听　众】地方领导、来宾、媒体记者
【关键词】欢聚　支持　成就　发展　拼搏　明天
【金　句】无数朵礼花将在××深邃的夜空绽放，它预示着××绚丽多彩的明天。声声礼炮，催人奋进；朵朵礼花，美丽动人。

尊敬的各位领导、各位来宾，同志们、朋友们：

初春的××，万物复苏。值此 2011 年元宵佳节到来之际，我们欢聚一堂，共庆传统节日，共赏盛大焰火。首先，我代表中共××市委、××市人民政府向出席今天元宵节焰火晚会的各位领导、各位来宾表示热烈的欢迎！

多年来，在各位领导和社会各界朋友的关注支持下，××经济和社会各项事业取得了令人瞩目的成就。在此，请允许我代表中共××市委、××市人民政府，以及××40多万父老乡亲，向关心支持××发展大业的各界人士致以崇高的敬意和衷心的感谢！

过一会儿，2011响礼炮将在××大地上鸣响，它将吹响××加速发展的号角；再过一会儿，无数朵礼花将在××深邃的夜空绽放，它预示着××绚丽多彩的明天。声声礼炮，催人奋进；朵朵礼花，美丽动人。我们坚信，有各位一如既往的关注、支持，有全市40多万人民的拼搏努力，××的明天将会更加美好！

现在，我提议：为××美好未来，为各位的身体健康，干杯！

■ 范例 4 ■

【致辞人】某县县长
【场　合】××县迎新联谊会
【时　机】中场致辞
【风　格】与时俱进　深情厚望
【听　众】县领导、工商企事业代表、媒体记者
【关键词】波澜壮阔　使命　征程　追求　和谐　佳绩　新篇
【金　句】荣耀与责任赋予了我们新的使命，未雨绸缪，我们又要踏上新的征程。

女士们、先生们，同志们、朋友们：

今天，我们相约在××，相聚在辞旧迎新的美好时刻，畅所欲言，为波澜壮阔的改革发展事业建言献策，我们心潮澎湃，百感交集。荣耀与责任赋予了我们新的使命，未雨绸缪，我们又要踏上新的征程。用科学发展观统领经济社会发展全局是我们工作一贯的指导思想，又好又快是我们永恒的追求，实现率先突破发展，建设××经济强县，我们任重道远。贯彻以人为本的发展理念，更加关注民生，促进社会和谐，我们责无旁贷。在

此，我倡议，全体同人在新的一年里再接再厉，再创佳绩，再上台阶，再谱新篇，我坚信，××的史册将记载我们的宣言，××的丰碑将铭刻我们的烙印。

最后，请允许我代表××县人民政府，并以我个人的名义，向在座的各位同人及你们的家人致以新年的祝福，祝大家在新的一年里身体好，家庭好，生活好，学习好，工作好，一切都好！

下面，我提议，为了××的明天更美好，为了同志们、朋友们身体健康、工作顺利，干杯！

■ 范例5 ■

【致辞人】某县县委书记
【场　合】××县春节文艺晚会
【时　机】开场致辞
【风　格】激情飞扬
【听　众】县领导、地方工商企事业代表、媒体记者
【关键词】改革　开放　发展
【金　句】让我们用优美的舞姿，喜迎新春佳节，跳出心中的幸福；让我们用动听的歌声，畅想美好未来，唱出心中的豪迈。

同志们、朋友们：

新年伊始，万象更新。值此新春佳节即将来临之际，我们在这里欢聚一堂，共贺新年。我代表××县委、县政府，向全县各族人民致以诚挚的节日问候，祝大家合家团圆，万事如意、幸福快乐！

刚刚过去的一年，我们在上级党委、政府的正确领导下，团结带领全县人民，深化改革、扩大开放、加快发展，全县政治、经济、文化建设取得了跨越式发展。

这是××县委、县人民政府正确决策的结果，是全县人民团结一致、共同奋斗的结果。

今晚，我们欢聚一堂，尽情欢歌，尽情舞蹈。让我们用优美的舞姿，喜迎新春佳节，跳出心中的幸福；让我们用动听的歌声，畅想美好未来，唱出心中的豪迈。

明天，我们将在上级党委、政府的正确领导下求真务实、开拓创新、齐心协力，用我们的智慧和汗水谱写××新的辉煌。现在我提议，为了××的明天更美好，为了晚会圆满成功，干杯！

■ 范例 6 ■

【致辞人】某县县委书记
【场　合】××县新春招待宴会
【时　机】中场致辞
【风　格】心情激动 充满希望
【听　众】县领导、工商企事业代表、来宾、媒体记者
【关键词】友情 发展 拼搏 生机勃勃 增长 进步
【金　句】抚今追昔，我们感慨万千；展望未来，我们心潮澎湃。

各位女士、各位先生，朋友们、乡亲们：

今夜，华灯璀璨，今晚，高朋满座，在×年春节即将来临之际，××籍在外工作的成功人士和我县骨干企业掌门人相聚在一起，共叙深切友情，共商发展大计。在此，我代表××县委、县政府，对光临招待宴会的各位朋友表示热烈的欢迎。

过去的几年，在全县干部群众的顽强拼搏和各界人士的大力支持下，县域经济生机勃勃，县城面貌日新月异，财政收入迅猛增长，各项事业长足进步。抚今追昔，我们感慨万千；展望未来，我们心潮澎湃。××已经站在快速发展新的起点上，××必将成为投资创业的一方热土，建设富裕文明和谐新××的美好蓝图一定能够实现。我们真诚希望各位朋友常回家看看，给我们留下加快发展的金言良策，发挥丰富的人脉资源招商引资，做情系家乡、回报家乡、率先发展家乡的带头人。

下面，我提议，为××的美好明天，为各位领导、各位企业家的身体健康、万事如意，干杯！

◼ 范例7 ◼

【致辞人】某县县委书记
【场　合】迎春联谊会
【时　机】中场致辞
【风　格】深情厚谊　平易朴实
【听　众】县领导、政府工作人员、工商企事业代表、成功人士
【关键词】大发展　大进步　团结　成绩　心血　敬意
【金　句】乡音难改，乡情难忘。

各位领导、各位老乡、各位朋友：

在××××年新春佳节即将来临之际，我们在这里欢聚一堂，共叙乡情，喜迎新春。首先，我代表××县委、县政府向大家表示热烈的欢迎，向你们和你们的家人致以亲切的节日问候和良好的新春祝愿！

刚刚过去的××××年，是××经济建设大发展、社会事业大进步的一年。一年来，在上级党委、政府的正确领导下，我们团结带领全县广大干部群众，认真贯彻党的××大和中共第××届×中全会精神，解放思想，干事创业，加快发展，取得了改革开放和社会主义现代化建设的新胜利。这些成绩的取得，是全县人民开拓进取、艰苦创业的结果，也是与在座各位的热心支持、鼎力帮助分不开的。在这些辉煌的成绩里，饱含着你们热爱家乡、报效家乡的一腔赤子之情，凝聚着你们关心××、支持××的一份深情厚谊，浸透着你们无私付出的心血和汗水。在此，我代表××97万父老乡亲向多年来关心和支持××发展的领导、老乡和朋友表示衷心的感谢，并致以崇高的敬意！

各位领导、老乡、朋友，多年来，你们远离家乡，在各自的工作岗位上做出了优异的成绩，拥有了成功的事业，家乡人民为你们感到无比骄傲

和自豪，衷心祝愿你们在新的一年里做出更大的成绩，成就一番更大的事业。

乡音难改，乡情难忘。你们虽然身在异乡，心里却时常想念着家乡的父老乡亲、山山水水、一草一木，家乡人民也无时无刻不牵挂着你们这些在外地工作的亲人和朋友。在这辞旧迎新之际，我们真诚邀请大家常回家看看，喝一口家乡酒，吃一顿家乡饭，过一个团团圆圆的春节。

最后，祝大家新春愉快，身体健康，合家幸福，万事如意！干杯！

❷ 政府发布会祝酒词

■ 范例8 ■

【致辞人】某自治旗旗委书记
【场　合】鄂伦春民族文化保护暨岩画新发现成果发布会午宴
【时　机】开场致辞
【风　格】情理交融 文采飞扬
【听　众】地方领导、专家学者、媒体记者
【关键词】新发现 民族文化 多姿多彩 独特 神奇 发扬光大
【金　句】兴安传诗韵，鲜卑送吉祥。它们是我们推进社会主义文化大发展、大繁荣，建设民族文化大旗的丰厚土壤。

尊敬的各位领导、各位专家学者，女士们、先生们：

大家中午好！

伴着浓浓的春意和四溢的花香，鄂伦春民族文化保护暨岩画新发现成果发布会在这里成功举办。上午，通过鄂伦春民族文化展演，大家对鄂伦春民族文化有了初步的了解。现在，我们又怀着激动的心情，与各位领导、各位著名专家学者、社会各界友人欢聚一堂，深入探讨交流鄂伦春民族文化的挖掘、整理、保护与弘扬。在此，请允许我代表×××自治旗旗委、旗政府向前来参加此次发布会的社会各界朋友表示热烈的欢迎，向给予鄂伦春民族文化高度重视和大力支持的国家民委、内蒙古自治区、××××

市、××××大学、×××出版社、中国××科学院研究所和社会各界人士、友人表示衷心的感谢！

鄂伦春民族文化多姿多彩、绚烂夺目，独特的民族风情、幽远的鲜卑历史、迷人的地质奇观、茫茫的森林生态……它们是中华民族文化乃至世界文化的重要组成部分，是我们推进社会主义文化大发展、大繁荣，建设民族文化大旗的丰厚土壤，更是我们加快发展、构建和谐的优势所在。借此机会，我代表全旗30万各族人民，热诚地欢迎各位领导、各领域的专家学者、各新闻媒体以及社会各界人士到我们这片神奇的土地，探究×××历史、体验×××风情、开发×××资源、共谋×××发展。×××将永远欢迎你们，我们在×××等待你们。

兴安传诗韵，鲜卑送吉祥。各位领导，来宾们、朋友们，让我们举起这斟满×××真诚与祝福的美酒，为这次发布会的圆满成功，为鄂伦春民族文化的发扬光大，为各位领导、各位专家学者、社会各界朋友的身体健康、工作顺利，干杯！

■ 范例9 ■

【致辞人】某市副市长
【场　合】首届中国（××）国际树莓节新闻发布会午宴
【时　机】总结致辞
【风　格】情理交融　文采飞扬
【听　众】各级领导、专家学者、媒体记者
【关键词】共襄盛举　鲜活名片　四海宾朋　魅力　时尚　红色
【金　句】树莓是让广大农民快速致富、持续致富的"摇钱树"，树莓是造福千秋万代的大产业，树莓是××递给世界的一张鲜活名片！

尊敬的各位领导、各新闻媒体的朋友，女士们、先生们：

大家下午好！

首届中国（××）国际树莓节将于一百天后的红树莓成熟时节在辽宁

省××市隆重举办。××市政府作为树莓节的主办方和东道主，衷心希望和热诚欢迎海内外人士、专家学者、嘉宾朋友届时莅临××，共襄盛举，共同交流，共赢未来！

××既是一个工业城市、商贸城市，也是一个农业大市。近几年来，××市委、市政府根据××的区位优势，提出了把树莓产业作为××第一特色农业产业的重大决策，使树莓产业这一集设施农业、高效特色农业、都市观光农业、农产品深加工业和终端商业贸易于一身的现代农业实现了产业链经营，得到了快速发展，并在实践中摸索创新了"政府＋公司＋科研＋基地＋农村合作社订单＋深加工＋市场"的产业链发展模式，××的××红树莓已成为中国农业地理标志，××的树莓基地已成为国家级标准化示范区。树莓是让广大农民快速致富、持续致富的"摇钱树"，树莓是造福千秋万代的大产业，树莓是××递给世界的一张鲜活名片！

首届中国（××）国际树莓节为大型国际性活动，以"生态、健康、合作、发展"为主题，以科学发展观为指导，旨在向世界展示中国树莓产业的丰硕成果，加强树莓产业发展的国际交流与合作，提升××的知名度和美誉度，同时展示××特色资源和城市魅力，将××的树莓产业打造成全国农业产业结构调整的典范，并以此次活动进一步推动我国及世界树莓产业的发展。

首届树莓节主题鲜、规模大、起点高、重实效。树莓产业国际高峰论坛将会专家学者云集，世界同业关注；树莓地理标志纪念碑的剪彩和世界树莓博物馆的奠基标志着××与世界的产业相通与相融；大型树莓产业项目招商与经贸洽谈将吸引来自全球的有识之士、商贾达人。

作为东道主，××市政府将不遗余力地支持树莓节各项工作，精心筹备，认真组织。××将以优美的城市环境，饱满的精神状态，周到热情的会务服务，欢乐祥和的节庆气氛，热烈欢迎四海宾朋的到来！

大地回春，万物复苏。今天我们相约北京，一百天后我们相聚××，魅力××欢迎您、时尚××欢迎您、红色××欢迎您！让我们干杯！

范例 10

【致辞人】某市市委副书记

【场　合】陕西××集团揭牌仪式暨××股份公司增资扩股新闻发布会酒会

【时　机】开场致辞

【风　格】高屋建瓴　朴实真切

【听　众】省市领导、专家学者、企业代表、媒体记者

【关键词】金名片　郑重承诺　不遗余力　一如既往　蒸蒸日上

【金　句】我也代表××市委、市政府郑重承诺，我们将始终关注、支持××的发展，坚决按照"为企业服务零距离、落实政策零折扣、保障环境零干扰"的标准为企业搞好服务，不遗余力地支持企业发展壮大。

尊敬的××省长，各位领导、各位嘉宾：

今天，我们相聚在美丽的古城西安，隆重举行陕西××集团揭牌仪式暨××股份公司增资扩股新闻发布会。在此，我谨代表××市委、市政府，向陕西××集团的成功组建和××股份公司增资扩股的顺利完成表示热烈的祝贺！向各位领导、各位专家、各位朋友的到来，表示热烈的欢迎和衷心的感谢！

××酒是我国四大老牌名酒和凤香型白酒的典型代表，也是××的一张金名片和陕西人的骄傲。借此机会，我衷心希望新组建的陕西××集团和××股份公司能以此为契机，不仅通过增资扩股募集企业发展的资金，更要引入先进的经营和管理理念，引进先进的人才和技术，进一步抢抓机遇，拓展思路，切实加大高端产品研发力度，不断创新营销宣传策略，抢占行业高地，将××酒的品牌发扬光大，用良好的业绩重塑××酒的新形象。希望各位股东坚定百亿××的发展目标不动摇，着眼长远利益，坦诚合作经营，共谋企业发展，加快××上市步伐，相信明天腾飞的××必将会为各位股东带来丰厚的回报。

在这里，我也代表××市委、市政府郑重承诺，我们将始终关注、支

持××的发展，坚决按照"为企业服务零距离、落实政策零折扣、保障环境零干扰"的标准为企业搞好服务，不遗余力地支持企业发展壮大。我也恳请陕西省委、省政府和社会各界，一如既往地关心××的成长，关心、支持××工业和经济社会的发展。

最后，祝陕西××集团事业兴旺发达、蒸蒸日上！我也给各位领导、各位来宾拜个早年，祝大家新春愉快，身体健康，万事如意！干杯！

❸ 工作会议祝酒词

▦ 范例 11 ▦

【致辞人】某县县委书记
【场　合】××市工商联工作会议晚宴
【时　机】中场致辞
【风　格】充满希望　心情激动
【听　众】地方领导、工商联代表、媒体记者
【关键词】厚望　老区　情意　发展　合作
【金　句】金山含笑迎嘉宾，嘉水欢歌谢深情。

尊敬的各位领导，同志们、朋友们：

金山含笑迎嘉宾，嘉水欢歌谢深情。在这欣欣向荣的美好时节，我们喜迎××市工商联工作会议在××胜利召开，市领导亲临指导，兄弟县传经助力，这体现了××市委、市政府对××的厚望和鼓励，也凝聚着兄弟县心系老区巨变的真挚情意。在此，我谨代表中共××县委、县政府和百万老区人民向会议的胜利召开表示热烈的祝贺，向参会的各位领导和各位朋友表示热烈的欢迎，向一直关心、支持××发展的各级领导和同志们表示衷心的感谢！

随着全球经济一体化的迅猛发展，对外开放突飞猛进，区域合作日益增强，共享资源、共谋发展、共同进步，已成为全社会的强烈愿望和普遍追求。

各位领导、同志、朋友，回顾过去，我们为共同的努力和奋斗所取得的成就而自豪；展望未来，我们对抓住机遇，加强合作，取得新的胜利充满信心。我们要借这次会议的东风，学习借鉴兄弟县的先进经验，充分发挥自己的优势，进一步加强协作，谱写交流与合作的新篇章，力争如期实现"两年内有大变化"的目标，共创更加美好的明天。

现在，我提议，为本次会议的圆满成功，为我们的进一步合作和日益增进的友谊，为各位领导和朋友们的健康幸福，干杯！谢谢大家。

④ 论坛宴会祝酒词

■ 范例 12 ■

【致辞人】县委书记
【场　合】××建县 50 周年庆典暨第二届××发展论坛欢迎晚宴
【时　机】结尾致辞
【风　格】面面俱到　情真意切
【听　众】地方领导、工商企事业代表、专家、媒体记者
【关键词】发展　契机　支持　感谢　方向　祝福
【金　句】回首五十年峥嵘岁月，追忆半世纪坎坷历程。

尊敬的各位领导、各位来宾，朋友们、同志们：

大家晚上好！

十月的××大地，秋风送爽，硕果飘香，到处弥漫着丰收的气息，洋溢着发展的激情。为进一步推动××地区经济社会又好又快发展，经××市委、市政府批准，我们经过半年多的精心筹备，以建县 50 周年为契机，隆重举办第二届××发展论坛和县庆系列活动。借此机会，我首先代表××县委、县政府和全县 75 万人民，向出席今天活动并长期关心、支持、帮助××发展的各级领导、各位嘉宾、各界朋友表示热烈的欢迎和衷心的感谢！

在今天的论坛上，各位领导和各位专家高屋建瓴，建言献策，为××乃至××流域和苏北地区的崛起振兴指明了前进的方向；在集中观摩中，与会领导、专家和各界朋友现场见证了××建县 50 周年，全县经济社会发展的丰硕成果和改革开放取得的辉煌成就；今晚，我们又欢聚一堂，畅叙深情厚谊，互致美好祝愿，共同为××更加灿烂的明天深深祝福。

回首五十年峥嵘岁月，追忆半世纪坎坷历程，在历届县委、县政府的领导下，勤劳朴实的××人民发扬革命老区的光荣传统，自强不息，艰苦创业，百折不挠，用自己的智慧和汗水，创造了属于××人民的辉煌历史。奋斗伴随艰辛，成就来之不易。我们将以建县 50 周年为新的起点，认真贯彻中共××届×中全会精神，大力传扬"开明开放、诚实诚信、自立自强、创新创业"的××精神，坚持科学发展、跨越发展、和谐发展，努力把全县各项事业不断推向前进。我们坚信，有上级党委、政府的坚强领导，有各位来宾的鼎力支持，有全县干群的团结一心，××一定会乘风破浪，直挂云帆，向着"全面奔小康、建设新××"的宏伟目标阔步前行！

最后，让我们共同举杯，预祝××建县 50 周年庆典暨第二届××发展论坛取得圆满成功！祝各位领导、各位来宾工作顺利，家庭幸福，万事如意！干杯！

■ 范例 13 ■

【致辞人】某区区委书记
【场　合】2008××接轨上海活动周开幕式暨城市发展高端论坛招待晚宴
【时　机】开场致辞
【风　格】激情四射　憧憬未来
【听　众】地方领导、嘉宾、媒体记者
【关键词】接轨　拓宽　合作　新途径　丰硕　未来
【金　句】友谊架通合作桥，开放拓宽发展路。乐曲升平须思进，锦绣前程在明朝。

尊敬的各位领导、各位嘉宾：

大家晚上好！2008××接轨上海活动周经过精心筹备，今天终于顺利开幕了！我谨代表中共××区委、××区人民政府向光临晚宴的各位领导、各位嘉宾、各位朋友表示热烈的欢迎！

友谊架通合作桥，开放拓宽发展路。近年来，我们通过接轨上海这一重要举措，积极开辟合作的新途径，不断拓宽发展的新空间，取得了丰硕的成果。目前全区上下正在为扩大彼此合作、共同协作发展开拓进取、扎实工作。

乐曲升平须思进，锦绣前程在明朝。展望未来，××这块投资兴业的热土，必将给海内外广大客商以更广阔的合作空间。我们真诚地希望通过这次活动让各位嘉宾深入了解××、更加关注××，通力协作、实现共赢。

现在，我提议，让我们举杯，为活动周的圆满成功，为上海和××更加灿烂辉煌的明天，为友谊，为健康，干杯！

⑤ 经济交流会祝酒词

■ **范例 14** ■

【致辞人】某省台湾办公室主任
【场　合】××对台经济交流会晚宴
【时　机】中场致辞
【风　格】地方特色浓郁　情真意切
【听　众】地方领导、中国台湾嘉宾、媒体记者
【关键词】欢聚　感谢　丰富　活力　交流
【金　句】暮春之末，草长莺飞。冀台情缘，源远流长，历久弥新。

女士们、先生们：

暮春之末，草长莺飞，借××"5·18"国际经济贸易洽谈会之机，我们在××欢聚一堂，举杯欢庆。首先，我谨代表××省台湾办公室向远道

而来的中国台湾嘉宾表示热烈的欢迎，向热心主办本次交流会的××市政府表示衷心的感谢，向在座的各位朋友表示诚挚的祝福！

××历史悠久，土地肥沃，面积广阔，物产丰富。××把握着时代发展的脉搏，××的工业体系也已粗具规模。

朋友们！未来20年，环渤海地区将是中国北方最具发展活力的区域，将成为中国重要的战略增长极。地处环渤海经济圈腹地的××，顺应这一大的趋势，着眼于转变增长方式，打造新的经济增长带，延伸产业链条、提高科技含量、努力实现全市经济又好又快地发展。

各位来宾！冀台情缘，源远流长，历久弥新。2007年8月台湾海涛法师一行来河北弘法；2008年9月河北台湾同胞共祭三祖大典；河北省政府多次举办"冀台心·两岸情"河北台湾青年交流活动。我们台湾朋友对河北这片古老的土地充满了联谊的亲情、投资的热情。而3500年历史的"先商之源"××，正日益成为新能源的"商都"，新经济发展的"商都"。××正孕育着一个前所未有的大发展。××这片充满活力与商机的热土正蓄势待发，真诚欢迎八方宾客前来旅游观光、投资兴业！

最后，让我们共同举杯，预祝本次经济交流会取得圆满成功！

谢谢！

⑥ 政府酒会祝酒词

■ 范例15 ■

【致辞人】某市市长
【场　合】第九届××对外经济贸易洽谈会招待酒会
【时　机】开场致辞
【风　格】地方特色浓郁　简洁明了
【听　众】地方领导、工商业代表、媒体记者
【关键词】成就　合作　知名度　窗口　西部大开发　机遇
【金　句】当前，商贾云集，宾客纷至沓来，大开发的序幕

已经拉开。

··

尊敬的女士们、先生们、朋友们：

第九届××对外经济贸易洽谈会即将召开，应××市邀请前来参会的有来自20个国家和地区的150名外商以及1300多位嘉宾。在此，我代表中共××市委、市人民政府和全市160万各族人民，向各位来宾表示热烈的欢迎和诚挚的问候！×洽会已成功地举办了八届，在自治区党委和自治区人民政府的领导下，通过八届×洽会的成功实践，我们向国内外客商展示了新疆和××市经济建设成就，成交了一大批经济技术合作项目，扩大了和世界各国的贸易往来，提高了××的知名度。通过×洽会这座桥梁，我们广交了朋友，增进了友谊，×洽会已经成为新疆和××对外开放的重要窗口。

今年国家实施的西部大开发战略，对西部地区是一次极为难得的发展机遇，同时也给内地尤其是沿海发达地区拓展了新的发展空间。××作为我国向西开放的桥头堡，已成为世人关注的焦点。当前，商贾云集，宾客纷至沓来，大开发的序幕已经拉开。20××年×洽会××市对外经济技术合作项目与往年相比，我们增加了环境与生态保护类项目和旅游类项目，这是根据国家关于西部大开发尤其要注意保护环境和生态，走可持续发展道路的要求提出的。这些项目规模大、投资大，我们不仅欢迎外商直接投资，也希望利用外国政府贷款和国际金融组织的贷款。这些项目建成后将会产生良好的环境效益，进一步完善××市的旅游设施，为把我市建设成为旅游城市打下良好的基础。

女士们、先生们、朋友们，我们真诚地欢迎国内外有识之士来××，加强合作共图发展。我们将紧紧围绕把××市建设成为现代化国际商贸城这一奋斗目标，以西部大开发为契机，发展融合经济，强化招商引资、外引内联，做好各项工作，努力把××建设得更加美好。预祝20××年×洽会圆满成功！现在我提议，为我们诚挚的友谊和合作，为各位女士、先生的身体健康，干杯！

■ 范例 16 ■

【致辞人】某县县委书记
【场　合】××市农牧业产业化流动观摩现场会招待宴会
【时　机】中场致辞
【风　格】热情洋溢
【听　众】地方领导、农业代表、媒体记者
【关键词】重视 交流 发展 畜牧业 龙头
【金　句】既是对我们做好今后农村各项工作的鞭策和鼓励，同时，也为我们提供了一次良好的学习交流机会。

尊敬的×××、×××，尊敬的各位领导、各位来宾：

大家晚上好！

在这风调雨顺、万木葱茏的美好季节里，××市农牧业产业化流动观摩现场会在我县隆重召开，这说明了××市委、市政府对我县农村工作的高度重视。这次现场会，既是对我们做好今后农村各项工作的鞭策和鼓励，同时，也为我们提供了一次良好的学习交流机会。在此，我代表××县委、县政府对各位领导光临我县指导工作表示热烈欢迎，向多年来关心和支持我县工作的各位领导表示衷心的感谢！

今年以来，按照××市委、市政府的总体部署，我县农村工作紧紧围绕四大主导产业，大力优化调整农村经济结构，突出发展设施农业和高效畜牧业。全县新建日光能温室 100 亩，塑料大棚 200 亩，新上节水喷灌 5000 亩，落实覆膜马铃薯 10 万亩，新建肉羊养殖标准示范村 20 个，新建牧场式奶牛园区 4 个，积极培育壮大农畜产品加工龙头企业，稳步推进农牧业产业化经营。尽管取得了一定成效，但我县与其他兄弟县相比，还有很大的差距，希望各位领导在我县考察期间多提宝贵意见。我们相信，在××市委、市政府的正确领导和各位领导的大力支持下，我县农牧业产业化经营一定会有一个较大的发展。

今晚，我们在此设宴，欢迎各位领导的光临。现在，我提议，为××市农牧业产业化流动观摩现场会的圆满成功，为××市农牧业产业化经营再上新台阶，也为在座各位的身体健康，干杯！

🔷 地方活动祝酒词

■ 范例 17 ■

【致辞人】某市市长
【场　合】第××届中国××长白山人参节欢迎酒会
【时　机】中场致辞
【风　格】文采飞扬
【听　众】市政府领导、工商业代表、国内外嘉宾、媒体记者
【关键词】人参　资源　热土　胜地　积淀　特色
【金　句】热情笑迎天下客，真心诚敬座上宾。

尊敬的各位领导、各位嘉宾：

今晚××大地人参飘香、精英荟萃。在此，我谨代表人参节筹委会，向莅临本届人参节的各位领导和国内外嘉宾表示热烈的欢迎和衷心的感谢！

地处长白山腹地、三江源头的××市，资源丰富独特、特色产业异军突起，一个充满希望的活力新××已走向世界，正在成为商家投资兴业的热土、旅游度假休闲的胜地。人参作为"百草之王"，在××有着悠久的发展历史和厚重的文化积淀，已成长为最具优势、最有潜力的特色产业。目前，××正在全力打造人参百亿产业和百亿园区，使长白山人参产业在××率先振兴。

我真诚希望大家在××期间，享用人参美味，品尝绿色山珍，领略××绿水风情；真诚欢迎各位企业家到××投资兴业，在美丽的长白山脚下开创全新的事业。

热情笑迎天下客，真心诚敬座上宾。

现在，我提议，为各位领导、嘉宾身体健康，事业发达，参乡之行开心愉快，为本届中国××长白山人参节圆满成功，为××未来的腾飞和发展，干杯！

漫话政务酒

酒·文·化

一、政务宴

政务宴，是国际国内社会交往中一种通行的较高层次的宴会形式。一般是政府机关、社会团体举办的有一定规模的酒宴。政务宴，在政府部门的公开公务活动中比较常见。常见的政务宴有国宴和正式宴会。国宴是国家元首或政府首脑为国家庆典或为欢迎外国元首、政府首脑而举行的正式宴会。国宴厅内悬挂国旗，安排乐队演奏两国国歌及席间乐，席间有致辞或祝酒。正式宴会通常是政府和团体等有关部门为欢迎应邀来访的宾客或者来访的宾客为答谢主人而举行的宴会。有些地方政府要搞经济发展，要搞引资开发等，自然免不了这种宴会的安排。政务宴常用于庆祝节日、纪念日，表示祝贺、迎送贵宾等事项。宴会的场面一般比较宏大、隆重，能使人得到一种礼遇上的满足。不同的宴会有着不同的作用，概括地说，宴会可以表示祝贺、感谢、欢迎、欢送等友好情感，通过宴会，可以协调关系，联络感情，消除隔阂，增进友谊，加强团结，求得支持，有利于合作等。

二、政务宴上的礼仪

政务礼仪属于社会礼仪，但有其特定的应用范围，即适用于从事公务活动、执行国家公务的公务员。政务礼仪具有鲜明的强制性特点，它要求公务员在执行国家公务时必须严格遵守。政务礼仪的核心是要求公务员真正自觉地恪守职责，勤于政务，廉洁奉公，忠于国家，忠于人民，严格要求自己，规范自己在公务活动中的行为。其根本目的是提高整个国家行政机关的工作效率，维护国家行政机关的形象和个人形象。每一名公务员在履行职责、执行公务时，都必须自觉遵守政务礼仪。政务宴上的礼仪应该注意以下三个方面。

1. 赴政务宴的前期礼仪

①应邀。接到宴会邀请，是否出席应尽早答复对方，以便主人安排。在接受邀请之后，不要随意改动。遇到特殊情况不能出席，或不能准时到

会，应尽早向主人解释、道歉，甚至亲自登门表示歉意。应邀出席宴会之前，要核实邀请的主人、时间和地点，是否邀请配偶以及主人的具体要求。

②着装。出席宴会要着装整洁，男士穿西装应打好领带。长袖衬衫要塞在裤子里，袖口不要卷起。短袖衬衫则不要塞在裤内。要理发修面，皮鞋擦净。

③出席。出席宴请活动，抵达时间迟早、逗留时间长短，在一定程度上反映对主人的尊重。身份高者可略晚到达，一般客人宜略早到达。

④抵达。抵达宴请地点，先到衣帽间脱下大衣和帽子，然后前往主人迎宾处，主动向主人问好。

⑤入座。应邀出席宴请活动，应听从主人安排。如是宴会，进入宴会厅之前，先了解自己的桌次和座位，不要随意乱坐。

2. 政务宴中的就餐礼仪

①进餐。取菜时不要盛得过多。对不合口味的菜，勿显露出难堪的表情。吃东西要文雅，闭嘴咀嚼，喝汤不要发出声响，吃东西不要发出声音。

②让菜不布菜。可把餐桌上所欣赏的和有特色的菜肴推荐于人，但不可为客人布菜。

③饮食不发声。吃东西不发出声音，在涉外交往宴会上特别要注意这一点。

④不乱吐食物。进嘴的东西，原则上不可当众再吐出，可用餐巾或手掌遮掩。

3. 政务宴的饮酒礼仪

①确定酒品。宴席上所摆放酒的种类一般有白酒、葡萄酒（果酒）、啤酒三大类。一般来说男士喝白酒、啤酒，而女士喝葡萄酒（果酒）。如果有男士不饮酒，一般不以饮料代替。女性如果不饮酒，一般以饮料代酒。

②摆好酒具。一般宴会桌只摆三种酒杯，即白酒杯、红酒杯和啤酒杯。酒杯种类应与宴席所上酒水的品种相同。

③适席斟酒。宴会开始前，服务员要按先宾后主的顺序为客人斟酒。斟酒时瓶口不得与杯口相碰，以防碰倒、碰碎酒杯。斟啤酒时泡沫不得外溢。见桌面客人杯中酒喝剩三分之一时，服务员应及时续酒，续到八分满

为宜。

④文明碰杯。祝酒时，主人先举杯，杯口应与双目齐平，微笑点头示意，其余人起立举杯。碰杯时一般与对方的杯口齐高，或比对方略低，以示谦恭。

⑤礼貌回敬。在宴会中，主人敬完酒后，客人一般要回敬一杯。宴开多席，主人应依次到各桌敬酒。

⑥热情劝酒。劝酒要因人而异，对海量客人尽量劝其喝好，对微量客人要适可而止，对不饮酒的客人则不要强求。

⑦适量饮酒。饮酒要留有余地，不可喝得大醉，举止失态。

三、政务祝酒词

一般情况下，政务祝酒词的写作要求严谨、细密、庄重。其中政务祝酒词的称谓也有较严格的要求。比如敬重性称谓，在外宾欢迎酒宴或招待酒会上常见，"尊敬的总统先生阁下"、"尊敬的总统夫人"等。比如专指性称谓，"尊敬的部长（局长）先生"。比如泛指性称谓，"各位领导、各位来宾、各位朋友，女士们、先生们"。总结起来，政务祝酒词有两大类，一是国宴上领导人的祝酒词，二是各级政府部门的正式宴会的领导祝酒词。

四、政务宴上的禁忌和应急技巧

第一，出席宴会前，要严禁吃蒜、葱等有刺激性气味的东西。宴会厅内不要随地吐痰、扔烟蒂、火柴棍或弹烟灰。咳嗽、打喷嚏等不要面对客人和餐桌，要侧身用餐巾或手帕捂住口鼻。

第二，宴会应从自己行进方向的左侧入席。

第三，落座后椅子和餐桌之间距离最好为20厘米左右。

第四，双手不宜放在邻座椅背上，不用两手撑桌子。

第五，入席后不当众补妆、梳发、挽袖口和松领带。

第六，用餐中不要用自己的筷子为别人夹菜。

第七，不用筷子敲打餐具或将筷子插在饭碗中。

第八，不小心打翻酒水，表示歉意并帮助擦干。

第九，使用餐厅提供的餐巾纸，不要用随身带的纸巾。

第十，退席时，应该先让主宾离席，然后其他宾客再陆续离席。

金秋时节，硕果累累！为表示深情的谢意，我提议，为在座各位领导的事业辉煌、幸福安康，干杯！

最后，祝各位嘉宾生意兴隆，事业发达！祝大家身体健康，家庭幸福！我提议，让我们举起酒杯，为××的锦绣前程，为本届发布会的圆满成功，干杯！

多年来，××人民一直想念着曾在××工作过的各位领导，想念着××籍在外市工作的各位领导、同志和朋友们，也盼望着各位领导在方便的时候多回××，探亲访友，视察工作，指导和帮助我们把××的明天建设得更加美好！现在，我提议，为我们的事业兴旺发达，为我们的友谊与日俱增，为各位领导春节愉快、×年吉祥、身体健康、合家欢乐，干杯！

各位领导、各位朋友，××的发展离不开你们，我们希望通过本次第×届中国金融市长年会加强我们的联系和沟通，扩大我们的交流与合作，实现共同发展，共同繁荣。下面请大家共同举杯，为第×届中国金融市长年会的成功举办，为各位嘉宾的身体健康，为增进我们的友谊，干杯！

各位领导、各位专家、各位老乡、各位嘉宾：喝一杯家乡的酒，打拼未来壮志酬。我提议，大家共同举杯，为祝贺首次××经济发展座谈暨投资说明会圆满成功，为祝福全体在外工作创业的××老乡事业兴旺，为祝愿家乡××的明天繁荣富强，干杯！

第 **3** 章

就职酒：醉里乾坤大，壶中日月长

就职酒概要

酒·常·识

就职祝酒词是某个岗位上新上任的领导干部在机关或者企事业单位举办的就职宴会上所发表的祝酒词。就职祝酒词的主要内容大多是领导干部表达对上级信任、同事支持、前任贡献的感谢和对未来工作的期望。

祝酒词范例

酒·词·话

1 地方领导就职祝酒词

■ 范例 1 ■

【致辞人】某市市长
【场　合】××市第二届人民代表大会第×次会议闭幕宴会
【时　机】结尾致辞
【风　格】任重道远　平易朴实
【听　众】主席团成员、秘书长、市领导、人大代表、各代

表团成员

【关键词】激励 压力 责任 使命 重托

【金　句】我们不当懒官、不当贪官、不当庸官、不当昏官。

尊敬的主席团各成员，尊敬的各位代表，同志们：

非常感谢大家的信任，选举我们几位担任××市第二届人民政府的市长和副市长。在此，请允许我代表新一届市政府领导班子全体成员，再一次，对各位代表和同志们的厚爱与支持表示深深的感谢。

此时此刻，我们的心情难以平静。面对大家信任的目光，听着大家支持的掌声，感受大家无言的激励，我和市政府领导班子的同志们，除了感激之外，体味更多的是一种压力、一种责任、一种使命。我们没有理由不拿出百倍的努力，做好工作，来回报各位代表和各族人民。

在××工作的一年多时间里，我不仅看到了××的辽阔美丽、物产丰富、民族众多、历史厚重、文化繁荣，更加真切地感受到了××各族干部群众的率真质朴和包容豁达。在这样一个地区和环境中生活工作，更加激发了我热爱××、扎根××、建设××的激情和动力。

当前，××正处在新的历史起点上，我和市政府领导班子的同志们，备感责任神圣而重大，使命艰巨而光荣。我唯恐自己的能力有限辜负代表们的信任，生怕努力不够有负270万父老乡亲的重托。我唯有以勤补拙，以学添智，以勇攻坚，以实克难，以和聚力，以廉生威，满腔热情、殚精竭虑做好政府工作，以赤诚之心回报各族人民。在此，我向全市人民庄严承诺：我们不当懒官、不当贪官、不当庸官、不当昏官。我和新一届市政府领导班子成员将努力做到……

我们坚信，有以××书记为班长的市委的正确领导，有市人大、市政协的监督，有历届政府打下的良好工作基础，有全市270万人民的拥护和支持，我们一定会把××的事情办好，一定会向大家交上一份满意的答卷！为了××市明天会更好，干杯！

■ 范例 2 ■

【致辞人】某县县长
【场　合】××县换届选举宴会
【时　机】结尾致辞
【风　格】情真意切　实事求是　平易朴实
【听　众】政府各级领导、工作人员
【关键词】厚爱　实事　责任　转型　机遇　挑战
【金　句】蓝图已经绘就，目标非常明确，现在不是想的时候，也不是说的时候，而是干的时候。实干兴邦、空谈误国，机不可失，时不我待。

尊敬的各位代表：

衷心感谢大家的关心、支持和厚爱，再次选举我担任××县人民政府县长。今天，正好是我的 47 岁生日，我的心情特别激动。

三年前我刚到××工作的时候，我豪情满怀、信心百倍。三年来，我们扎扎实实、埋头苦干办成了一些实事，这使我非常欣慰。但我也知道，还有很多事情没有办好、还未办成，我因此非常自责、内疚和焦急。今天，人大代表再给我五年的任期，我备感使命崇高，更知责任重大。

××未来的五年，是大变革、大转型、大发展的五年，真正地充满机遇和挑战。这五年规划好、建设好、发展好，××将步入科学发展的快车道，迎来发展的黄金时期。相反，如果乱规划、乱建设、不发展，我们将错失良机，成为罪人。县党代会工作报告、县"十二五"规划、城市总体发展规划，已为我们描述了美好的前景，可以说蓝图已经绘就，目标非常明确，现在不是想的时候，也不是说的时候，而是干的时候。实干兴邦、空谈误国，机不可失，时不我待。本届政府最大的任务是抓落实。一心一意谋发展，埋头苦干抓落实。我将把"苦干、巧干、实干；亲民、为民、富民"12 个字作为座右铭，时时对照，加以鞭策，我和新当选的副县长们一定记住是人民代表选举了我们，权力是人民给的。我们唯有埋头苦干，干出更多让人民群众满意的、高兴的、认可的事情，才能报答人民的期望和信任。

××是一方充满生机和希望的热土。诗人艾青有句著名的诗句"为什么我的眼里常含泪水？因为我对这土地爱得深沉"。我要把最大的精力和智慧，倾注于这片土地，倾注给这片土地上的人们，不辜负党和人民的重托。我相信，有县委的坚强领导，有人大常委会和人民代表的支持，有全县干部群众的团结奋斗，我们事业的航船一定能劈波斩浪、勇往直前。

请人大代表和全县人民信任我、支持我、监督我。

谢谢大家！干杯！

■ 范例 3 ■

【致辞人】某区新任区长
【场　合】区换届选举宴会
【时　机】中场致辞
【风　格】语调高亢　心情激动　实事求是
【听　众】市领导、区领导、区人大代表
【关键词】培养　厚爱　支持　重托　使命
【金　句】面对新岗位，履行新职责，完成新使命。

尊敬的各位领导，同志们：

首先，我要衷心感谢党组织对我多年来的教育和培养，衷心感谢各位领导的器重和厚爱，衷心感谢大家对我的信任和支持。这次任职不仅是对我的一种认同与接受，更是对我的一份希望和重托。

今后五年是××贯彻落实"十二五"规划和市、区党代会精神，奋力争先，创新发展的关键期和攻坚期，同时也面临着各种矛盾交织并存的复杂形势。即将走向新岗位，我深感使命光荣，深感责任重大，深感我个人的学识和能力与担负的责任还有差距。但我坚信，勤能补拙，众志成城。有区委的坚强领导，有全区广大党员干部和群众的广泛支持，我对做好工作充满信心。

面对新岗位，履行新职责，完成新使命，我向各位领导表个态：

第一，强化政治意识、大局意识、责任意识和忧患意识，围绕区委、区政府中心工作，认真积极扎实开展工作，为××的新发展做出自己的贡献。

第二，加强学习，加强调查研究，尽快熟悉情况，尽快进入角色，更好地担负起工作的责任。

第三，认真履职。我要把"保一方平安，造百姓之福"作为我个人的崇高使命，锐意进取、永不懈怠，坚决把上级党委、政府及区委的各项部署贯彻落实协调好。我将坚持求真务实，脚踏实地，扎扎实实地工作，讲实话，办实事，求实效。

第四，精诚团结。我要倍加珍视当前区政府领导班子安定团结的政治局面，倍加珍视区政府干部奋发有为的精神状态，积极主动地与干部群众打成一片、融为一体。我要坚持民主集中制原则，个人服从组织，下级服从上级，注重工作方式方法，维护区政府领导班子集体形象和班长权威。

第五，严格自律。我要时刻牢记手中的权力属于党和人民，决不用来谋取私利。我要老老实实做人，干干净净做事。我要自觉发扬艰苦奋斗的优良作风，严格遵守廉洁从政的各项规定，坚决抵制腐朽落后的思想侵蚀，主动接受各位领导和同志们的监督。

我要说的就这些，谢谢大家！干杯！

▣ 范例 4 ▣

【致辞人】某镇镇长
【场　合】换届选举宴会
【时　机】中场致辞
【风　格】文采飞扬　激情四射
【听　众】镇领导班子、人大代表
【关键词】信任　尽职　尽责　尽心　尽力
【金　句】在其位、主好政，实实在在干事，脚踏实地工作。

各位代表，同志们：

这次会议选举我为××镇人民政府镇长，是各位代表和全镇人民对我的信任。在此，我向各位代表和全镇人民表示衷心的感谢！

我非常有信心，也有决心在上级县委、县政府和镇党委的领导下，在镇人大及其主席团的监督和支持下，按照镇党委、政府的工作思路和奋斗目标，团结和带领全镇干部群众，紧紧依靠全镇各族人民的智慧和力量，加快××经济社会的发展。

下面，我向大家表个态，也向全镇人民表个态。一是尽职、尽责、尽心、尽力。我知道自己能力有限，水平不高，但我想勤能补拙，愿意笨鸟先飞。我非常喜欢这两句话："什么叫工作？工作就是斗争"，"我们是为着解决困难去工作、去斗争的，越是困难的地方越是要去，这才是好同志"。今天既然大家把这副担子交给了我，我就要当这样一个"好同志"，在其位、主好政，实实在在干事，脚踏实地工作，把全部身心都投入到事业中去，尽心竭力、鞠躬尽瘁，把××的一切事情办实办好，以实际行动报效党，报效人民，才无愧于组织的信任，无愧于全镇三万多人民的重托。二是牢记宗旨，自觉造福于人民群众。牢固树立全心全意为人民服务的意识，努力做到职为民守，责为民尽，利为民谋，绩为民创，扎扎实实地深入群众，兢兢业业地做好工作，勤勤恳恳地为民谋利，从群众最关注的问题抓起，从群众最需要解决的事干起，真心为民，造福群众。三是加强学习，维护班子团结。坚持用马列主义、毛泽东思想、邓小平理论和"三个代表"重要思想武装头脑，使自己的思想和知识水平始终跟上时代前进的步伐，不断提高领导水平和行政能力。我作为领导班子中的一员，我会像爱护自己的眼睛一样维护班子团结，依靠团结凝聚力量，搞好工作。四是自警、自励、自律。在今后的工作中，我将严于律己，廉洁勤政，清清白白为官，堂堂正正做人，实实在在干事，真心实意待人。要求大家做到的，自己首先做到，要求大家不做的，自己坚决不做。时刻保持清醒的头脑，不断加强党性修养，筑牢拒腐防变的思想防线，不管在任何情况下，都稳得住心神，管得住手脚，抗得住诱惑，禁得起考验，坚持做廉政勤政的表率，做一名让组织放心、让群众满意的好干部。

同志们，岗位就是责任，权力就是义务，让我们携起手来，紧紧围绕镇党委、政府确定的工作思路和目标任务，团结带领全镇广大干部和人民群众，为全面建成小康社会、构建平安和谐新××而努力奋斗！干杯！谢谢大家！

■ 范例 5 ■

【致辞人】某镇新任副镇长
【场　合】换届选举宴会
【时　机】中场致辞
【风　格】实事求是
【听　众】镇领导班子、人大代表
【关键词】厚爱　支持　感谢　信心　职责
【金　句】我想，说得太多，不管用，关键还是看行动。

尊敬的各位代表：

承蒙各位代表的厚爱，选举我为副镇长，这既是对我的认可和接受，更是对我的信任和支持，在此，我表示衷心的感谢！

作为政府班子的一员，我感到既有压力，更有动力，我有信心、有决心在镇党委的领导下，在人大的监督下，迅速转变角色，端正态度，摆正位置，踏实工作，切实履行好工作职责。

首先是加强学习，不仅学习法律法规知识，更要学习涉农惠农政策；不仅向身边的领导、同事、朋友学习，更要积极主动向在座的各位代表，向我们的村组干部学习好的农村工作经验，不断丰富完善自己，才能更好地为广大老百姓服好务。

其次，当好副职，发挥好副职的参谋助手作用，工作中做到"到位不越位"，与班子其他成员搞好协调配合，积极为主要领导建言献策，尽自己最大的努力为我们镇的发展做出自己的贡献。希望在今后的工作中，也能得到各位代表一如既往的支持。

我想，说得太多，不管用，关键还是看行动。我将用自己的实际行动接受各位代表，接受广大老百姓的监督、检验。在此用杯中酒敬大家一杯。

谢谢大家！

◾ 范例 6 ◾

【致辞人】新任镇党委书记
【场　合】镇政府为新任镇党委书记举行的就职宴会
【时　机】中场致辞
【风　格】任重道远 展望未来
【听　众】县领导、镇领导、嘉宾
【关键词】信任 关键时期 责任 支持 信心
【金　句】与其他领导同志一道，与全镇人民一道，同甘共
苦，艰苦创业，励精图治。

同志们、来宾们：

今天，县委任命我为××镇党委书记，这充分体现了××县委、县政府对我的信任。我镇正处于改革的关键时期，所以我深感责任重大，可以说，前面的道路必定是坎坷的。但我深信有县委、县政府的正确领导，有镇党委和镇政府等同志们的支持和配合，有全镇各乡干部和群众的齐心协力，我对做好××的工作充满信心。

作为镇党委书记，我已是12万人民中的一员，我将义无反顾，尽心竭力做好工作，不辜负县委的重托，不辜负××镇百姓的期望，与其他领导同志一道，与全镇人民一道，同甘共苦，艰苦创业，励精图治，不断推进××的改革开放和现代化建设事业。

同志们，××的事业要靠全镇人民特别是在座的各位去奋斗，××的稳定要靠我们去维护，××美好的明天要靠我们共同去创造去努力。只要我们团结一心、振奋精神、真抓实干，有县委、县政府的正确领导，有全镇人民的大力支持，就一定会克服一切艰难险阻，××的明天一定会更加美好。最后，我提议，让我们共同举起酒杯，为在座各位的身体健康、工作顺利，为××的经济发展与社会进步，干杯！

■ 范例 7 ■

【致辞人】大学生村官
【场　　合】欢迎村民委员会副主任就任宴会
【时　　机】中场致辞
【风　　格】深入群众 实事求是
【听　　众】村领导、村民
【关键词】难忘 新的一页 进步 压力 转变 服务者 优势
【金　　句】当选为村民委员会副主任后，我既要当好"学员"
又要当好"服务员"。

尊敬的各位领导、各位父老乡亲：

大家好！

2011 年 9 月 10 日，是一个让我终生难忘的日子，这一天，我当选为××镇××村村民委员会副主任，从此翻开了我基层工作新的一页。

2010 年 8 月，我作为第三批选聘生选聘到××县××镇××村担任村委会主任助理。在这一年的工作中，我了解了很多农村的实际情况，学习了很多与村民打交道的经验，也体会到了基层工作的辛酸苦辣，也真正地从一个"学生"转变成了"村官"，无论是在思想上还是在实践能力上都有了很大的进步。在村民的信任和支持下，我顺利当选为村民委员会副主任。有句话说得好：给了舞台，就要唱好戏。我告诉自己：我是一名真正的村官了，我就要当好这个官！我深知自己身上的担子更重了，要做的事更多了，压力也随之更大了。

首先，我要再次调整自己的心态，迅速从村委会主任助理向村民委员会副主任的角色转变。当选为村民委员会副主任后，我既要当好"学员"又要当好"服务员"。农村工作千头万绪，作为一名大学生村官，仍然还是农村工作的"学员"，不能因为成功当选就沾沾自喜，今后仍需要主动虚心向身边的老党员、老干部、广大群众学习。在为群众服务时，不说外行话、不做门外汉，做农村工作的明白人。与此同时，我不仅要重视学习，还要切实发挥自身优势，做建设社会主义新农村的"服务员"。我要善于运用说服教育、示范引领和提供服务等方法凝聚和激励群众，提高组织群众、发动群众、教育群众和服务群众的本领。充分发挥自身优势，用新思想、新观念、新思维，引导村民成为有文化、懂技术、会经营的新型农民，争做新农村建设的服务者。

在具体工作中，更要讲"公心"。要做好村民委员会副主任就要为村民办实事，坚决不能畏难怕事，更要始终坚守两个原则：要时刻做到权为民所用，利为民所谋，情为民所系；要始终保持深入群众、了解群众、站在群众角度说话做事的作风。作为一名新当选的村民委员会副主任，不仅要有热情、有干劲，更要注重理论与实践的结合，因村制宜谋发展。作为村委班子的"主心骨"，要积极配合协助村书记、村主任，带头维护好班子的团结，大事讲原则，小事讲风格，作风民主，处事公正，善于倾听群众的意见和呼声，做到村"两委"成员思想上同心，工作上合拍，行动上协力。在面对群众、解决矛盾和处理纠纷时，要发挥大学生村官身份超脱的优势，站在公正的立场上，严格按法律规定的程序和要求办事，充分发挥村党员议事会作用，围绕本村党务活动、村务活动、村庄规划、环境整治、投资商投资征地、村里产业结构调整、集体资产出租等群众最为关心的问题进行讨论，广泛吸纳民意，密切党群关系，平稳解决影响和制约村里发展的难题，公正地处理各项事务，维护村里的稳定。只有这样才能得到群众的支持和拥护，才能被群众认可和接受。

我深深地感到，当村干部难，当能够聚人心，得民意，能够让百姓满意，令百姓放心的村干部更难。从当选的那一刻开始，我便告诉自己一切要从头开始，从零开始，要做一个好村官好干部，做一个深谙民情、理顺民意、搞好民生的好村官，努力把××村的经济社会各项建设搞上去，力争让村民生活迈上一个新台阶。这杯酒我敬在座的各位领导、各位父老乡亲，干杯，谢谢大家！

❸ 局长就职祝酒词

■ **范例 8** ■

【致辞人】新任××市公安局局长
【场　合】为欢迎新局长就任而举行的宴会
【时　机】中场致辞
【风　格】实事求是
【听　众】全局主要领导、干警代表
【关键词】战斗力　团结　激动　职责　重托　使命
【金　句】××市公安局的高效办案能力我素有耳闻，这是一个有素质、有战斗力的群体，是一个讲团结、讲大局、讲奉献的群体。

同志们、朋友们：

今天，我很荣幸出任××市公安局局长一职，同大家第一次见面也感到十分高兴。

××市公安局的高效办案能力我素有耳闻，这是一个有素质、有战斗力的群体，是一个讲团结、讲大局、讲奉献的群体。今天我能有幸成为这个优秀群体中的一员，内心无比激动。

公安事业是一项崇高的事业，我深知这个岗位的责任重大。组织对我的信任，将是促使我奋发向上、努力工作的动力。我将竭尽全力，认真履行职责，按照省厅领导和市委领导跟我谈话时提出的要求和希望，努力把全市公安工作做好，不辜负市委和全市人民的重托。我一定坚持坦诚做人、清白做官这项原则，向党和人民交出一份合格的答卷。

同时，我也殷切地期望得到本局全体同志尤其是那些老同志和老公安的支持和帮助。这样我才能更好地完成自己的本职工作。

同志们，作为党和人民的忠诚卫士，我们必须牢记历史使命，恪尽职守，用实际行动擦亮我们的警徽，用真诚态度温暖警民关系，这才无愧于我们这个英雄团体的称号。

最后，请大家一起举杯，祝愿所有的同事平安幸福，祝愿××市更加繁荣稳定，干杯!

④ 地方团体领导就职祝酒词

■ 范例9 ■

【致辞人】某促进会会长
【场　合】××文化发展促进会成立大会晚宴
【时　机】开场致辞
【风　格】肩负责任 任重道远 展望未来
【听　众】市领导、社会各界代表、嘉宾
【关键词】鼓励 鞭策 应运而生 责任 新生事物
【金　句】这对我本人来说，既是鼓励又是鞭策，对我们公司来说，既是肯定也是信任。

尊敬的各位领导、各位来宾，朋友们:

大家好!

在今年5月22日××文化发展促进会筹备大会上，我荣幸地被大家推选为××文化发展促进会会长。这对我本人来说，既是鼓励又是鞭策，对我们公司来说，既是肯定也是信任。在此，我谨代表××有限责任公司××分公司对大家的信任和支持表示衷心感谢!

××文化发展促进会是××市文化广电新闻出版局业务主管的一个非营利性的社会团体，是文化发展方面的自律组织。它在××文化新城建设和××市公益文化活动招商蓬勃开展的形势下应运而生，肩负着促进××文化发展的时代重任和历史使命。我们能够成为创始会员，既感到骄傲自豪，又深感责任重大。文化发展促进会是新生事物，作为会长，我深知这项工作极具挑战性，但是，有××市委、市政府的关心，有广大会员的支持，我对未来的工作充满信心。

文化发展促进会成立后，我们将按照《社会团体登记管理条例》和市民间组织管理中心的规定和要求，以"服务、促进、发展"为工作宗旨，建立健全各项规章制度，加强内部建设和管理，积极探索，不断创新，为促进会的运作机制不断注入新活力；积极开展会务活动，以多样化的载体、项目来充实促进会的工作内容，不断增强企业界和文化界之间的向心力和凝聚力；积极争取各行业协会和主管部门的指导和支持，吸引更多企业加入到组织中来，实现持续、滚动式发展，使促进会真正成为我市文化界和企业界共同的家；同时，广泛听取意见，不断改进工作方式，及时总结经验，带领全体会员团结一心，相互支持，共同致力于××文化新城建设，促进××文化发展，为推进××的现代化建设做出应有贡献！干杯！谢谢大家！

⑤ 客运站长就职祝酒词

■ **范例 10** ■

【致辞人】某客运总站站长
【场　合】就职晚宴
【时　机】中场致辞
【风　格】回顾过去 展望未来
【听　众】客运站领导、职工
【关键词】机会 责任 带头人 窗口 团结 拼搏
【金　句】我们的责任与义务就是团结一心、共同拼搏，带领大家一起，努力工作，积极奉献，树立我们交通局也是××市服务行业窗口的新形象。

各位领导、各位同志：

大家好！

非常感谢局党组、局领导给了我这次担当重任的机会，我的心里感觉是沉重大于高兴，责任大于名声。作为一个单位的带头人，一个领导班子的班长，我深感肩上的责任重大，在这里我代表我自己也代表我们车站这个新的领导班子，向局领导表态：一定不辜负领导对我们的信任和重用，尽自己的最大努力把车站的工作做好，向局领导交一份满意的答卷。

客运总站是交通局的一个窗口，更是××市的一个窗口，汽车站的工作搞得好坏影响重大。搞好车站的工作领导班子起着重要的作用，当然与在座的各位同志努力工作更是分不开的，因此作为新的领导班子，我们的责任与义务就是团结一心、共同拼搏，带领大家一起，努力工作，积极奉献，树立我们交通局也是××市服务行业窗口的新形象。

客运总站成立三年多以来，在各级领导的支持下，在前任站领导的辛勤工作下，在各位站务员同志的努力配合下，各项工作均已走上正轨，各项制度也逐步健全，客运总站的各项工作曾经得到了省、市、局、处领导的肯定。我们作为新一届领导班子，工作目标就是让环境更加优美，让工作更加规范，让制度更加健全和完善，让服务质量更加提高，让我们的荣誉继续保持。

作为新的领导班子，今天我们是正式到任，我们需要时间了解和掌握情况，需要熟悉工作环境，因此在座的各位同志一定要支持和配合我们的工作，各人安心自己的工作，负好自己的责任，出现任何的思想涣散、等待观望、看风测向，工作不负责任、敷衍塞责，服务态度粗暴、冷、横、硬的现象都是我们不愿意看到的，也是不能容忍的。希望各位同志积极配合我们的工作，使我们新领导班子的工作有个良好的开端。干杯！

谢谢大家！

⑥ 医院领导就职祝酒词

■ 范例 11 ■

【致辞人】某医院新任院长
【场　合】院领导为新任院长举行的就职晚宴
【时　机】中场致辞
【风　格】总结过去 展望未来

【听　众】市卫生局领导、医院主要领导

【关键词】荣幸　责任　典范　优势　守护神

【金　句】我将和各位同人共同维护并发展这种优势，以严谨的工作态度投入到我院的发展建设中，使我们成为百姓健康和生命的守护神。

....

尊敬的各位领导、各位同人、各位朋友：

大家晚上好！

我非常感谢各位，在百忙之中抽出时间为我举办这次就职晚宴，我十分感动。根据组织安排，我到本院任职并主持工作。这对我来说既是一种莫大的荣幸，也是一种巨大的责任。

作为全市卫生系统和医疗机构的龙头单位，多年来，在市委、市政府的正确领导下，在历届班子打下的坚实基础上，我们医院无论是整体形象还是内部建设，无论是基础设施建设，还是医疗水平都有很大幅度的提高。

就我市来讲，我院的医疗和服务水平无可比拟，地位和作用不可代替，尤其在医德医风的树立与建设上，更是成为全市医疗系统的典范。

在今后的工作中，我将和各位同人共同维护并发展这种优势，以严谨的工作态度投入到我院的发展建设中，使我们成为百姓健康和生命的守护神。

最后，请让我们共同举杯，为各位的生活幸福、工作顺利，干杯！

■ 范例 12 ■

....

【致辞人】某医院新任院长

【场　合】欢迎新院长就职宴会

【时　机】中场致辞

【风　格】情真意切　平易朴实

【听　众】医院领导、医生

【关键词】荣幸　挑战性　代表性　进步　成绩

【金　句】我们没有过多的广告，人们的口碑相传就是我们最好的广告。

....

各位同人：

大家好！

根据上级的安排，我很荣幸地来到医院主持工作，这对我来说是非常具有挑战性的。我深感自己任务的艰巨和责任的重大。

我深知，我们医院是一个外在宏伟、内在坚实的团体。不论是在基础设施还是医疗水平上我们医院都是我们地区最具有代表性的。这些年来的发展，让我们医院在人们心中树立了先进和医德高尚的良好形象。人们对我们医院高度的评价正是我们整体实力的最好说明。我们没有过多的广告，人们的口碑相传就是我们最好的广告。这不是每个医院都能做到的，是事实在说话。而且实际上我们医院仍然在不断地进步，从各个方面来完善自己提高自己。这样一个不断进步的集体能有这样的成绩也是理所当然的。

在今后的工作中，我将会和大家一起继续我们的服务：救死扶伤，为人民服务。虽然听上去是陈词滥调，却是我们应该参考的座右铭。我们应多以为患者着想的角度出发来关心老百姓。在之后的工作中，我们需要有一批青年医生到上级医院进行深造学习，向他们取经，提高我们医院整体的医疗水平，为我们整个地区的医疗事业做出我们的贡献。

希望在今后的工作中我们能够更好地合作，默契地配合，同样我也会向上级反映，提高我们医生的待遇，特别是一线大夫。相信我们一定可以站在前人的肩膀上创造更加辉煌的明天。让我们大家一起举杯，为我们的事业干杯，为我们的精神干杯，为了明天更加美好而干杯！

7 公司经理就职祝酒词

■ **范例 13** ■

....

【致辞人】某公司新任总经理
【场　合】公司举行的总经理就任酒会
【时　机】中场致辞
【风　格】文采飞扬　激情四射

【听　众】政府相关部门领导、集团领导、公司领导、商业
合作伙伴代表
【关键词】信任　培养　团结　居安思危　风险意识
【金　句】我本人一定做到"本本分分做人、扎扎实实做事"，
力争一次把事做好。

尊敬的各位领导、各位嘉宾，朋友们：

大家晚上好！

今天是一个令人难忘的日子，我很荣幸地被任命为×××集团××公司的总经理。

首先，感谢董事会对我的信任，感谢董事长、总裁以及前任总经理对我工作能力的培养。今天我面对各位董事、面对领导、面对新的领导班子成员以及面对××公司的商业合作伙伴，心情十分激动，同时也很有信心带领公司新领导班子成员，继续发扬×××人"只争第一、不做第二"的企业精神和"团结奋进、顽强拼搏"的优良作风，共同把公司管理好、发展好。

我本人一定做到"本本分分做人、扎扎实实做事"，力争一次把事做好。在工作中我将发挥领导班子的核心领导团队作用，做到分工明确，各尽其责，带领全体员工把各项工作做好。

同时，在公司良好的发展势头下，我们要保持清醒的头脑，不能轻视当前残酷激烈的市场环境，随时要有居安思危、如履薄冰的风险意识，要认识到我们还有很多管理方面的不足。

我相信，在董事会的正确领导下，在集团的大力支持下，在全体×××人敬业精神的鼓舞下，我有决心、有信心把公司在做强的基础上稳步做大，书写××公司更加辉煌的壮丽篇章。

最后，我提议，请让我们共同举杯，为了我们公司在今后的日子里，迈着坚定的步伐，奋勇向前，干杯！

▪ 范例 14 ▪

【致辞人】 某中学新任校长
【场　合】 新任校长就职晚宴
【时　机】 中场致辞
【风　格】 声音高亢 充满希望
【听　众】 县领导、县教委领导、中学校领导、骨干教师
【关键词】 感谢 支持 艰辛 敬意 克服
【金　句】 我深信有各位领导和老师的无私支持，我定会克服艰难险阻，努力开创第×中学更加灿烂辉煌的明天！

尊敬的各位领导、各位老师、各位朋友：

大家晚上好！

在这个春风和煦、万物萌发的日子里，我很荣幸升任××县第×中学校长一职。首先，我衷心地感谢县领导和县教委领导对我的信任和培养。其次，我要感谢各位老师对我的关心和支持。在这里，我要特别感谢刚刚退休的老校长，没有他的指引和教导，没有他的艰辛和努力，我们学校不可能有今天这么欣欣向荣的盎然景象，是他的辛勤工作奠定了我校稳步发展的坚实基础，我在此，再一次对他表示衷心的感谢和崇高的敬意。

作为第×中学校长，我深知自己的学识修养、专业知识、决策能力都还需要进一步提高，但是，我深信有各位领导和各位老师的无私支持，我定会克服艰难险阻，努力开创第×中学更加灿烂辉煌的明天！

最后，请让我用这杯酒表达对你们的感谢，祝愿各位事业顺利，合家欢乐，干杯！

漫话就职酒

就职祝酒词是指人员在机关或者企事业单位举办的就职宴会上所发表的祝酒词。就职祝酒词的主要内容大多是人们表达对上级信任、同事支持、前任贡献的感谢和对未来工作的期望。

作为一个就职的领导者，在酒桌上与众多下属喝酒也是有一定学问的，酒桌上往往是上下级之间沟通的一个平台。在喝酒的过程中，当众多下属与你坐在一起的时候，他们肯定会有压抑感。这时，如果你是上级的话，那么你对下级就要和蔼一点，不要在酒桌上还像领导一样，尤其不要摆领导架子，要像生活中朋友一样喝酒，这样下级觉得你很有风度。作为上级，此时就要多聊一些关心下级和生活方面的话题，或是工作之外的趣闻逸事等，切不可把酒桌当成办公桌。一个好的上级，无论在工作中，还是酒桌上，都能体现领导者的智慧。喝酒是一门学问，虽然不大，却非常实用。

新就职的上级给下级敬酒，杯中的酒包含着多种意思，即使是空杯也代表亲民、慰问、鼓励和关怀。如果你与下属多些平等对饮的机会，此时，酒则意味着你对他们莫大的赞赏。

如果是领导就职，作为下级的你要记住以下几点。第一，酒不能多喝，但是也不能不喝，首先应该明白自己的度是在哪里。第二，领导相互喝完才轮到自己。第三，敬酒时话不能多，可以简要表明心态，突出表明对领导就职的由衷祝贺，以及将来会全力配合好领导工作。第四，若职位卑微，记得多给领导添酒，不要瞎给领导代酒，就是要代，也要在领导确实想找人代的情况下，还要装作自己是因为想喝酒而不是为了给领导代酒而喝酒。比如领导不胜酒力，你可以通过旁敲侧击把准备敬领导的人拦下。第五，碰杯时，记着自己的杯子永远低于领导。

今后，让我们大家共勉，使医院的工作迈上新的台阶。最后，为大家的生活幸福、工作顺利，干杯！

此时此刻，我想用一位先哲的诗来形容我的心情与愿望，那就是："智山慧海传真火，愿随前薪作后薪！"最后，祝愿大家身体健康、合家幸福！让我们干杯！

我将谨记，责重如山，行胜于言。××已开启"十二五"规划新的画卷，新的目标召唤着我们，新的希望激励着我们。我将与全市人民一道励精图治，风雨同舟，全力开创政府工作新局面。我坚信：有××省委、省政府和××市委的坚强领导，有××市人大、市政协的监督支持，有历届政府打下的坚实基础，有全市上下的共同努力，我们的事业一定会更加辉煌，××的明天一定会更加美好！让我们共同举杯祝愿！

在今后的工作中，我们决心做到"三学、三爱、三负责"，即"学知识、学服务、学做人"，"爱客户、爱岗位、爱单位"，"对客户负责、对自己负责、对单位负责"，真正做到以主人翁的心态去积极应对与单位相关的每一件事情，为单位的发展奉献自己的力量。同事们，昨天的厚积，是为了明天的薄发，让我们豪情满怀、携手奋进，用汗水和热血为单位的辉煌明天添砖加瓦吧！干杯！

第4章
职场酒：我醉君复乐，
陶然共忘机

职场酒概要

酒·常·识

人为了生存需要工作，在工作中有很多关系，与同事间的关系，与上下级之间的关系，与客户之间的关系，在这种关系中的来往，就是职场交往。小到如对新同事的欢迎，对离职同事的欢送，领导对下属的关心，下属对领导的重视，大到如公司年会鼓舞士气等等，这些交往中都需要得体的祝酒词。职场酒是指以职场交往活动为背景的酒种，主要用于职场交往中的沟通、交流、宴请等，以职场酒为核心的活动通常被称为职场酒会、职场宴会，在这种场合发表的祝酒词即职场祝酒词。

祝酒词范例

① 职场庆功祝酒词

■ 范例 1 ■

【致辞人】某软件公司领导

【场　合】××软件公司年终业绩总结庆功酒会

【时　机】结尾致辞

【风　格】激情飞扬　鼓舞士气　再接再厉

【听　众】公司领导、全体员工

【关键词】理想王国　历史使命　一诺千金　君子之风　脊梁

【金　句】我们相信只有诚信，才能赢得客户的认可；只有诚信，才能促进我们的进步；只有保持君子之风，才能赢得更大的天地。

尊敬的各位同人：

大家新年好！

××××年即将轻轻翻过，××××年正悄悄来临，我们在享受收获的喜悦同时，也必须开始迎接新的挑战。

我们身处一个充满着危机挑战而又诱惑纷繁的世界，作为××人，我们急需建立自己的信仰和理想王国，塑造属于你我、属于××软件的文化和性格的人文精神。

我们必须树立"中国创造、你我有责"的崇高理想，成为有理想的团队。中国有两句古话，一句是"家事、国事、天下事，事事关心"，另一句是"修身、齐家、治国、平天下"。我们相信，实体经济是国家长期持续发展的根本，拥有核心知识产权，拥有核心队伍是实体经济发展的根本，而我们××人正是给实体经济注入创新灵魂的人。我们真心实意地帮助中国制造企业实现产业升级转型，让他们"每个人都能创造"是我们崇高的历史使命。

我们必须建立一诺千金的诚信理念，成为有道德的团队。伟大的哲学家康德在《纯粹理性批判》中说："有两种东西，我对它们的思考越是深沉和持久，它们在我心灵中唤起的惊奇和敬畏就会日新月异，不断增长，这就是我头上的星空与心中的道德定律。"我们相信只有诚信，才能赢得客户的认可；只有诚信，才能促进我们的进步；只有保持君子之风，才能赢得更大的天地。

我们必须成为学习型的团队。合抱之木，生于毫末；九层之台，起于垒土；不积跬步，无以至千里；不积小流，无以成江海；骐骥一跃，不能十步；驽马十驾，功在不舍。只有持续学习，才能持续领先。我们必须对新技术、新方法保持高度的敏感性，并通过坚持不懈地学习增长个人和团队的能力，才能创造辉煌的人生，才能更好地服务于我们的客户和社会。

我们必须具有高度职业素养。每一个人都必须用严谨的态度、科学的精神、职业的敬畏感对待我们的每一项工作，通过尽心尽力，力求尽善尽美。鲁迅先生曾经说："我们自古以来，就有埋头苦干的人，有拼命硬干的人，有为民请命的人，有舍身求法的人……这就是中国的脊梁"。

我们就是埋头苦干的人，拼命硬干的人。正是由于我们埋头苦干，我们成了本行业的领头羊，我们从游击战转到了阵地战，从国产软件之间的竞争转到了直面国际品牌的竞争；正是由于我们拼命硬干，我们从一个胜利走向另外一个胜利。

我想说：我们就是中国的脊梁！我们所付出的努力、奉献的智慧都将会为中国制造企业的发展，为中华民族的腾飞留下特殊印迹。最后，我衷心地祝大家新年快乐！祝愿大家明天更美好！为我们这一年所取得的成就，干杯！

■ 范例 2 ■

【致辞人】优秀员工获得者
【场　合】优秀员工颁奖晚宴

【时　机】开场致辞

【风　格】激动诚挚

【听　众】公司领导、全体员工

【关键词】殊荣　荣幸　感动　方向　鞭策　奋斗

【金　句】在此，感谢领导指引我正确的方向，感谢同事耐心的教授与指点。

尊敬的各位领导：

非常感谢在座的各位领导能够给予我这份殊荣，我感到很荣幸。心里是无比喜悦，但更多的是感动。真的，这种认可与接纳，让我很感动，我觉得自己融入了这个大家庭，自己的付出与表现已经得到了最大的认可。我会更加努力！

在此，感谢领导指引我正确的方向，感谢同事耐心的教授与指点。

虽然被评为优秀员工，我深知，我做得不够的地方太多太多，有很多的东西还需要我去学习。我会在保持自己踏实肯干的优点的同时，加快脚步，虚心向老员工们学习各种工作技巧，做好每一项工作。这个荣誉会鞭策我不断进步，使我做得更好。

事业成败关键在人。在这个竞争激烈的时代，你不奋斗、拼搏，就会被大浪冲倒。我深信：一分耕耘，一分收获，只要你付出了，必定会有回报。我会细心积累经验，使工作技能不断地提高，为以后的工作奠定坚实的基础。让我们携手为××的未来共同努力，使之成为最大、最强的。我们一起努力奋斗！

最后，祝大家工作顺心如意，步步高升！我敬大家！

■ 范例3 ■

【致辞人】某公司经理
【场　合】×××公司内部辞旧迎新宴会
【时　机】中场致辞
【风　格】激情澎湃　鼓舞人心
【听　众】公司领导、全体员工
【关键词】辞旧迎新　自豪　创新　争先
【金　句】回眸激越澎湃的牛年，我们无比欣慰，无比自豪。
一年来，×××各级领导和广大员工，唱响×××主旋律，
弘扬×××精神，自信笃行，开拓创新，攀高争先，跨越奋
进，×××公司呈现出一派欣欣向荣的喜人景象。

员工们、同志们：

值此辞旧迎新之际，我谨代表×××公司，向各位员工，致以节日的问候和新年的祝福，祝愿大家在新的一年里身体健康，事业兴旺！

回眸激越澎湃的牛年，我们无比欣慰，无比自豪。一年来，×××各级领导和广大员工，唱响×××主旋律，弘扬×××精神，自信笃行，开拓创新，攀高争先，跨越奋进，×××公司呈现出一派欣欣向荣的喜人景象！

成绩来之不易，创业充满艰辛。我们衷心感谢×××全体员工万众一心、团结拼搏！

展望充满希望的2010年，我们更加意气风发、斗志昂扬。×××发展已经站到了新的历史起点，进入了全面跨越腾飞的新阶段。

在新的一年里，让我们紧密团结在×××总经理的领导下，时刻牢记全年的工作目标，认真工作，克服困难，为推动公司的进步和发展而贡献力量。干杯！

■ 范例 4 ■

【致辞人】 某公司领导

【场　合】 ××公司内部新年聚会

【时　机】 中场致辞

【风　格】 简洁 真挚 激扬士气

【听　众】 公司领导、全体员工

【关键词】 感谢 努力 战胜 忠诚 关心

【金　句】 在这里，我首先代表公司党政工领导班子向各位员工和同志们以及你们的家人拜个早年，同时，也感谢大家在过去的一年中，在各自岗位上所做出的辛勤努力。

员工们、同志们：

新年好！大家一年来辛苦了！在这辞旧岁迎新春之际，我们大家欢聚一堂，共进新春年夜饭。在这里，我首先代表公司党政工领导班子向各位员工和同志们以及你们的家人拜个早年，同时，也感谢大家在过去的一年中，在各自岗位上所做出的辛勤努力。刚刚过去的 2010 年是我们克服困难，战胜困难的一年，也是不平凡的一年。在新的一年里，我相信，有我们大家的继续努力和付出，有大家对企业的忠诚和关心，××的明天会更加美好！干杯！

■ 范例 5 ■

【致辞人】 公司领导

【场　合】 ××公司成立×周年庆祝酒会

【时　机】 结尾致辞

【风　格】 激情澎湃 鼓舞人心 展望未来

【听　众】 公司领导、全体职工及家属

【关键词】 汗水 艰辛 奋斗 激动 关怀 感谢

【金　句】 喜悦伴着汗水，成功伴着艰辛，遗憾激励奋斗，我们不知不觉地走进了 2012 年。今晚我们欢聚在××公司成立后的第×个年头里，我和大家的心情一样激动。

各位女士、各位先生、各位朋友：

大家晚上好！

喜悦伴着汗水，成功伴着艰辛，遗憾激励奋斗，我们不知不觉地走进了2012年。今晚我们欢聚在××公司成立后的第×个年头里，我和大家的心情一样激动。

在新年来临之际，首先我谨代表××公司向我们的家人和朋友拜年！我们的点滴成绩都是在家人和朋友的帮助关怀下取得的，祝他们在新的一年里身体健康，心想事成！其次，我要向辛苦了一年的全体员工拜年！感谢大家在2011年付出的汗水。许多生产一线的员工心系大局，放弃许多节假日，夜以继日地奋战在工作岗位上，用辛勤的汗水浇铸了××不倒的丰碑。借此机会，我向公司各个岗位的员工表示亲切的慰问和由衷的感谢！

展望2012年，公司已经站到了一个更高的平台上。新的一年，公司将持续遵循"市场营销立体推进，技术创新突飞猛进，企业管理科学严谨，体制改革循序渐进"的方针，并在去年的基础上继续深化，目的只有一个：全面提升公司的核心竞争力。我相信2012年是风调雨顺、五谷丰登的一年，××公司一定会更强盛，员工的收入水平一定会上一个台阶！

雄关漫道真如铁，而今迈步从头越。让我们以自强不息的精神、团结拼搏的斗志去创造新的辉煌业绩！新的一年，我们信心百倍，激情满怀，让我们携起手来，去创造更加美好的未来！干杯！

■ 范例6 ■

【致辞人】某区地税局领导
【场　合】××区地税局2011年新年聚会
【时　机】中场致辞
【风　格】回顾过去 肯定成绩 展望未来
【听　众】区地税局领导、全体职工、区地税局离退休人员
【关键词】喜庆 欢聚 贡献 祝福 感谢
【金　句】丁帘卷雨饶春意，卯酒盈杯祝丰年。

尊敬的各位老同志和全体干部职工：

你们好！

"丁帘卷雨饶春意，卯酒盈杯祝丰年。"时隔多年，我们又在这个喜庆的日子里欢聚一堂，来共同回忆美好而丰收的时光，来共同展望光明而蓬勃的未来。在此，我谨代表××区地税局党组向兢兢业业、乐于奉献、勇于开拓的全体干部职工，向曾经为××地税事业建设和发展做出巨大贡献的老同志们，致以最诚挚的问候和新年的祝福，并通过你们向长期以来关心、支持区局事业发展的家属们表示最衷心的感谢！

回首 2010 年，是"十一五"规划的收官之年。

展望 2011 年，是"十二五"规划实施的开局之年，也是省局提出推进各项管理现代化，服务"四化两型"建设的开篇之年，更是××地税事业实现跨越式发展的关键一年。"风雨多经志弥坚，关山初度路犹长"，过往的荣誉已经离我们远去，更加美好的未来已经呈现在我们面前。虽然摆在我们前方的路还很长，但我相信，只要我们齐心协力、努力拼搏，我们前方的道路就会更加平坦，我们前进的步伐就会更加坚实，我们未来的前途就会更加辉煌和灿烂。同志们，也许明天我们又将开始辛勤的工作，也许明天我们又要踏上新的征程，但是在今天，在今晚，我们应该开怀畅饮，把酒言欢，既为惜别我们曾经辉煌的过去，也为满怀豪情去迎接更为艰辛的挑战。

最后，我衷心祝愿大家在新的一年里身体健康，合家幸福，万事如意！谢谢大家！

范例 7

【致辞人】某学校校长

【场　合】××中学建校 57 周年纪念日新老教师聚会

【时　机】开场致辞

【风　格】回忆过去　感慨激动　展望未来　激情满怀

【听　众】校领导、老领导、老教师、教师代表

【关键词】付出 历史 无怨无悔 奉献 培养 骄傲

【金 句】那时的你们激情满怀、干劲冲天，不怕苦，不服输，敢打硬仗，敢争第一，兄弟学校都敬畏三分。那时，我们骄傲，我们自豪，我们奋进，我们拼搏。

尊敬的离退休领导、老教师们：

大家中午好！

刚刚过去重阳节，我们就迎来了我校建校 57 周年的纪念日。今天我们新老教师在彼此共同关注、共同为之付出的校园里，一起上早会，一起升国旗，一起唱国歌，一起述说建校 57 周年发展的历史，仿佛一切又回到了从前，那时你们早出晚归、披星戴月，不顾小家，一心工作。你们为了解决教学中的难题，争得面红耳赤；为了提高学生的成绩，经常备课到深夜，手持画钢板的笔，一画就是几小时。你们头发白了，眼睛花了，却无怨无悔；你们不计报酬，只讲奉献，一心一意教书育人，培养出了无数优秀学子、无数栋梁之才。那时的××中学，超过××中学，胜过××中学，是响当当的××名校。那时的你们激情满怀、干劲冲天，不怕苦，不服输，敢打硬仗，敢争第一，兄弟学校都敬畏三分。那时，我们骄傲，我们自豪，我们奋进，我们拼搏。

现如今，××中人正在继承我们老一代教育人的好思想、好品德、好作风，并把它发扬光大。×校长提出了"爱与创造"的××中学精神，坚持"全心全意为学生服务"的办学宗旨，倾力打造"博爱"校风，遵循"安全为先，质量为本、效益为重、形象为上"的办学原则，按照"精细化、实效化、人文化、特色化"的办学方针，全力推进学校"第二次创业"。从 2006 年至今，培养出了×名北大学子，升入名牌院校的人数逐年增多，校园的文化氛围越来越浓，人文关怀越来越细，和谐校园正在形成。请老教师们放心，我们不会辜负你们的希望，不会忘记你们曾经立下的汗马功劳，你们打下的江山，我们会让它更加牢固，更加郁郁葱葱。

最后衷心祝愿老教师们身体健康、万事如意！祝愿××中学越办越好！干杯！

▪ 范例 8 ▪

- -

【致辞人】某部门领导
【场　合】欢迎新同事小型聚会
【时　机】开场致辞
【风　格】简洁大方　激扬士气
【听　众】部门领导、部门同事
【关键词】感谢　骄傲　中心　创新　发展　奋斗
【金　句】我衷心感谢各位能够选择并加入我们部门。我认为你会为成为公司的一员感到骄傲。

- -

尊敬的各位领导、各位同事：

大家好！

首先借此机会，我衷心感谢各位能够选择并加入我们部门。如诸位所知，我公司是本行业著名的公司之一，我认为你会为成为公司的一员感到骄傲。发展公司的业务一直是我关注的中心问题。我们不能依赖旧有的成绩，我们需要不断创新。你们具有新的知识、新的观念以及新的见解。请你们一定努力工作，不仅为了公司，为了我们部门，也为你们自己，这是我们公司发展壮大的唯一出路。

再次欢迎你们的加盟，从今天开始让我们一同为公司的发展而奋斗，干杯！

▪ 范例 9 ▪

- -

【致辞人】某部门领导
【场　合】同事离职即将奔赴新单位的聚会
【时　机】结尾致辞
【风　格】文采飞扬　环环相扣　情真意切

【听　众】部门领导、部门同事
【关键词】伤感　友谊　珍惜　事业　支持
【金　句】《三国演义》开篇就讲"天下大势，分久必合，合久必分"。

....

朋友们：

今天我们怀着既高兴又有一些淡淡伤感的心情聚集在一起，为×××送行。高兴是因为我们的同事找到了一个新的东家，赢得了一个更大的发展机会，也拥有了一个更大的提升空间。为此，我们当然十分替他高兴。说伤感是因为×××与我们共事期间，大家曾经共同完成了很多项目，攻克了很多难题，在一起经历了很多事情，感受了很多悲喜，彼此建立了深厚的友谊，此次分别将天各一方，聚少离多，依依不舍是每个人心中的共同感受！

×××1992年毕业就进入我们单位，到现在已经20个年头了，早已经融入了我们。20年中，他从一个刚出校门的学生成长为一名优秀的科研工作者、中层管理者、高级工程师、技术专家。20年在人类的历史长河中是短短的一瞬，在人生的漫漫征程中可是一段值得珍惜的时光。×××在这20年中，见证了我们单位由小到大、由弱到强的历史，在这片土地上，×××洒下了自己的汗水，奉献了自己的力量，为企业的发展贡献了一份不可或缺的功劳。这其中，有胜利的喜悦，也有失败的痛苦，但是大家风雨同舟，从来不曾退缩。这样深厚的情感，自然让我们对×××的离开有着相当不舍。现在回头望望我们走过的路，虽然风雨兼程，但是也十分欣慰。站在这个分别的巷口，虽然我们有万分不舍，但是还是要衷心祝愿×××，希望他能在新的岗位上继续发光发热，干出一番新的成绩，成就自己的事业。老朋友们在这儿默默祝福你！

《三国演义》开篇就讲"天下大势，分久必合，合久必分"。人事小事当然也是这个道理，铁打的营盘流水的兵，人才流动也是一个单位兴旺发达的标志。我们单位自成立以来，进进出出的人也实在不少。无论以什么原因走了的，他们都没有忘记自己曾经为之努力奉献的这片热土，都在以不同的方式关注、支持我们单位的建设和发展。我们单位之所以取得今天的成绩，与我们那些分布在五湖四海的曾经的同事的支持是分不开的。我们也真诚地希望×××到新的单位、新的岗位上以后，时刻关注我们单位的发展，在力所能及的情况下，一如既往地支持我们单位的发展。

天下没有不散的筵席，有的同志要到新的单位发展了，我们要让他走得舒心、放心；为了我们共同的事业还要继续在一起工作的同事们要工作得称心、开心。让我们在不同的工作岗位上共同为祖国××事业的发展尽心尽力，书写我们人生的壮丽篇章。让我们大家共同举杯，衷心地祝愿×××到新的工作岗位上以后，工作顺利，身体健康，合家幸福，万事如意，干杯！

■ 范例 10 ■

....

【致辞人】某部门负责人
【场　合】欢送老领导宴会
【时　机】开场致辞
【风　格】平易朴实
【听　众】部门领导、部门同事
【关键词】难忘　依依不舍　憧憬　相会　蒸蒸日上
【金　句】岁月更替，周而复始。正是在这一代代的传承中，我们在发展，在进步。

....

各位领导、各位同人：

今天是个令我们难忘的日子！我们带着依依不舍之情和无限憧憬之心来相会。依依不舍是因为我们德高望重的老领导要带着他满载收获的行囊愉快地开始他的休闲生活。行囊中是我们沉甸甸的祝福！无限憧憬是因为我们还要开始新的征程！新的征程中我们年轻有为的领导还要勇担重任，征途之中有我们美好的祝愿！

岁月更替，周而复始。正是在这一代代的传承中，我们在发展，在进步。感谢老人家给我们的关怀和教导，感谢您的贡献！也祝愿我们的未来更加蒸蒸日上！这是我们所有人的共同愿望！

为了我们的共同心愿，我们共举酒杯，干杯！

■ 范例 11 ■

【致辞人】某学校领导

【场　合】××中学欢送××校长赴××中学任校长宴会

【时　机】开场致辞

【风　格】情真意切　情理交融

【听　众】学校领导、教师

【关键词】依依惜别　认认真真　勤勤恳恳　优异　贡献　感谢

【金　句】希望您在百忙中抽空回家看看，因为这里有您青春的身影，这里是您倾注过心血和汗水的第二故乡。

同志们：

今天，我们怀着依依惜别的心情在这里欢送××校长去××中学任校长！

××同志在××中学工作十年期间，工作认认真真、勤勤恳恳，分管教育、教学工作，成绩突出，实绩优异，为学校的发展做出了很大贡献，让我们代表三千多名师生以热烈的掌声向××校长表示衷心的感谢！同时，我也衷心地希望××校长今后继续支持关心××中学的发展，也希望××中学与××中学结为友好的兄弟学校，更希望您在百忙中抽空回家看看，因为这里有您青春的身影，这里是您倾注过心血和汗水的第二故乡。

下面，我提议，为了××校长全家的健康幸福，为了我们之间的友谊天长地久，干杯！

■ 范例 12 ■

【致辞人】某县县委书记

【场　合】县委书记离岗欢送会

【时　机】结尾致辞
【风　格】情理交融　文采飞扬　激情四射
【听　众】地方领导、地方工作人员
【关键词】离别　使命　岁月　奋斗　支持　友情
【金　句】日日夜夜，风雨兼程，几度激情，几番感慨，几
缕白发，几分遗憾。
....

各位领导、各位同志：

大家好！

2002 年 12 月 21 日我到××工作，至今已有五年零四个月。近 2000
个日日夜夜，风雨兼程，几度激情，几番感慨，几缕白发，几分遗憾。当
将离别时，我心潮如海，确有一番割舍不去的情愫。

我回首，回首××的发展。面对职责使命，不管是在县长岗位上，还
是在县委书记岗位上，我都恪尽职守，努力工作。

我难忘，难忘和同志们一起度过的岁月。我们为了共同的目标，风雨
同舟、悲喜同心、苦乐同享，一起爬过了一个个坡，一起迈过了一道道坎，
一起攻克了一个个难关，那些岁月我们没有虚度！

我依恋，依恋××的山水，依恋××的人民，依恋××的广大干部和
我们正在一起奋斗的事业。这片热土、这方人民，我深情眷恋，难舍难分！

我感谢，感谢班子同志的真诚支持，感谢乡镇、街道和部门同志的主
动配合，感谢老同志的关心厚爱，感谢各界人士的肝胆相照。大家对我的
关心、支持和帮助，我将铭刻在心；与大家的友情，我将永世不忘！

我遗憾，遗憾过去工作中有诸多不足，遗憾自身存在不少问题，遗憾
因在工作中伤害过同志感情。我不能挽留岁月，却可以挽留岁月给我的借
鉴、启示和激励。

我牵挂，牵挂××的父老乡亲。几年来，××父老的善良纯朴和勤劳
执着，陶冶净化着我的心灵；××乡亲们的殷殷深情，溶入了我的血脉之
中，使我受到了教育，受到了鞭策。

我期待，期待××的未来。办好××的事情，关键在于干部，需要潜
心谋事、用心做事。只要大家齐心去干事业，我坚信××一定能够开创一

个更加辉煌绚丽的明天！我虽然离开了××，但××的每一个发展和变化，都会给我带来欣慰；同志们的每个胜利与成功，都会给我带来喜悦。

　　××省委和××市委安排我到××任职，我拥护××省委、××市委的决定，服从组织的工作安排，感谢××省委、××市委对××工作与××干部的关心和重视。在即将离开××的时候，我再次深情地为××祝福，祝愿××人民安居乐业。为了××明天更加美好，干杯！

漫话职场酒

酒·文·化

　　俗话说，人在江湖走，哪能不喝酒。中国是个很在意交往礼节的国度，身为职场中人，酒席几乎是沟通感情必不可少的媒介，正所谓"无酒不成席"。懂得喝酒的人，懂得如何玩转酒桌的人，势必在职场中可以如鱼得水。其实这也是一个技巧和态度的问题。

一、常见的喝酒原因

1. 协调关系

　　不可否认，在我们这个社会关系网中，酒局的确是一种颇为有效的感情沟通方式，它可以让人们在开怀畅饮的时候敞开心扉，更为充分地交流。很多人都发现一个诀窍，很多事情在餐桌上比在办公室里更易于解决。

　　①上下级关系的处理。同领导一同进餐，相互交流思想，畅谈工作中的感悟，找出不足之处，更有利于相互沟通，提高默契度，促进工作效率的提高。

　　②同事之间的感情维护。有时靠酒桌也能维持良好的同事友谊，至少可以减少对自身的伤害。正所谓人在职场，身不由己！如何协调好同事之间的关系，酒桌上能够化解彼此之间的鸿沟，增进私人之间的感情和友谊，对"穿小鞋"的事件能起到提前防范的作用。

2. 有求于人

　　谁都知道"酒大伤身"，可许多职场中人喜欢喝酒，有时并不是因为嘴馋瘾大，而是为了工作"硬着头皮顶住"喝。你不请喝酒的话，如果没有三两酒下肚，没有可以"哥们儿"相称的气氛，的确很难把事情办得漂漂亮亮、一帆风顺。

3. 职场应酬

在职场里应酬的各色人等中，多数人并不计较吃什么、喝什么，只要体现一番诚意也就可以了；但是，有一些人是相当计较、得罪不得的。那么平时的职场应酬则成为约定俗成的了，即使随便"喝两口"也好。职场上，如果应酬得当，各方面关系融洽，联系渠道畅通，人气旺盛，工作顺利，甚至能逢凶化吉、化险为夷；如果应酬失当，则关系僵、渠道塞，脸难看、事难办，穿小鞋、陷泥潭，之后再做补救，不仅十分被动，而且下的气力、花的成本可能会更大。权衡利弊，何不早烧高香呢？

无论什么原因，什么场合，有事无事，多参加职场酒宴是百利而无一害的。一个宴请，有时候可以改变一个人的一生；一桌筵席，甚至可以影响一个人职业生涯的成功与失败。

二、职场宴上的礼仪

1. **餐桌礼仪**

①主客优先。主客还未动筷之前，不可以先吃；每道菜都等主客先夹菜，其他人才依次动手。

②有人夹菜时，不可以转动桌上的转盘；有人转动转盘时，要留意有无碰到桌上的餐具或菜肴。

③不可一人独占喜好的食物。

④避免使用太多餐具。

⑤不要肆意灌酒。敬酒时应先敬领导、客人、职场前辈，喝酒也要适度，避免醉酒出丑。

2. **餐桌话题**

假如饭桌上只是低头吃饭，气氛一定很僵。和背景、年龄、性格、爱好皆不相同的同事或客户，到底要聊些什么？

①天气、气候。这是英国人的习惯，在火车上碰到同车的人，必定由天气展开话题。

②爱好。以国家或人群之分的爱好是最佳交际话题。

③新闻事件。尽管新闻每天都有很多人在看，也天天不同，但是，有

些重要新闻事件人们还是喜欢听或者发表意见的。

④故乡，出身，学校。有可能因故乡相同而找到同乡，拉近彼此间的距离。此外家庭成员、居住地、喜欢的酒名、喜欢的食物、汽车等也可以作为聊天主题。

三、职场宴上的禁忌和应急技巧

第一，酒桌上虽然"感情深，一口闷；感情浅，舔一舔"，但是喝酒的时候决不能把这句话挂在嘴上。韬光养晦，厚积薄发，切不可一上酒桌就充大。

第二，碰杯，敬酒，要有说辞。

第三，领导相互敬完才轮到自己敬酒。

第四，可以多人敬一人，决不可一人敬多人，除非自己是领导。

第五，自己敬别人，如果不碰杯，自己喝多少可视情况而定，比如对方酒量，对方喝酒态度。切不可比对方喝得少，因为是自己敬人。

第六，端起酒杯（啤酒杯），右手扼杯，左手垫杯底，记着自己的杯子永远低于别人。自己如果是领导，不要放太低。

第七，如果没有特殊人物在场，碰酒最好按时针顺序，不要厚此薄彼。

第八，说错话，办错事，不要申辩，自觉罚酒才是硬道理。

第九，假如遇到酒不够的情况，酒瓶放在桌子中间，让人自己添，不要去一个一个倒酒。

第十，宴会结束的时候，一定还有一个碰杯酒，所以，不要让自己的酒杯空着。

第十一，注意酒后不要失言，不要说大话，不要失态，不要唾沫横飞，筷子乱甩，不要手指乱指，喝汤不要发出声响，不要把"我不会喝酒"挂在嘴上，如果你已经喝了点酒的话。

公司没有忘记大家平日里所做的一切努力和辛勤付出，在此，我真诚地与公司上上下下的事业伙伴们一同分享这段快乐美好的时光！没有你们的相互团结就没有××的昨天，没有你们的辛勤与努力就没有××的今天，没有你们的热情与憧憬就没有××的明天！你们就是××的顶梁柱！

你们的辛勤耕耘让公司进步，也让自己进步，更让刚韧无畏的精神进步！公司为你们的努力感到满意，感到自豪和骄傲！

这一年我们实现了销售、管理、拓展的"全面升级"。公司对你们的工作标准提出了严格的要求，甚至是苛求；对你们产生了抱怨和指责，你们仍然任劳任怨，坚持不懈，出色地完成了各项任务。光辉的旗帜上有你们谱写的风采，你们对公司的忠诚和挚爱化作每一天细致的工作，我代表公司在此对你们表示衷心的感谢！

公司就是我们的家，在这个喜庆的氛围里，我们都在这个家庭中感受到温馨，感受到关怀，感受到欢乐，感受到爱！

衷心祝愿大家：银行存款，只增不减，美好未来，努力今天，人生目标，一直向前！

恭祝大家：一家和和睦睦，一年开开心心，一生快快乐乐，一世平平安安，天天精神百倍，月月喜气洋洋，年年财源广进。

祝同事们：跋上事业的山峰，涉过爱情的河流，穿越迷途的风雨，架起信念的彩桥，拼就理想驰骋的天空！

一起工作的日子是快乐的，一起奋斗的日子是难忘的！感谢各位领导和同事们一直对我的帮助，新年之际给你们多多祝福。祝福大家平安幸福，新年快乐！

感谢一年来公司同人对我工作的大力支持和帮助！愿我们在新的一年里团结开拓，把我们的工作做得更好！

真心感谢所有领导和同事，感谢与这一群热爱生活热爱工作的领导、同事一起成长、一起拼搏、一起努力！

第 **5** 章

外务酒：与君共时物，
尽此盈樽酒

外务酒概要
酒·常·识

　　外务，即与外国交涉的事务。外务酒是指以外务活动为背景的酒种，是专为各类外务活动量身定制的一类酒品，主要用于外务活动中的沟通、交流、宴请等。以外务酒为核心的活动通常被称为外务酒会、外务宴会，在这种场合发表的祝酒词即外务祝酒词。

祝酒词范例
酒·词·话

1 国际会议祝酒词

■ **范例 1** ■

【致辞人】国际旅游学会副秘书长
【场　合】××国际养生旅游论坛招待晚宴
【时　机】总结致辞
【风　格】高度概括　情理交融

女士们，先生们：

大家晚上好！

受国际旅游学会秘书长×××先生的委托，我代表国际旅游学会祝贺××国际养生旅游论坛顺利召开。我本人也很高兴来学习、交流，并能认识更多朋友。

这次会议在中国旅游事业发展历程中具有重要意义，中国旅游业经过30年发展，取得了辉煌成就，这是有目共睹的。

感谢××县委、县政府对国际旅游学会的信任，提供了这样一个交流平台，使海内外同行相聚相识，拓展视野，共拓事业。××历史文化悠久，茶、药、泉，集聚了中国传统养生文化中的重要元素，现代化、产业化、休闲化、科学化是××做大做强的根本保证。我们期待：凭借浙江人的智慧，在浙江这片不断创造中国奇迹的土地上，又一次创造中国养生旅游奇迹，成为中国养生旅游的旗舰！最后预祝大会圆满成功！干杯！谢谢！

■ 范例2 ■

【致辞人】市人大常务委员会副主任
【场　合】2012 中国××国际工装模具展览会招待宴会
【时　机】开场致辞
【风　格】大气　深情厚望　简洁有力
【听　众】各参展国代表、行业精英、媒体记者
【关键词】诚意　困境　生机盎然
【金　句】正是春暖花开日，又逢桃红柳绿时。大家不辞劳

苦，来自各方，对我们的展会给予了积极的支持和热心的关注，我在这里向大家表示衷心的感谢。

....

尊敬的各位来宾、各位领导：

大家晚上好！

今天上午，2012中国××国际工装模具展览会正式拉开了帷幕。为展示诚意，××市工装模具行业协会在这里宴请我们的参展商、采购商以及关心、支持本届展会的各位同人、各位朋友。我对大家的到来表示热烈的欢迎和衷心的感谢。

××市是我国的老工业基地，在20世纪70年代以前，工业基础非常雄厚，门类齐全。改革开放之后，由于××的历史包袱沉重，运行机制落后僵化，退休工人和企业冗员多，一度陷入困境。2003年，在中央振兴东北老工业基地政策的支持下，××市逐步走出了困境。模具工业同样如此，××的模具工业有过辉煌的历史，为飞机、汽车、机床、通用机械以及电工仪表行业做了大量的配套，而现在却被许多改革开放的先行地区，如河北泊头等地区超过。

正是春暖花开日，又逢桃红柳绿时，在这生机盎然的季节，我们举办2012中国××国际工装模具展览会。大家不辞劳苦，来自各方，对我们的展会给予了积极的支持和热心的关注，我在这里向大家表示衷心的感谢。

最后我提议，让我们共同举杯，为大家在××期间工作顺利，为大家生意兴隆，为展览会的成功举办，干杯！

❷ 国际活动祝酒词

▓ 范例3 ▓

....

【致辞人】中国驻日内瓦代表团大使
【场　合】"联合国中文日"系列文化活动开幕酒会
【时　机】中场致辞

【风　格】文辞简练

【听　众】中国驻日内瓦代表团成员、联合国工作人员、媒体记者

【关键词】联合国中文日　特别　新篇章　古老　桥梁　交流

【金　句】希望这次活动能为各位深入了解中文和中国文化打开一扇新的窗口，同时也为促进世界语言与文化的交流做出一些微薄贡献。

....

尊敬的××××总干事先生，女士们、先生们：

首先，我谨代表中国驻日内瓦代表团，欢迎并感谢大家出席今晚的活动！

今天是"联合国中文日"，也是中国农历二十四节气之一——谷雨。我们今天欢聚万国宫图书馆庆祝"联合国中文日"，具有特别的意义。相传在5000多年前，一位名叫仓颉的中国史官创造了中国最原始的象形文字，由此开启了中华文化的新篇章。上天为奖励他的壮举，答应了他"让天下五谷丰登"的请求，降下了谷粒大雨，"谷雨"因此得名。这一天也在2010年被选定为"联合国中文日"。

毋庸讳言，仓颉造字只是一个带有些许浪漫色彩的古老传说。但不可否认的是，中文的确是世界上最古老的语言之一。远在3000多年前的中国商代时期，就已经形成了相当成熟的古汉语体系——甲骨文。历经数千年发展，中文已是世界上使用人数最多的语言，并成为联合国六种正式语言之一。1945年，中国作为《联合国宪章》的第一个签署国，将汉字留在了宪章签署区的第一行。

语言是文化与文明传承的载体，是人与人之间沟通的工具，是国与国之间联系的桥梁和纽带，在全球化、信息化深入发展的今天尤其如此。作为中国数千年文明最优秀的组成部分，古老优雅、意味隽永的中国语言和文字为中华文化的发扬光大发挥了不可估量的作用。

近年来，中国与世界的联系日益紧密，交流互动日益频繁。中国人学习外语的需求不断提升，各国人民学习中文的热情也不断高涨。目前，全世界讲中文或学习中文的外国朋友已超过5000万。我高兴地看到，在日内

瓦，联合国的中文班办得如火如荼，中文书会的活动丰富多彩，孔子学院也已于近期在日内瓦大学成立。我相信，随着越来越多的外国朋友开始学习中文，世界将更加了解中国，中国也将更加了解世界。

为庆祝今年的"联合国中文日"，中国代表团与联合国日内瓦办事处合作筹备了为期一周的系列文化活动。今晚的酒会只是序曲，在接下来的一周里，将有一场精美的中文图书展、一个电影周和一场关于中医和中国文化的讲座在恭候大家。希望这次活动能为各位深入了解中文和中国文化打开一扇新的窗口，同时也为促进世界语言与文化的交流做出一些微薄贡献。

最后，我祝愿本次"联合国中文日"系列文化活动圆满成功！干杯！

❸ 地方外事活动祝酒词

▨ 范例 4 ▨

【致辞人】全国政协外事委员会副主任、××学会主席

【场　合】××公共外交 2011××年会欢迎晚宴

【时　机】中场致辞

【风　格】环环相扣　简洁全面

【听　众】全国政协领导、南方报业传媒集团代表、××学会代表、媒体记者

【关键词】外交　交往　人文　友谊　重视　发展

【金　句】本届年会群贤毕至，来自美国、日本、韩国、新加坡、中国的外交界、学术界、新闻界和工商界知名人士共聚一堂，共同探讨公共外交的理论发展与实践经验，机会难得。

女士们、先生们、朋友们：

大家好！

继去年与全国政协外事委员会共同主办了公共外交 2010 上海年会之后，今年我们又在××与我国著名的传媒集团——南方报业传媒集团共同

举办××公共外交 2011××年会，以期推动我国公共外交事业的全面发展。

公共外交目前已成为我国整体外交的重要组成部分，受到各级政府和社会各界的广泛关注。国家"十二五"规划也强调要进一步加强公共外交，广泛开展民间友好交往，推动人文交流，增进中国人民与各国人民友谊。因此，展望未来，我们有理由相信，我们将迎来公共外交大发展的黄金时代。最近一段时间，中央政府高度重视公共外交工作，外交和涉外部门纷纷增设公共外交机构和编制，部分省市陆续成立公共外交协会，大学及研究机构也纷纷开设专业课程，成立公共外交研究中心。

本届年会群贤毕至，来自美国、日本、韩国、新加坡、中国的外交界、学术界、新闻界和工商界知名人士共聚一堂，共同探讨公共外交的理论发展与实践经验，机会难得。希望各位在明天开始的两天会议中畅所欲言，充分地分享经验、交流成果，为公共外交事业的发展建言献策。今晚，各位来宾汇聚一堂，共同见证这场盛大的年会，参与公共外交理论和实践的探讨，是对我们极大的关心和支持。请允许我代表××学会对出席年会的国内外朋友们再次表示热烈的欢迎和衷心的感谢！

最后，我提议，为公共外交事业的繁荣、进步与发展，为年会的顺利开幕，为各位来宾的身体健康、工作进步，干杯！

■ 范例5 ■

【致辞人】某省省长
【场　合】20××年××经济发展国际咨询会欢迎宴会
【时　机】中场致辞
【风　格】情真意切　展望未来
【听　众】地方领导、各界代表、国内外嘉宾、媒体记者
【关键词】朋友　欢迎　高层次　积极　真诚　合作　经营　发展
【金　句】金秋×城夜，把酒会宾朋。当今的世界是开放的世界。广阔的××大地，也必将为诸位的事业发展创造无限商机。

各位顾问、各位观察员，女士们、先生们、朋友们：

金秋×城夜，把酒会宾朋。今晚，在美丽的×江河畔，我和我的同事们很荣幸地迎来了关注和支持××发展的各位新朋老友。在此，我谨代表××省人民政府和全省人民，对前来参加20××年××经济发展国际咨询会的各位顾问、观察员和嘉宾表示热烈的欢迎，对大家长期以来给予××的支持帮助表示诚挚的感谢！

××经济发展国际咨询会，是我省加强与各位顾问联系、交流的高层次会议。自首届国际咨询会举办以来，通过一系列交流活动的开展和合作项目的实施，我深切地感受到各位顾问积极务实的态度和真诚合作的精神。在座各位，既有长袖善舞的商界领袖，又有造诣深厚的专家学者，都是各自领域的精英翘楚。我一直期待着20××年××经济发展国际咨询会的到来，有机会听取和了解各位对××经济社会发展的真知灼见，期待着与新朋老友欢聚一堂，畅叙友谊，共谋发展。我相信，这次国际咨询会必将进一步加强我们之间的联系和交流，推动××经济社会更快更好发展，营造携手共进的多赢局面。

顾问们、嘉宾们，当今的世界是开放的世界。××的发展，需要诸位的关注和积极参与。充满蓬勃生机的××经济，将继续以昂扬奋进的姿态展现在世界面前。广阔的××大地，也必将为诸位的事业发展创造无限商机。

现在，我提议：为这次国际咨询会的圆满成功，为我们的真诚合作、共同发展，为在座各位的事业辉煌、身体健康、家庭幸福，干杯！

■ **范例6** ■

....

【致辞人】某市市委书记
【场　合】外商中秋联谊会酒宴
【时　机】中场致辞
【风　格】情真意切
【听　众】地方领导、商界代表、外商代表、媒体记者

【关键词】感谢 五湖四海 友情 贡献 商机

【金　句】虽然大家来自五湖四海，但今天我们能够相聚在
××，就是有缘，就成了一家人。我们将始终把大家当作自
家人看待，希望大家在今天度过一个温暖祥和的夜晚。

．．．

尊敬的各位来宾、各位朋友：

在这洋溢着温情、团圆和喜悦的美好时刻，我们与各位外商朋友共度中秋佳节，感到十分高兴。首先，我代表××市委、市政府，向出席今天外商中秋联谊会的各位来宾、各位朋友致以亲切的问候，并表示衷心的感谢！借此机会，我想表达三层心意。

一是和各位外商朋友共度佳节。中秋节是中华民族的传统节日，是合家欢乐、亲人共聚的日子。俗话说："不是一家人，不进一家门。"虽然大家来自五湖四海，但今天我们能够相聚在××，就是有缘，就成了一家人。我们将始终把大家当作自家人看待，希望大家在今天度过一个温暖祥和的夜晚。

二是和各位外商朋友畅叙友情。改革开放以来，××对外交流频繁、合作日益密切。广大外商朋友创业在××、生活在××、收获在××，在自身事业不断壮大的同时，积极投身于××的经济社会建设，为××发展做出了重要贡献。××市委、市政府不会忘记你们的功绩，××人民不会忘记你们的情谊。

三是和各位外商朋友共谋发展。当前，××发展正处于一个关键期、转型期，更处在一个上升期、加速期，产业基础日渐雄厚，投资环境明显优化。崭新的事业、美好的明天，为各位外商朋友在××大显身手提供了无限的商机。我们热切盼望在新的发展时期，××与各位朋友的合作能够更加全面深入，更加亲密无间。我们也诚恳地希望在座的各位朋友能够牵线搭桥，介绍更多的朋友来××这片热土投资兴业。我们将为每一位来××发展的外商朋友提供最优质的服务，共同开创更加美好的未来！

现在，让我们一起举杯，为了即将到来的中秋佳节，为了我们的深厚友谊，为了共同的美好明天，干杯！

【致辞人】某市市长
【场　合】俄罗斯×××市政府代表团欢迎午宴
【时　机】开场致辞
【风　格】简洁 大气 真挚
【听　众】××市领导、俄罗斯×××市政府代表团成员、各界嘉宾、媒体记者
【关键词】高兴 友好城市 里程碑 友谊 热情
【金　句】我深深地感受到了俄罗斯人民的热情好客和淳厚的民族风情。这次能够在资源丰富、人杰地灵、民风淳朴的××接待尊贵的俄罗斯客人，我感到十分荣幸。

尊敬的俄罗斯×××市政府友好代表团全体成员：

在这鲜花盛开，草长莺飞的美好季节里，我们高兴地迎来了以第一副市长×××先生为首的俄罗斯×××市政府代表团。上午，我们参观了世界著名的火山风景名胜区××，刚才，我和×××先生代表××市和×××市签订了友好城市协议。这个具有里程碑意义的协议，标志着两地间合作与交往的开始，它必将促进两地经济文化的繁荣发展，巩固和加深两地传统友谊。

去年，我率团到俄罗斯首都莫斯科进行了项目考察，我深深地感受到了俄罗斯人民的热情好客和淳厚的民族风情。这次能够在资源丰富、人杰地灵、民风淳朴的××接待尊贵的俄罗斯客人，我感到十分荣幸。

今天我们××市政府在波斯特酒店举行欢迎午宴，共同庆祝××市和×××市成功地缔结为友好城市。下面我提议，为了×××先生及其美丽助手和其他随员的身体健康，为了××市与×××市之间加强合作，携手促进两地的繁荣与发展，为了我们两座城市的友谊与合作，干杯！

■ 范例 8 ■

【致辞人】外交部长

【场　合】外交部 2010 年新年招待会

【时　机】开场致辞

【风　格】大气 淡定从容 简洁有力

【听　众】国务委员，各国使节、代表及夫人，政府代表

【关键词】辞旧迎新 祝福 变化 紧密 和平 合作

【金　句】岁月不居，天道酬勤。在新的一年里，我们期待着继续与各位使节和朋友保持良好合作，为世界和平、稳定和发展而共同努力！

尊敬的×××国务委员，尊敬的各位使节、代表和夫人，尊敬的各位来宾，女士们、先生们、朋友们：

新年肇始，气象更新。在这辞旧迎新的美好夜晚，我很高兴和新老朋友们欢聚畅谈，共迎新年。我代表中华人民共和国外交部，并以我个人名义，向各位来宾致以最美好的节日祝福。

2009 年，一场百年罕见的国际金融危机牵动国际形势发生深刻复杂的变化，全球性问题更加突出，国与国相互依存更加紧密，和平、发展、合作的时代潮流更加强劲，多边主义和国际关系民主化深入人心，开放合作、互利共赢成为国际社会的广泛共识。

2009 年对中国来说是极不平凡的一年。我们迎来了新中国成立 60 周年和新中国外交 60 周年。60 年来，特别是改革开放 30 多年来，中国的面貌发生了历史性变化，中国同世界的前途命运更加紧密相连。中国通过争取国际和平环境发展自己，又通过自己的发展来促进世界和平与发展。面对国际金融危机、气候变化、粮食安全、能源资源安全、公共卫生安全、恐怖主义等全球性挑战，中国积极参与有关国际合作，发挥了重要建设性作用，我们与世界各国的友好关系也在共同应对危机和挑战的过程中得到

巩固和加强。

这些成就是在党中央、国务院的正确领导，全国人民的大力支持下取得的，也得益于各位使节和世界各国人民的理解和支持。我愿借此机会，对各位使节及夫人一年来的辛勤工作和宝贵支持表示衷心的感谢，对致力于促进中国人民与世界人民友好合作的朋友们表示诚挚的谢意！

2010年将是世界经济企稳复苏和国际体系改革的关键之年，也是中国实现"保稳定、促发展"的关键之年。国际形势有望保持总体稳定，但各种风险和动荡因素依然存在。我们将把保持经济平稳较快发展和加快经济发展方式转变有机统一起来，在发展中促转变，在转变中谋发展，我们将始终不渝走和平发展道路，始终不渝奉行互利共赢的开放战略，始终不渝谋求和平的发展、开放的发展、合作的发展。我们将继续与国际社会一道，坚定信心，通力合作，携手应对各种全球挑战，共同促进世界和平与发展。

在这里我还想特别提及，2010年我们将迎来上海世博会的召开。在各方大力支持和积极配合下，各项筹备工作正在紧锣密鼓地顺利开展。我们期待着各国在世博会的精彩展示，也热情欢迎各国领导人和人民利用这个难得的机会，到上海及中国各地多走走，多看看。为此，今晚上海交响乐团还将献给朋友们一台精彩纷呈的演出。

岁月不居，天道酬勤。在新的一年里，我们期待着继续与各位使节和朋友保持良好合作，为世界和平、稳定和发展而共同努力！

现在，我提议，为中国与世界各国的互利友好合作关系的不断发展，为各位来宾、朋友新年快乐，干杯！

■ 范例9 ■

....

【致辞人】李肇星
【场　合】2003年8月27日，中国外交部部长李肇星在钓鱼台国宾馆举行晚宴
【时　机】开场致辞
【风　格】大气 智慧 言简意赅

【听　众】参加朝核问题北京六方会谈的各国代表

【关键词】祝贺　好运气　和平　可贵　友谊　合作

【金　句】中国古诗曰："任凭风浪起，稳坐钓鱼台。"这里的钓鱼台泛指世界各国的钓鱼台，也包括我们所在的这个钓鱼台。

各位团长，朋友们：

我代表中国政府，欢迎各位来北京参加六方会谈，祝贺会谈的举行。

钓鱼台曾是中国清朝一位年轻皇帝送给他一位老师的礼物，是一个充满善意和可能给这里的人带来好运气的地方。

身处此地，一种历史感会油然而生。

这座花园目睹过许多重大外交事件。在这里，通过对话，冰山可以消融，敌意可以化解，信任可以培育。钓鱼台历史的最好启迪就是：和平最可贵，通过对话争取和维护和平最可贵。

进入新世纪，各国人民更加渴望和平与发展、友谊与合作。但东北亚地区仍未完全摆脱冷战阴影。

朝鲜半岛核问题的发生，在使我们面临挑战的同时，也为有关各方尽释前嫌，实现东北亚持久和平与稳定提供了机遇。

今天的会谈就是各方求同存异、增进互信和和解的难得契机，值得珍惜。

中国古诗曰："任凭风浪起，稳坐钓鱼台。"这里的钓鱼台泛指世界各国的钓鱼台，也包括我们所在的这个钓鱼台。希望并相信各位同事将以自己的远见、智慧、耐心、勇气和对和平事业的诚意寻求共赢。为此，我提议，为北京六方会谈成功，为大家在钓鱼台"稳坐"愉快，为和平、健康干杯！

漫话外务酒

酒·文·化

在外务活动中，宴会并不少见，宴会种类既有国际性的赛事宴会，也有国庆宴会，地区交流会等，领导人也经常要说祝酒词，说祝酒词也是很有讲究的。说好祝酒词，可以表达出热情，对活动意义的肯定，对客人的尊重和敬意等。

一、正规西餐中的喝酒礼仪

正规西餐中该如何喝酒呢？

酒类服务通常是由服务员负责将少量酒倒入酒杯中，让客人鉴别一下品质是否有误。只需把它当成一种形式，喝一小口并回答"Good"。接着，服务员会来倒酒，这时，不要动手去拿酒杯，而应把酒杯放在桌上由服务员去倒。

正确的握杯姿势是用手指轻握杯脚。为避免手的温度使酒温增高，应用大拇指、中指和食指握住杯脚，小指放在杯子的底台固定。

喝酒时绝对不能吸着喝，而是倾斜酒杯，像是将酒放在舌头上似的喝。轻轻摇动酒杯让酒与空气接触以增加酒味的醇香，但不要猛烈摇晃杯子。

此外，一饮而尽、边喝边透过酒杯看人、拿着酒杯边说话边喝酒、吃东西时喝酒、口红印在酒杯沿上等，都是失礼的行为。不要用手指擦杯沿上的口红印，用面巾纸擦较好。

正式的西餐宴会上，酒水是主角。酒与菜的搭配也十分严格。一般来讲，吃西餐时，每道不同的菜肴要搭配不同的酒水，吃一道菜便要换上一种酒水。

西餐宴会所上的酒水，一共可以分为餐前酒、佐餐酒、餐后酒三种。它们各自又拥有许多具体种类。

餐前酒别名叫开胃酒。显而易见，它是在开始正式用餐前饮用，或在吃开胃菜时与之搭配的。餐前酒有鸡尾酒、味美思和香槟酒。

佐餐酒又叫餐酒。它是在正式用餐时饮用的酒水。常用的佐餐酒均为葡萄酒，而且大多数是干葡萄酒或是半干葡萄酒。有一条重要的讲究，就是"白酒配白肉，红酒配红肉"。这里所说的白酒、红酒都是葡萄酒。这里所说的白肉，即鱼肉、海鲜、鸡肉，吃它们需要和白葡萄酒搭配；所说的红肉，即牛肉、羊肉、猪肉，吃这些肉的时候要用红葡萄酒来搭配。

餐后酒指的是用餐之后，用来助消化的酒水。最常见的是利口酒，又叫香酒。最有名的餐后酒，则是有"洋酒之王"之称的白兰地。

不同的酒杯饮不同的酒水。在每位用餐者面前桌面上右边餐刀的上方，会摆着三四只酒水杯。可依次由外侧向内侧使用，也可以"紧跟"女主人的选择。一般香槟杯、红葡萄酒杯、白葡萄酒杯以及水杯，是不可缺少的。

西餐的敬酒与干杯。在较为正式的场合，饮用酒水颇为讲究具体的程序。常见的饮酒程序中，斟酒、祝酒、干杯应用得最多。

斟酒，酒水应当在饮用前再斟入酒杯。除主人与服务员外，其他宾客一般不宜自行为他人斟酒。服务员斟酒时宾客要道谢，如果男主人亲自斟酒时，宾客则应该端起酒杯致谢，必要时，还需起身站立，女士则欠身点头为礼。

敬酒，也称祝酒，往往是宴会上不可少的程序。敬酒时，主人一般都会有祝酒词。在他人敬酒或致辞时，其他在场者应一律停止用餐或饮酒。

干杯时，需要有人率先提议。提议者应起身站立，右手端起酒杯，或用右手拿起酒杯后，以左手托扶其杯底，面含微笑，真诚地面对他人。在主人提议干杯后，即使你滴酒不沾，也要起身，拿起酒杯装装样子，以示对主人的尊敬。

只饮香槟只喝一半。西餐用来干杯的酒，讲究只用香槟酒，而绝对不可以啤酒或其他葡萄酒滥竽充数。饮香槟酒干杯时，应饮去杯中一半酒为宜，当然，也要量力而行。

只敬酒不碰杯。还有一点要注意：在西餐宴会干杯时，人们只是祝酒不劝酒，只敬酒而不真正碰杯的。使用玻璃杯时，尤其不能碰杯。

不能离开座位去敬酒。在西式宴会上，是不允许随便走下自己的座位，绕过他人的座位，与相距较远者祝酒干杯的，尤其是交叉干杯，更不允许。

酒度适量。不管是在哪一种场合饮酒，都要有自知之明，并要好自为之，保持风度，遵守礼仪。

二、与时俱进

祝酒词是随着时代的发展而不断发生变化的。以前人们说祝酒词只是为了在酒桌上制造一种气氛，而今天祝酒词慢慢地被提升到一种社交礼仪的地位上来。它是一种相互了解、增进感情的方式，更是一种传递思想的工具。

例如，在 2003 年 8 月 27 日，中国外交部部长的李肇星在钓鱼台国宾馆举行晚宴，欢迎参加朝核问题北京六方会谈的各国代表。举世瞩目的重要国际会谈举行酒会，李肇星部长致祝酒词，而祝酒词仅 438 个字（含标点），可谓短小精悍，简洁之至。细品全文，其意蕴隽永，文采斐然，堪称佳作。

一般来讲，外交场合的讲话，常常体现严谨甚至近乎刻板的语言特点，尤其是商讨极富火药味的禁核问题。而这篇祝酒词，却绝少朝美怒目相向所投下的阴影。李肇星以主人的身份，用充溢中华民族传统文化精髓的话语，娓娓道来，胸襟豁达又不失深沉。他由钓鱼台的历史谈起，说会谈的场地"是一个充满善意和可能给这里的人带来好运气的地方"。以地映意，充分体现我们的民族文化习俗，并由此很自然地引出这次会谈的宗旨："和平最可贵，通过对话争取和维护和平最可贵。"

这篇祝酒词，语气平易、亲切，联想巧妙，引喻贴切。李肇星由中国人尽皆知的古诗"任凭风浪起，稳坐钓鱼台"，说到作为东道主的希望，并在结尾提议："为北京六方会谈成功，为大家在钓鱼台'稳坐'愉快，为和平、健康干杯。"这里的"稳坐"一语双关，既是对会谈进行状况的期望，也是对会谈结果的良好祝愿，与上面所提的"增进互信和和解"的会谈基调相呼应。

◆ 外务祝酒词集锦

今晚，各国朋友欢聚一堂，我希望中外同行广交朋友，寻求合作，共同度过一个愉快的夜晚。最后，请大家举杯，为中国国际××展览会的圆满成功，为朋友们的健康，干杯！

"一年一度秋风劲，不似春光，胜似春光"。在第十四届中国（××）国际服装交易会即将开幕之际，在这美好的时刻，老友新朋喜相逢，我们感到非常亲切，非常高兴！你们的到来，为时尚××增添了喜悦；你们的光临，为服装盛会增添了色彩！让我们共同举杯！

今晚的××××，夜色分外绚丽，风光分外旖旎。我们在这里隆重举行宴会，共同庆祝第四届中国国际××论坛的胜利召开。中国有句古话："有朋自远方来，不亦乐乎？"看到如此众多的嘉宾欢聚一堂，作为东道主，我们感到无比荣幸。现在，我提议，为第四届中国国际××论坛的圆满成功，为在座各位的身体健康、事业发展、家庭幸福，干杯！

第 **6** 章

迎宾酒：珍重主人心，
酒深情亦深

迎宾酒概要

酒·常·识

　　迎宾祝酒词是政府机关或者企事业单位为表达对来访宾客的欢迎而在一些隆重庆典、大型集会、欢迎宴会上所使用的讲话。迎宾祝酒词要求语言朴实、热情、简洁、亲切，尤其在祝酒时感情要诚恳，这样才能对来宾表示尊重和发自内心的欢迎，进而有效表达友好交往、增强交流与合作的心愿，营造和强化友好和谐的社交氛围。

祝酒词范例

酒·词·话

1 庆祝活动迎宾祝酒词

■ 范例 1 ■

【致辞人】某县县委书记
【场　合】××七县区联防委员会第 49 届年会欢迎晚宴
【时　机】开场致辞

【风　格】激情飞扬

【听　众】地方领导、来宾、媒体记者

【关键词】前景　友谊　稳定　感谢　贡献　力量

【金　句】我们一同举杯，为有缘相聚在三百年的皇家园林，为共同走过的风雨历程，为迎接第49届年会的胜利召开，干杯！

··

各位领导、各位来宾：

大家晚上好！

在这个"山庄如画，绿树成荫"的美好季节，我们即将共同迎来××七县区联防委员会第49届年会。今晚，我们欢聚在这人杰地灵、风景秀丽的塞外名城，共同在大蒙古包内举杯畅饮，一起纵论××两地深厚友谊和美好的发展前景。在此欢庆时刻，请允许我代表中共××县委、县人大常委会、县政府、县政协，向各位领导、各位来宾表示最真诚、最热烈的欢迎！

××七县区联防委员会自成立以来，已经风风雨雨走过了近50个春秋。近50年来，××两地公安机关始终保持着精诚团结、并肩作战的工作作风，尤其是各县区间始终保持着亲如兄弟、情同手足的革命友谊。更重要的是，多年来××周边的平安与稳定，是同我们各成员县区所付出的艰辛和努力密不可分的，是与我们各成员县区忠于职守、无私奉献的敬业精神密切相关的，也正是这种无私的工作精神确保了××的社会安定和政治稳定，真正起到了"护城河"的作用。在此，我向为××治安联防工作做出过贡献的全体干部、公安干警以及你们的家属表示亲切的问候和衷心的感谢！

我相信，只要我们继续坚持以治安联防为载体，以亲密合作为依托，继续心往一处想，劲往一处使，进一步增强联防委员会的大局意识、全局观念，定会为××两地繁荣发展做出卓越贡献，也定会为××拥有更加美好的明天贡献自己应有的力量。

今晚，我们在避暑山庄内聊备薄酒，宴请来此参加会议的各位领导、各位来宾、各位朋友。现在，我提议，让我们一同举杯，为有缘相聚在三百年的皇家园林，为共同走过的风雨历程，为迎接第 49 届年会的胜利召开，干杯！

最后，祝各位领导、各位来宾身体健康，万事如意！

谢谢大家！

② 商业活动迎宾祝酒词

■ 范例 2 ■

【致辞人】某进出口公司领导

【场　合】香港××实业公司代表团欢迎宴会

【时　机】中场致辞

【风　格】平易 简洁 展望未来

【听　众】代表团成员、公司领导

【关键词】投资 活跃 贡献 合作 满载而归 友情

【金　句】此刻，窗外大雪飞舞，而室内却春意盎然，这象征着我们内地与香港的经贸合作关系面临一个百花争艳的春天。

尊敬的××总经理、尊敬的××实业公司代表团的先生们：

今天，我很荣幸地代表××省××进出口公司为以××总经理为首的香港××实业公司代表团接风。

各位来宾，随着中国内地经济的逐步好转和投资环境的日益改善，香港××实业公司在内地的投资活动也日趋活跃。仅今年第一、第二季度，香港××实业公司在内地签订的投资额就达两亿美元。××总经理为香港和内地经贸关系的进一步拓展所做出的贡献，功不可没，令人景仰。

这一天，××总经理率团来××考察，并准备签订《"八五"期间投资意向书》。我相信，在互利互惠原则指引下，在多年来亲密合作的基础上，以××总经理为首的代表团一定会不虚此行，满载而归的。

我很高兴今天能与老朋友××总经理在六朝古都重叙友情，我还很高兴地结识了代表团的各位新朋友。此刻，窗外大雪飞舞，而室内却春意盎然，这象征着我们内地与香港的经贸合作关系面临一个百花争艳的春天。

在此，我提议，为××总经理的身体健康，为代表团的先生们的身体健康，为我们互为最大贸易伙伴地位的进一步巩固，为我们双方在更为广阔领域里的合作，干杯！

■ 范例 3 ■

【致辞人】某物业公司经理
【场　合】物业同人欢迎宴会
【时　机】中场致辞
【风　格】幽默风趣　真挚
【听　众】物业同行代表、公司领导、公司员工
【关键词】相聚　荣幸　机会　交流　发展
【金　句】俗话说"同行是冤家"，我们今天就是要颠覆这个传统的观点，推崇"同行是亲家"。

尊敬的各位物业精英：

大家上午好！

今天能和各位物业同人相聚在××，今天能作为主办方的代表站在这里，我非常开心。我们××物业能为这次活动提供场地，我也感到非常荣幸。俗话说"同行是冤家"，我们今天就是要颠覆这个传统的观点，推崇"同行是亲家"。我们今天欢聚一堂，对于物业行业、对于物业从业人员我们畅怀所谈，充分地感受物业同人一家亲。各位都是业内的精英，我们××物业今天迎来了各位参观指导，荣幸之至。大家的到来不但是对我们项目的参观检查，更是为我们提供了一次了解学习的机会。在此，我代表所有的××人对各位表示最真挚的感谢和最热烈的欢迎。

我们××物业自2005年于××成立以来，奉行"以人为本、业主至上、服务第一"的服务宗旨，提倡"严格苛求、自觉奉献、高效优质、绩效管理"的管理服务理念，是一家专门从事物业管理服务业务，具有独立

法人资格的三级资质物业管理企业。我公司以物业管理服务为主，同时开展环保"三同时"手续办理，纯净水二次供应、集团物业租赁等专项业务。目前我公司已发展成为拥有中高级专业管理人才和专业技术人才30多名，下辖30多个物业项目管理处，包括生产工业区、高新园区、商业区、居住小区等多种物业形态的物管企业。四年多来，我们××物业坚持高标准管理和高效率服务，在赢得广大业主信任的同时，获得良好的社会声誉。

"有朋自远方来，不亦乐乎？"今天在这里，我能有幸结识来自全国各地的物业精英感到十分高兴。在此，我再次向新朋友们表示热烈的欢迎，并希望能与大家友好交流、密切沟通、共同探讨，发展相互之间的友好合作关系。希望我们在今后的日子里，共同进步、共谋发展。在此我提议，让我们以热烈的掌声对各位来宾表示衷心的感谢和热烈的欢迎。

为了本次联谊活动取得圆满成功，干杯！谢谢大家！

■ 范例4 ■

....

【致辞人】某集团总经理
【场　合】企业合作伙伴欢迎宴会
【时　机】结尾致辞
【风　格】诗意 幽默
【听　众】集团中层以上领导、合作企业代表
【关键词】欢迎 合作 爱情 维护 努力 团结
【金　句】有位诗人曾说："爱情不仅仅是一种情感，而且还是阴阳两极的相互吸引，是一对永恒的矛盾，是宇宙中一个伟大而神奇的规律。"如果我们把两个人的爱情看作是这种诗意的表述，那么我们两家企业无疑正在"热恋"当中。

....

尊敬的××总裁以及各位来宾：

大家晚上好！

首先，我代表××集团全体员工，对各位的光临表示热烈的欢迎，欢迎各位来到这里共商合作大计。

有位诗人曾说："爱情不仅仅是一种情感，而且还是阴阳两极的相互

吸引，是一对永恒的矛盾，是宇宙中一个伟大而神奇的规律。"如果我们把两个人的爱情看作是这种诗意的表述，那么我们两家企业无疑正在"热恋"当中。

爱情是相互的，同样，企业之间的合作也需要我们共同去维护，共同去努力，这样我们才能达到共同的目的，并取得这场"爱情"的最终胜利。

我相信，只要我们团结一致，我们的合作一定会结出累累硕果，届时，我和××总裁以及在座的各位一定会像刚刚喜得贵子的父母一样，无悔当初的选择。

朋友们，让我们共同举起手中这象征纯洁情感的白色酒杯，为了我们两家伟大的商业爱情，为了我们共同美好的明天，干杯！

■ 范例 5 ■

【致辞人】 某企业领导
【场　合】 为前来参观的合资人举行的宴会
【时　机】 开场致辞
【风　格】 感情真挚
【听　众】 企业主要领导及合资人等
【关键词】 欢迎　奋斗　合作　牢固　相互尊重　信任
【金　句】 我们的事业能够如此蒸蒸日上，友好关系能够如此顺利发展，是与我们双方严格遵守合同和协议，相互尊重和平等协商分不开的，是我们共同努力的结果，更是×××董事及所有员工细心呵护的结果。

尊敬的×××董事，尊敬的各位同事：

今天我格外高兴和激动，因为我最亲密无间的战友×××董事以及各位朋友来到我们企业参观指导，让我们用掌声对他们的到来表示最为热烈的欢迎！

我与×××董事五年前相识于茫茫商海，虽然当时只是萍水相逢，但是我们怀着共同的理想和共同的奋斗目标，最终走到了一起，合资建立了这座工厂。转眼间，五年的时光过去了。我们的合作关系不但没有松弛，反而因为日益增强的信任变得更加牢固。这座工厂也从原来的只有寥寥几间厂房的小作坊发展成了今日在座的朋友们看到的具备现代化生产能力的大型工厂。

我们的事业能够如此蒸蒸日上，友好关系能够如此顺利发展，是与我们双方严格遵守合同和协议，相互尊重和平等协商分不开的，是我们共同努力的结果，更是×××董事及所有员工细心呵护的结果。

我相信，通过这次×××董事亲临我们厂进行指导，能够进一步强化我们之间的牢固关系，进一步加深我们之间的相互了解和信任，使我们厂更加兴旺发达，我们的事业更加壮大辉煌！

最后，让我们共同举杯，向×××董事及各位莅临的嘉宾，表示由衷的感谢和祝福！

■ 范例 6 ■

【致辞人】某县县委书记
【场　合】迎宾招待酒会
【时　机】中场致辞
【风　格】语调高亢　激情飞扬
【听　众】各级领导、企业家、媒体记者
【关键词】期待　选择　努力　回报　沃土
【金　句】但我必须真诚地告诉大家，××不是大树，××给不了你们更多的树荫。可我们真的是掩映在树荫下的一片待开发的沃土。

尊敬的各位领导，女士们、先生们，同志们、朋友们：

今天是非常值得纪念的日子。××协同 150 多名优秀企业家齐聚××。此时此刻，我心潮澎湃，内心充满感动。感谢你们把宝贵的时间留给××。在此，请允许我代表××县委、县政府及 55 万××人民，对大家的到来表示最热烈的欢迎和最良好的祝愿！

今天的日子我们期待已久。从一开始，我和我的同事们就全力以赴地进行准备，生怕把哪些细节遗漏。我们有着一个共同的信念，就是要用实实在在的行动让你们感觉到，你们今天来到××的选择是正确的。我和我的同事们还会继续努力，用我们务实的作风和开放的胸怀，向你们证明，明天选择在××投资的决定也同样正确。

此情此景，我对大家充满了敬佩，敬佩你们的睿智和胆略，但更理解你们此刻的心情。我深知，你们期待着在良好的投资环境中获得最大的投资回报。在许多投资者选择基础条件较好的大城市投资的今天，你们来到××，相信你们一定是认识到，大树底下虽然好乘凉，但大树底下很难长成大树的自然规律。大城市可能会成就你们的梦想，但大城市真的是需要更高昂的成本。

站在这里，我愿把××最好的一面展示出来。但我必须真诚地告诉大家，××不是大树，××给不了你们更多的树荫。可我们真的是掩映在树荫下的一片待开发的沃土。

今天在座的，都是××人民的尊贵客人。一切感谢的语言都难以表达我此时的心情。最好的感谢是实际行动。你们在其他地方，享有了无数的鲜花和掌声，但你们进入××，除鲜花和掌声，还会享有亲商重商的温馨，收获创造财富的奇迹。在更好更快发展的征程中，我们有山一样的意志；在扩大对外开放的舞台上，我们有海一样的胸怀。我们将为你们提供最良好的环境，最优质的服务。郭台铭先生也说过：××政府对华夏公司的重视，无可挑剔，相信对任何企业的态度，都不会错。这里，我郑重地向大家承诺，你们的需要，将是我们不懈的努力，你们的满意，将是我们最大的追求。勤劳智慧的××人民相信，有你们的加入，××的明天一定会变得更加美好。

女士们，先生们，朋友们，迷人的海湾会永远铭记今天这一刻，××干红美酒一定会见证你们人生的精彩。我提议，让我们共同举杯，为了我们共同的事业，为了我们永远的友谊，干杯！

▦ 范例 7 ▦

【致辞人】某省常务副省长

【场　合】第七届海峡两岸（××）花卉博览会暨农业合作洽谈会欢迎宴会

【时　机】开场致辞

【风　格】大气

【听　众】省市领导、政府相关部门代表、工商代表、媒体记者

【关键词】感谢　支持　合作　丰硕　交流　成功

【金　句】今天，我们在此欢聚一堂，共迎盛会，重叙友情，结识新朋，寻求商机，共谋发展。此时此刻，水仙花的故乡虽已是初冬时节，但××大地仍是百花争艳，万木葱茏，这象征着我们的友谊与合作将迎来更加绚丽和美好的明天。

尊敬的×××副主席、×××副主席，各位领导、各位来宾、各位朋友：

晚上好！由国台办、农业部、国家林业局、××省人民政府共同主办，商务部、科技部大力支持的第七届海峡两岸（××）花卉博览会暨农业合作洽谈会在各主办、承办、联办、协办单位的共同努力下，明天就要开幕了。受××省委书记×××先生、省长×××先生的委托，我谨代表××省委、省政府和花博会暨农洽会组委会对各位领导、各位来宾，各界朋友的莅会表示热烈欢迎和衷心感谢！

海峡两岸（××）花卉博览会已成功举办了六届，得到了各位领导和社会各界的热切关注和大力支持，花博会有力地促进了两岸经贸合作，取得了丰硕成果。年年岁岁花相似，岁岁年年"会"不同。第七届海峡两岸（××）花卉博览会暨农业合作洽谈会，是在我省上下深入贯彻中共××届×中全会和省委×届×次全会精神，进一步推进"对外开放、协调发展、全面繁荣"的海峡西岸经济区建设的新形势下举办的，是促进两岸交流合作、实现互利共赢的一个重要平台。今天，我们在此欢聚一堂，共迎盛会，

重叙友情，结识新朋，寻求商机，共谋发展。此时此刻，水仙花的故乡虽已是初冬时节，但××大地仍是百花争艳，万木葱茏，这象征着我们的友谊与合作将迎来更加绚丽和美好的明天。我衷心祝愿海峡两岸（××）花博会暨农洽会在大家一如既往的大力支持和共同关心下取得圆满成功！

现在，我提议，为第七届海峡两岸（××）花卉博览会暨农业合作洽谈会的成功举办，为各位领导、各位来宾、各位朋友的健康幸福，为我们在更为广阔的领域里的交流与合作，干杯！

谢谢大家！

■ 范例8 ■

【致辞人】某县县委书记
【场　合】××诗社成立20周年庆典活动迎宾宴会
【时　机】中场致辞
【风　格】文采飞扬　真挚热情
【听　众】地方领导、地方文化代表、与会嘉宾、媒体记者
【关键词】感谢　历史悠久　侗乡风情　夜郎文化　桥梁　沟通
【金　句】美丽的自然风光、醉人的侗乡风情、神秘的夜郎文化使这片乐土充满了无穷的魅力；厚重的文化底蕴，更使这片乐土成为诗词歌赋之乡。

尊敬的各位领导、各位前辈、各位来宾：

"有朋自远方来，不亦乐乎？"非常感谢大家能够来到美丽的古夜郎××，参加××诗社成立20周年庆典活动，我代表××县委、县政府向各位领导、各位来宾表示热烈的欢迎！××历史悠久，特色浓郁。美丽的自然风光、醉人的侗乡风情、神秘的夜郎文化使这片乐土充满了无穷的魅力；厚重的文化底蕴，更使这片乐土成为诗词歌赋之乡。文化也就成了××对外的一张名片，并释放出巨大的经济潜能。我真诚地期望，文化桥梁加强与大家的沟通，真诚地期望大家能常来××做客，探寻古夜郎之神奇。

下面，我提议，大家举杯，祝诗词发扬光大，祝来宾身体健康、万事如意！

▦ 范例9 ▦

···

【致辞人】某市市委书记
【场　合】魅力××·中华孝文化硬笔书法大赛暨第二回中国硬笔书法大展颁奖大会、××市万人硬笔书"孝文化"主题笔会活动迎宾酒会
【时　机】中场致辞
【风　格】历史悠久 地方特色浓郁 引经据典
【听　众】市领导、书法家、媒体记者
【关键词】欢迎 美德 新篇章 文化 热土 发展
【金　句】××是全国唯一以"孝"命名的中等城市，因东汉孝子董永卖身葬父、行孝感天而得名。自古以来，××始终传承着"孝老爱亲"的传统美德。

···

尊敬的各位领导、各位嘉宾，朋友们：

晚上好！

金秋时节，盛事连连。在举国上下欢庆党的××大胜利召开之际，我们迎来了出席魅力××·中华孝文化硬笔书法大赛暨第二回中国硬笔书法大展颁奖大会、××市万人硬笔书"孝文化"主题笔会的各位领导、各位书法家和新闻媒体的朋友们。在此，我代表中共××市委、××市人民政府向你们表示最热烈的欢迎！

××是全国唯一以"孝"命名的中等城市，因东汉孝子董永卖身葬父、行孝感天而得名。自古以来，××始终传承着"孝老爱亲"的传统美德。中华"二十四孝"中，董永卖身葬父、黄香扇枕温衾、孟宗哭竹生笋三大孝子故事就发生在××；今天，以×××、×××为代表的一大批"孝老爱亲"楷模，又谱写了新时期孝子故事的新篇章。

作为孝文化和楚文化的重要发祥地之一，××有着众多的自然和人文

景观。云梦秦简、东汉陶楼等国宝文物和楚王城遗址，展示了××绚丽多彩的古代文化；剪纸、皮影、膏雕、楚剧、善书、农民书画等艺术形式，体现了××传统民间文化源远流长。以双峰山、白兆山、观音湖、龙潭湖和汤池温泉为代表的自然景观和以××"三台"、"八景"、董永公园为代表的人文景观，交相辉映，秀丽迷人。

改革开放以来，××经济社会发展很快。今年以来，××市委、市政府提出了"把××打造成中华孝文化名城"的战略目标，"十一五"期间，我市将重点建设"孝文化园"等一批具有孝文化特色的人文景观。

这次以"孝文化"为主题的硬笔书法活动将是一次万人参与，规模宏大的书法盛会、文化盛会。这对于弘扬"孝老爱亲"的传统美德，挖掘源远流长的孝文化，打造"中华孝文化名城"品牌，扩大××知名度，促进××经济社会又好又快发展，将产生有力的推动作用和深远的影响。

现在，我提议：为本次中华孝文化硬笔书法大赛暨第二回中国硬笔书法大展颁奖大会、××市万人硬笔书"孝文化"主题笔会的圆满成功，为孝文化与硬笔书法的紧密结合，为各位领导、各位嘉宾和各位艺术家的身体健康、事业有成，干杯！

■ 范例 10 ■

【致辞人】某县县委书记
【场　合】秦岭笔会欢迎宴会
【时　机】中场致辞
【风　格】激情飞扬 文辞精彩
【听　众】地方领导、与会代表、媒体记者
【关键词】文化建设 感谢 发展 丰富 热土
【金　句】邀三秦之名流，做秦岭大文章。××是一块文化热土。这里历史悠久，山水秀美，文化底蕴深厚。过去，"养在深闺人未识"，如今，××正以靓丽的姿态喜迎八方宾客。

尊敬的各位领导、各位来宾，朋友们：

大家下午好！正当我们认真学习贯彻中共××届×中全会精神，着力推进社会主义文化建设之际，由××日报社和××县委、县政府共同举办的秦岭笔会即将隆重举行。我谨代表××县委、县政府和全县七万多人民，对各位的光临表示热烈的欢迎和衷心的感谢。我也借此机会，向你们并通过你们，向所有关心和支持××发展的朋友，表示诚挚的谢意和良好的祝愿！

邀三秦之名流，做秦岭大文章。今天，我们相聚在秦岭腹地的生态名镇——××，开展秦岭笔会文学创作活动，共商文学发展大计。你们的到来是××文学的一件大事，必将留下浓墨重彩的一笔，我坚信你们定会创作出一大批描写秦岭的精神产品，以丰富我们的文化生活。

××是一块文化热土。这里历史悠久，山水秀美，文化底蕴深厚。过去，××"养在深闺人未识"，如今，××正以靓丽的姿态喜迎八方宾客。

话长纸短，情真意切。我衷心祝愿各位在××期间舒心愉快、生活幸福、创作兴旺！舒心的酒千杯不醉，知心的话万言不赘。现在，我提议：为这次秦岭笔会的圆满成功，为在座各位的事业辉煌、身体健康、家庭幸福，干杯！

■ 范例 11 ■

【致辞人】某市领导

【场　合】第三届××食品节迎宾酒会

【时　机】中场致辞

【风　格】全面 质朴 总结过去 展望未来

【听　众】各级领导、各界嘉宾

【关键词】丰富 宝地 绿色产业 合作 友谊

【金　句】今天，嘉宾云集，贵客临门。今晚，华灯璀璨，万众同欢。蛙声欢歌思时节，又是一年稻花香。

尊敬的各位领导、各位来宾、各位朋友：

今天，嘉宾云集，贵客临门。今晚，华灯璀璨，万众同欢。在此，我谨代表本届××食品节主办单位和承办单位，代表热情好客的××人民，向各位领导、各位来宾、各位朋友表示热烈的欢迎！

地处××西麓、××平原北端的××市，山清水秀，资源丰富，是世界仅存的三块黑土地之一和全国三大天然草场之一，是发展绿色农业的理想宝地。

近几年，我们依托珍贵的"寒地黑土"资源，做足做大绿色产业文章，绿色经济蓬勃发展。

蛙声欢歌思时节，又是一年稻花香。在各级领导和各界朋友的大力支持下，××食品节已经成功地举办了两届。明天上午，第三届××食品节又将拉开帷幕。作为东道主，我们相信，有各位的积极参与和真诚合作，本届食品节一定会使大家结交更多的朋友，一定会取得可喜的经贸成果。

在座的既有新朋，也有故交。希望大家的××之旅是一次收获之旅、快乐之旅、幸福之旅。

各位领导、各位来宾、各位朋友，让我们举杯同庆。祝愿第三届××食品节圆满成功！祝愿我们的友谊地久天长！祝愿各位嘉宾福体安康，事业发达，幸运吉祥！

谢谢大家。

④ 工作会议迎宾祝酒词

■ 范例 12 ■

....

【致辞人】某市市委书记
【场　合】北方地区集体林权制度改革现场会欢迎晚会
【时　机】中场致辞
【风　格】平易朴实
【听　众】国家林业局代表、地方领导、专家、媒体记者

【关键词】欢迎 指导 资源 目标

【金　句】我们将认真贯彻这次会议精神，虚心学习借鉴各地的先进经验，以更加扎实的作风，更加有效的措施，切实加大工作力度，力争用两年左右的时间全面完成集体林权主体改革任务，努力实现资源增长、农民增收、生态良好、林区和谐的目标。

尊敬的各位领导、各位专家，同志们、朋友们：

大家晚上好！

国家林业局北方地区集体林权制度改革现场会明天就要召开了。在此，我受中共××省委×××副书记的委托，代表××省委、省政府，××市委、市政府及××县委、县政府，向不辞辛苦、远道而来的各位领导和同志们表示热烈的欢迎，向长期以来关心支持××经济社会发展的各级领导和各界人士表示衷心的感谢！

在我们认真贯彻落实全国、全省林业工作会议精神，全面推进集体林权制度改革的关键时候，国家林业局把这样重要的会议放在我市召开，×局长、×局长和×书记、××省长亲自出席大会，还有这么多的领导和专家为我市的林改工作现场把脉、精心指导，这充分体现了国家林业局、中央有关部委、全国各省市自治区和××省委、省政府对我市林业工作的重视和对我市的厚爱，对于我们加快林业改革发展，建设生态文明，必将产生十分重要的推动作用，我们诚恳地欢迎大家对我们的工作给予更多的指导和帮助。我们将认真贯彻这次会议精神，虚心学习借鉴各地的先进经验，以更加扎实的作风，更加有效的措施，切实加大工作力度，力争用两年左右的时间全面完成集体林权主体改单任务，努力实现资源增长、农民增收、生态良好、林区和谐的目标。

现在，我提议，让我们共同举杯，为北方地区集体林权制度改革现场会的圆满成功，为各位领导、各位专家、各位代表的身体健康、工作顺利，干杯！

范例 13

【致辞人】某县县委书记

【场　合】××市××系统会议欢迎晚宴

【时　机】开场致辞

【风　格】朴实平易

【听　众】市县领导、与会代表、媒体记者

【关键词】感谢 支持 成效 交流 平台

【金　句】××县××系统的各位同志，以此次会议在我县召开为契机，认真向参会的各位领导、各位同志学习，查找不足，找出差距，用更加务实的工作作风，更加优异的工作成绩，为实现××奋斗目标保驾护航。

尊敬的各位领导、各位来宾，同志们、朋友们：

大家晚上好！

4月的××草木葱翠，万象更新。今天，我们非常荣幸迎来了××市××系统会议在我县隆重召开，也非常高兴迎来了××市××系统的各位领导和同志们，在此我谨代表××县委、县政府及全县×万人民，对××的到来表示热烈的欢迎，向长期关心支持我县××工作的各位领导、各位朋友表示衷心的感谢。

近年来，我县××工作在××的正确领导下，在各兄弟县的帮助支持下，各项工作顺利推进，尤其是勤廉"四醒"教育制度、信访预警机制、惩防体系建设、"一把手"行权监管和"三重一大"集体议事决策制度等反腐倡廉工作取得了一定成效，为××提供了坚强的纪律保障。

此次××系统会议在我县召开，既为××市××系统提供了一次交流的平台，也为我县××工作创造了一次难得的学习机会。希望参会的各位领导、各位同志对我县的××工作提出宝贵意见和建议，帮助我们取长补短、改进工作。同时，也希望××县××系统的各位同志，以此次会议在我县召开为契机，认真向参会的各位领导、各位同志学习，查找不足，找出差距，用更加务实的工作作风，更加优异的工作成绩，为实现××奋斗目标保驾护航。

最后，预祝本次会议取得圆满成功！

为了各位领导，同志们、朋友们在××工作期间身体健康、万事如意，干杯！

■ 范例 14 ■

【致辞人】某市市委书记
【场　合】××省城市社区平安建设经验交流会欢迎酒会
【时　机】结尾致辞
【风　格】简洁　全面
【听　众】省市领导、与会代表、媒体记者
【关键词】鼓舞　鞭策　荣幸　契机　发展
【金　句】这次××省城市社区平安建设经验交流会在××召开，充分体现了××省委、省政府对我市平安创建工作的关心和支持，更是对我们的一种鼓舞和鞭策，我们备感荣幸和高兴。

各位领导、各位来宾，同志们：

晚上好！

这次××省城市社区平安建设经验交流会在××召开，充分体现了××省委、省政府对我市平安创建工作的关心和支持，更是对我们的一种鼓舞和鞭策，我们备感荣幸和高兴。在此，我代表中共××市委、××市人民政府，向与会的各位领导、各位来宾和同志们表示热烈的欢迎和诚挚的问候！

在××省委、省政府的正确领导下，"平安××"创建工作取得了很大的成效，为经济社会发展创造了良好的环境。这次会议的召开，必将对全省城市社区平安建设工作起到十分重要的促进作用，也为我市提供了很好的学习机会，我们将以此为契机，进一步做好平安创建工作，推动××经济特区更快更好地发展。希望大家对××的工作多提宝贵意见和建议。

最后，祝会议取得圆满成功！

现在，我提议，让我们共同举杯，为会议的圆满成功和各位来宾的身体健康，干杯！

⑤ 考察学习活动迎宾祝酒词

■ 范例 15 ■

【致辞人】某公司总经理

【场　合】××集团考察团欢迎晚宴

【时　机】开场致辞

【风　格】简洁朴实

【听　众】集团领导、水电站工作人员

【关键词】关键　重要　难度　决胜　奉献

【金　句】下一阶段，我们将继续发扬"务实创新、忠诚奉献"的××精神，为实现×××流域全面开发而不懈努力，为国家西部大开发及××省经济发展做出更大的贡献。

尊敬的各位领导、各位来宾：

大家晚上好！

今天，我们怀着愉快的心情和诚挚的敬意迎来了××集团各位领导一行。在××水电站工程建设的关键时期，各位领导不辞辛劳来到××工地考察工作，这是对××水电站工程建设及×××流域开发的亲切关怀，请允许我代表××公司、代表××水电站工程两万三千名建设者对大家的到来表示热烈的欢迎！

×××流域水电开发，是落实国家西部大开发、"西电东送"等重大经济战略的重要工程之一。××水电站工程是×××上装机规模最大的水电站，更是×××流域开发的关键性工程，拥有世界级的规模和技术难度。目前，在××集团及各控股企业领导的关心和支持下，×××流域开发取得了长足进展，××水电站工程也已进入实现首台机组发电目标的决胜阶段。这些都是广大建设者团结进取、拼搏奉献的结果，更是各位领导大力支持的结果！下一阶段，我们将继续发扬"务实创新、忠诚奉献"的××精神，为实现×××流域全面开发而不懈努力，为国家西部大开发及××省经济发展做出更大的贡献。

最后，我提议，让我们共同举杯，为××水电站工程的顺利建设，为×××流域开发事业的欣欣向荣，为各位领导的健康，为美好的明天，干杯！

▓ 范例 16 ▓

【致辞人】某县县委书记
【场　合】市直单位离退休老干部考察团欢迎午宴
【时　机】开场致辞
【风　格】简洁 全面
【听　众】地方领导、市直单位离退休老干部考察团成员
【关键词】鼓舞 鞭策 感谢 奉献 信心 回报
【金　句】在考察过程中，各位老领导对我县近年来的工作给予了充分肯定，同时也提出了许多中肯的建议，使我们进一步明确了今后的工作思路，增强了加快发展的信心。

尊敬的各位老领导、老前辈：

今天，市直单位离退休老干部在×局长、×局长的率领下，不顾年事已高，不顾旅途劳累，亲临××指导工作，这对我们既是莫大的鼓舞，也是最好的鞭策，在此，我谨代表××县委、县政府和全县百万人民，对各位领导来我县指导工作再次表示热烈的欢迎和衷心的感谢！

今天上午，各位老领导对我县三个园区和县城建设情况进行了考察，并且听取了县委、县政府的工作汇报，时间安排得非常紧凑，内容也非常实在，体现了各位老领导求真务实的工作作风和勇于发挥余热的奉献精神。

在考察过程中，各位老领导对我县近年来的工作给予了充分肯定，同时也提出了许多中肯的建议，使我们进一步明确了今后的工作思路，增强了加快发展的信心。我们将绝不辜负各位老领导的殷切希望，决心以振作

的精神状态和一流的工作业绩回报各位老领导对我们的厚爱，同时也恳请各位老前辈一如既往地关注××，关心××，常来××走走，常来××看看，给我们多指点迷津，多提宝贵意见，使我们的各项工作不断提高，不断进步。

现在，我提议：为我们的愉快相聚，为考察团此次考察的圆满成功，为各位老领导、老前辈的身体健康，合家幸福，万事如意，干杯！

■ 范例 17 ■

【致辞人】某市市委书记
【场　合】××省经贸考察团欢迎酒会
【时　机】开场致辞
【风　格】幽默 文辞简洁
【听　众】市政府主要领导、××省经贸考察团成员、本地工商界人士
【关键词】欢迎 明珠 开拓者 努力 硕果 合作
【金　句】有人说，我们××市是塞北的明珠，也有人说我们××市是黑土地上一棵高耸入云的青松。虽然谦虚是种美德，但是我仍自豪地认为，他们说得确实很有道理。

尊敬的各位领导、各位来宾，同志们、朋友们：

大家上午好！

在这个春光明媚，如诗如画的日子里，我们满怀欣喜地迎来了××省经贸考察团的各位尊贵的来宾和新老朋友。首先，请让我代表××市委、市政府以及360万××市人民，向不辞辛苦，远道而来的考察团的朋友们致以最热烈的欢迎和最诚挚的问候！

有人说，我们××市是塞北的明珠，也有人说我们××市是黑土地上一棵高耸入云的青松。虽然谦虚是种美德，但是我仍自豪地认为，他们说得确实很有道理。

你们的到来使我更加确信，正是由于有了你们这些慧眼识珠的朋友的帮助，我们这颗明珠才变得如此璀璨、绚丽，正是有了你们这些韬光养晦

的开拓者的努力，我们这棵青松才会在这片肥沃的黑土地上屹立、挺拔。我也十分肯定地向你们表示，你们在这片土地上的耕种一定会结出累累硕果，让你们有像今天收获的笑容一样满载而归。

最后，请让我们共同举起手中的酒杯，为了我们将来的携手合作，为了我们共同美好的明天，干杯！

⑥ 欢迎外宾祝酒词

■ 范例 18 ■

【致辞人】某市市委书记
【场　合】中俄国际木业合作发展论坛迎宾酒会
【时　机】开场致辞
【风　格】环环相扣　平易朴实
【听　众】市领导、国内外嘉宾、媒体记者
【关键词】欢迎　优势　新兴　契机　平台
【金　句】中俄国际木业合作发展论坛的举办，使双方的思想、思维、思路进一步拓展提升，使两国的资源、地缘、人缘优势叠加放大，使××与远东地区再次成为东北亚瞩目的亮点、焦点、热点，也为××带来了人气、财气和富气。

尊敬的各位领导、中外嘉宾，朋友们：

晚上好！

大家不辞旅途辛苦，奔波劳顿，投入到了一整天的中俄国际木业合作发展论坛活动中。在此，我代表××市委、市政府和280万热情好客的××人民，再次向各位嘉宾的到来表示热烈的欢迎和诚挚的感谢！

沿边开放是××的最大优势，林木加工是××的新兴产业。本次论坛为我们放大优势、壮大龙头提供了契机、搭建了平台。中俄国际木业合作发展论坛的举办，使双方的思想、思维、思路进一步拓展提升，使两国的资源、地缘、人缘优势叠加放大，使××与远东地区再次成为东北亚瞩目的亮点、焦点、热点，也为××带来了人气、财气和富气。

　　××的发展离不开各界人士的支持和关注，同时发展中的××也愿意为各界朋友提供创业腾飞的舞台，共谱友谊进步新篇章，共创美好未来新生活！

　　下面，我提议，请大家共同举杯，为本次论坛的圆满成功，为我们友谊的源远流长，为各位嘉宾的身体健康，干杯！

❼ 欢迎名人祝酒词

■ 范例19 ■

【致辞人】某县县委书记
【场　合】庆祝科学家××先生回到故里的接风晚宴
【时　机】开场致辞
【风　格】感情真挚动人
【听　众】县领导、文化界人士、科学家及科学家亲属
【关键词】欢迎　思念　机会　奉献　乡情
【金　句】正是由于这种日日夜夜传递的思念，正是由于这种远隔万水千山相连的亲情，我们今天才能够相聚在一起，享受这段温馨惬意的时光。

尊敬的各位来宾，朋友们、同志们：

　　俗话说，月是故乡明，人是故乡亲。今天，我们在此举杯，就是为了欢迎家乡的一位亲人，一位从这片土地走出去的专家，一位在国内乃至国际上都享有盛誉的科学项目带头人××先生及其夫人××女士回到故乡。在此，我谨代表××县委、县政府以及全县人民和所有在座的嘉宾，对他们的归来表示最热烈的欢迎。

　　从刚才震耳欲聋的掌声中，我可以十分地确定，家乡的人民从来不会对回家的亲人吝惜手上的力气。从××先生眼中泛出的泪花，我也看出，他在离开家乡的十几个春夏秋冬里无时无刻不在思念着家乡的山、家乡的

水、家乡的一草一木，还有家乡的亲人、家乡的亲情。

正是由于这种日日夜夜传递的思念，正是由于这种远隔万水千山相连的亲情，我们今天才能够相聚在一起，享受这段温馨惬意的时光。

所以，我在此对××先生表示感谢，感谢他为我们创造这个美妙的机会，感谢他笃学上进，刻苦钻研，为祖国竭尽所能的奉献精神，感谢他不忘乡情，时刻关心和支持我们县教育和科技事业的发展，尤其是在我们县争取成为创新型产业示范县的过程中，对我们提供的巨大的技术支持和帮助。

朋友们，让我们满饮此杯，以表达对××先生及其夫人回到家乡的无限喜悦和最诚挚的祝福，干杯！

■ 范例20 ■

....

【致辞人】某县县委书记

【场　合】知名人士××先生归国省亲欢迎午宴

【时　机】开场致辞

【风　格】声音高亢　激情飞扬

【听　众】县领导、××先生及其亲属

【关键词】激动　欢迎　引以为豪　支持　热爱　奉献

【金　句】古人说，母以子贵。××先生正是我们县父老乡亲引以为豪的儿子，我们县的事业发展正是由于像××先生这样没有忘本，心系祖国，致力于家乡建设的游子的大力支持和帮助，才取得了一系列骄人的成绩。

....

尊敬的先生们、女士们、朋友们、同志们：

大家中午好！

今天，我们在此为了迎接××先生衣锦还乡欢聚一堂。我想大家现在的心情跟我一样，心中充满了激动和喜悦。

让我们再次用掌声对××先生及其夫人××女士的归来表示诚挚的欢迎！

古人说，母以子贵。××先生正是我们县父老乡亲引以为豪的儿子，我们县的事业发展正是由于像××先生这样没有忘本，心系祖国，致力于家乡建设的游子的大力支持和帮助，才取得了一系列骄人的成绩。在此，我代表××县委、县政府及全县的父老乡亲对××先生表示感谢，感谢他对家乡的无私支持，感谢他对家乡的热爱与奉献。当然，也要感谢他今天让我们每个人的脸上都露出了无比灿烂的笑容。最后，祝愿××先生及其夫人能够在家乡度过一段美好的时光。

朋友们，俗话说，酒似情浓，情比海深。让我们高举这盛满了像海一样深厚感情的酒杯，为了游子的归来，为了我们县更加绚丽辉煌的明天，干杯！

漫话迎宾酒

酒·文·化

一、待客之道在于酒

王安石做宰相的时候，儿媳妇家的亲戚萧氏的儿子到京城，王安石邀请他吃饭。第二天，萧氏子穿盛装出席，以为王安石必定会以盛宴相邀。到了中午，他觉得很饿，但不敢离去。又过了很久，王安石才下令入座。菜肴都没有准备。萧氏子心里对这件事感到奇怪。喝了几杯酒，才上了两块胡饼，又上了四份切成块的肉。一会儿就上饭了，旁边只安置了菜羹而已。萧氏子很骄横放纵，不放下筷子，只吃胡饼中间的一小部分，把四边都留了下来。王安石把剩下的四边取来自己吃，萧氏子感到很惭愧，便回去了。这个故事只是待客的一个特例。在中国这个待客礼仪繁缛的国家，还是十分讲究的。比如湖南人迎客时，如果客人来了，一进屋，全家老少都会起身让座，老爹爹递烟，老妈妈起身倒茶，然后准备鸡、鸭、鱼等佳肴待客。鸡腿和鸡尾最为贵重，给最年长或最尊贵的客人食用，俗谓这是对客人的最大敬意；鸡爪则给青年人，俗谓给抓钱能手，祝愿他多抓财进宝。敬酒更显热情真诚，一敬就是双杯。如果你只喝一杯，主人会说："好事成双，必须喝两杯。"你再推却，主人更会说："你是双脚进来的，不是单脚进来的，必须喝两杯。"男主人敬过后，女主人接着敬，如果不喝，女主人会说："你瞧不起女的。"女主人敬过后，家里的青年人都要给客人敬酒，如果不喝，青年人又会说："你看不起青年人。"若客人实在不能饮酒，主人家待客真诚热情的心意到了，也可以不喝，但在湖南人如此浓烈的情意中，任何不会喝酒的客人，也会禁不住喝两杯。然而，在酒桌上，酒是否名贵，食物是否丰盛，尽管非常重要，但实际都只是一种陪衬。它们游走于一切礼仪规范的边缘，只是为了烘云托月地推出谈话这个核心。因此，精于交谈在良好的餐桌礼仪中显得极其重要。它意味着在掌握吃喝技巧的同时又精通语言艺术，从而在别人心里留下一种特殊的印象，也间接推动了其乐融融的环境氛围。总而言之，来的都是客，要好吃好喝好招待。

二、迎宾祝酒词的注意要点

今天的迎宾酒，已经与以往大有不同了，从家宴待客之道，到公务迎宾酒宴，对于一些礼仪和细节也更加讲究。其中由招待方或者说接待方对来宾的欢迎祝酒词则是不可缺少的一道仪式。迎宾祝酒词，要注意以下几点：

第一，感情须亲切、真挚、诚恳，要符合当时情况，能适当引导出席者的情绪，以创造一种友好的气氛，密切关系，推动双边合作。

第二，注意礼貌，又有分寸。既尊重对方，又不卑不亢。

第三，意见不一致的问题不在言辞中表露。

第四，语言要便于交际场合朗读、演说，即上口、好读。

第五，演说祝酒词之前，或写作祝酒词的时候，要了解对象的基本情况，比如已取得的成就及影响、来访的目的等。这样，才能切合实际，有的放矢，言之有物。

三、迎宾宴上的礼仪

迎宾宴的参加者往往由宴请者（东道主）和赴宴者（应邀的内外公众）组成。宴请者根据活动的目的、内容、经费、人员数量等确定宴会的规模和规格。

迎宾宴会的礼仪具体包括宴会前期准备工作和宴请的礼仪两个方面：

1. 宴会前期准备工作

①确定宴会的宴请形式、规模、规格。

②确定主持人。主持人必须有一定的组织能力、交际能力、表达能力和控制能力。

③确定宴会的时间、地点，并准备好请柬。

④确定邀请的对象、范围，并及时发出请柬。邀请的对象必须是与本组织或与本次宴会有直接利益关系的代表人物，既不要遗漏，也不能随便乱请。参加宴会者的身份应该相当，否则会使宾客感到有点"滥竽充数"。邀请对象一旦确定，就必须马上发请柬，以免误时误事。通常应提前一周左右将请柬发出，以便客人及早安排和回复。

⑤订菜。订菜应尽量适合宾客的口味，尽量考虑宾客的年龄、性别、风俗习惯、健康状况等，尤其要注意各民族不同的饮食习惯。菜单一经确定，即可印制。菜单可一桌一份或两份，也可每人一份做纪念。

⑥安排好桌次和席位。正式宴会和比较讲究的一般宴会都需安排好桌次和席位。按照国际习惯，桌次高低以离主桌位置远近而定，一般是右高左低，桌数多是安排桌次牌。正式宴会一般都事先安排好席位座次，并且要在入席前通知每一位出席者。在安排席位时应注意以下几点：以主人为中心。若有女主人出席，则以主人和女主人为中心，以靠主人位置远近来体现主次。以右为上。即主人的右手位置是最主要位置。把主宾和主宾夫人安排在显要位置。按国际惯例，主宾常安排在女主人右边，女主宾安排在男主人右边。夫妇一般不相邻而坐。西方国家习惯上把女主人安排在男主人对面，男女穿插安排。女主人的座位通常面向上菜的门，是宴会的中心位置。我国和其他一些国家一般都以男主人为中心，将主宾夫妇分别安排在男主人的右边和左边，女主人则安排在女主宾的左边。在涉外交往中，翻译人员一般安排在主宾的右边，以便翻译。主宾双方人员应穿插安排，并注意礼宾次序。如遇特殊情况，如某人本该出席因故未出席，而座次已事先排好，此时应灵活调整。

2. 宴请的礼仪

在宴会的组织和进行过程中，公共关系人员应注意一些礼节和行为规范。这主要包括以下几个方面：

①迎接宾客。公共关系人员、主持人应提前到达宴会地点，在一切安

排就绪后，到门口准备迎宾。宾客到达时，作为主人应在门口热情相迎，问候、握手、寒暄几句以示欢迎。

②引宾入席。公共关系人员指引来宾到事先指定的位置坐好。一般是先引主宾，后引一般来宾，依次入座。如果有女宾，则先引女宾后引男宾入座。如若宴会规模较大，也可先将一般客人引入座位，然后引主宾入座。接待人员应将椅子从桌子下面拉出，扶好后请宾客落座。

③上菜。主宾及大部分客人落座后便可上菜。上菜是从女主宾开始的。如果没有女主宾则从男主宾开始。上菜一般从主宾的左边上，饮料从右边上。新上的菜要先放在主宾面前，并介绍名称。如果上全鸡、全鱼菜时，应将鸡、鱼的头部对准主宾或主人。宴会行将开始时，服务人员为所有的来宾斟酒。

④祝酒。主持人宣布宴会正式开始后，主人致祝酒词，接着是全体干杯，然后由主宾致答谢词（一般宴会也可省略）。当主宾祝酒致辞时，公共关系人员和服务人员应停止一切活动，找一个适当位置站好，在干杯之后将酒斟满。

⑤主持人和主人应注意活跃会场气氛。主持人、主人、公共关系人员应抓住时机，提出一些大家共同感兴趣的问题，引出话题，调动大家的积极性，使宴会自始至终处于热烈、亲切、友好的气氛之中。作为主人，应适当向客人敬酒，以示友好和尊重。

⑥送客。当主客双方酒足饭饱时，主人与主宾起立，大家随之，这时宴会即告结束。此时公共关系人员、服务人员应将主宾等的椅子向后移动，方便主宾等客人离座。当主宾及客人休息片刻准备告辞时，主人及东道主的公共关系人员应将其送到门口，握手话别。

四、迎宾宴上的禁忌和应急技巧

迎宾酒宴是一种较为流行的招待宴请活动方式，对于迎宾宴还应注意以下细节：

第一，选择一个宽敞明亮的环境，并加以精心布置，给人以亲切、融洽、和谐之感；主人应将客人一一做介绍，以免冷场；备足酒水、食品，并由专门的服务人员负责添酒水；主人应照应好每位客人，以免冷落某些客人；酒宴上不可贪杯，以免出现尴尬局面。

第二，用餐时要注意文明礼貌。对外宾不要反复劝菜，可向对方介绍中国菜的特点。

第三，如果你是来宾，当主人和主宾致辞祝酒时，你应该暂停进餐或暂停和人交谈，要注意倾听，更不要借机抽烟、喝酒。

◆ 迎宾祝酒词集锦

◇ 迎宾常用祝酒词

五洲宾客竞来，同品尝五香美馔；一样酒肴捧上，却别有一番风情。

杯中自有天上月，腹内更牵万种情。一生大醉能几回，何不豪饮到天明？

左右逢客来似锦，南北通宾至如归。

喜接三亲客，笑纳四海朋。

◇ 迎宾常用诗句

海上生明月，天涯共此时。（唐·张九龄《望月怀远》）

相逢红尘内，高揖黄金鞭。（唐·李白《相逢行》）

花径不曾缘客扫，蓬门今始为君开。盘飧市远无兼味，樽酒家贫只旧醅。肯与邻翁相对饮，隔篱呼取尽余杯。（唐·杜甫《客至》）

地有高斋要名士。相逢恨晚，老矣酒兵诗帅。岁寒同一笑、千年事。（元·程文海《感皇恩　次韵姚牧庵题岁寒亭　此首下原附牧庵》）

相逢情便深，恨不相逢早。（宋·施酒监《卜算子》）

金风玉露一相逢，便胜却人间无数。（宋·秦观《鹊桥仙》）

第7章
饯行酒：何当重相见，
樽酒慰离颜

饯行酒概要

酒·常·识

所谓"天下没有不散的筵席"，饯行祝酒词是主办方在欢送仪式或宴会上向来宾发表的祝酒词，旨在表达对客人即将离去的不舍与祝福。饯行祝酒词语言要贴近生活，适当使用口语可增强致辞人的情感表达效果，达到以情感人的目的。

祝酒词范例

酒·词·话

❶ 为代表团饯行的祝酒词

■ 范例1 ■

【致辞人】海协会会长
【场　合】海基会答谢晚宴
【时　机】结尾致辞
【风　格】文采斐然　大气真挚

【听　众】各级领导、海基会代表团成员、各界来宾

【关键词】惜别　豪情　成功　光荣　斐然　进展　水平

【金　句】又是一个依依惜别的夜晚，又是一个满怀豪情的时刻，"依依惜别"，是因为"人生自古伤离别"。"满怀豪情"，是因为我们的会谈取得圆满成功，但更加艰巨光荣的任务又摆在我们面前。我们不仅"后会有期"，而且可以大有作为。

···

尊敬的×××董事长、×夫人，海基会代表团全体成员，各位嘉宾、各位朋友：

大家晚上好！

谢谢×董事长热情洋溢的讲话，谢谢海基会的热情款待。

又是一个依依惜别的夜晚，又是一个满怀豪情的时刻，"依依惜别"，是因为"人生自古伤离别"。"满怀豪情"，是因为我们的会谈取得圆满成功，但更加艰巨光荣的任务又摆在我们面前。我们不仅"后会有期"，而且可以大有作为。

不到一年的短短时间，我们在北京、台北、南京，三次相聚会谈；不到一年的短短时间，我们从周末包机、大陆居民赴台旅游到空运、海运、邮政、食品安全再到空中定期航班、金融合作、共同打击犯罪及司法互助，共计签署了九项协议达成了一项重要共识，涵盖领域广泛，成果斐然，特别是这次商谈，我们又在一些重要领域取得重大进展，标志着两会协商进入了一个新的境界和水平。

能够在这么短的时间，取得这么多的成果，凝聚着很多人的心血。借此机会，我要特别感谢两岸同胞对两会协商的理解和支持，感谢两会专家和同人的共同努力，感谢新闻界朋友的大力支持，还要感谢中共江苏省委、南京市委提供的周到安排。

谈起两会协商取得的成果，我们总有一种如数家珍的感觉，这不是敝帚自珍，而是因为作为两会协商的亲历者和推动者，我们了然这些协商成果背后的艰辛，知其来之不易，因而倍加珍视和爱护。会谈结束后，我们会积极协调有关部门，切实履行各项协议，保证会谈成果的落实。同时，

我们也会继续本着平等协商、善意沟通、积累共识、务实进取的精神，与海基会的朋友们一道，继续规划和协商两岸同胞有期盼、两岸关系和平发展有需求的议题，继续造福两岸同胞。

我们深知，前进的道路上还有曲折和坎坷，但是，"宝剑锋从磨砺出，梅花香自苦寒来"，只要这把宝剑能为两岸关系和平发展披荆斩棘，只要这缕梅香能为两岸同胞民生福祉带来实惠，我们愿意接受磨砺，愿意承受苦寒。

今晚我们欢聚一堂，愿友谊地久天长。明天我们互道珍重、后会有期、来日方长。晚餐后，我将陪诸位畅游春江花月夜的秦淮河。秦淮如梦，流淌的不只是过去的历史；钟山巍峨，铭佩着两岸关系的美好未来。

请允许我借主人的酒，祝愿两会协商成果尽快得到落实，祝愿两会协商进程继续取得新突破，同时祝愿×董事长和各位朋友接下来的参访顺利圆满，为各位的健康，干杯！

▪ 范例 2 ▪

【致辞人】某市市长
【场　合】××市经贸代表团欢送晚宴
【时　机】结尾致辞
【风　格】朴实平易
【听　众】市领导、代表团成员、各界嘉宾
【关键词】友好　了解　友谊　合作　信任　动力
【金　句】朋友们，蒙蒙细雨将为你们洗去路上的尘土，醇醇的美酒祝你们一路顺风。

尊敬的××团长、尊敬的各位来宾：

大家晚上好！

首先，请允许我代表××市人民政府和全市人民对来自××市的友好使者，以及参加今晚宴会的嘉宾，表示亲切的问候和诚挚的敬意。以××同志为团长的××市经贸代表团在我市进行了为期三天的参观访问。三天来，代表团深入我市经济建设的每个角落，参观访问了主要工业园区和企业。这次访问不仅加深了我们两市之间的相互了解和友谊，拓宽了我们之间在经贸、旅游、文化、教育等领域的合作，同时也为两市今后在更大范围内的友好合作奠定了基础。

同志们、朋友们，我们的合作将建立在牢固的信任和深厚的友谊之上，友谊与合作是在交往中发展的，让我们珍视友谊，加强合作，使友谊推动合作深入发展。这将为我们两市的发展注入新的血液和发展动力。

朋友们，蒙蒙细雨将为你们洗去路上的尘土，醇醇美酒祝你们一路顺风。让我们共同举杯，为了我们两市的美好明天，为了你们的身体健康与家庭幸福，干杯！

■ 范例3 ■

【致辞人】某地方企业代表
【场　合】代表团访问结束欢送晚宴
【时　机】结尾致辞
【风　格】情真意切
【听　众】兄弟企业代表、公司领导、员工
【关键词】圆满　成功　祝贺　依依不舍　友好　合作
【金　句】大家相处的时间是短暂的，但我们之间的友好情谊是长久的。

尊敬的女士们、先生们：

首先，我代表×××，对你们的访问圆满成功表示热烈的祝贺。

明天，你们就要离开××了，在即将分别的时刻，我们的心情依依不舍。大家相处的时间是短暂的，但我们之间的友好情谊是长久的。我国有句古语："来日方长，后会有期。"我们欢迎各位女士、先生在方便的时候再次来××做客，相信我们的友好合作会日益加强。

莺歌燕舞，杨柳依依，好山好水好心情，祝大家一路顺风，万事如意！干杯！

❷ 为客商饯行的祝酒词

■ 范例 4 ■

【致辞人】某区区委书记
【场　合】客商欢送宴会
【时　机】中场致辞
【风　格】情真意切
【听　众】地方领导、企业代表、客商、各界嘉宾、媒体记者
【关键词】考察 丰硕 感谢 新气象 发展 希望 环境
【金　句】有道是：相见时难别亦难。今天的成功只是我们合作双赢的一个良好的开端，也是在政府与企业之间架起友谊的桥梁。

各位朋友、各位来宾：

大家中午好！

闻名中外的"两会一节"经过这几天的活动已告一段落。连日来，大家废寝忘食、不辞劳苦、身体力行，赶会场、忙考察、深入洽谈，共同谋划"构建新江南、建设大江南"的宏伟蓝图，取得了丰硕的成果。在此，我代表××区委、区人民政府对18家企业的60多位嘉宾的辛勤劳动表示衷心的感谢，向前来访问、考察、投资的广大客商表示诚挚的问候，对所取得的成果表示热烈的祝贺！

开放的××是投资的热土。现在正值一派热火朝天的开发新气象，越来越多的中外客商将投资目光锁定这里，我们看到了未来的发展和希望。我们将汲取广大客商的宝贵意见，并将其融入到我们的发展理念中，以现代都市的标准建设高品位、高层次的××，我们将借鉴国内外成功的先进经验，创造宽松的投资环境，坚定信心，强化服务，为建设时尚美丽的大江南而努力。

有道是：相见时难别亦难。今天的成功只是我们合作双赢的一个良好的开端，也是在政府与企业之间架起友谊的桥梁。我们相信，在政府的支

持和企业的努力下，我们的关系会更加融洽，我们的沟通会更加密切，我们的长期合作也一定会更加圆满成功！

现在，我提议，为此次活动的圆满成功，为美好的未来，干杯！

❸ 为援建干部官兵饯行的祝酒词

■ 范例5 ■

··

【致辞人】某市市委书记
【场　合】援藏干部欢送宴会
【时　机】结尾致辞
【风　格】感情真挚　深情祝福
【听　众】省市领导、援藏干部及家属、媒体记者
【关键词】饯别　敬意　强国　团结　稳定　积极
【金　句】面对别离，我们心中复杂的心情难以言表。我们在座的各位同志，还有百万人民，都在为你鼓劲，为你祝福！同时，期待着你三年后的凯旋。

··

同志们：

今天，市五套班子在家的各位同志以及全市副处级以上领导干部相聚这里，借××大酒店这块宝地，备几杯薄酒，为援藏干部，为我们的战友×××同志饯别。

首先，让我代表××市委、市政府和今天参加送别会的全体同志，代表全市120万人民，向×××同志，向×××同志的妻子及其亲属，表示亲切的问候，并致以崇高的敬意！

干部到西藏工作是建设高素质干部队伍、实施人才强国战略的有效途径，也是维护祖国统一和民族团结、促进西藏地区稳定和发展的内在要求。这次××省委和××市委在县市中挑选年富力强、工作得力的干部到西藏自治区任职，支援边疆建设，×××同志积极响应，踊跃报名，并最终被上级领导充分肯定、委以重托，这是一项非常光荣而艰巨的使命，也为我

们、为我们的干部争得了荣誉。

再过几天，×××同志即将远行，奔赴万里之外的西藏，履行为期三年的××县县委书记这一新的重要使命。×××同志作为××县百万人民的友好使者和代表前往西藏工作，不仅代表着他个人，更代表着整个××县。到西藏工作，也是一次十分难得的学习、锻炼和提高的机会，我们衷心希望×××同志珍惜这个机会，继承发扬"特别能吃苦、特别能战斗、特别能忍耐、特别能团结、特别能奉献"的"老西藏精神"，紧紧立足××县实际，创造性地开展工作，为西藏地区的经济发展、社会稳定、民族团结做出新的贡献，以实际行动树立起援藏干部的良好形象。

面对别离，我们心中复杂的心情难以言表。在这里，我要送给×××同志四句话：珍重身体，发挥才智，努力工作，建设西藏。我们在座的各位同志，还有百万人民，都在为你鼓劲，为你祝福！同时，期待着你三年后的凯旋。

最后，我提议：为×××同志的顺利出征和凯旋，为××县更加美好的明天，干杯！

■ 范例 6 ■

【致辞人】某市市委书记
【场　合】为即将开拔的官兵举行的欢送晚宴
【时　机】开场致辞
【风　格】寄予厚望　深情祝福
【听　众】政府领导、军队领导、官兵及各界代表
【关键词】欢送　光荣　自豪　准备　本领　职责
【金　句】同志们以实际行动为部队建设做贡献，为保卫边疆、开发和建设大西部做贡献，为家乡父老争光。

同志们、朋友们：

大家晚上好！

今天，我们欢聚一堂，满怀喜悦地热烈欢送××部队 220 名官兵进驻

高海拔地区执行任务，这是你们的光荣，更是我们的自豪。借此机会，我谨代表××市委、市政府，向即将起程的同志们表示衷心的感谢。新驻地地理环境、生活条件都比较恶劣，而且边界线较长，同多个国家接壤，政治环境复杂，所以，同志们一定要有迎接心理、生理、生活各方面挑战的准备。

我还希望同志们能够严格要求自己，自觉履行"到最艰苦的地方去、到祖国最需要的地方去"的诺言，发扬人民子弟兵的优良传统和作风，努力学习文化知识和军事知识，练就过硬的军事本领，严格履行军人的职责，争当优秀士兵、争取立功受奖，以实际行动为部队建设做贡献，为保卫边疆、开发和建设大西部做贡献，为家乡父老争光。

最后，祝你们一路顺风，事业有成，干杯！

④ 为入伍新兵饯行的祝酒词

▣ 范例7 ▣

【致辞人】某县县委书记
【场　合】某年度新兵送别午宴
【时　机】中场致辞
【风　格】大气 真挚 深情祝福
【听　众】县领导、军队领导、新兵及新兵亲属
【关键词】欢送 敬意 柱石 保障 使命
【金　句】同志们，国家兴亡，匹夫有责。新兵同志们，祖国已经向你们发出召唤，人民军队已敞开胸怀在迎接你们的到来，让我们携起手来，共同为国防建设添砖加瓦，为保卫祖国、建设祖国贡献自己的青春和力量。

同志们、朋友们：

今天，我们在这里隆重举行仪式，热烈欢送今年应征入伍的新兵。首先，我谨代表××县委、县政府向光荣应征入伍的全体新兵表示热烈的祝

贺，向积极送子参军、支持国防建设的新兵家长们表示崇高的敬意，向来自祖国四面八方，为我县征兵工作付出辛勤汗水的接兵部队同志们表示亲切的问候。中国人民解放军是中国共产党领导和缔造的执行政治任务的武装集团，是人民民主专政的坚强柱石，是国家安全、社会稳定和祖国统一的重要保障。向人民军队输送大批优质合格兵员，既是全面完成打造强大国防力量任务的现实需要，也是提升我军战斗力，加速推进军事斗争准备，打赢未来信息化战争的客观要求。因此，作为新一代解放军战士，你们要牢记使命，刻苦训练，加强学习，以不辜负家乡人民对你们的深切期望。

同志们，国家兴亡，匹夫有责。新兵同志们，祖国已经向你们发出召唤，人民军队已敞开胸怀在迎接你们的到来，让我们携起手来，共同为国防建设添砖加瓦，为保卫祖国、建设祖国贡献自己的青春和力量。

最后，让我们干了这杯酒，祝新兵同志们在新的人生征途上一路平安、一帆风顺，在部队不断取得进步，为国防事业建功立业，并祝愿你们的家人健康幸福，干杯！

⑤ 为同事、朋友饯行的祝酒词

▣ 范例 8 ▣

【致辞人】某集团公司销售经理
【场　合】销售人员赴外拓展业务饯行宴会
【时　机】结尾致辞
【风　格】文采飞扬　激情四射
【听　众】公司领导、公司员工
【关键词】相聚　使命　奉献　创造性　贡献　饯行
【金　句】今晚时光美好，今晚感情真挚，今晚酒色醇香。
××扬帆展风采，宏伟蓝图写豪迈。

尊敬的各位领导，亲爱的同事们：

大家晚上好！

时光飞逝如电，不知不觉今年的第一个季度已经过去了一半。

今天，××集团公司的全体销售人员相聚在一起，备几杯薄酒，为我们的同事们饯别。首先，我代表××集团公司及×总、×总祝愿各位同人新年新气象，新征途上立新功！

各位同人即将远行，奔赴全国各地，履行销售人员的重要使命。销售人员作为企业的形象代言人，不仅代表着他个人，更代表着××集团公司。我们衷心希望各位同人继续发扬吃苦耐劳、爱岗敬业的奉献精神，创造性地开展工作，为××集团公司的发展做出新的贡献，以实际行动树立起××人的良好形象！

今晚时光美好，今晚感情真挚，今晚酒色醇香。此时此刻，我提议：让我们为各位同人的顺利出征和凯旋，为××集团公司更加美好的明天，共同举杯！

第一杯酒，××扬帆展风采，宏伟蓝图写豪迈。让我们共同祝愿××集团公司蒸蒸日上、蓬勃发展！

第二杯酒，祝愿各位同人一帆风顺、二龙腾飞、三阳开泰、四季平安、五福临门、六六大顺、七星高照、八方走运、九九同心！

第三杯酒，为同人饯行！同人们即将远离亲人，远离家乡，挑战人生。××扬帆，乘风破浪正当时，人在征程，努力拼搏方成功。

让我们畅饮杯中酒，以百倍的信心和饱满的热情去迎接新的挑战、实现梦想！希望明朝相逢时，互贺一句：成功！朋友们，一起干杯！

■ 范例 9 ■

【致辞人】某公司领导

【场　合】同事出国欢送宴会

【时　机】中场致辞

【风　格】环环相扣　感情真挚

【听　众】公司领导、公司同事

【关键词】好消息　深造　自豪　不舍　敬佩

【金　句】最后，我们还要祝愿×××在一年的出国学习过

程中，收获更多的成果，丰富自己的人生阅历，使自己变成
更优秀更强大的人！

....

亲爱的朋友们：

大家晚上好！

今天，我将大家邀请到这里，是为了和大家分享一个好消息：我们公司的×××，通过了公司层层选拔，赢得了出国学习的机会，很快就要动身到国外深造了！

今天是个十分值得纪念的日子，在这一天中，我们每个人可谓百感交集。其一，我们为自己的好同事感到开心，也为自己拥有这样优秀的同事而自豪；其二，我们的同事此去有一年之久，这12个月的分离，也让我们对同事有万分不舍；其三，我想很多人都和我一样，心中除了高兴和不舍，还会对我们的同事产生由衷的敬佩之情。我们公司是个拥有300多人的大公司，竞争这个出国学习机会的，就有50人之多，而最后这朵幸运花唯独落在了×××头上，这足以引发大家的思考。我相信，在接下来的日子里，我们都会将自己和×××做一个比较，发现并且弥补自己的不足之处，向×××看齐。我也相信，当×××从国外学习归来时，定会发现我们的惊人变化，感觉到同伴也变得更加强大。到时，希望我们能够形成良好的竞争氛围，在互相敦促和激励中，变得更加优秀！

×××作为公司的一名老员工，他忠于企业，热爱岗位，遵守公司各项规章制度，服从分配，尊重领导，与同事的关系融洽，这种种的优点都值得我们学习。对于公司来说，×××这种人才是不可或缺的。因此，我们也要学习他身上的这些优点，争取成为和他一样的好员工！

在这里，请允许我代表公司的领导和全体员工，对×××所做出的成绩表示衷心的祝贺和感谢。同时，我也希望全体人员学习×××这种敬业勤奋的精神，努力做好各自的工作。

最后，我们还要祝愿×××在一年的出国学习过程中，收获更多的成果，丰富自己的人生阅历，使自己变成更优秀更强大的人！同时我们也相信，以×××的精神品质，他一定能在这次出国学习中踏实学习，吸收到

很多宝贵的知识和经验。我们期待他凯旋的那天！

我提议，让我们共同举杯，祝×××旅途顺利，学有所成！

■ 范例 10 ■

【致辞人】朋友

【场　合】送好友去外地工作聚会

【时　机】结尾致辞

【风　格】情理交融　深情祝福

【听　众】朋友

【关键词】送行　高兴　庆贺　宝贵　能力　后盾

【金　句】想说的话太多，就都放在这杯酒中吧。祝福也好，不舍也罢，都在这杯酒中，希望你能品出其中滋味，记得兄弟们今天的心声。

各位朋友、各位兄弟：

今天，我们聚在这里，为我们的好兄弟，好朋友×××送行。就在前几天，我们接到了×××即将去北方工作的消息，既为他高兴，又感到深深的不舍。我们这些人，从儿时开始就认识，一块儿在这个城市生活了许多年，一同分享高兴的事情、分担难过的事情，我们已经把对方当作了自己无法分割的一部分。突然听说其中一个人即将远行，我们的心中当然不是滋味。但是，凡事都有两面，我们的兄弟远行的理由毕竟是令人可喜的。他凭借着自己的能力，在北方一家知名的公司谋到一份不错的工作，这当然是值得庆贺的，并且值得远赴他乡。因此，我们今天在这里，不光是为我们的兄弟饯行，更是要为他这成功的一步祝贺。

今天的这杯酒，饱含了我们对×××的祝福。×××，你和我们一起走过的这些日子，相信都会成为我们宝贵的记忆，无论你走到哪里，你都是我们的好兄弟。另外，我还想对你说，在我眼里，你始终是一个肯干、肯钻研、肯吃苦的人，并且是一个会思考的聪明人，即使你即将要去人才济济的首都北京，我还是要告诉你，无论走到哪里，都不要低估了自己的能力，祝福你！无论你将来遇到了什么困难，都要有足够的自信，努力一把，相信自己能够挺过去。

另外，我们还想告诉你，即使你是个顶天立地的男子汉，但是只身在外，总是会遇到这样那样意想不到的难事，或者不平之事。遇事时，一定不要冲动，要理智思考，当忍则忍，不该退步时，也要懂得主动出击。我们希望你记得，无论如何，我们都是你坚强的后盾。

一个人在外谋生，不要只顾工作，一定要注意在生活上照顾好自己，只有拥有健康的身体，才能有精力做好其他的事情。等下次你回来的时候，希望我们看到的，是个更加健壮的你。

想说的话太多，就都放在这杯酒中吧。祝福也好，不舍也罢，都在这杯酒中，希望你能品出其中滋味，记得兄弟们今天的心声，再回来的时候，我们再次相聚！

让我们祝×××事业有成，旗开得胜！

◆ 为外国友人饯行的祝酒词

■ **范例 11** ■

• •

【致辞人】某地方领导
【场　合】欢送外国教授××酒会
【时　机】结尾致辞
【风　格】情真意切 深情祝福
【听　众】地方领导、外国教授、地方企业代表
【关键词】老朋友 成功 转型 改进 不舍
【金　句】来日方长，后会有期。

• •

尊敬的女士们、先生们：

时间过得多么快啊！20天前我们大家曾高兴地在这座礼堂集会，衷心欢迎××教授。今天，在××教授访问了我国的许多地方之后，我们再次欢聚一堂，感到特别亲切和愉快。××教授将于明天回国。

××教授是我们的一位老朋友，他熟悉我国很多方面的情况。

××教授的访问虽然短暂，然而是极其成功的。他在我国逗留期间，参观了工厂、农村、学校，与工人、农民、科学家、艺术家、教师和学生进行过谈话，与他们交上了朋友，并认真研究了我国的政治、经济、文化和教育。

大家知道，我们的国家处于经济转型期。经济的快速发展与体制和法制的发展还不平衡，目前我们的社会主义市场经济的建设过程中还有许多问题和困难需要我们去解决和克服，我们工作中还有许多方面需要改进。

我们诚恳地希望××教授给我们提出宝贵的建议和意见，以便我们改进工作。

明天，××教授就要回国了，在即将分别的时刻，我们的心情依依不舍。大家相处的时间是短暂的，但我们之间的友好情谊是长久的。我国有句古语："来日方长，后会有期。"我们欢迎××教授在方便的时候再次来中国做客，相信我们的友好合作会日益加强。

在向××教授告别时，我们借此机会请求他转达我们对美国人民的深厚友谊，还请他转达我们对他们的亲切问候和敬意。

让我们共同举杯祝××教授一路平安，身体健康！

7 为远行学子饯行的祝酒词

■ 范例 12 ■

【致辞人】学子母亲

【场　合】国外求学饯行宴会

【时　机】结尾致辞

【风　格】情真意切

【听　众】学子，学子的亲戚、朋友、同学

【关键词】谢意　美国　深造　积极　独立　坚持

【金　句】希望女儿以学业为重，在异国他乡提高独立生活的能力，坚持不懈，孜孜不倦，锻炼自己，学有所成。

各位女士、先生，朋友们：

在辞旧迎新的日子里，本人对各位来宾在百忙之中前来聚会，深表谢意！

我女儿即将赶赴美国××大学求学，完成她心存已久的深造夙愿。作为母亲，我认为这个主张和行动是富有积极意义的，希望女儿以学业为重，在异国他乡提高独立生活的能力，坚持不懈，孜孜不倦，锻炼自己，学有所成。

再次感谢大家！我提议，为我女儿，包括我们大家，在新的一年中，工作学习称心顺利，家庭生活美满幸福，干杯！

▪ 范例 13 ▪

【致辞人】家属代表

【场　合】升学饯行宴会

【时　机】中场致辞

【风　格】殷切希望　深切叮嘱

【听　众】学子、学子的父母、学子的亲朋好友

【关键词】金榜题名　深情厚谊　感谢　喜事　成功　祝福

【金　句】久旱逢甘露，他乡遇故知，洞房花烛夜，金榜题名时。海阔凭鱼跃，天高任鸟飞！

尊敬的各位来宾：

在这金秋送爽、锦橙飘香的日子，我们欢聚一堂，恭贺××、××夫妇的公子××金榜题名，高中××大学。承蒙来宾们的深情厚谊，我首先代表××先生、××女士和××同学对各位的到来，表示最热诚的欢迎和最衷心的感谢！

所谓人生四大喜事："久旱逢甘露，他乡遇故知，洞房花烛夜，金榜题名时。"我们恭喜××成功地迈出了人生的重要一步。

朋友们，十年寒窗苦，在高考考场过五关斩六将的××同学此时此刻的心情是什么？春风得意马蹄疾，一日看尽长安花。

我提议，第一杯酒，为英才饯行！××同学即将远离亲人，远离家乡，挑战人生，请接受我们共同的祝福：海阔凭鱼跃，天高任鸟飞！

第二杯酒，祝愿××全家一帆风顺、二龙腾飞、三阳开泰、四季平安、五福临门、六六大顺、七星高照、八方走运、九九同心！

第三杯酒，祝各位来宾四季康宁，事事皆顺！

朋友们，干杯！

漫话饯行酒

酒·文·化

饯行宴上的祝酒词应表明欢送单位、欢送对象、欢送事由，表示热烈欢送。欢送语以说清楚上述内容要点为原则，文字要简短精练，不宜太长。如果是为同事饯行，可以简单表达一下欢送对象新的去向及所要从事的工作、所从事的新工作有何意义，最后对其提出热切希望，这是欢送者的赠言。如果是为访问团饯行，一定要注意了解来宾来访期间的活动情况，访问所取得的进展（如交换意见，达成共识，签署了什么样的联合公报，发表了什么样的联合声明，有哪些科技、贸易、文化及其他方面的合作等），了解了这些情况，祝酒词才会显得内容丰富而准确。如果是为考上大学的学子饯行，可以多说一些鼓舞和勉励的话，并提出希望和祝愿。总之，在饯行宴上的祝酒词要切身份、切事由、切范围，感情真挚。

一、饯行宴上的礼仪

第一，在为来宾饯行时，应兼顾两点：一是切勿耽误来宾的行程；二是切勿干扰来宾的计划。在时间上要有一定的提前量。在选择参与饯行宴的人员时，一是要注意其身份，饯行人员与饯行对象在职务身份上要大体相同。二是要控制其数量，为一般的来宾饯行时，东道主一方的主要领导不必亲自到场，而由数量适当的接待人员、办公室工作人员或者与来宾专业、部门对口的人员出面即可。只有为重要来宾饯行时，才有必要由东道主一方的主要领导出面。

第二，加以挽留。当来宾提出告辞时，主人应当加以挽留，不应顺水推舟、不做任何表示。

第三，起身在后。在来宾告辞时，主人应在对方站起来后再起身，不宜抢先起身。

第四，伸手在后。在宾主双方握手作别时，一般应由来宾首先伸手，主人随后伸手。

第五，相送一程。在来宾离去时，主人出于礼貌应当相送一程。通常应将其送至门口、电梯或楼梯旁、大楼底下、大院门外，或者特意前往来宾启程返回之处与之告别，并且目送对方离去。如果对方是初次来访的贵宾，则还可陪伴对方走得更远一些。主人若当时难以抽身，还可以委托他人代为相送。

第六，宾主道别时，彼此双方都会在此刻采用一些专门的礼貌用语与对方作别，或是借以表达与对方的惜别之情。在道别时，来宾往往会说"就此告别"，"后会有期"。而此刻主人应说"一路顺风"、"旅途平安"。有时，宾主双方还会向对方互道"再见"，叮嘱对方"多保重"等。

二、饯行宴上的禁忌和应急技巧

第一，道别应由来宾率先提出。假如主人首先提出与来宾道别，会给人一种厌客、逐客的感觉。

第二，饯行宴切莫依依不舍。饯行酒应当既隆重，又热情、活跃，注意掌握情绪、气氛的变化，不能过于低沉、伤感、压抑。酒宴的主题应是明朗的、乐观的。也许会有朋友因难舍而潸然泪下，但不能因此而改变整个活动的基调。

第三，要与来宾亲切交谈。在来宾临行前，如果时间允许，饯行人员应与来宾进行亲切而友好的交谈。畅谈双方的友谊，展望合作的前景，预祝对方一帆风顺等。

第四，要与来宾握手作别。在来宾正式登上其返程时乘坐的交通工具之前，饯行人员应当同来宾一一握手作别。

第五，要向来宾挥手致意。在来宾登上交通工具之时，以及对方所乘坐的交通工具驶离之时，饯行人员应当面向对方挥手致意。

第六，要注意自己的退场。在饯行时，饯行人员通常应该在来宾所乘坐的交通工具启动后，或是所乘坐的交通工具离开自己的视线后，方可离去。

◆ 饯行祝酒词集锦

◇ 饯行常用祝酒词

临别请你喝一杯故土的酒，你走遍天下，也别忘了把家乡装在胸中。即将行别，但愿云彩、艳阳一直陪伴你走到遥远的天涯；鲜花、绿草随你铺展远远的前程。人活着，不仅是存在，而是真正按照自己的意志和理想生活。燃烧吧，有理想的人，有一分热，发一分光。"朋友你今天就要远走干了这杯酒，忘掉那天涯孤旅的愁一醉到天尽头。也许你从今开始的漂流再没有停下的时候，让我们一起举起这杯酒，干杯啊朋友。"

尽情地饮干这杯毕业之酒吧！它是生活的甘露！它将给未来注进胜利，它将长留在我们的唇间舌上，留下无尽的回味。面对着岁月摆下的筵席，我们相互微笑殷勤地劝酒，仿佛所有没说的爱恋与不舍都藏在语句的背后。因为我们都已明白，此去再也没有比手中这一杯更醇更美的酒了。你留给我的，是美丽的记忆。当我捧起记忆中的佳酿想请你喝时，却先醉了自己。今日同窗分手，互说一声：珍重！明朝校友相逢，互贺一句：成功！风吹走了祝福的心绪，雨模糊了期盼的视线，我扎紧了思念的情结，相信总有一天我们会再度重逢！我们不得不分离，轻声地说声再见，心里保存着感激，感谢你曾给我那一份深厚的情谊。青春的阳光，照亮了我们追求的方向，让我们认准目标，展翅奋飞，为给未来增添一片美丽的华光而努力。带着稚气，带着惊异，带着迷惑，带着理想，带着自信，我们一起迎接人生最美好的青春时光。

◇ 饯行常用诗句

桃花潭水深千尺，不及汪伦送我情。（唐·李白《赠汪伦》）

劝君更尽一杯酒，西出阳关无故人。（唐·王维《送元二使安西》）

轮台东门送君去，去时雪满天山路。山回路转不见君，雪上空留马行处。（唐·岑参《白雪歌送武判官归京》）

海内存知己，天涯若比邻。（唐·王勃《送杜少府之任蜀州》）

孤帆远影碧空尽，唯见长江天际流。（唐·李白《送孟浩然之广陵》）

莫愁前路无知己，天下谁人不识君。（唐·高适《别董大》）

第 **8** 章

开业酒：我愿东海水，
尽向杯中流

开业酒概要

酒·常·识

　　开业庆典不只是一个简单的程序化活动，而是一个经济实体、形象广告的第一步。开业庆典举办的酒会上，致辞者的祝酒词已引起人们愈来愈多的重视，它实际上已经构成了引导销售热潮的爆发口，一个精彩的活动策划及与之配套的祝酒词，是一个公司综合文化素质和实力的全面展示，往往能收到事半功倍的效果。

祝酒词范例

酒·词·话

1 酒店开业祝酒词

■ 范例 1 ■

【致辞人】某市房产管理局局长
【场　合】房产管理局投资兴建的大酒店开业庆典酒会
【时　机】中场致辞

【风　格】文采飞扬 激情四射
【听　众】地方领导、房产管理局领导、地方企业代表、媒体记者
【关键词】感谢 标准 顺利 热忱 品味
【金　句】千秋伟业千秋景，万里江山万里美。有朋自远方来，不亦乐乎？

....

各位领导、各位嘉宾：

　　金秋时节，清风送爽，丹桂飘香。今天，××大酒店开业庆典仪式在这里隆重举行。我谨代表××市房产管理局向莅临今天盛会的各位领导、各位嘉宾表示热烈的欢迎和衷心的感谢，向为酒店建设付出心血和汗水的全体施工管理者和工程建设者表示亲切的问候！

　　千秋伟业千秋景，万里江山万里美。我局按四星级标准投资建设的××大酒店于2004年12月破土动工以来，全体施工管理者和工程建设者克服地质复杂、施工难度大、资金紧缺等困难，经过两年多的奋力拼搏，保证了酒店顺利开业。建成后的××大酒店，设计新颖、风格别致、功能齐全，无论是主体建筑，还是装饰装修，都构思宏伟、气势恢宏、手笔大气。××大酒店的建设和开业，是我局实现房产经济由管理型效益向经营管理型效益转变的重大举措，对提升整个××市旧城区的档次，打造××州旅游名市，增添了流光溢彩新的一页。

　　"有朋自远方来，不亦乐乎？"酒店开业之后，我们期待各位领导、四方来宾、各界朋友予以更多的支持、关心、重视和理解。同时也希望酒店管理公司和全体职员要强化管理，规范运作，热忱服务，爱岗敬业，尽心尽力把××大酒店做成××州乃至湖南有品味、有档次、有影响、有效益的一流酒店。

　　最后为了各位领导、各位嘉宾身体健康，生活幸福，事业兴旺，为了××大酒店生意兴隆，鹏程万里，干杯！

▨ 范例 2 ▨

【致辞人】某酒店经理
【场　合】酒店开业典礼午宴
【时　机】开场致辞
【风　格】简洁
【听　众】地方领导、集团领导、各界嘉宾、媒体记者
【关键词】感谢 起点 壮大 窗口 发展
【金　句】我们要力争把××大酒店打造成为××市乃至××省人民，了解××集团的一个最亮丽的窗口，成为××文化在××市传播的重要窗口之一。

尊敬的××主席、尊敬的××市长、尊敬的××书记，各位嘉宾：

在这金菊吐丝、丹桂飘香的美好时节，××大酒店如期隆重开业，在此，我代表××大酒店的全体员工向前来祝贺的省、市和区的各位领导、各位嘉宾致以最热烈的欢迎、最深深的敬意和最衷心的感谢，向所有为酒店建设付出心血和汗水的朋友表示诚挚的问候！

面对新的起点，我们相信，在各级部门的大力支持下、在集团的正确领导下，在社会各界朋友的热情帮助下，经过我们自身努力拼搏，我们××大酒店一定会逐渐成长壮大。我们要力争把××大酒店打造成为××市乃至××省人民，了解××集团的一个最亮丽的窗口，成为××文化在××市传播的重要窗口之一。我们也将以更高的标准、更好的质量，为广大客户提供更加优质高效的服务，为××市的经济社会发展尽一份绵薄之力！

同时，我们也真诚地希望各位领导、各位嘉宾、各界朋友对我们的工作多提宝贵意见，促进××大酒店健康、持续、和谐发展！

最后，为了各位领导、各位嘉宾身体健康，生活幸福，万事如意，让我们尽情地干杯！谢谢大家！

■ 范例 3 ■

【致辞人】某酒店董事长

【场　合】××大酒店开业五周年庆典酒会

【时　机】中场致辞

【风　格】热情真挚

【听　众】地方领导、酒店领导、各界嘉宾、媒体记者

【关键词】五周年　感谢　一流　品牌　美誉度　业绩

【金　句】春山何似秋山好，红叶青山锁白云。时光酿出欢聚的美酒，合作架起共赢的桥梁。

尊敬的各位领导、各位来宾：

晚上好！

"春山何似秋山好，红叶青山锁白云。"在举国欢庆中华人民共和国建国 60 周年之际，××大酒店迎来了开业五周年华诞。在此，我代表××大酒店向关心支持酒店发展的各位领导及新老客户表示最衷心的感谢，向前来祝贺的各位来宾表示热烈的欢迎。

五年来，××大酒店在上级主管部门及社会各届的鼎力支持和关怀下，始终如一地贯彻"提升品牌、兼顾效益，把××打造成××一流酒店"的指导思想，以提升品牌为根本，创新营销，大力实施品牌战略，全方位地提高酒店的舒适度和客人的满意度，呈现出经营业绩稳步攀升，品牌形象和美誉度与日俱增的良好发展势头。特别是近两年，面对地震、金融危机等恶劣的外部环境，酒店采取积极有效的应对措施，逆势而上，取得了开业以来最好的经营业绩，实现了跨越式发展。

客户是上帝，是酒店的衣食父母。今天我们隆重地举行开业五周年庆典及客户答谢会，就是为了真诚答谢、密切关系、增进友谊、倾听意见、改善服务。领导的关怀和支持是酒店发展的坚强后盾，宾客的建议是酒店进步的阶梯，忠诚的客户是××赖以生存和发展的基础。××的成绩归功于各级领导的亲切关怀；××的发展应感恩于广大客户的信赖和厚爱。

成绩属于过去，服务永无止境，酒店的软硬件水准与客人要求相比还

有差距，我们期待各级领导和广大客户一如继往地关心和支持××的发展，多提宝贵意见。我们珍视每一位客户，关注每一条建议，我们将以五周年庆典为契机，放飞思想、放眼行业、放眼未来，大力弘扬"品质服务、尊崇备至、经营员工、迅速执行"的企业文化，以客人的满意为酒店经营的终极目标，实施大品牌、大营销、集团化、规模化、绿色化战略，把××打造成陕南品牌最优、业绩最佳的酒店。

时光酿出欢聚的美酒，合作架起共赢的桥梁，现在我提议，为我们的健康和友谊干杯！

■ 范例 4 ■

【致辞人】某镇镇党委书记
【场　合】××酒店开业庆典酒会
【时　机】中场致辞
【风　格】平易朴实
【听　众】地方领导、企业代表、各界来宾
【关键词】欢聚　发展　机遇　庆幸　商机
【金　句】祝××酒店高朋满座，生意兴隆，广聚天下客，一揽八方财。

各位贵宾、各位朋友：

今天，我们欢聚在这里，共同祝贺××酒店隆重开业。首先，我代表××镇党委、政府，对酒店的开业表示衷心的祝贺，对今天参加开业典礼的各位领导和朋友们表示热烈的欢迎，对多年来关心、支持和帮助××镇发展的社会各界人士表示诚挚的谢意！

近年来，我镇各项事业快速发展，餐饮服务业迎来了新的发展空间。面对机遇，我镇大力发展餐饮服务业，不仅是搞活经济、促进增收、安置就业的重要渠道，也是提高我镇城市化水平和文明程度的必要因素。当前，以大餐饮、大物流、大聚集为代表的第三产业发展，已经成为××地区城市化和现代化的重要选择。××酒店在这种形势下应运而生，是一件值得庆幸的事情。

这家企业是××实业集团下属的一家餐饮服务型企业。××酒店地处××路与××路两大交通要道的交汇处，位置优越，商机无限。它的开业将为促进当地群众发展个体私营、发家致富增添新的活力。我们相信，在集团董事长×××先生的带领下，在社会各界人士的关心支持下，××酒店一定能够依靠科学的管理，热情的服务和文明诚信的守法经营，创造出良好的企业信誉和商业品牌，为促进当地经济发展做出自己的贡献。

最后，祝××酒店高朋满座，生意兴隆，广聚天下客，一揽八方财。祝各位领导、各位来宾，朋友们：身体健康，万事如意！干杯！

❷ 公司、办事处开业祝酒词

■ 范例5 ■

【致辞人】某电器公司领导
【场　合】××电器公司开业宴会
【时　机】开场致辞
【风　格】平易朴实
【听　众】地方领导、企业代表、各界来宾
【关键词】喜庆 祝贺 想象力 创造力 拼搏
【金　句】相信在各级领导，在社会各界朋友的帮助下，经过努力拼搏，××电器公司一定会逐渐成长壮大。

各位领导、各位嘉宾：

大家好！

今天是××电器公司一个值得纪念的喜庆日子，我们在这里庆祝××电器公司隆重开业，值此开业庆典之际，请允许我代表××电器公司对远道而来专程参加我们庆典活动的各位领导、各位来宾、各界朋友表示热烈欢迎。××电器公司是一个朝气蓬勃、充满活力、富有想象力和创造力的企业。我们有诚信、稳健的为人之道，坚韧求实的办事作风。相信在各级领导，社会各界朋友的帮助下，经过努力拼搏，××电器公司一定会逐渐成长壮大。在此，我向所有曾经关心支持过我们的社会各界朋友表示衷心的谢意。

最后，为××电器公司未来的美好发展前景，为各位领导、各位来宾的身体健康、生活幸福，干杯！

▪ 范例 6 ▪

【致辞人】某办事处领导
【场　合】德国××自动化××办事处开业酒会
【时　机】中场致辞
【风　格】简洁有力
【听　众】公司领导、企业家、工程师代表
【关键词】感谢 跨国 耕耘 常青树 努力 合作
【金　句】我相信，在××这片热土上，我们会有越来越多的合作。我也相信，通过我们大家的努力，我们一定能战胜不利的经济因素，迎来更好的明天。

在座的各位来宾：

晚上好！

今天是德国××自动化××办事处正式开业的日子，在此，我代表××对参加我们交流会的每一位企业家，每一位工程师，表示热烈的欢迎和衷心的感谢。

××成立于1980年，在过去的30多年历史中，创始人××××先生坚持走开放式控制系统路线，矢志不渝，将××从很小的技术团队，打造成了一个跨国企业。2001年5月，我们在北京成立了中国第一个代表处，将××这粒自动化新技术的种子带到了中国。经过十多年的精心浇灌，努力耕耘，××已经成为中国自动化行业的一棵常青树。2007年，我们在上海成立了独资公司，2011年，××中国销售额达到了7亿元人民币，并获得了上海市北工业园区优秀企业，中国最佳雇主等荣誉称号。这一切成绩，不仅仅来自××的先进产品和××员工的不懈努力，更是来自××人一直坚持开放，进取的心态。

××从 19 世纪以来就是浙江民营企业的重地，拥有强大的经济活力，涌现了包玉刚、邵逸夫等老一辈走出去的××人，更有海天塑机、吉利汽车等能够在国际上具备强大竞争力的制造企业以及无数具备强大生命力的中小型企业。目前，国家"十二五"规划提出了重点发展先进制造业，我们顺应潮流，提出了科技自动化的口号，高屋建瓴，以××的开放式平台为基础，率先打破了传统各个控制技术之间的藩篱，将 PLC 技术、数控技术、信息技术、检测技术、机器人技术、物联网技术等先进技术无缝结合在一起，并成立了科技自动化联盟，联合诸多自动化厂家的力量来推动先进制造业的发展。今天，××公司正式成立××办事处，不仅仅是业务发展的需要，更是一份产业报国的赤子之心，希望能帮助客户进行技术升级，制造出更加先进，更加高效的机械设备和产品。我相信，在××这片热土上，我们会有越来越多的合作，我们不仅仅提供传统的自动化技术，更是在科技自动化联盟下提供完整的企业级解决方案，我也相信，通过我们大家的努力，我们一定能战胜不利的经济因素，迎来更好的明天。

最后，我提议，在座所有××的朋友，为了我们真诚且开放的合作，为了××××的快速发展举杯，并祝大家在新的一年中身体健康，工作顺利。干杯！

③ 购物中心开业祝酒词

■ 范例 7 ■

【致辞人】某集团领导
【场　合】××购物中心开业酒会
【时　机】开场致辞
【风　格】激情澎湃　语调高昂
【听　众】地方领导、集团领导、各界嘉宾、媒体记者尊敬的各位领导、各位嘉宾，朋友们：

中午好！

今天，在全城期待和万众瞩目下，××购物中心的开业庆典仪式取得了圆满成功。在此，请允许我再一次代表××集团和××建设，对出席今天活动的各位领导、各位嘉宾，表示最热烈的欢迎，对关心和支持××购物中心的各位领导和朋友们，表示最诚挚的谢意！

作为目前苏中最大的购物中心，××的成功开业，为××集团、××建设在商业地产领域树起了一个新的里程碑，为××构建了具有国际水准的时尚购物新地标，也为××商业格局的大变革打响了第一枪。

今天，高朋满座，我们欢聚在××国际大酒店，手持美酒，共襄盛事，心潮澎湃。

各位领导，各位朋友！时光酿出欢聚的美酒，合作架起共赢的桥梁。现在我提议，让我们共同举起手中的美酒，为大家今天的欢聚一堂，为××CBD和××购物中心美好、繁荣的明天，为××辉煌、灿烂的未来，为我们的健康和友谊，干杯！

④ 专卖店开业祝酒词

■ 范例8 ■

【金　句】值此春和景明、××黄金成都专卖店隆重开业之际，××珠宝公司聊备薄酒，设宴感谢各位的盛情出席与热情支持。

尊敬的各位领导、媒体朋友和各位来宾：

大家中午好！

值此春和景明、××黄金成都专卖店隆重开业之际，××珠宝公司聊备薄酒，设宴感谢各位的盛情出席与热情支持。

现在，让我们一起举杯，为各位领导与来宾的身体健康、家庭幸福和事业昌盛，为××珠宝公司的事业兴旺和员工安居乐业，为××黄金成都专卖店的顺利开业和蓬勃发展，干杯！

谢谢大家！

■ 范例9 ■

【致辞人】某公司领导
【场　合】××（中国）××代理（专卖店）开业庆典暨招商会庆祝酒会
【时　机】结尾致辞
【风　格】感情真挚　自豪幸福
【听　众】公司领导、专卖店员工、各界来宾
【关键词】感谢　关怀　梦想　圣洁　事业
【金　句】朋友们：昨天是用过的票据，明天是未到期的汇票，而今天是可以使用的现金。沉浸在往事的追忆之中，只能徘徊在痛苦的深渊；冀望于未来辉煌，只能挣扎在虚无缥缈的幻梦；只有努力于现实的生活之中，才能活出一个真实的自我。

尊敬的各位嘉宾，朋友们：

大家上午好！

虽已隆冬换时节，仍有春日暖人间。在这不是三月却胜似三月的美好

日子里，托大家的福，今天我们在这里隆重举行××（中国）××代理（专卖店）开业庆典暨招商会。首先，我对大家的到来表示热烈的欢迎和衷心的感谢，并致以崇高的敬意。

亲爱的朋友们，我们××市（省、地区）××商贸有限公司能有今天，我应该以感激的心情告诉大家，这完全是××（总部）、××片区（省）代理、地方政府、各兄弟企业和在场的各位亲切关怀和大力支持的结果。我还要欣喜地告诉大家，是××点燃了我们的梦想，正在成就我们的未来。我们选择××，是因为它是享誉全球的国际知名企业，它的产品已产生了全球性的品牌效应；我们选择××，是因为它有雄厚的经济实力和高新的科学技术力量；我们选择××，是因为它融合东西方健康文化于一体，致力于健康这个圣洁的事业；我们选择××，是因为它拥有无与伦比的"三位一体"先进的运营模式；我们选择××，是因为它基于人类渴求健康长寿的需要，其市场有着广阔的前景和无限的拓展空间；我们选择××，是因为它有着骄傲的业绩和辉煌的过去，并呈现出计以倍增的迅猛发展之势。

我们能够成为××的一员，深感是一种荣幸、一种骄傲和自豪。我们的思想、精神、情感和事业从而得到了寄托与升华。我们深感责任重大，我们清楚地知道，今天是我们××商贸有限公司迈出的第一步。它未来漫长的道路还需要靠我们一步步坚实地走下去，还十分需要地方政府、各界同人和在场的各位不断地给予关心与支持。

我们的××总裁说过，"追求卓越、造福人类"是我们事业奋斗的永恒目标，我们的努力与服务若能给世界上更多在遭受病痛折磨的人们带来幸福，那将是我们莫大的欣慰。大家都知道，人若没有健康的身体，一切无从谈起：理想、财富、事业、爱情、生活都将失去重心。

因此，我们××代理（专卖店）将本着传播健康文化服务，服务社会民众的经营方向，向消费者、向加盟商提供多元化、全方位、多层次、立体式的服务，打造一流的健康服务平台，彰显东西方健康文化的魅力。我们希望一切爱好和平、关爱生命、关注健康、渴望成功的有识之士携起手来，为××地区乃至更大范围的人群的健康做出我们应有的贡献。

朋友们：昨天是用过的票据，明天是未到期的汇票，而今天是可以使用的现金。沉浸在往事的追忆之中，只能徘徊在痛苦的深渊；冀望于未来辉煌，只能挣扎在虚无缥缈的幻梦；只有努力于现实的生活之中，才能活出一个真实的自我。财富铺就的道路就在我们自己的脚下！让我们共同拥抱健康与财富吧！

谢谢！

⑤ 家居城开业祝酒词

■ 范例 10 ■

【致辞人】某家居集团领导
【场　合】××国际家居汉口广场开业宴会
【时　机】开场致辞
【风　格】大气 真挚 简洁
【听　众】集团领导、各界嘉宾、媒体记者
【关键词】重视 关怀 理念 品牌 贡献
【金　句】"为创业者创造成功，为消费者创造价值"，这是我们一贯的理念。

尊敬的各位领导、各位来宾、各位朋友：

大家中午好！

今天，贵客临门，嘉宾云集。刚刚从开业庆典的现场，我们又邀请大家来到了××酒店。在此，我谨代表××国际家居汉口广场向诸位的到来，表示最热烈的欢迎！

××国际家居从项目选址，到今天的盛大开业，得到了省市领导的高度重视，得到了各级政府部门的大力关怀，得到了各职能部门的鼎力相助，得到了各位商户的支持与信任，得到了媒体的关心与关注，今天我们略备薄酒，向大家深表感谢，并向大家致以崇高的敬意！

"为创业者创造成功，为消费者创造价值"，这是我们一贯的理念。今天的开业庆典仅仅只是吹响了冲锋号，在今后的日子里，我们将坚定集团的发展战略，立足武汉市场，携手我们的商户，加大招商力度，加强运营管理，提升品牌形象，树立服务意识，做顾客的贴心人，做商户的贴心人。

我们相信，有诸位的大力支持，有大家的共同努力，××国际家居武汉区域公司一定能够将分店开遍武汉三镇，为武汉家居卖场的发展做出最大的贡献！

今天在座的，有我们的故交，也有我们的新朋。现在，我提议，大家共同举杯：为××国际家居汉口广场的开业成功，为我们的真诚合作，为在座各位的身体健康、事业成功，干杯！

⑥ 医药商场开业祝酒词

■ **范例11** ■

【致辞人】某地方领导
【场　合】××医药商场开业宴会
【时　机】中场致辞
【风　格】热情 真挚
【听　众】地方领导、企业领导、地方媒体
【关键词】祝贺 惠泽 德政 发展 赤子真情 影响力
【金　句】借此机会，我希望××医药商场始终坚持为老百姓服务的经营宗旨，切切实实为老百姓身体问题排忧解难，不负历史赋予的神圣使命。

各位来宾、各位朋友，女士们、先生们：

秋风传喜信，桂花香满城。今天，××医药商场隆重开业了！在此，我表示热烈的祝贺！

××医药商场是××企业投资兴建的又一家大型医药经营企业，是××经济开发区招商引资的重点扶持项目，更是一项惠泽民生，创造健康的德政工程。

××，正处于提速发展的黄金期，聚集效应日益突显，入住居民越来越多。出于对市民健康的关心和呵护，更出于对家乡发展的赤子真情，××医药商场得以落户××，这体现了一切为了百姓健康，为市民谋福祉的社会责任，迎合了国家医改方针与惠民政策，在切实解决老百姓看病难、看病贵问题上将发挥积极的作用，能大大地满足广大市民的健康消费需求。同时，××医药商场的创办和发展将促进××投资环境的改善，在加快城市建设、完善服务功能、繁荣区域经济、发展社会事业上产生重要的影响力。

借此机会，我希望××医药商场始终坚持为老百姓服务的经营宗旨，切切实实为老百姓身体问题排忧解难，不负历史赋予的神圣使命；始终坚持自己的经营管理风格，为老百姓提供优质廉价的产品和周到体贴的服务；始终坚持与时俱进的发展战略，审时度势，抢抓机遇，乘胜而上，使自己的产业不断发展壮大。

我相信，××医药商场在×××董事长带领下，在广大市民的理解、信赖和支持下，一定能取得更大的成就！真正做到让百姓满意，让政府放心！

让我们共同举杯祝××医药商场前途似锦，干杯！谢谢大家！

❼ 娱乐城开业祝酒词

■ 范例 12 ■

【致辞人】某公司领导
【场　合】××娱乐城开业酒会
【时　机】开场致辞
【风　格】平易朴实
【听　众】地方领导、企业代表、各界来宾
【关键词】祝贺 飞跃 文化建设 经验 兴旺
【金　句】生意兴隆通四海，财源茂盛达三江。

各位领导、同人、来宾：

在这春回大地、万物萌生的时节，我们非常荣幸参加××娱乐城开业庆典活动，借此机会我代表××公司董事会和全体员工向××娱乐城的领导层及全体员工表示热烈的祝贺，祝你们"生意兴隆通四海，财源茂盛达三江"。××娱乐城的开业给××的文化事业带来了一次质的飞跃，也将为繁荣××的文化建设添上浓墨重彩的一笔。××董事长在商界拼搏多年，具有较高的信誉度和知名度，也积累了丰富的实践经验，他对我们的事业给予了极大支持，在此我表示衷心感谢，同时我也相信××娱乐城在他的领导下一定会兴旺发达、财源滚滚。

最后，为××娱乐城开业大吉、生意兴隆，干杯！

⑧ 汽配城开业祝酒词

■ 范例13 ■

【致辞人】主办单位领导
【场　合】××汽配城开业庆典招待宴会
【时　机】中场致辞
【风　格】热情 真挚
【听　众】主办单位领导、业界同人、各界来宾
【关键词】开业 欢聚 关怀 支持 贡献
【金　句】作为市场主办单位，我们将不辜负政府领导和社会各界的期望，今后将与各位业主一起，共同打造国际化汽配大市场，为当地汽车产业和经济社会发展贡献应有的力量。

尊敬的各位领导、各位来宾、各位业界同人，朋友们：

大家中午好！

今天上午，××汽配城已经隆重开业了，很高兴在这个特别的日子里，和大家欢聚一堂！首先，我谨代表市场主办单位，对各位领导、各位来宾、各位业界同人和朋友们在百忙之中光临庆典活动，并参加招待会，表示热

烈的欢迎!

××汽配城的建设，得到了政府领导的高度重视和殷切关怀，得到了各位业主的热情支持，得到了各界朋友的热心帮助。在此，向所有关心支持××汽配城建设和发展的领导、业主、朋友，表示衷心的感谢!

作为市场主办单位，我们将不辜负政府领导和社会各界的期望，今后将与各位业主一起，共同打造国际化汽配大市场，为当地汽车产业和经济社会发展贡献应有的力量。

最后，请大家举杯，为××汽配城开业庆典的圆满成功，为××汽配城的繁荣昌盛，为汽车产业的蓬勃发展，为大家的身体健康、事业发达，干杯!

⑨ 银行开业祝酒词

■ **范例 14** ■

【致辞人】银行行长
【场　合】××农村合作银行开业宴会
【时　机】开场致辞
【风　格】平易简洁
【听　众】地方领导、银行领导、银行职员、地方媒体
【关键词】成立 支持 贡献 阶段 优质高效 新的发展
【金　句】我们将以百倍的努力、优质的服务和崭新的精神风貌，为××的社会经济发展提供更加优质高效的金融支持与服务，以新的形象、新的理念、新的战略，实现新的发展、新的业绩、新的辉煌!

尊敬的各位领导、各位来宾:

今天是一个令人激动的日子，××农村合作银行在各级领导和各界朋友的关心帮助下，经过精心的筹划和准备今天正式挂牌成立了。首先请允许我代表××农村合作银行全体员工向一直给予我们支持、关心和厚爱的各级领导和各界朋友表示衷心的感谢!

××农村合作银行的前身是××市农村信用合作联社，长期以来，在社会各界的关心支持下，××联社充分发挥了地方金融主力军的独特作用，成为××市规模最大、网点最多、效益最好的金融机构，为××的社会经济发展做出了积极贡献。

××农村合作银行的成立，标志着××的合作金融事业进入了一个全新的发展阶段，我们将以百倍的努力、优质的服务和崭新的精神风貌，为××的社会经济发展提供更加优质高效的金融支持与服务，以新的形象、新的理念、新的战略，实现新的发展、新的业绩、新的辉煌！

再次感谢各位领导、各界朋友的光临。现在我提议：为各位领导、各位来宾、各位新老朋友的身体健康、家庭幸福、万事如意，为××农村合作银行的兴旺发达，干杯！

漫 话 开 业 酒

酒·文·化

一、开业宴上的礼仪

1. 迎送注意事项

准确掌握来宾抵达时间，迎接人员应在来宾乘坐的飞机（或火车）抵达前到场。送行时，送行人员则应在客人办理安检手续或登车前抵达。来宾抵达后，要将前来迎接人员介绍给来宾。迎送负责人可按迎接人员的身份依次介绍，也可由迎接人员中身份最高的人介绍。乘车一般应由主人陪同。应请来宾坐在主人右侧，如有翻译，则翻译坐在司机旁边，如来宾较多，又都乘小车，应事先安排好车序并做出乘车安排，以免发生混乱。乘车座次安排：小轿车1号座位在司机的右后边，2号座位在司机的正后边，3号座位在司机的旁边（如果后排乘坐三人，则3号座位在后排的中间）。中轿主座在司机后边的第一排，1号座位在临窗的位置。如需献花，须用鲜花，并注意保持花束整洁、鲜艳，忌用菊花、杜鹃花、石竹花和其他黄色的花朵。通常由儿童或女青年在参加迎接的主要领导人与来宾握手之后，将花献上。

2. 自助餐礼仪

自助餐，有时亦称冷餐会。它是目前国际上所通行的一种非正式的西式宴会，在大型的商务活动中尤为多见。因为自助餐不预备正餐，而由就餐者自由地在用餐时选择食物、饮料，然后或立或坐，自由地与他人在一起或是独自一人用餐。所以自助餐在开业庆典、参加人数众多的宴会中颇受欢迎。在自助餐上应当注意以下礼仪：

①自助餐取菜的顺序一般是冷菜、汤、热菜、甜点、水果、冰激凌，如果人多，要排队按顺序取菜。

②在吃自助餐时，一次取菜不可太多，可多取几次，取到盘中的菜应当吃完。最忌一次取得过多，最后剩下。

③几个朋友一起用自助餐，应自取自用，忌大家共取许多盘，像吃中餐那样一块儿吃。餐桌上如摆设多套叉，应按从外向内的顺序分别用来吃冷菜、热菜，横放的叉、勺是用来吃甜品的。

④吃完一盘可将刀叉平行竖放盘中，再去取下一盘，服务员会主动收取。

⑤除非餐厅特别声明，自助餐一般不含酒水，大饭店的酒水一般较贵，点时需注意看酒水单。

二、开业宴上的禁忌和应急技巧

第一，谈话忌直呼其名，或者对相互不认识的来宾使用"嘿"、"喂"等代替人称。谈话时，一般对男子称"先生"，对女子称"夫人"、"女士"、"小姐"，已婚女子称"夫人"，未婚女子统称"小姐"。对不了解婚姻情况的女子可称"小姐"。这些称呼均可冠以姓名、职称、衔称等。如"布朗夫人"、"秘书小姐"、"上校先生"等。对地位高的官方人士，一般要称呼"阁下"、"先生"或职衔。如"部长阁下"、"市长先生"等。对医生、教授、法官、律师以及有博士等学位的人士，可单独称"医生"、"教授"、"法官"、"律师"、"博士"等，同时可以加上姓氏，也可以加上先生。

第二，着装忌穿短裤、潮式打扮参加开业宴。开业宴上服装穿着的总体要求是朴素、大方、整洁、美观。可穿中山装、民族服装、西装。女士按季节与活动性质的不同可穿西装、民族服装，中式上衣配长裙或长裤、旗袍或连衣裙等。夏季也可穿长、短袖衫配裙子或长裤。穿中山装要扣好领扣、领钩、裤扣。男士穿西装的着装规范有：熨烫平整，不卷不挽；配好衬衫，少穿内衣；衣扎裤内，不露里裤；系好领带，必穿皮鞋；巧系纽扣，少装东西。

第三，切忌两手空空去参加开业宴。中国人讲究礼轻人意重，无论你送什么礼物，至少不要两手空空。除了直接拿红包，还有一些参加开业庆典适宜送的礼物。送面子，送一个花篮，是当下最常见的开业庆典礼物，上面写着"恭贺公司开业大吉"、"恭喜发财"之类的喜庆话，很符合开业气氛。送实用，公司刚刚起步，一定需要很多实用的物品，此时送上一些实用的礼物自然能给主人很多帮助，他也会了解你的美好心意。比如送给他一个自动泡茶机，让他无论工作多忙都不要忘记喝点茶，时刻保持轻松愉悦的好心情，快乐舒适地去工作。送祝福，公司开业，都希望自己的公司能够生意兴隆，财源广进，此时送上一些祝福性的礼物，一定能给主人带来大好心情。比如"马到成功"炭雕立体摆件，不仅对房间有装饰的作用，同时炭雕还有净化室内空气、防辐射、释放远红外线和负离子的功能，最主要的是，又有着马到成功的美好寓意，可谓一举多得。

第四，开业宴的东道主也要回馈来宾礼物。公司开业宴上，有远见的公司常常会为参加宴会者准备礼品，这些礼品花费不多却为宴会增添了乐趣。像印有公司标志的手表、笔、领带夹、皮包等是不错的选择，但应注意这些标志应该不要太抢眼。标志应该要小小的，把它浮凸印在笔记本底面上；把它印在钥匙链圆盘上；把它打印在丝质围巾的底部或皮夹的底面上。如果它愈引不起太多的注意，不在该公司工作的获得者愈会常常拿出来使用。最好的礼物是那些与宴会主题有关的礼品，如生产香水的公司，可以准备一些香水品牌模型纪念品；啤酒公司则可准备一些啤酒形状的钥匙扣等。

◆ 开业祝酒词集锦

宏图大展，裕业有孚。

公平有德，和气致祥。

隆声援布，兴业长新。

根深叶茂无疆业，源远流长有道财。

东风利市春来有象，生意兴隆日进无疆。

恒心有恒业，隆德享隆名。

门迎晓日财源广，户纳春风喜庆多。

一马百符，商人爱福；七厅六耦，君手维新。

敬贺开张，并祝吉祥。

鸿基始创，骏业日新。

物质文明称巨子，商情豁达数先生。

经之，营之，财恒足矣；悠也，久也，利莫大焉。

秉管鲍精神，因商作战；富陶朱学术，到处皆春。

相宅而居，骏业开张安乐土；多财善贾，鸿名共仰大商家。

友以义交情可久，财从道取利方长。

春意春前草，财源雨后泉。

一点公心平似水，十分生意稳如山。

永隆大业，昌裕后人。

第 **9** 章

庆功酒：煮酒谈三国，
烹茶论古今

庆功酒概要
酒·常·识

　　榜样的力量是巨大的，而在为表彰、奖励某个单位和个人举行的宴会上发表的祝酒词就是庆功祝酒词。庆功祝酒词的特点要求领导干部在介绍某单位、集体或个人先进事迹的同时，着重强调精神的重要性，所以庆功祝酒词在语言上要简洁而激烈，富有激情。

祝酒词范例
酒·词·话

① 公司庆功祝酒词

▣ 范例 1 ▣

【致辞人】总经理
【场　合】××公司单月销售业绩突破 150 万元庆功酒会
【时　机】开场致辞
【风　格】心情激动　总结过去　展望未来

【听　众】公司领导、公司员工

【关键词】突破　创纪录　相信　追求　佳绩　汗水

【金　句】让我们手挽手，肩并肩，开辟新的征程，挑战新的目标，相信有了我们全体员工的众志成城，我们的目标一定会实现，我们的公司一定会不断发展壮大，在激烈的市场竞争中勇立潮头，扬帆奋进。

各位同事：

你们好！

今晚，我们欢聚在环境幽雅的楼上楼食府，共同庆祝公司 11 月份销售业绩突破 150 万元，达到了创纪录的 158 万元，我相信，这样的纪录在公司今后的发展过程中会不断涌现。此时此刻，抚今追昔，我感慨万千；展望未来，我更是心潮澎湃。

××公司从 5 月 9 日正式开业到今天仅仅短短的七个多月，其间经历了风风雨雨、起起落落，也经历了常人难以想象的艰辛，整个公司的销售业绩最低时只有不到 60 万元，但我们没有气馁，没有妥协，一直在探索，一直在追求，寻找一条适合我们自己的路。直到现在我们创造出 158 万元的佳绩，这离不开全体员工的努力和付出，离不开全体员工的精诚团结，共同奋斗，在这里我衷心地谢谢大家辛勤的劳动。当然，150 万元只是我们宏伟计划中的一个小目标，在未来几年内也许我们将做到每月 180 万元，200 万元，甚至更多。通往成功征途中的每一步，都会留下我们坚实的足印，流下我们辛劳的汗水。

通过这几个月的资源整合、人员调整，公司的发展方向日趋明晰，管理架构日益稳定，销售业绩稳步增长，这也表明我们选择了一条正确的道路，并且我们也将坚定不移地走下去。2011 年，公司在保证现有销售模式稳固发展的前提下，全力发展连锁加盟事业将是公司工作的重中之重，在开发全国各地的加盟商同时，转变境内经销商的经营模式，成为公司连锁经营的特许加盟商，通过这一全新的经营管理模式，使公司实现持续性的增长和发展。

为保证公司目标的顺利实现，在此我向各位在职员工提一点小小的要求：希望各位同事不断强化岗位职责，努力学习岗位技能和专业知识，严格遵守公司各项规章制度，以在××工作为荣，以在××发展为荣。

各位同事，让我们手挽手，肩并肩，开辟新的征程，挑战新的目标，相信有了我们全体员工的众志成城，我们的目标一定会实现，我们的公司一定会不断发展壮大，在激烈的市场竞争中勇立潮头，扬帆奋进。

最后，让我们共饮庆功美酒，祝愿各位身体健康，家庭幸福！干杯！

■ 范例2 ■

....

【致辞人】董事长
【场　合】××集团上市庆功酒会
【时　机】开场致辞
【风　格】情理交融　情真意切　心情激动
【听　众】各级领导、集团领导、集团员工、新老客户、各界朋友
【关键词】欢聚一堂　青春　无私奉献　史册　弹指一挥间　回报
【金　句】如果说，××集团十多年来的发展只是一段历史的话，那么今天，我们在目送一段历史流逝的同时，也在见证一段新历史的诞生。

....

尊敬的××书记及夫人××女士，尊敬的各位领导、各位朋友，女士们、先生们：

大家晚上好！

今天，我们怀着无比激动和喜悦的心情，欢聚一堂，隆重庆祝××集团成功上市。在此，请允许我代表××集团董事局及全体员工，向一直以来关心和支持集团发展的各级政府和各级领导、各位商业合作伙伴，以及金融界的各位朋友，表示衷心的感谢，向过去两年多以来付出辛勤劳动的专业团队，包括我们的上市顾问、发行主理商、承销商、律师团队、审计师团队等表示衷心的感谢！

回顾十多年来××集团走过的历程，我要由衷地感谢为集团的事业贡

献出青春和智慧、付出心血和汗水的集团管理团队及全体员工。正是在他们的无私奉献下，××集团才能从一间厂房起步，发展成为今天的大型食品集团。如果说，××集团十多年来的发展只是一段历史的话，那么今天，我们在目送一段历史流逝的同时，也在见证一段新历史的诞生。××集团在新加坡成功上市，标志着集团经营机制的创新又迈上了一个新的台阶，标志着集团高速运转的引擎又注入了新的动力，标志着集团的发展史册又翻开了崭新的一页！

十多年，弹指一挥间，并不能证明一个企业的成功。一百年，这才是我们努力的方向。××集团在第一个十年的激烈竞争中形成了独特的优势。新的十年，我们也会变得更加成熟、睿智。今天，我们已拥有一个海外上市的全新平台，这将为××集团下一步腾飞带来前所未有的机遇。

站在新的起点，××集团将一如既往，努力扩大国际国内市场份额，积极参与国际竞争，进一步整合资源、提高效率，聚全球之贤才，借各界之鼎力，在新一轮战略布局中，迈出更快的步伐。未来三年，集团将会加大对外投资力度，充分利用各地资源，进一步实现产品规模化、技术现代化、管理国际化的战略目标，努力打造农副产品加工制造、出口的航空母舰。我们也将密切地保持与广大投资者的沟通交流，努力创造更辉煌的业绩来回报广大投资者，回报社会，回报千千万万的广大农民兄弟。朋友们，××集团的明天会更好！

最后，再次感谢各位来宾的光临，祝愿大家度过一个美妙而难忘的夜晚！让我们为在座各位的事业辉煌、幸福安康，干杯！

■ 范例 3 ■

【致辞人】某公司党委书记
【场　合】××公司营销庆功宴
【时　机】开场致辞
【风　格】文采飞扬　充满希望
【听　众】公司领导、公司员工
【关键词】掌声　当之无愧　一往无前　意气风发

【金　句】昨天的辛勤耕耘，已结出累累硕果；今天的成功喜悦，将化作强大动力；明天的××精英，一定会继续创造××的辉煌。

....

各位嘉宾、各位精英：

值此中秋佳节来临之际，我们怀着无比激动的心情，相聚在天龙五洲厅，为全市"九十联动"第一阶段"金秋盛典"取得辉煌成就的精英们举办庆功宴会。

在这不同寻常的今天，所有掌声都在为你们响起，所有笑容都在为你们绽放，所有美酒都在为你们飘香，你们是今天当之无愧的主人，是今天最亮丽的风景。在这属于你们的光荣时刻，请允许我代表公司党委、总经理室，向这次受到表彰的英雄们表示热烈的祝贺和最美好的祝福！

××市场已进入全面对外开放的阶段，我们担负着更加艰巨的任务、面对着更加严峻的挑战。在新形势、新任务、新挑战面前，我们营销伙伴们依然保持着一往无前的勇气、不可战胜的信念、意气风发的精神面貌，这是成熟的标志、实力的显示，预示着事业常青、辉煌永在！

昨天的辛勤耕耘，已结出累累硕果；今天的成功喜悦，将化作强大动力；明天的××精英，一定会继续创造××的辉煌。

现在，我提议：为了精英们的荣誉，为了在座各位的身体健康，为了公司目标的圆满实现，为了××的繁荣昌盛，干杯！

▨ 范例4 ▨

....

【致辞人】某化工厂董事长
【场　合】××化工厂××分厂庆功宴
【时　机】开场致辞
【风　格】环环相扣　文采飞扬　激情四射
【听　众】企业领导、企业员工
【关键词】庆功　破纪录　胜利　自豪　超越　精英
【金　句】我们的前途美如画，我们的未来不是梦。今日畅饮庆功酒，漫漫征程第一步，英雄团队写新篇，一腔热血万里图。

各位同事，不！各位英雄，各位创造奇迹的人：

今日设宴为各位庆功！首先，我向××分厂取得了四、五、六三个月，月月高产，三破纪录，并首次突破190吨大关的伟大胜利表示衷心的祝贺。我为你们的辉煌业绩感到自豪，我为××分厂这样的英雄团队和××员工这样的英雄而骄傲。

同样的天、同样的地，同样的设备、同样的工艺，为什么有不一样的业绩？因为有不一样的体制、不一样的企业文化和不一样的思想行为。

我们××分厂有一个团结奋斗、专注执着、不断超越、敢拼能胜的优秀领导班子：上有××、××两位厂长，一文一武、一张一弛、密切配合、通力协作、乐于奋斗；中有生产部××、××主任，埋头苦干、勤恳如牛、紧跟时代、奋斗不已；下有兵头将末的各位班组长以及其他职能部门的负责人，你们是××分厂这个英雄团队的精英，你们是企业的台柱子！我因你们而自豪，你们因企业而荣光。我对未来更加充满信心，对××事业更加豪情万丈。我们不仅仅在××建化工厂，我们还要到外地建厂创业，要把××事业进行到底。

各位同事，本人爱憎分明、赏罚严明，该表彰定表彰，该处罚定处罚，该提拔定提拔！只要你为企业尽心尽力，企业决不亏待你。在我们的事业大发展的时候，你们将被量才重用、量绩提拔。我们的前途美如画，我们的未来不是梦。让我们更加紧密地团结在一起，专注执着、顽强拼搏、勇于开拓、不断超越，继续保持艰苦奋斗的优良作风，再创佳绩、再铸辉煌。今日畅饮庆功酒，漫漫征程第一步，英雄团队写新篇，一腔热血万里图。

各位英雄，本人向大家祝酒，干杯！

■ 范例5 ■

【致辞人】厂领导

【场　合】某化工企业辞旧迎新庆功酒会
【时　机】结尾致辞
【风　格】情真意切　平易朴实
【听　众】企业领导、企业员工
【关键词】欢聚　发展　挑战　克服　成绩　改革
【金　句】抚今追昔，我们感慨万千；展望前程，我们心潮
澎湃。

同志们：

今晚，我们欢聚在风景秀丽、幽静怡人的东方花园，共度迎接新年的美好时刻。此时，抚今追昔，我们感慨万千；展望前程，我们心潮澎湃。

即将过去的一年，是化工行业实施改革与发展战略承上启下的一年；是全厂职工迎接挑战、经受考验、努力克服困难、出色完成全年任务的一年。一年来，我们围绕"改革、发展、稳定、管理、服务"的主旋律，以饱满的工作热情和奋发向上的精神状态，卓有成效地开展各项工作，取得了显著的成绩，为我厂创建国家一流化工企业奠定了坚实的基础。

回顾过去的一年，我们在争创一流、企业体制改革中取得了突破性进展；××化工厂呈现出近年最好势头……以上这些累累硕果，都与全体干部职工所付出的艰辛和努力密不可分，与我们顽强拼搏、开拓创新、无私奉献的敬业精神密切相关。这种艰辛和努力将功垂厂史，这种敬业精神令人敬佩。在此，我代表厂党政班子全体成员向为我厂建设和发展做出贡献的全体干部、职工以及你们的家属表示亲切的问候和衷心的感谢！

同志们，新的一年即将来临，我们在品尝美酒，分享胜利喜悦的同时，还要清醒地认识到：我国加入世贸组织后，化工企业将面对广泛的机遇和严峻的挑战。我们必须抓住新机遇，迎接新挑战，以高度的使命感和责任感来推进我厂的改革和发展，承担起历史赋予我们的神圣使命。

新的一年，我们将肩负着成为国家一流化工企业这一奋斗目标，担负着继续推进体制改革、加快企业建设和老旧设备改造步伐，承担着进一步强化班组建设、提高现代化管理水平、创建优秀企业文化等一系列光荣而艰巨的重任。我们将紧紧围绕××公司及省公司关于明年工作的总体部署，

在管理创新、机制创新、科技创新上发挥聪明才智，用我们勤劳的双手去创造无愧于时代的光辉业绩。

朋友们，再过几天，和着新年的钟声，我们将携手跨入崭新的一年。我坚信，有省公司党组的正确领导，有全厂广大干部职工的众志成城，我们的目标一定会实现，我们的企业一定会不断发展壮大，××厂一定能铸就更加壮美的辉煌。

最后，让我们共饮庆功美酒，祝愿各位新年快乐，身体健康，家庭幸福，事业成功！干杯！

■ 范例6 ■

【致辞人】某公司总经理

【场　合】为"精英杯"营销业务竞赛中获奖员工举办的招待酒会

【时　机】开场致辞

【风　格】文采飞扬　激情四射

【听　众】公司领导、获奖员工

【关键词】相聚　艰辛　努力　品牌　顽强　敬业

【金　句】仲春令月，时和气清，原隰郁茂，百草滋荣。任重如山，时不我待。

各位营销精英、优秀主管、优秀讲师：

大家好！

"仲春令月，时和气清，原隰郁茂，百草滋荣。"在这美好时节里，我们相聚××，市公司党委、总经理室设"总经理荣誉餐"款待在2011年度"精英杯"营销业务竞赛中，获得各项殊荣的精英们及获奖主管们，以此来感谢你们在为发展、壮大××保险事业中所付出的艰辛努力。

过去的一年，是我公司发展史上最为艰辛的一年，也是成功打造品牌、笑傲市场的一年。你们以顽强的意志、执着的敬业精神，把握机遇，造势拓展，在全面实现市公司总经理室提出的"誓夺新世纪首战告捷"的目标同时，有效地遏制了同业的竞争，保持了市场份额的绝对优势，夯实了永续经营的基础。你们在××公司寿险的里程碑上，镌刻着服务××公司的宏愿；在你们成长的轨迹里，闪烁着智慧、自信、理性之光。你们以艰辛的磨砺成就了××公司的荣耀，以骄人的业绩再次唱响了强者之歌。

同志们：任重如山，时不我待。2012年将是我们立大志、成大志的一年，是向着战略目标奋力迈进，实现业务超常规、跳跃式大发展的一年。我们务必要进一步发扬精英精神及团队合作精神，用更饱满的热情，用更精湛的技能，以更坚强的毅力，敞开胸怀，迎接挑战，齐心协力唱响时代的最强音，朝着今年的目标奋勇前进。

在这难忘的喜庆时刻，我祝愿各位精英、团队主管，引吭高歌，直挂云帆，万事顺意。最后，让我们高举起满溢着骄傲、荣誉和希望的酒杯，为××事业的繁荣昌盛，干杯！

▓ 范例 7 ▓

【致辞人】某公司董事长
【场　合】××公司股票上市庆功晚宴
【时　机】开场致辞
【风　格】声音高亢　总结过去　展望未来
【听　众】政府及公司领导、各界嘉宾
【关键词】上市　鼓舞　荣幸　感谢
【金　句】我深信，××公司上下将会以本次上市为契机，加倍努力，以更加优良的经营业绩，回报股东，回报客户，回报员工，回报社会。

尊敬的各位来宾，朋友们：

大家晚上好！

很高兴各位赏脸出席××公司股票上市庆功晚宴。××今天正式在香港联合交易所主板成功上市，这标志着××的发展已经进入一个全新的历史阶段。

××今天在香港成功上市，并成为市场焦点，市场反应非常热烈。首个交易日的表现令人鼓舞，作为××公司的董事长，我深感荣幸。在此，我谨代表××公司，向关心、支持和协助××公司上市工作的香港及内地监管机构、为××上市工作提供优质服务的保荐人、承销团全体成员及所有中介机构，特别是对支持××发展的境内外广大客户和各界投资者表示诚挚的谢意！

中国的国情，决定了我国的基本建设，不仅规模巨大，而且是一个长期、持久的发展过程。全球的建筑市场也充满机遇。由于公司所处的行业具有良好的发展前景，由于公司强大的行业地位和综合竞争力，公司的业务在今后一个较长的时期将处于上升阶段。我深信，××公司上下将会以本次上市为契机，加倍努力，以更加优良的经营业绩，回报股东，回报客户，回报员工，回报社会。

最后，我谨代表××公司再次感谢各位给予我们的大力支持和宝贵贡献，再次感谢各位的光临，祝各位万事如意、身体健康、生意兴隆、财源广进！干杯！

❷ 政府庆功祝酒词

■ 范例 8 ■

【致辞人】某省省委副书记
【场　合】庆祝奥运健儿凯旋的政府庆功宴
【时　机】开场致辞
【风　格】激情四射 声音高亢 心情激动 展望未来
【听　众】地方领导、奥运健儿及家属、各界来宾
【关键词】拼搏 成绩 突破 贡献 感谢 再接再厉
【金　句】为祖国赢得了荣誉，为××人民争了光，为中国体育事业做出了突出贡献，党和人民感谢你们，祖国感谢你们，你们是××的骄傲，人民的功臣！

各位来宾、各位朋友、各位同志，奥运健儿们：

你们好！

在举世瞩目的第27届悉尼奥运会上，我省八名奥运健儿不畏强手，顽强拼搏，以精湛的技艺和良好的精神风貌先后五次打破三项世界纪录，共夺得七枚金牌、一枚银牌、五枚铜牌，一个第四、三个第五、两个第七的优异成绩，金牌数、奖牌数和总分数均在全国各省、市、自治区中名列第一，圆满完成了××省委、省政府交给的光荣任务，为祖国赢得了荣誉，为××人民争了光，为中国体育事业做出了突出贡献，党和人民感谢你们，祖国感谢你们，你们是××的骄傲，人民的功臣！

今天，我们欢聚一堂，为奥运健儿的凯旋举杯共庆。借此机会，我代表××省委、省政府向在奥运会上取得历史性突破的体育健儿们表示热烈的祝贺并致以亲切的问候，向出席招待会的各位领导，向多年来辛勤耕耘、无私奉献的全省广大体育工作者，向关心和支持我省体育事业并为之做出过贡献的社会各界朋友表示崇高的敬意和衷心的感谢！让我们以××体育健儿为榜样，在党中央领导下，沿着建设中国特色的社会主义道路，再接再厉，顽强拼搏，夺取一个又一个胜利。

现在，我提议：让我们举起酒杯，为××的经济发展与社会繁荣，为在座的来宾们、朋友们和同志们的健康，为我省的体育事业再创历史辉煌，干杯！

▨ 范例9 ▨

【致辞人】市委书记

【场　合】××市足球双冠庆功晚宴

【时　机】开场致辞

【风　格】激情迸发　铿锵有力

【听　众】市主要领导、教练、运动员、嘉宾

【关键词】尊敬　踢出　中国式　高峰　心声　梦想

【金　句】今天我要说的是，让我们一起为这个激动人心的梦想，一起奋斗，一起努力！

尊敬的××集团×××主席，尊敬的××教练，尊敬的××足球队的各位将士，女士们、先生们、朋友们：

大家好！

我非常高兴参加今晚的庆功晚宴，我虽然迟了一点儿到来，但带着喜庆和喜悦。今天晚上是××足球双冠庆功晚宴，大家看看这几个字——"××足球双冠庆功"，这是开天辟地，××2200年以来的第一次，这是××的骄傲，××的骄傲，××足球的骄傲，中国足球的骄傲。

为了××足球的"双冠"，在××集团的领导下，××足球队的全体将士，踢出了智力足球，踢出了快乐足球，踢出了运动足球，踢出了胜利足球，踢出了中国式的胜利足球。

××足球、××足球所到之处球市热烈，球迷激动，这是中国足球的希望，我们看到了××足球更加美好的未来。所以今天，我们的"双冠"庆功有非常重大的现实意义和深远的历史意义。它指点××足球在××集团的推动下，登上了一个新的高度，同时也告诉我们，××足球今天又站在一个新的历史起点上。这个新的历史起点告诉我们，"双冠"是昨天的骄傲、荣耀和辉煌，面向未来，我们要创造更多的骄傲，更多的荣耀，更多的辉煌，把××足球，把××足球推上新的高峰！

我刚进来的时候，听主管足球的副市长××先生说，他热烈地期盼明年是三冠庆功晚宴，那么我想他说出了我们××足球共同的心声，××足球共同的心声。今天我要说的是，让我们一起为这个激动人心的梦想，一起奋斗，一起努力！

祝福××足球，祝福××足球，祝福中国足球，谢谢大家！

■ 范例10 ■

·····························

【致辞人】市委书记
【场　合】20××年度纳税先进企业及个人颁奖晚宴
【时　机】中场致辞
【风　格】总结过去 展望未来

【听　众】市主管部门领导、企业代表、各界嘉宾

【关键词】认可　祝贺　模范　诚信　守法

【金　句】鲜花献模范，美酒敬英雄。

尊敬的各位嘉宾，朋友们、同志们：

大家晚上好！

今天，是个大喜的日子。我市20××年度纳税先进企业及个人颁奖晚宴在这里隆重举行。有50家企业和30位同志分别获得20××年度××市纳税先进企业和20××年度××市纳税先进个人的光荣称号，这是××市委、市政府对这些企业和个人为我市经济建设和税收工作支持的高度认可，在此，我谨代表××市委、市政府对这些获奖企业和个人表示热烈的祝贺！

同志们，荣誉的取得只能说明过去，我们要贯彻落实××省委、省政府，××市委、市政府的战略部署，确立××全省税收大市的地位，再创新的辉煌。摆在我们面前的任务还十分艰巨，希望这次取得荣誉的同志戒骄戒躁，勇往直前，祝你们的事业更加辉煌，同时希望你们充分发挥模范带头作用，积极响应国家税收政策，做到诚信纳税，守法经营，为我市发展奠定坚实的基础。

同志们，鲜花献模范，美酒敬英雄。让我们共同举杯，祝这些令人尊敬的企业和个人代表再创辉煌，祝他们的家庭幸福美满，身体安康，干杯！

■ 范例 11 ■

【致辞人】省委书记

【场　合】××省20××年度百名杰出女性庆功晚宴

【时　机】中场致辞

【风　格】深情祝福　充满希望

【听　众】各级领导、各界代表、获奖人及亲属

【关键词】祝贺　服务　创新　机遇　贡献

【金　句】立足自身工作岗位，抢抓机遇、积极进取、开拓创新、建功立业。

尊敬的各位妇女代表、各位来宾，同志们：

×× 省 20×× 年度百名杰出女性评选结果已于今天产生了，在此，我代表 ×× 省委、省政府，对获奖者表示热烈的祝贺，向在座的妇女同志们，并通过你们向全市广大妇女致以节日的问候！

近年来，全省各级妇联组织紧紧围绕 ×× 省委、省政府工作中心，坚持服务大局、服务基层、服务妇女的原则，不断创新工作思路，创新活动载体，创造性地开展各项妇联工作，取得了明显成效，特别是在扶助弱势群体、服务城乡妇女发展方面做出了突出贡献，对此，×× 省委、省政府对你们表示诚挚的感谢！

同志们，前面的道路任重道远，希望全市广大妇女同志要以百名杰出女性为榜样，按照中央提出的新要求，立足自身工作岗位，抢抓机遇、积极进取、开拓创新、建功立业，为我省建设和谐社会做出更大的贡献！

最后，我提议：让我们举起手中的酒杯，再次对今天获奖的同志们表示热烈的祝贺，并祝你们合家欢乐、健康平安，干杯！

■ 范例 12 ■

【致辞人】团市委书记
【场　合】×× 市 20×× 年度十大杰出青年颁奖晚宴
【时　机】中场致辞
【风　格】激情四射　充满希望
【听　众】市各级领导、十大杰出青年、各界嘉宾
【关键词】祝贺　新世纪　使命　拼搏　贡献
【金　句】我们幸运地站在新世纪的舞台上，时代为我们提供了建功立业、展示风采的大好时机。

尊敬的各位领导、各位来宾，青年朋友们、同志们：

大家晚上好！

今天我们聚集一堂，隆重举行 ×× 市 20×× 年度十大杰出青年颁奖晚宴。在此，我谨代表 ×× 团市委向刚刚获得十大杰出青年称号的十位青年

朋友表示热烈的祝贺，并向全市广大团员青年致以节日的问候，向一贯重视、关心和支持共青团工作的各级领导和社会各界人士表示衷心的感谢！

当代的××青年，是跨世纪的一代青年，我们幸运地站在新世纪的舞台上，时代为我们提供了建功立业、展示风采的大好时机，我们应该携起手，共同肩负起新世纪的历史使命，充分发挥自己的聪明才智，努力拼搏，为××经济的发展贡献青春和力量。

青年朋友们，时代赋予了我们光荣的使命，让我们积极响应××市委、市政府的号召，以"十大杰出青年"为楷模，求真务实，开拓进取，在××建设的伟大征程中建功立业，大显身手。

最后，我提议：让我们高举酒杯，再一次对获奖的青年朋友们表示祝贺，并祝愿你们宏图大展，幸福安康，干杯！

■ 范例 13 ■

【致辞人】县委书记
【场　合】××高速支线××段竣工通车庆祝宴会
【时　机】开场致辞
【风　格】情真意切　心情激动
【听　众】市领导、县领导、各界嘉宾
【关键词】激动　通车　要道　合作　促进　心血
【金　句】俗话说："一个篱笆三个桩，一个好汉三个帮。"在××段建设的这段时间里，流淌着无数建设者辛勤的汗水，同样也凝聚着在座各位朋友和社会各界朋友的心血和智慧。

尊敬的各位领导、各位嘉宾，同志们：

大家好！

今天，我们怀着无比欣喜与激动的心情，迎来了××高速支线××段竣工通车盛典。在此，我谨代表××县委、县政府和××人民，向出席今天庆典活动的各级领导、各位嘉宾、各界朋友表示最热烈的欢迎。

××高速支线是联系××县与××市的交通要道。在××市委、市政府的高度重视下，由××市委办公室牵头，以及××市其他相关单位通力合作，我县县委、县政府精心组织，沿线村民积极参与，建设者们冒高温、战酷暑，克服了资金短缺、材料紧张等困难，历时15个多月，共投入资金3亿元，高质量、高标准地完成了建设任务。

××高速支线××段建成通车后，必将改善我县乃至全市的交通状况，上连首都，下达珠三角，在极大地方便了人民群众的生产生活的同时，必将大力促进我县乃至全市经济的发展与繁荣。

俗话说："一个篱笆三个桩，一个好汉三个帮。"在××段建设的这段时间里，流淌着无数建设者辛勤的汗水，同样也凝聚着在座各位朋友和社会各界朋友的心血和智慧。在此，我代表××县委、县政府以及全县60万人民向那些在筑路一线奉献汗水与在后方奉献心血支持建设的同志表示最诚挚的谢意！

同时，我们竭诚欢迎海内外客商和有识之士来××县洽谈贸易，投资置业，在互利互惠的基础上，与我们携手共建美好的未来！

最后，我提议：让我们共同端起酒杯，为了××高速支线××段的顺利通车，为了××县拥有更加美好的明天，为了各位来宾的工作顺利、身体健康、家庭幸福，干杯！

❸ 学校庆功祝酒词

■ 范例 14 ■

【致辞人】校长

【场　合】2007年高考庆功宴

【时　机】中场致辞

【风　格】激情四射　心情激动　总结过去　展望未来

【听　众】校领导、家长代表、学生代表

【关键词】庆功　感谢　奋斗　压力　诺言　辉煌

【金　句】2007年高考的硝烟在渐渐散去，但2007届三年的奋斗历程却在我们的脑海里打下了深深的烙印，挥之难去。美酒敬英雄，佳肴谢战友。

老师们、同志们：

今天，我们隆重举行 2007 年高考庆功宴。在此，我、×书记和领导班子集体代表学校党、政、工以及高三毕业班领导小组向 2007 届的全体同人在今年的高考中所创造的佳绩表示热烈的祝贺和诚挚的感谢！

虽然 2007 届已谢下了帷幕，虽然 2007 年高考的硝烟在渐渐散去，但 2007 届三年的奋斗历程却在我们的脑海里打下了深深的烙印，挥之难去。新生入校第一天，2007 届就有了清晰的目标，大家围绕目标，夯实双基，拓展视野。进入高三，面对 2006 届划时代的跨越，2007 届自加压力，高位起步，抛弃小我，挑战自我，一路前行。2007 届伴随高亢的《毕业歌》杀进高考的战场……皇天不负苦心人，我们的 2007 届不愧是敢打硬仗能打胜仗的团队，你们践行了年级的诺言——未留乌江之憾，你们把胜利的旗帜插在 2007 全市的巅峰——再创我校高考历史的辉煌，你们向父老乡亲交上了满意的答卷，进一步展示了我们的实力与魄力，你们用集体的智慧和辛勤的汗水又一次谱写了××毕业班旋律上最美的乐章！

美酒敬英雄，佳肴谢战友，我提议，高举酒杯，为自己喝彩、为 2007 届喝彩，为我们的××喝彩。让我们共同祝愿××明天更美好，干杯！

▣ 范例 15 ▣

【致辞人】校长
【场　合】高考庆功宴
【时　机】中场致辞
【风　格】激情四射　情真意切
【听　众】教育局领导、校领导、教职员工、高三学生
【关键词】庆功　感谢　捷报　突破　辉煌　心血　捆绑式评价
【金　句】自古逢秋悲寂寥，我言秋日胜春朝。

尊敬的教育局领导、全体教职员工，同学们：

"自古逢秋悲寂寥，我言秋日胜春朝。"今天，我们在这里隆重举行××中学××××年高考庆功宴。在此，我代表学校向长期以来给予我们正确领导和大力支持的教育局领导致以诚挚的谢意，向取得辉煌战绩的高三同人表示祝贺并感谢！

××××年高考捷报频传，××中学学生意气风发。升重点人数首次突破两位数，升文科重点人数排名××区第一，成功实现进入××省20强的目标。辉煌战绩，可喜可贺！这其中包含着教育局及社会各界对我们的关心和支持，包含着学校领导的正确决策，更包含着全体高三老师的辛勤汗水和心血。

××××级高三，出现了一个又一个教育教学的新名词：捆绑式评价，师生同场对决。高考策略研究出现了一个又一个教育教学的先锋模范：×××、×××。××中学出现了一个又一个感动的场景：领导彻夜研究，老师倾心辅导，学子挑灯夜读。所有的点点滴滴，铸就了365个日日夜夜后的辉煌！高三年级组不愧是敢打硬仗能打胜仗的团队，你们向上级领导和学生家长交了一份满意的答卷，用集体的智慧和汗水谱写了××中学历史上最壮丽的篇章！

在这里，请允许我代表学校再次向特别能奉献的高三全体班主任，向特别能工作的高三全体任课教师，向特别能吃苦的高三全体功臣表示衷心的感谢！

最后，我提议：让我们斟满酒杯，为今年高考战役的全面胜利，为明年再创佳绩，干杯！

■ 范例 16 ■

【致辞人】学校领导班子代表
【场　合】高考庆功晚宴
【时　机】开场致辞
【风　格】情真意切　激扬鼓励

【听　众】校领导、老师、家长代表、学生代表
【关键词】上线率　奉献　感谢　重托　自豪
【金　句】他们是我们最优秀的学生代表，无愧于家人和老师对他们的深切期望与重托。

同志们、朋友们、同学们：

今天我们欢聚一堂，热烈庆祝我校××届考生重点本科上线率再创新高。在此，我谨代表校领导班子所有成员向辛勤劳动、甘于奉献在第一线的老师们、同志们表示诚挚的感谢，你们辛苦了，并向各位家长朋友表示诚挚的欢迎，对你们的孩子能取得这样的好成绩表示由衷的祝贺！

本届高三学生取得了优异的成绩，他们是我们最优秀的学生代表，无愧于家人和老师对他们的深切期望与重托。我校以拥有这样的好学生而感到骄傲和自豪。

同志们、朋友们，让我们举起手中的酒杯，为祝贺他们取得如此优秀的成绩，为我校更加美好的明天，为诸位朋友的身体健康与家庭幸福，干杯！

■ 范例 17 ■

【致辞人】校九年级工作处领导
【场　合】2011 年中考庆功酒会
【时　机】结尾致辞
【风　格】心情激动　总结过去　展望未来
【听　众】校领导、校董事会成员、教师及教师家属代表
【关键词】辉煌　史册　辛勤　感谢　奉献
【金　句】俱往矣，数风流人物，还看今朝。

各位领导、各位同人、各位嘉宾：

晚上好！

今天，我们欢聚一堂，一起举杯畅饮，共庆××学校 2011 年中考的辉煌，这是一个喜庆的日子，这是一个注定要被载入××学校史册的时刻。

学年初，在九年级中考动员大会上，我们曾经说过：2011届学生，独领风骚。今天看来，我们实现了那时的承诺。考取××教改班153人，第二批又进线30人，考取××统招一档线387人，另有30多位学生被××、××附中等名校录取。这些成绩都创造了××新历史，得到了校董事会、校长室的充分认可，得到了社会各界的广泛赞许。今天，我们面对这样的辉煌成绩，试问谁持彩练当空舞，我们会自豪地说，是校董事会、校长室的正确领导，是全体九年级师生的辛勤付出，更离不开在座的所有教师家属的鼎力相助。在此，我谨代表九年级工作处，向你们表示最真诚的感谢。

回首近一年来的历程，我们感慨颇多。

首先，我们要感谢校董事会与校长室的决策与领导。正是他们的亲切关怀和科学领导，才为我们今天的成功奠定了坚实的基础。

其次，我们要感谢我们的老师。我们拥有一支相当优秀的教师团队。我们这支教师队伍，精诚合作，善打硬仗，平时工作一丝不苟，认真钻研教材，业务水平精湛过硬。为了促进学生成才，教师任劳任怨，将教师的爱心演绎得淋漓尽致。最让人感动的是你们有着超强的工作责任心，虽然教师家里家外也有许多事情，但是你们没有任何怨言，个人利益服从集体利益，舍小家为大家，我们的教师为了学校的发展做出了巨大的牺牲，体现了一种难得的奉献精神。在平时，我们教师处处想着我们的学生，时时想着我们的学校……正是因为有这样一批优秀的教师，才造就了2011届的辉煌，你们是××的脊梁。在此，我对你们一年以来的辛勤劳动和对我们工作处的大力支持表示衷心的感谢。

最后，我们还要感谢所有教师家属。你们是2011届教师的坚强后盾，你们也是今天庆功会的主角，中考的成功，××的辉煌都有你们的一份功劳。在座可亲可敬的家属们，是你们的鼎力相助分担了我们教师的家庭责任，是你们的无私奉献使得××品牌增色许多。你们除了自己的工作，在家还要孝敬公婆、培育孩子、操持家务，给予我们教师莫大的理解与支持，使我们的教师得以全身心地战斗在教育第一线，你们是真正的幕后英雄。2011届的辉煌确实有你们的一份功劳。在此，我代表九年级工作处向你们表示衷心的感谢！

"俱往矣，数风流人物，还看今朝。"有精诚团结高瞻远瞩的领导集体，有乐于奉献业务精湛的教师队伍，再加上我们可亲可敬的教师家属，我们坚信：××的明天一定会更加辉煌，××的未来一定会更加美好！

漫话庆功酒

一、庆功酒的习俗

庆功酒大概是起源于古代军人，因为他们常年在外打仗，背井离乡、远离妻子，脑袋别在腰带上，流血、牺牲是常有的事情。于是，每当一次战争胜利就要摆宴庆祝，喝"庆功酒"的习俗怕就是从军队流传开来的。比如战争年代为人熟知的许世友，其酒量早在红军时期就已经名冠全军了。据说，许世友喝酒是经过"特批"的，可以公开喝。其实，许世友喝酒还是有标准的。只要是他亲自指挥战斗，打仗之前，他一律不喝酒；打了胜仗他就会放开酒量痛饮一场。在他看来这叫摆酒庆功，他往往拿出自己珍藏的好酒，叫来同僚和下属，一起分享。一桌人坐下来，首先每人面前要倒满一碗酒。许世友二话不说，端起来先干为敬。照他的规矩，每人空腹要先喝完面前的酒，谁喝不干净不准吃菜。接下来各人随意，一碗一碗地相互"干碗"，一直到酒尽菜光。对于军人来说，每一次庆功的"恣意妄为"不仅是"庆功"，还有没牺牲在战场上的一个意识"我还活着"的疯狂宣泄。

今天的庆功酒，已经不再只是军队战争胜利要饮的专利了。一些企业取得经营进步要摆庆功酒；商务合作成功要摆庆功酒；工程项目顺利完工要摆庆功酒；会议圆满闭幕也要摆庆功酒……因功而高兴，因高兴而饮酒。所以喝起酒来，也自然意气风发、气势磅礴、豪气万千。正如《智取威虎山》里的经典唱段：今日痛饮庆功酒，壮志未酬誓不休。来日方长显身手，甘洒热血写春秋……

二、庆功祝酒词

庆功宴上的祝酒词，开头一般都要简要说明所获得的成绩并予以适当评价，继而对取得优异成绩的人员表示感谢。如："金菊绽放，丹桂飘香，在这充满喜庆的日子里，我们学院参加第 12 届省运会的体育代表团，在刚刚结束的省运会上，发扬积极拼搏、勇于进取的体育精神，夺得了 19 枚金牌、8 枚银牌、9 枚铜牌，并打破了青年男子 800 米纪录，获得省运会组委会颁发的体育道德风尚奖和优秀组织奖。我校建校以来首次参加省运会就获得了如此骄人的成绩，可喜可贺！在这里请允许我代表厅党组向取得优秀成绩的运动员表示热烈的祝贺，向辛勤工作的教练员和工作人员表示诚挚的问候，向学院表示祝贺。"

祝酒词主体部分的内容没有统一的形式，可视具体情况而定，比如在公司庆功宴上，可回首奋斗阶段全体员工付出的心血和努力；在学校高考庆功宴上，可以回顾总结老师们敬业的事迹。如："天道酬勤。我们今天庆功会的主角，应该是我们呕心沥血、刻苦拼搏、无私奉献的高三全体老师，是你们的执着追求，是你们的全意奉献，是你们的无私情怀，是你们日日夜夜的不眠不休，才铸就了我们教育的辉煌。有志者，事竟成，破釜沉舟，百二秦关终属楚；苦心人，天不负，卧薪尝胆，三千越甲可吞吴。你们的汗水、你们的辛苦、你们的付出，终于赢得了苍天的眷顾，为孩子的未来，开辟了又一条坦途，我代表全体家长感谢你们。"

祝酒词以希望、号召的形式收尾，以起到激励、教育的作用。一般可以针对两方面的人员和部门提出要求：一是希望先进人物或集体再接再厉，发扬精神，不断进取，以取得更大成绩；二是号召大家向先进人物和部门学习，以他们为榜样，把工作做好。最后对来宾致以美好的祝愿。如："我们的前途美如画，我们的未来不是梦。让我们更加紧密地团结在一起，专注执着、顽强拼搏、勇于开拓、不断超越，继续保持艰苦奋斗的优良作风，再创佳绩、再铸辉煌。今日畅饮庆功酒，漫漫征程第一步，英雄团队写新篇，一腔热血万里图。各位英雄，本人向大家敬酒，干杯！"

三、庆功宴上的礼仪

庆功宴是为了总结前一段时间的工作经验和成绩，寻找不足，表彰、鼓励先进，为更好地开展下一步全面工作而进行的一项活动。庆功宴通常有三种形式：宴会、冷餐会和酒会。

宴会是公关活动中较为常见的宴请形式，有午宴和晚宴之分，以晚宴最为隆重和正规。庆功宴的规格应视宴请的人员的身份来确定，规格过低显得失礼，规格过高亦无必要。宴请的范围确定较为复杂，一般以"少"、"适"为原则，对庆功宴效果有直接影响的人员自然不可缺少，但没有原则地泛泛而请，只会失去宴请的意义。特别是不考虑涉及公关活动多边关系而盲目邀集宾客于同一次宴请的做法，很可能会使宴请本身成为公关活动最终失败的导火线。若有必要，还可邀请宾客的配偶出席宴请，不过应该首先明确配偶的出席是仅仅出于礼仪的需要，还是对这次活动可能发生影响，弄清这一点至关重要。在宴请的各项准备工作中，发邀请也是一项重要的任务。请柬便是一种既礼貌又普及，还可提醒备忘的邀请方式。庆功宴正式宴请的请柬通常需在一周至两周前发出，以便被邀请者及早安排。

四、庆功冷餐会上的饮酒礼仪

大型商务庆功宴常常以冷餐会的形式举办，会上提供葡萄酒，参加此类宴会要遵守葡萄酒的相关礼仪，如应用三根手指轻握杯脚，不要用手掌紧握杯体。

1. 敬酒的方法

西方各国的宴会敬酒一般选择在主菜吃完、甜品未上之时。敬酒时将杯子高举齐眼，并注视对方，且最少要喝一口酒，以示敬意。

2. 庆功宴如何开香槟

在庆祝胜利的宴会上常常会开香槟庆祝。当香槟被轻轻开启，伴随着软木塞滑落，珠串般金黄色的气泡从瓶底升腾，仿佛奏响了一曲欢快的赞歌。香槟不但拥有柔顺、清新，易于亲近的美好滋味，如珠串般不停冒升涌起的气泡，更随时令欢饮时刻的喜悦心情与庆功会气氛一起达到最高点。

用香槟来庆祝荣耀的传统源于法国。在 1904 年法国国庆的时候，法国人组织的探险队成功地抵达南极大陆，此时就是用香槟来庆祝的。如今，在各种形式的庆功宴上，"香槟塔"几乎成为保留节目。香槟塔通常是为了烘托气氛，祝福以后的事业前景节节高。好看的香槟塔并非只具有盛放香槟的作用，其本身就是一个美轮美奂的艺术品，倒了香槟之后，本来就晶莹剔透的杯塔再加上各种颜色的香槟映衬，更具有无以言表的美丽。一般细长形或郁金香形状的高脚香槟杯最能衬托出香槟的优雅，同时也有益于保持香槟的气泡与香气。在庆功宴上，除非你是特意要制造喷射而出的泡沫，否则开香槟时一定要谨慎小心。如果不想让瓶塞迸射出去打碎吊灯，你必须掌握正确的方法：左手握住瓶颈下方，瓶口向外倾斜 15°，右手将瓶口的包装纸揭去，并将铁丝网套锁口处的扭缠部分松开。

五、庆功宴上的禁忌和应急技巧

庆功宴上也有一些禁忌，比如某人做某事，或某次合作，或某次会议在过程中有缺憾、有瑕疵、有不完美的地方，甚至有很大的明显错误，我们也尽量不要提及。

我们先看一则故事：

2006 年世界杯在意大利人庆祝夺冠的欢呼声中落下了帷幕，国际足联宣布，法国队队长齐达内被评选为 2006 年德国世界杯最佳球员。2006 年世界杯是齐达内职业生涯的最后演出，但是他在决赛中的表现却颇富戏剧性。在开场不久，他就凭借点球为球队取得领先，但是在加时赛中，他不理智地用头顶撞马特拉齐的胸部，被主裁判红牌罚下，这是他在 2006 年世界杯以及整个职业生涯的一个遗憾，也令他的当选充满争议。

然而，当法国队一行穿着黑色西装，依次进入塞纳河边的爱丽舍宫总统府参加庆功宴时，希拉克总统和夫人站在门口迎接，并和所有队员一一握手。齐达内当然是总统关照的重点对象，握手的时间也格外长。

在庆功宴上，希拉克发表了热情洋溢的致辞。在对法国队的表现进行了回顾后，他转过身，目光盯住齐达内，用抑扬顿挫的语气动情地说："亲爱的齐达内，在这个你的职业生涯中并不轻松，甚至也许最沉重的时刻，我要向你表达我本人及全体法国人民对你的崇拜和景仰。你是世界足球上的高手、天才，同时，你还是一个有感情的人，充满使命感，肯于投入。正因为这样，所有法国人都崇拜你，爱戴你。"

整个宴席过程，所有人都向队员祝贺，其间甚至没有任何人向齐达内表示出安慰，更没有人向齐达内提起为何得红牌的问题。这是一个避讳的话题，所有人想要做的都是完整的忘记。记住美丽，记住成功，遗忘缺憾，遗忘不愉快；庆功就是高兴的事儿，这是庆功宴上亘古不变的道理。

◆ 庆功祝酒词集锦

◇ 公务庆功祝酒佳词佳句

业著光荣榜；花开报喜春。

功高且把云为鉴；誉重宜将岭做师。

巨手回天四化业；群英向党百花红。

声声颂誉催人奋；朵朵红花向党红。

改革涌新潮群龙戏水；振兴挥壮志大浪催舟。

巨龙崛起英雄兴大业；华夏腾飞时势造新人。

伟业方兴功颂英豪报国；宏图大展名传志士骋才。

业绩辉煌无愧英雄本色；鹏风浩荡首推志士精神。

壮志凌云英雄奇迹惊天宇；凯歌动地时代新潮奏乐章。

尊贵的先生们、高贵的少爷们，贤惠的女士们、漂亮的小姐们！玻璃酒瓶互相碰撞发出清脆的声响，来吧，为我们的成功，为未来，干杯！

女士们、先生们！我提议：为了探险队，为了我们中华民族的骄傲，干杯！

请大家一起举起酒杯，为××先生荣获××奖，干杯！

女士们、先生们、朋友们！第一杯酒我提议：为了那个见义勇为的年轻人，干杯！

今天，是大喜的日子，我们的男子篮球队以××分的巨大优势，战胜了××队，在此，我高兴而友好地提议：为全体球员凯旋，干杯！

我提议：为大家的相逢，也为生意的成功，干杯！

女士们、先生们、朋友们！现在，我高兴而友好地提议：为我们的密切合作，干杯！

今天，全长××××米的左岸隧洞还剩 13 米就打通了。女士们、先生们、朋友们，为我们即将到来的胜利，干杯！

现在，我高兴而友好地提议：为百年校庆活动的圆满成功，为教育事业的腾飞，为各位领导、嘉宾、校友的身体健康和事业辉煌，干杯！

和今天联手，真是所向无敌，来，我们为这对黄金搭档干一杯！

◇ 升学庆功祝酒佳词佳句

智慧源于勤奋；天才出自平凡。

持身勿使丹心污；立志但同鹏羽齐。

自古风流归志士；从来事业属良贤。

苦经学海不知苦；勤上书山自恪勤。

天下兴亡肩头重任；胸中韬略笔底风云。

书山高峻顽强自有通天路；学海遥深勤奋能寻探宝门。

大本领人平素不独特异处；有学识者终生难有满足时。

进入大学意味着你迈出了人生重要的一步，想要在若干年后不抱怨自己的境遇，就要从这一时刻起奋斗不息。

学习是一块跳板，彼端连着成功；理想是一块画板，笔尖流淌幸福。愿你学业有成，开心快乐！

快乐生活，开心学习，青春在激励你，理想在等待你，鲜花在召唤你。新学府，新起点，祝你永不停息！

为理想奋斗，值得；为青春拼搏，无悔；为生命歌唱，最美。新起点，祝你绽放光彩，永不止步，向前冲！

当你跨进校门时，会不会想到，偏僻的山区有很多双渴望知识的眼睛炽热地盯着你幸福的身影。请珍惜每一个学习的机会吧！

无论风光与失意，把它留在过去；无论希望与梦想，把它行动在今天；无论幸福与美好，把它展现在明天。新起点，加油！

金榜题名，愿你装载新的希望，绽放年轻的笑容，张扬青春的个性，追寻自己的梦想，勇往直前，拼搏不息！

有梦想谁都了不起，为梦想而拼搏不息就更了不起。愿你在象牙塔中挥洒激情，张扬青春，为梦想奋斗！

女士们、先生们，朋友们！我提议：第一杯酒，为英才饯行！××同学即将远离亲人，远离家乡，挑战人生，请接受我们共同的祝福：雁点青天字一行！第二杯酒，祝愿××全家一帆风顺、二龙腾飞、三阳开泰、四季平安、五福临门、六六大顺、七星高照、八方走运、九九同心！第三杯酒，祝各位来宾四季康宁！朋友们，干杯！

第 10 章

节庆酒：夜风吹醉舞，
庭户对酣歌

节庆酒概要

酒·常·识

中国人对节日的重视自古有之，而对节日的庆祝也是生活中的一个重要组成部分。节庆祝酒词就是人们在一些重要节日到来时举办的庆祝酒宴上发表的祝酒词。它主要表达人们对他人的祝贺与对未来生活工作的美好憧憬，具有特殊的喜庆意义。

祝酒词范例

酒·词·话

1 新年、春节祝酒词

■ 范例 1 ■

【致辞人】集团董事长
【场　合】××集团新年招待宴会
【时　机】中场致辞
【风　格】总结过去 展望未来

【听　　众】集团领导、员工代表、企业合作伙伴及客户代表
【关键词】希望　信赖　感谢　突破　定位准确　生机　活力
【金　　句】在这里，我感谢这个伟大的时代，但我更要感谢各位在过去一年中的不懈努力，你们辛苦了！

尊敬的各位领导、各位嘉宾，同事们：

大家好！

十几个小时以前，我们告别令人难忘的20××年，迎来了充满希望的20××年。值此新春佳节到来之际，我谨代表××集团董事局，向全体职员的努力进取和勤奋工作，投资者给予的真诚信赖、客户给予的热情支持表示真诚的感谢！

20××年，在各部门经理和全体员工的共同努力下，我们集团各项经济指标比往年有了较大的增长，多个项目发展取得巨大突破。这些令人欣喜和振奋的成绩表明，集团的战略是清晰的，定位是准确的，决策是正确的。通过这些成绩，我们看到了一个充满生机和活力的新××。在这里，我感谢这个伟大的时代，但我更要感谢各位在过去一年中的不懈努力，你们辛苦了！

同事们，新的一年，新的期待。在新的一年里，我们要在管理上严格要求、在经营上慎重求实、在技术上掌握核心，真正做到战略合理、组织高效、制度完善、流程顺畅、人员精干。通过知行合一，我们定会迎来更加灿烂辉煌的明天！

最后，祝大家在新的一年里快乐幸福，健康平安，干杯！

■ 范例2 ■

【致辞人】省人事厅厅长
【场　　合】××省外国专家新年招待会
【时　　机】中场致辞
【风　　格】声音高亢　深情祝福
【听　　众】各级领导、外国专家及亲属、嘉宾

【关键词】欢聚 感谢 发展 生活水平 友谊

【金　句】为我们的永恒友谊、为各位专家工作顺利、身体健康、新年快乐，干杯！

··

尊敬的各位外国专家，女士们、先生们：

大家晚上好！

在满怀喜悦辞别旧岁，迎来20××年新的曙光之际，我们在这里举行外国专家新年招待会，与在座的各位朋友欢聚一堂，借此机会，共庆元旦佳节。我谨代表××省人事厅和××省外国专家局，向关心、支持、参与我省社会、经济各项事业发展的外国专家们，对增进××与世界各国人民的友谊付出辛勤劳动的外国朋友们表示衷心的感谢，并致以节日的问候！

随着中国加入WTO，××顺应经济全球化的潮流，近几年来，我省的经济、科技、教育、文化、体育等方面在坚持改革开放中得到全面发展，人民生活水平大有提高。

女士们，先生们，××处于我国的中部地区，既具备进一步发展的区位优势，又有深厚的××文化底蕴。××人民按科学发展观的要求，正在推进工业、农业产业化，城镇化，实现更快更好的发展。在此，希望各位外国专家积极参与××的建设与发展，并多宣传、推介××，成为××与世界沟通的友好使者。为吸引更多的外国专家来这里工作，我们也将进一步做好服务工作，给外国专家创造良好的工作环境和生活环境，让大家能更好地发挥作用。

最后，我提议，让我们共同举杯，为我们的永恒友谊、为各位专家的工作顺利、身体健康、新年快乐，干杯！

谢谢！

▧ 范例3 ▧

··

【致辞人】市委书记

【场　合】××市委、市政府举办的新年招待会

【时　机】开场致辞

【风　格】大气真挚　情真意切

【听　众】市各级领导、各界来宾

【关键词】辞旧迎新　祝愿　团结奋斗　发展　贡献

【金　句】律回春晖渐，万象始更新。蓝图绘就，自当乘风破浪。

····································

同志们、朋友们，各位来宾：

大家晚上好！

律回春晖渐，万象始更新。在这辞旧迎新的美好时刻，我谨代表中共××市委、××市人民政府，向全市人民，向关心、支持××发展的各界朋友，以及在这里投资兴业、与××人民共建美好家园的海内外客商，致以节日的问候和最美好的祝愿！

刚刚过去的 2010 年，是全市人民在各级党委、政府领导下克服种种困难、圆满完成任务、顺利实现"十一五"规划目标的不平凡的一年。面对极为复杂的国内外环境和历史罕见的特大洪涝灾害，全市人民始终坚持以科学发展观为指导，紧紧围绕建设区域经济文化高地这一目标，团结奋斗，扎实苦干，有效巩固和扩大了应对国际金融危机冲击的成果，保持了经济社会平稳较快发展。在此，向全市人民和为××发展做出突出贡献的各界朋友，表示衷心的感谢并致以崇高的敬意！

2011 年是"十二五"规划的开局之年，我们将秉承全市人民和谐富裕的美好期盼与愿景，坚持以科学发展为主题，以加快转变经济发展方式为主线，积极推进结构调整，大力加强自主创新，不断深化改革开放，统筹抓好城乡建设，着力保障改善民生，以优异的成绩谱写富民强市、跨越发展的新篇章！

同志们、朋友们，告别了激情难忘的"十一五"，我们又踏上了充满希望的新征程。蓝图绘就，自当乘风破浪。让我们在中共××市委、市政府的坚强领导下，继续保持昂扬斗志，大力弘扬顽强作风，为实现"十二五"宏伟目标、建设富裕文明新××而努力奋斗！

最后，请让我们举起手中的酒杯，为衷心祝愿全市人民新年快乐、幸福安康，干杯！

▧ 范例4 ▧

【致辞人】家庭晚辈代表
【场　合】家庭春节聚会
【时　机】开场致辞
【风　格】情真意切 深情祝福 充满希望
【听　众】合家长辈、兄弟姐妹
【关键词】家 港湾 和睦 教诲 福分 方向 幸福
【金　句】绿柳舒眉辞旧岁，红桃开口贺新年。每当离开家的时候，我们总是盼望着快点过年，能够快点回到家里。家才是我们避风的港湾。

敬爱的各位长辈：

晚上好！

绿柳舒眉辞旧岁，红桃开口贺新年。在这个辞旧迎新的日子里，我代表在座的晚辈，向各位长辈送上我们衷心的祝福，祝你们在新的一年里，身体健康，事事如意！

每当离开家的时候，我们总是盼望着快点过年，能够快点回到家里。家才是我们避风的港湾。不管我们在外边有多少委屈，多少苦楚，回到家后，家以它宽广的胸怀和深厚的情谊融化了所有，剩下的都是甜甜的蜜。能有这么和睦的家庭，能够聆听长辈们的教诲，是我们几世修来的福分。有了长辈们对我们的关心、支持和鼓励，我们才能够在人生的道路中不迷路找到属于自己的发展方向。

过去的一年里，我们上学的上学，工作的工作，家里的所有事情都由×××来承担，他是我们家里的功臣，有了他，我们才有了稳定的后方，才能全心全意地面对学业和事业，让我们大家先对他的付出表示衷心的感谢，谢谢他默默无闻的奉献！

在新的一年里，我们会继续我们的学业事业，把握好自己的方向，不停地追求。相信有这么和睦的家庭，有来自家庭的鼓励，加上自己的努力，我们一定可以做出让大家满意的成绩。希望我们晚辈有事没事能常回家看看，聆听老人的教导，可以让我们少走弯路，老人也能更加放心。

良辰美景，岂能虚度？感谢你们陪伴我们成长，抚养我们长大，让我们大家一起举杯，祝福我们的长辈们长命百岁，心情愉悦，生活越来越幸福！干杯！

■ 范例5 ■

【致辞人】单位领导
【场　合】机关单位新年聚会
【时　机】中场致辞
【风　格】文辞精彩　激情飞扬
【听　众】地方领导、单位领导、单位员工
【关键词】发展　提升　团结　生机　友谊　如意
【金　句】玉兔奔月辞旧岁，金龙昂首迎新春。满座无外客，举目皆亲朋。

尊敬的各位领导，同志们：

大家晚上好！

玉兔奔月辞旧岁，金龙昂首迎新春。十天前，元旦刚过；十天后，春节将临。我首先向各位领导、各位同志，并通过你们向你们的家属拜个早年，提前送上诚挚的问候和新春的祝愿。

过去的一年，委局全体干部职工在×书记、×县长的领导下，认真履职，扎实工作，全县纪检监察工作在继承中发展，在巩固中提升，自身建设不断加强，委局班子和干部职工精诚团结，密切合作，单位呈现出风正劲足、昂扬向上的勃勃生机。这种局面，离不开×书记、×县长的正确领导，离不开在座各位的鼎力支持。在这里，我先敬第一杯酒，为即将画上圆满句号的2011年，干杯！

今天，我们聚会在××，共进晚宴，共辞旧岁，共迎新春，满座无外客，举目皆亲朋，特别有幸的是今天我们还邀请到了尊敬的×县长，使我们的新年晚宴更有品味，为了这种和谐融洽的气氛，为了我们在长期工作和生活中结下的真诚友谊，请干第二杯！

一元已复始，万象当更新，新年的脚步正在走近。今朝一岁大家添，不是人间骗我老。每个人都要增加一岁，每个人都将面临新的起点、新的使命，拥有新的生活、新的成熟。这第三杯酒，祝领导和同志们在龙年如蛟龙得水，左右逢源，工作顺心，家庭和睦，万事如意，干杯！

■ 范例 6 ■

【致辞人】保障中心领导
【场　合】保障中心 2011 新年团拜会
【时　机】开场致辞
【风　格】激情四射　环环相扣
【听　众】工厂领导、保障中心领导、保障中心员工、来宾
【关键词】祝福　领导　责任　创新　争先
【金　句】虎奔千里留雄劲，兔进万家报吉祥。今年花胜去年红，料得来年花更艳。

尊敬的各位领导，尊敬的各位来宾：

大家晚上好！

虎奔千里留雄劲，兔进万家报吉祥。今晚我们相聚在保障中心 2011 新年团拜会上，心潮澎湃。此时，请允许我谨代表保障中心领导及全体员工，向各位来宾、向长期关心和支持保障中心的领导们、朋友们，致以节日的问候和诚挚的祝福！祝愿大家在新的一年里身体健康、工作顺利、合家欢乐、兔年吉祥！

回眸走过的 2010 年，保障中心在工厂党委和领导的正确领导下，勇于承担使命和责任，沉着应对实际困难，统筹推进各项工作，努力实现年度方针目标，特别是驻站工作开展以来，保障中心全员更是弘扬敢打硬仗、善打硬仗的风范，开拓创新，攀高争先，跨越奋进，克服重重困难，为全

年生产任务的完成保驾护航，圆满完成了各项工作任务。

展望充满希望的 2011 年，保障中心更加意气风发、斗志昂扬。新的征程任务艰巨，新的目标催人奋进。面对新的形势、新的挑战，保障中心全员务必审时度势抢机遇，真抓实干快推进，争先进位求跨越，我们将以更加振奋的精神、更加高昂的热情、更加顽强的毅力、更加务实的作风，解放思想，与时俱进，扎实工作！

2011 年的曙光已经来临。在伟大的"十二五"开局之年，带着"十一五"留下的精神财富，我们将应对新的挑战、奋发有为，创造属于"十二五"的辉煌明天。

"今年花胜去年红，料得来年花更艳"，再一次祝愿大家 2011 年千事吉祥、万事如意，干杯！

■ 范例 7 ■

【致辞人】县委书记
【场　合】××县委、县政府 2012 年春节联欢晚会
【时　机】中场致辞
【风　格】文采飞扬　激情四射
【听　众】地方领导、各界来宾、地方媒体
【关键词】欢聚　发展　慰问　贡献　成绩
【金　句】玉兔欢歌辞旧岁，金龙起舞迎新春。百舸争流齐奋进，凝心聚力谱新篇。新的一年孕育新的希望，新的征途承载新的梦想。

各位来宾、各位朋友，同志们：

玉兔欢歌辞旧岁，金龙起舞迎新春。今晚，我们欢聚一堂，载歌载舞，挥别旧岁，喜迎新春。借此机会，我代表××县委、县政府向全县人民，向驻邑部队指战员、武警官兵、公安干警，向关心、支持、帮助我县经济社会发展的各界朋友表示衷心的感谢，向节日期间坚守工作岗位的同志们表示亲切的慰问！

回首 2011 年，是××发展史上不平凡的一年。在此，我谨代表××县委、县政府向所有为××发展做出贡献的同志、朋友表示衷心的感谢并致以崇高的敬意！

展望 2012 年，我们百舸争流齐奋进，凝心聚力谱新篇。2012 年是××县第十三次党代会确立的目标变蓝图的第一年。我们要紧紧围绕××市委建设城乡一体化、全面现代化、充分国际化的世界生态田园城市的决策部署，牢固树立"尾雁"快飞、"尾雁"赶超理念，大力实施生态立县、文旅兴县、工业强县和现代农业发展战略，突出"一城一线三组团"和"交通先行"的工作重点，振奋精神、抢抓机遇，统筹推进区域经济、政治、文化、社会和党的建设，奋力开创"一地一区"的建设新局面。

新的一年孕育新的希望，新的征途承载新的梦想。让我们在××市委、市政府的坚强领导下，坚定科学发展的决心，增强加快发展的信心，树立跨越发展的雄心，同心同德，开拓奋进，共同创造××更加美好的明天！让我们以优异的成绩迎接党的十八大的胜利召开！

最后，衷心祝愿在新的一年里，××经济社会发展更加生机盎然！衷心祝愿每一个家庭都收获和谐幸福！衷心祝愿全县人民都拥有健康快乐！

预祝晚会取得圆满成功！干杯！谢谢大家！

▓ 范例 8 ▓

【致辞人】区教育局领导

【场　合】区教育局迎春午宴

【时　机】最后总结

【风　格】情理交融 平易朴实

【听　众】地方领导、教育局领导、教育系统代表、教育系统家属代表、教育系统离退休人员代表

【关键词】和衷共济 新突破 优秀 业绩 新台阶 感谢

【金　句】龙年献祥瑞，大地又一春。

尊敬的各位领导、各位前辈，兄弟姐妹们：

大家好！

龙年献祥瑞，大地又一春。今天，我们欢聚一堂共同庆祝中华民族的传统佳节。我受局党委书记、局长×××同志委托，谨代表区教育局向一年来关怀支持全区教育工作的各位领导、各位前辈表示诚挚的谢意，向辛勤耕耘的各位同人致以崇高的敬意，向默默奉献、无私帮助我们的各位家属表示衷心的感谢！

过去的 2011 年，因为在座诸位的和衷共济、鼎力支持，在好班长×××同志率领下，我区教育工作成绩卓著、亮点频显，实现了新突破、新跨越。我们全方位积极推进素质教育，在五年一次的×××人民政府教育督导检查评估中，荣获优秀等次；教育目标考评荣获全市一等奖；灾后重建工程优质高效，化解大班成效明显，高考成绩攀升，基础设施、队伍建设等各方面都取得了有目共睹的骄人业绩。在区人大评议各局局长中，×××局长全票通过，荣获优秀等次，这既是他本人的荣誉，也是教育系统的光荣，促进×××教育事业在困境中奋力登上了又一个新台阶。这样硕大的军功章，既是全区教育战线同志共同努力的结果，更凝结着在座各位领导和同志们的心血和汗水。

为此，请允许我首先向我们家属朋友们道一声深深的感谢！我向你们拜年了，恭祝你们在新的一年里幸福美满、健康平安、心想事成、快乐无边！其次，我向我们离退休的老前辈道一个吉祥万福！百善孝为先，恭祝你们新春快乐，健康长寿！我再向辛苦了一年的全体职工拜年！感谢大家在 2011 年的汗水与付出，恭祝新的一年事业如日中天！

雄关漫道真如铁，而今迈步从头越！在充满挑战与希望的 2012 年里，我们渴望并恳请各位前辈、各位领导和全体家属朋友倍加关怀支持×××教育事业。让我们紧密团结在以×××为核心的区教育局党委周围，以团结拼搏、艰苦奋斗、与时俱进、开拓创新的斗志，努力创造×××教育新的辉煌！

最后，让我们斟满美酒，共同举杯，道一声新年好，说一句祝愿话。干杯！

谢谢大家！

② 二月二祝酒词

■ **范例 9** ■

【致辞人】县长
【场　合】"二月二"传统文化暨旅游推介活动晚宴
【时　机】开场致辞
【风　格】自豪　深情厚望　简洁朴实
【听　众】地方领导、各界来宾、地方媒体
【关键词】推介　旅游　感谢　优美　自豪　交流合作　发展
【金　句】在这大地回春、万物复苏的美好时节，在这个美好的夜晚，我们欢聚一堂。

尊敬的各位领导、各位来宾，朋友们：

大家晚上好！

在这大地回春、万物复苏的美好时节，在这个美好的夜晚，我们欢聚一堂，共同庆祝××县"二月二"传统文化暨旅游推介活动顺利举办。在此，我谨代表××县人民政府和全县38万各族人民，向莅临本届活动的各位领导、来宾、朋友表示热烈的欢迎，向一直以来关心、支持××文化旅游事业发展的各界人士表示衷心的感谢！

××作为全国唯一的土族自治县，自然风光秀美，民风民俗淳朴，是闻名遐迩的彩虹之乡。××不仅是文化大县，更是旅游大县，这里有以民俗旅游为核心的××镇中心景区，以生态旅游为核心的北山景区，有佑宁寺、五峰寺、南门峡等诸多旅游景点；这里不仅是省级旅游度假区，更是国家4A级旅游景区；这里旅游环境优美，旅游项目众多，正逐步成为省内外游客观光体验之旅、休闲度假之旅、运动健身之旅、康体疗养之旅的重要目的地。

今天，我们以"二月二"传统文化活动为平台，相聚××，这是××

人民的自豪与骄傲。我坚信，"二月二"传统文化暨旅游推介活动以及系列主题活动的成功举办，必将会进一步增进××与各界朋友的交流合作，必将会进一步促进土乡文化旅游事业的快速发展，也必将会为县域经济社会跨越式发展带来更多的人气、福气和财气！

最后，祝各位领导、各位来宾身体健康，生活愉快！愿土族之乡能给大家留下美好而难忘的记忆！

现在我提议：为××县"二月二"传统文化暨旅游推介活动的成功举办，为我们的真诚友谊和真诚合作，为各位朋友的身体健康、家庭幸福、事业兴旺，干杯！

❸ 妇女节祝酒词

■ 范例 10 ■

【致辞人】县委书记
【场　合】为庆祝妇女节举行的招待宴会
【时　机】中场致辞
【风　格】情真意切　声音高亢　深情祝福
【听　众】县主要领导、妇女代表
【关键词】妇女节　问候　祝福　幸福　无私奉献
【金　句】回顾过去，我们备感欣慰；展望未来，我们任重道远。

尊敬的妇女朋友们、同志们：

大家好！

在这个万物回春、生机盎然的日子里，我们在此隆重集会，共同纪念第××个妇女节的到来。借此机会，我代表××县委、县政府向全县广大妇女朋友致以节日的问候，并通过你们向支持你们工作的家人表示衷心的感谢！

今天，还有几位同志没能来到我们现场，此时她们坚守在自己的工作岗位上，让我们共同向她们表示诚挚的祝福，祝她们幸福平安。

20××年，我们走过了不平凡的路程，妇女朋友们在各自的工作岗位上兢兢业业、无私奉献，以强烈的主人翁意识，将个人利益和××县的发展紧紧联系在一起，几年来在××县建设进程中涌现出了许多先进集体和先进个人，一批妇女同志获得十大杰出女性、巾帼模范奖等多项荣誉称号。正所谓巾帼不让须眉！广大妇女同志在平凡的岗位上做出了不平凡的业绩。此时此刻，面对一年来取得的成绩，面对在座的同志，我对你们表示最诚挚的感谢和最热烈的祝贺。

回顾过去，我们备感欣慰；展望未来，我们任重道远。20××年，我希望在座的各位一定要精诚团结、奋发进取，认真学习专业知识，不断提高自身素质，面向社会充分展示我县良好的精神风貌，为我县精神文明与物质文明建设做出新的贡献。

最后我提议：让我们斟满美酒，共同举杯，祝愿我们所有妇女朋友节日愉快、生活幸福、万事如意，干杯！

■ 范例 11 ■

【致辞人】区领导
【场　合】妇女节庆祝宴会
【时　机】中场致辞
【风　格】情感真挚　简洁大方
【听　众】地方领导、委员、地方媒体
【关键词】问候　敬意　解放　主人翁　贡献
【金　句】生活因女性而精彩，女性因事业而美丽。

各位领导、各位委员，姐妹们：

大家好！春回大地，万物复苏，正值全国"两会"隆重召开之际，我们迎来了第95个妇女节。今天，我们欢聚一堂，话参政，谋发展，共同庆祝女人自己的节日。受×××主席委托，我代表区政协领导向各界女委员致以节日的祝贺和诚挚的问候，并通过你们向你们所联系的、为我区"四区"建设做出贡献的各界姐妹表示热烈的祝贺和崇高的敬意，向关心、支持女同胞的男委员们表示衷心的感谢！

1910年诞生的妇女节，反映了广大被压迫妇女向往自由、渴求平等的愿望，始终是激励全世界劳动妇女团结奋斗、争取解放的一面旗帜。新中国成立以后，我国妇女获得了历史性的解放，党和政府运用法律、行政和教育等手段，进一步消除了对妇女的各种歧视，切实保障了妇女在国家政治、经济、文化、社会和家庭生活中的地位和各项权利，为妇女的解放和进步创造了良好的条件。广大妇女以主人翁的姿态积极投身社会事业，在物质文明、精神文明和政治文明建设中充分施展聪明才智，为国家富强和民族振兴做出了重大贡献。

我们区政协的各界女委员更是巾帼不让须眉，在做好本职工作的同时，发挥自身的优势和特点，认真履行政治协商、民主监督、参政议政职能，积极参加区政协组织开展的调研、视察、助学、助医、助业等活动，主动反映人民群众关心的和社会关注的热点、难点问题，为××区的经济和各项事业的发展献计献策，充分发挥了"半边天"的作用，赢得了社会各界的广泛赞誉和尊重。

前不久，区政协召开了十二届三次全会，会上对今年政协工作进行了部署，提出了更高的要求。为了适应新的形势和任务要求，我们女委员要勤奋学习，完善自我，勤俭持家，爱岗敬业，切实担负起家庭和事业两副重担，在家善待长者，相夫教子，做个贤妻良母，在外做时代女性，勤奋工作，甘于奉献，锐意进取，争创一流，争做优秀的政协委员。

姐妹们，生活因女性而精彩，女性因事业而美丽。让我们大家共同努力，为构建社会主义和谐社会、加快实现××的"四区"目标团结奋斗干杯！

■ 范例 12 ■

....

【致辞人】教育局领导
【场　合】妇女节庆祝晚宴

【时　机】中场致辞

【风　格】风趣幽默　文采斐然

【听　众】教育局领导、教育系统女职工及家属

【关键词】祝贺　万里挑一　贡献　尊重　骄傲

【金　句】天时人事日相催，春来阳生现生机。感谢各位女
同志，你们是万里挑一的知识女性，自尊、自信、自立、自
爱、自强，多重角色让你们在生活工作中受累了。

女士们、先生们：

晚上好！

天时人事日相催，春来阳生现生机。在一片生机盎然的氛围里，全世界人民共同庆祝第 100 个妇女节。教育局党委根据实际安排全体女职工偕你们的爱人一起欢聚一堂，共同庆祝佳节，共话教育大计。借此机会，我代表教育局领导班子以及全体男同胞，向广大女职工表示衷心的祝贺和诚挚的慰问：祝你们容颜靓丽、婀娜多姿、青春永驻，愿你们开心快乐、幸福相伴、安康永远！

感谢各位女同志，你们是万里挑一的知识女性，自尊、自信、自立、自爱、自强，多重角色让你们在生活工作中受累了。作为母亲、女儿，你们把自己的力量和爱心献给了家人；作为职工、干部，你们把自己的勤奋和智慧献给了教育事业。曾几何时，为了教育事业的发展你们起早贪黑，身体累瘦了，头发累白了。曾几何时，你们既要照顾好双方老人，又要做一个贤妻良母。沉重的工作、家庭负担压在肩上，你们都能以博大的胸怀勇敢地挑起来。这一切的一切充分证明女同胞在社会、家庭中的重要地位。在教育局机关你们的重要性显得尤为突出，你们占了全体职工近半的比例，是你们的付出铸就了教育事业的更大辉煌。说实在话：你们在承担着比男同志更多负担和压力的同时，仍然能够以主人翁的精神积极投身于各项工作，你们爱岗敬业、埋头苦干、求真务实，为全县的教育事业做出积极的贡献，用实际行动塑造了"半边天"，赢得了男同志的佩服和尊重。你们永远是我们局机关的骄傲，更是我们局机关的一道亮丽风景，我为你们祝贺，为你们自豪，再次谢谢你们，在座的全体女同胞！

感谢在座的男同志，××的教育事业所取得的每一个成绩，每一点进步，是全体教职工辛勤劳动的结果，包含你们的爱人的辛勤付出和汗水，这和你们的理解与大力支持是分不开的，教育工作的成绩有我们的一半，更有你们的一半。长期以来，你们身兼"数职"：对外，你们是领导，主持工作，千头万绪；对内，你们是家长，顶门立户，里里外外。做知识女性的爱人更体现你们的博大胸怀和最大宽容，你们既要忙工作，忙孩子，还要忙亲情事事，你们用宽广的胸怀、勤劳的双手撑起了家庭生活的"整个天"，全身心地理解、支持爱人的工作，为全县教育事业的发展做出了无私的奉献。在此，我代表教育战线的广大师生向你们表示衷心的感谢和崇高的敬意！

2010年，全县教育工作将认真贯彻落实科学发展观，按照"高点定位谋发展，争先进位创一流"的目标要求，以"升年"为载体，以"全面提升育人质量"为核心，深化"改革"，实施"工程"，努力促进全县教育事业健康快速科学发展，为建设经济文化强县提供智力支持和人才保障。这需要全县各级领导、各行各业、社会各界的大力支持，局机关全体同志更是排头兵、带头人。前世的缘分让我们相遇相识在同一个战壕，今生的相遇让我们相互理解和支持着同一项事业，工作一阵子感情一辈子，深信有你们的支持，我们一定会携手共进再创佳绩！

现在，我提议：为了女同胞笑口常开、青春永驻、家庭幸福；为了男同胞身心愉悦、事业发达、家庭美满；为了××的教育事业科学发展、率先发展、跨越式发展，干杯！

■ 范例 13 ■

【致辞人】地方领导
【场　合】妇女节庆祝宴会
【时　机】开场致辞
【风　格】引经据典　文采飞扬
【听　众】地方领导、妇女代表
【关键词】半边天　自强不息　新篇章　光荣　支柱　臂膀

尊敬的各位领导、各位女士：

今天是妇女节，是女人们的节日，是女人们快乐的节日，是夫人们和姐妹们幸福的节日。我在这里向全天下的女性朋友致以节日的祝贺。

女人作为人类的半边天，正在以崭新的姿态展现在世人的面前。回顾中国几千年的发展史，一幅女人自强不息奋斗不止的画卷铺展开来："古有花木兰，替父去从军。今有娘子军，扛枪为人民。"国庆六十周年庆典，豪迈强劲的女飞行员驾驶银色的战机翱翔在蓝天白云之中，英姿飒爽的女民兵方阵博得众人的青睐。体坛上20世纪80年代的中国女排创造了七连冠的辉煌，近日中国女子短道速滑队在第21届温哥华冬奥会上又以骄人的成绩谱写了铿锵玫瑰新的篇章……

这些巾帼英雄是女性的光荣，而且男性在事业上的成功，也是女性的光荣。因为每一个成功男人的背后，大都有一位伟大的女性作为他成功的支柱和臂膀。女性是家庭中的人妻人母，女性用柔弱的肩膀，在扛起事业的同时还要扛起家庭，女人用无私的母爱、丰富的情爱、平和的博爱，书写着自己也描绘着社会，让世界更可爱，让人类更光彩！

女人不是月亮，她们在地球的各个角落里发光！

让我们共同举杯，为祝贺妇女节100周年，为祝福每一位女同胞健康幸福快乐，干杯！

④ 五一劳动节祝酒词

■ 范例14 ■

【致辞人】总经理
【场　合】五一劳动节聚餐宴会
【时　机】开场致辞

【风　格】总结过去 展望未来
【听　众】公司领导和所有员工
【关键词】相聚 感谢 发展 功劳 心血 同舟共济
【金　句】让我们继续发扬自强不息的精神和团结拼搏的斗志，携手并肩，同舟共济，鼓足干劲，向着更高更远的目标奋进！

....

各位员工，同事们、朋友们：

大家晚上好！

明天就是一年一度的五一劳动节了，我们今天相聚在此，热烈欢庆我们共同节日的到来。

首先，请允许我代表公司管理层向辛勤工作在公司各个岗位的全体员工，致以亲切的问候并表示衷心的感谢！公司在这些年一路走来，中间有过坎坷，有过挫折，但是我们却依然屹立在这个行业当中，并且逐步走上做大做强的发展道路。同时，公司也见证了每一位员工的功劳，公司的每一个进步、每一次成长，都凝结着每一位员工的智慧、心血和汗水。成功代表过去，我们更要面向未来。我希望全体员工一定要认清形势，明确自己肩负的历史使命，继续以公司为家，以公司利益为上，使自己能够在今后的日子里发挥更大的价值，为公司事业的新飞跃打下基础，为自己人生目标的实现迈出坚实的一步。

同志们，让我们继续发扬自强不息的精神和团结拼搏的斗志，携手并肩，同舟共济，鼓足干劲，向着更高更远的目标奋进！我坚信，××的明天一定会更加美好！

最后，我提议：请让我们共同举杯，祝各位身体健康、家庭幸福、万事如意，干杯！

■ 范例 15 ■

....

【致辞人】公司领导
【场　合】五一劳动节庆祝宴会

【时　机】中场致辞

【风　格】简洁大方 感情真挚

【听　众】公司领导、公司员工

【关键词】五一 辛勤 问候 坚守 成绩 心血

【金　句】通过我们过去的成绩，我们可以很有信心地迎接这些挑战，我们一定可以逢山开路，遇水架桥，我们在下一阶段的工作一定能够圆满地完成。

....

各位同人，朋友们：

大家好！

在这温暖的日子里，我们一起来度过五一劳动节。首先我们要向奋斗在工作岗位上的每一位劳动者，为他们的辛勤工作，默默奉献致以节日的问候，为劳动者忘我地工作说声：辛苦了！感谢劳动者在自己的工作岗位上的坚守。

这一年来，我们在领导的带领下，以强劲的发展势头取得了可喜可贺的成绩。这些成绩离不开我们每一位同志的心血和汗水，是我们不懈奋斗的最好体现。大家拼搏不息，自立自强的精神，让我们不断地取得发展和进步，大家爱岗敬业，并且向我们集体积极地献计献策。正因为有了大家这么多的努力和集体的智慧，才有了我们今天的收获。在这里感谢大家的辛勤劳动，感谢大家能够团结一致为集体着想。

在接下来的工作中我们将会遇到更多的挑战，同样也是机遇。通过我们过去的成绩，我们可以很有信心地迎接这些挑战，我们一定可以逢山开路，遇水架桥，我们在下一阶段的工作一定能够圆满地完成。我们继承了一直以来吃苦耐劳的精神，发扬我们的锐意创新，使我们既不脱离实际，又能不落俗套，更好更快地完成我们的任务。预祝大家在今后的工作中更加顺利。

在这个十分值得祝贺的日子里，让我们广大劳动者都举起酒杯，为我们宏伟的事业，为我们崇高的理想干杯！预祝大家节日快乐，身体健康，合家幸福！

■ 范例16 ■

【致辞人】妇联主席
【场　合】护士节慰问宴会
【时　机】结尾致辞
【风　格】文采飞扬　情真意切
【听　众】妇联领导、医院领导、医生、护士
【关键词】丹心　天使　白衣天使　纯洁　英雄　凯旋　笑意盎然
【金　句】天使把成功和幸福、快乐送到行行业业，送到每一个角落、每一个人的心间！

各位护士，同志们：

深情深意即春色，白衣白帽映丹心。悠然天使情，欢庆护士节！在此让我们向工作在医疗卫生战线上的白衣天使们表示节日的祝贺和崇高的敬意！

你们是生命的白衣天使，用自己的双手托起一个个濒危的生命；你们是纯洁的白衣天使，虽然每天工作紧张而辛苦，但你们用饱蘸着青春的热血，使病人面对洁白的病房、洁白的床单、洁白的世界、洁白的心灵；你们是辛劳的白衣天使，时时刻刻陪伴在病人身边；你们是平凡的白衣天使，没有英雄头上的光环，也没有风光的将军凯旋。但，正因如此，你们是人们心目中圣洁的白衣天使，由于你们无私的爱和辛劳的奉献，才有一张张笑意盎然幸福的脸。天使把成功和幸福、快乐送到行行业业，送到每一个角落、每一个人的心间！让我们共同举杯：祝白衣天使节日快乐，为你们无私的奉献精神，干杯！

■ 范例17 ■

【致辞人】医院院长

【场　合】护士节节庆宴会
【时　机】开场致辞
【风　格】寄情于理　情真意切
【听　众】医院领导、护士
【关键词】色彩　白色　生命　愉快　抱怨　可爱
【金　句】你们忘我的奉献精神，让人们露出幸福的笑脸；
你们的爱，让健康和快乐停留在每个人的身上。今天，让
我们共同举杯，为了你们的节日，为了你们忘我的奉献精神，
干杯！

各位护士：

大家好！

假如我们能够用色彩定义每天，那么今天的色彩肯定是白色的。今天是5月12日护士节，是属于你们这些白衣天使的节日！在这里，我谨代表全院领导向每天奋战在第一线的白衣天使们致以节日的祝愿和崇高的敬意！

在每天的工作中，你们的双手托着的是微弱的生命火焰，这火焰在你们的手中会渐渐茁壮起来。固然你们天天看到的都是血腥，闻到的都是脓臭和酒精的味道，但是你们却是最纯洁的天使。由于你们奉献着自己的青春和热血，使病人们能够在雪白的病房中心情愉快地接受医治。固然你们天天在病房中要听到不断的呻吟声，要面对很多病人的烦躁和痛苦，有着打不完的针和发不完的药，但是你们照旧年复一年日复一日地做着这一切，没有丝毫抱怨。你们不是英雄，你们身上没有刺眼的光环，但你们是这世界上最可爱、最伟大的人！

你们忘我的奉献精神，让人们露出幸福的笑脸；你们的爱，让健康和快乐停留在每个人的身上。今天，让我们共同举杯，为了你们的节日，为了你们忘我的奉献精神，干杯！

■ 范例 18 ■

【致辞人】女儿
【场　合】母亲节家庭聚会
【时　机】开场致辞
【风　格】感情真挚　恋母情深
【听　众】父母、亲朋
【关键词】祝福　母爱　滋润　深情　幸福
【金　句】"慈母手中线，游子身上衣。临行密密缝，意恐迟迟归。"是母爱陪伴我们走过生命中的低谷，是母爱让我们走向光明的明天。母爱的伟大之处就在于那至柔至慈的精髓。

敬爱的母亲：

在母亲节到来之际，我代表天下所有的子女向我们的母亲送上最深的祝福！

母爱像春雨，滋润着我们的心田；母爱像阳光，照耀着我们的成长；母爱像沃土，保护着我们的根基。不管我们走到天涯海角，都有我们母亲的关照和叮嘱，我们不会害怕，不会退缩。"慈母手中线，游子身上衣。临行密密缝，意恐迟迟归。"每次离开家的时候，我们都吟诵着这诗句，这里没有华丽的词语，没有过多的修饰，只是几句简单到不能再简单的几个字的罗列，就将母爱描写得淋漓尽致。我们含着热泪的时候可以偷偷地吟诵，把我们对母亲的想念和感激都融入那深情的诗句。是母爱陪伴我们走过生命中的低谷，是母爱让我们走向光明的明天。母爱的伟大之处就在于那至柔至慈的精髓。

而今，母亲陪伴我们走过了人生的××个春秋，她的两鬓出现了白发，望着渐渐老去的面容，我们不禁有难以控制的想念，不管在多远的地方，我们都恨不得立刻飞回到母亲的身边。对一个女人而言，一旦孩子出世，她的一生也就此改变，她把所有的爱和所有的所有都倾注在孩子的身上。

我们把大地比作母亲，我们把黄河比作母亲，因为它们有着同样的特征，都是养育我们的母亲河。

也许你会忘记曾经的很多事情，也许你会忘记曾经的某些过客，但是你永远忘不了的是母亲的点点滴滴。在这儿，让我们共同举杯来庆祝母亲节，祝福我们的母亲能够越活越年轻，越活越漂亮，越活越幸福！干杯！

7 父亲节祝酒词

■ 范例19 ■

【致辞人】儿子
【场　合】父亲节家庭聚会
【时　机】开场致辞
【风　格】简洁 质朴 感情真挚
【听　众】父母、亲朋
【关键词】温暖 宽厚 雄浑 关爱 永恒
【金　句】世上的感情千千万万，父亲给我的爱像阳光那样温暖，像高山那样宽厚、雄浑，是我永远都上不去的山巅。父亲用厚实的臂膀支撑着整个家庭，父亲用亲情温暖着孩子的心灵。

尊敬的父亲母亲、各位兄弟姐妹、各位来宾：

大家好！

今天是个值得纪念的日子，是一年一度的父亲节！我们在这里聚会，为我们的父亲、母亲祝福，祝父亲母亲幸福安康，福寿无边！

母爱深似海，父爱重如山。据说，选定6月过父亲节是因为6月的阳光是一年之中最炽热的，象征了父亲给予子女的那火热的爱。父爱如山，高大而巍峨；父爱如天，粗犷而深远；父爱是深邃的、伟大的、纯洁而不求回报的。父亲像一棵树，总是不言不语，却用枝叶繁茂的坚实臂膀为树下的我们遮风挡雨、制造阴凉。不知不觉间我们已长大，而树却渐渐老去，甚至新发的树叶都不再充满生机。

世上的感情千千万万，父亲给我的爱像阳光那样温暖，像高山那样宽厚、雄浑，是我永远都上不去的山巅。无论是儿时的欢闹、年少时的成长，还是踏入社会，及至为人父、为人母，每一步都离不开父亲的关爱和祝福，无论我做什么，父亲都先为我把路铺垫……

人生中很多东西不可能永远存在，但是您给我的爱却是永恒的……父亲用厚实的臂膀支撑着整个家庭，父亲用亲情温暖着孩子的心灵。在这个属于父亲的日子里，让我大声说出对您的爱：爸爸，我爱你！

每一个父亲节，我都想祝您永远保有着年轻时的激情，年轻时的斗志！那么，即使您白发日渐满额，步履日渐蹒跚，我也会拥有一个永远年轻的父亲！亲爱的父亲，让我敬您一杯！

让我们共同举杯，为父亲、母亲健康长寿，干杯！

⑧ 端午节祝酒词

▨ 范例 20 ▨

【致辞人】总经理
【场　合】公司端午节聚会
【时　机】结尾致辞
【风　格】简洁 大气
【听　众】公司领导、公司员工
【关键词】感谢 努力 目标 战胜 向前
【金　句】门前艾蒲青翠，天淡纸鸢舞。粽叶香飘十里，对酒携樽俎！我们借端午佳节之机，喝下这杯雄黄酒，让它和我们一起战胜前面的风风雨雨、妖魔鬼怪，大步向前。

各位来宾：

大家好！

很高兴能够借这次端午佳节之机和大家相约在这里，我谨代表公司在这次端午聚会中，向各位同事表示感谢，感谢大家这一段时间的努力工作和辛苦劳动。

端午节是中国的传统节日，也是为了纪念我们伟大的屈原先生忠贞不屈的品格，在这个节日里我们要饮黄酒、插艾草、吃粽子，预祝我们在这个夏季无灾无难，一切顺利。我们度过了 2011 年的前半年，顺利地完成了既定目标，在剩下的半年时间里，我们要继续发扬艰苦奋斗、奋发向上的精神，为 2011 年的大圆满、大成功而努力。我们借端午佳节之机，喝下这杯雄黄酒，让它和我们一起战胜前面的风风雨雨、妖魔鬼怪，大步向前。

门前艾蒲青翠，天淡纸鸢舞。粽叶香飘十里，对酒携樽俎！最后让我们为了美好的明天共同举杯，干杯！

❾ 建军节祝酒词

■ **范例 21** ■

【致辞人】市委书记

【场　合】建军节庆祝晚宴

【时　机】开场致辞

【风　格】语调高亢 总结过去 展望未来

【听　众】市领导、部队代表、各界来宾

【关键词】慰问 进步 安定 新台阶 贡献 奋斗

【金　句】面对前进道路上的各种困难，在重要关头，广大军民风雨同舟，患难与共，遇危难而不惧。

同志们、朋友们：

大家好！

今天，我们在这里隆重庆祝中国人民解放军建军××周年。首先，我代表××市委、市人大、市政府、市政协，向人民解放军驻××部队全体指战员、武警官兵、预备役军人和广大民兵，致以节日的祝贺！向离退休军人、革命伤残军人、转业复员军人以及军烈属，表示诚挚的慰问！军队是人民群众的忠诚卫士，这些年来，全市上下紧紧围绕"加快发展"这一主题，以科学发展观为指导，经济社会发展呈现出逐渐加快的良好势头，各方面工作全面进步，社会安定，军政军民团结更加巩固，拥军优属、拥政爱民工作再上新台阶。这些成绩和进步都饱含着你们辛勤的汗水和无私的奉献。在此，我代表全市 300 万人民向你们，以及至今仍坚守在岗位上的战士们表示衷心的感谢和诚挚的慰问！

目前，我市经济社会保持了持续、快速、健康、协调发展的良好势头。但是也面临着实现经济社会发展新跨越的艰巨任务。面对前进道路上的各种困难，在重要关头，广大军民风雨同舟，患难与共，遇危难而不惧。实践证明，坚如磐石的军政军民团结是我们顶住压力、抵御风险、战胜困难、不断前进的重要法宝。

同志们，让我们同呼吸、共命运、心连心，继续为建设强大的人民军队和富裕、文明、开放的新××市而努力奋斗。现在，我提议：让我们共同举杯，为××市更加辉煌灿烂的未来，为各位健康和幸福，干杯！

▪ 范例 22 ▪

【致辞人】县领导
【场　合】建军节庆祝宴会
【时　机】中场致辞
【风　格】大气 真挚
【听　众】地方领导、官兵代表、复员军人代表、地方媒体
【关键词】祝贺 慰问 支持 团结 新台阶 感谢
【金　句】军民团结如一人，试看天下谁能敌。

各位领导、各位战友：

首先，让我代表××县领导班子的全体成员，祝驻××部队和武警中队的全体官兵及××县的广大复员军人朋友们节日快乐！

驻××部队和武警中队高举邓小平理论伟大旗帜，以"三个代表"重要思想和新时期军队建设思想为指导，按照"政治合格、军事过硬、作风优良、纪律严明、保障有力"的要求，全面加强部队建设并取得了新的成绩；你们牢记全心全意为人民服务的宗旨，发扬拥政爱民的光荣传统，与

全县人民同呼吸、共命运、心连心，在圆满完成各项军事任务的同时，积极支援地方经济建设，主动承担急难险重的任务，奋力抢险救灾，为保护国家和人民生命财产安全，维护社会稳定，促进××经济发展和社会进步做出了巨大的贡献。

今后，我们将始终不渝地做好拥军优属工作，巩固和发展新型的军政军民关系；继续加强国防教育，努力提高全民的国防观念；切实加强民兵和预备役工作，为建设强大的国防后备力量做出新的努力。也希望驻××部队和武警中队进一步发挥自身的优势，把驻地当故乡，视人民为亲人，一如既往地支持地方搞好三个文明建设，努力促进驻地的经济、社会发展。

"军民团结如一人，试看天下谁能敌。"让我们高举邓小平理论的伟大旗帜，更加紧密地团结在以×××同志为总书记的党中央周围，认真学习贯彻"三个代表"重要思想，全面推进××三个文明建设，进一步加强军政军民团结，同心同德、开拓进取，为加快全面建设小康社会而努力奋斗！

现在，我提议：

为了××的美好明天，为了各位的健康和幸福，干杯！

🔟 教师节祝酒词

■ **范例 23** ■

....

【致辞人】教师代表
【场　合】教师节座谈会宴会
【时　机】中场致辞
【风　格】简洁　大方　质朴
【听　众】教育系统代表、教师代表
【关键词】激动　喜悦　感动　光荣　使命感
【金　句】关爱学生、无私奉献、爱岗敬业、勇于创新，这是党和人民对我们的重托，也是我们教育事业永恒的主题。我们将永远围绕着这个主题高歌猛进！

....

尊敬的各位领导：

大家好！

在这硕果累累的金秋时节，我们怀着激动与喜悦迎来了第××个教师节，更怀着感动与幸福来参加省教师节座谈会。作为××的一名小学教育工作者，我感到无上的光荣和强烈的使命感。

在执教的××年来，我从乡镇到城区，从一名中师毕业生成长为全国模范教师，真真切切地体验着党和政府对教师的关怀与培养。沐浴着党的阳光雨露，我们欢欣鼓舞、自强自励，积极探索实施素质教育的有效策略，特别是在留守儿童教育方面做了有益的尝试，有力地促进了少年儿童的健康成长。

因为爱和责任，使得我们对留守儿童倾注了浓厚的情感；因为情和执着，铸就了我们对教育事业的无限忠诚。关爱学生、无私奉献、爱岗敬业、勇于创新，这是党和人民对我们的重托，也是我们教育事业永恒的主题。我们将永远围绕着这个主题高歌猛进！

最后，让我们共同举杯，祝愿教育事业迈向新台阶，祝愿大家身体健康，干杯！

■ 范例 24 ■

【致辞人】校领导

【场　合】教师节庆祝宴会

【时　机】中场致辞

【风　格】心情激动　深情祝福

【听　众】校领导、全体教师

【关键词】祝福　使命　努力　喜悦　突出　贡献

【金　句】正所谓"路漫漫其修远兮，吾将上下而求索。"希望各位同志继续发扬我们的精神，把工作做得更好！

各位领导、各位老师、各位同志：

大家好！

秋风送爽，丹桂飘香。在第××个教师节到来之际，我由衷地向奋斗在一线的各位老师送上深深的祝福，祝愿大家教师节快乐！

光阴似箭，我们学校已经为社会培养了××届优秀的学生，用我们的成绩展示了我们的神圣使命。在过去的一年里，全体教职工通过辛勤耕耘和共同努力，走过了一条充满了汗水与喜悦的道路。我们在有限的条件下，创造了许多成果，虽然条件不好，但是我们的成绩是突出的。这说明我们的每一位老师都用自己饱满的热情在奉献着，把我们教书育人的职责进一步地发扬。你们在这没有硝烟的战场之上，为无数的寒窗学子们指引着未来的方向。你们是学校、社会发展的栋梁，你们扛起了一个为祖国未来培养优秀人才的重担。我代表××（单位），向各位老师说声：你们辛苦啦！

当然我们的成绩和发展也离不开学校各位领导的努力。也正是学校领导和各位老师的团结协作，才奠定了学校的基础，让学生们能够得到更多更好的知识，能够坦然面对更多的压力和困惑。当我看到每一位老师几十年如一日地心系教育、服务社会、乐于奉献、求真务实，我很放心，对祖国的未来也很有信心。当然，在今后的工作和生活中还有问题需要我们共同去解决。正所谓"路漫漫其修远兮，吾将上下而求索。"希望各位同志继续发扬我们的精神，把工作做得更好！

感谢各位老师为我们××（学校）的教育事业做出的贡献，让我们举起酒杯，一起祝福各位工作顺利、身体健康、万事如意！干杯！

🏮 国庆节祝酒词

■ **范例 25** ■

【致辞人】市委书记
【场　合】为迎接建国××周年举行的国庆招待宴会
【时　机】开场致辞
【风　格】环环相扣　平易朴实
【听　众】市委、市政府主要领导，各界代表，嘉宾

【关键词】翻天覆地 生机 生命力 艰苦奋斗 开拓创新

【金　句】沧桑巨变今胜昔，明珠熠熠耀前程。

....

尊敬的各位来宾，同志们、朋友们：

大家好！

××年前，中华人民共和国宣告成立，开启了中国历史的新纪元。新中国成立以来，特别是改革开放以来，我们国家发生了翻天覆地的变化，把四分五裂、贫穷落后的旧中国建设成为人民生活总体上达到小康水平、正在蓬勃发展的新中国，取得了举世瞩目的成就。当今之中国，到处充满勃勃生机，各项事业蒸蒸日上，中国特色社会主义事业显示出强大的生命力。

今天，我们在这里欢聚一堂，隆重庆祝中华人民共和国成立××周年。在此，我谨代表市委、市人大、市人民政府、市政协，向全市各族人民致以节日的祝贺！向驻军部队指战员、武警官兵、政法干警，致以亲切的问候！向出席招待会的朋友们、同志们，表示热烈的欢迎！向所有关心和支持我市经济建设和社会发展的各界人士，表示衷心的感谢！近年来，我市处处呈现出欣欣向荣的景象，经济建设保持了良好的发展势头，人民生活进一步改善，科技、教育、文化、卫生等各项事业蓬勃发展。

沧桑巨变今胜昔，明珠熠熠耀前程。中央要求我们率先全面建成小康社会，率先基本实现现代化，这是我们的光荣使命。我市人民要紧密团结在以×××同志为总书记的党中央周围，高举邓小平理论和"三个代表"重要思想的伟大旗帜，全面贯彻党的××大精神，求真务实，艰苦奋斗，开拓创新，服务全国，向着社会主义现代化阔步前进。

各位来宾、各位朋友，现在，我提议：为祖国的繁荣富强和各族人民的幸福安康，为我市经济腾飞和社会的文明进步，为在座的各位来宾、各位朋友健康，干杯！

【致辞人】 地方领导

【场　合】 国庆节

【时　机】 开场致辞

【风　格】 真挚　热情

【听　众】 地方领导、各界代表、媒体记者

【关键词】 欢聚　翻天覆地　变化　日新月异　稳定　团结昌盛

【金　句】 沧海桑田，伴随着共和国前进的步伐，我们从黑暗走向光明，从落后走向富饶，从封闭走向开放，从被动走向主动。

女士们、先生们，同志们、朋友们：

大家好！

今天我们大家欢聚一堂，一同来庆祝我们伟大的祖国成立××周年。我代表××县政府，向××的人民致以节日的问候，向在座的各位代表表示热烈的欢迎！

自我们中华人民共和国成立××年来，中国发生了翻天覆地的变化。在中国共产党的领导下，勤劳勇敢的中国人民艰苦奋斗，团结一致，把我们一穷二白的家园建设得繁荣富强。中华民族不屈不挠的精神和顽强的生命力，加上我们劳动人民的智慧和汗水，铸就了今日的种种繁荣。我们的发展日新月异，彻底摆脱了过去的黑暗制度和统治，我们骄傲地向世界展示着中华民族的伟大和深邃！

沧海桑田，伴随着共和国前进的步伐，我们从黑暗走向光明，从落后走向富饶，从封闭走向开放，从被动走向主动。现在我们的祖国经济发展，政局稳定，民族团结，边防巩固，人民安居乐业，可谓国泰民安。这些成就，离不开我们中国共产党的英明领导。发展是硬道理，我们祖国的腾飞也证明了中国共产党的执政能力和祖国人民正确的选择。回顾共和国曲折而又光辉的历程，我们留下的是无比的自豪和喜悦。展望未来，我们充满了信心和希望。相信我们一定可以克服种种困难，全面建设小康社会。我

们大家也一定会紧紧团结在党中央周围，全心全意，为把我们的祖国建设得更加繁荣富强而不懈努力！

我提议，大家举起酒杯，一起祝愿我们伟大的祖国繁荣昌盛，祝愿在座的各位健康快乐，干杯！

中秋节祝酒词

■ 范例 27 ■

【致辞人】领导
【场　合】企业中秋节宴会
【时　机】中场致辞
【风　格】简洁有力
【听　众】公司领导、各界来宾、公司员工
【关键词】中秋节　亲人　奉献　祝福　文化　动力　团结
【金　句】成绩的取得离不开在座的诸位，所以我真诚地希望今年的中秋月更圆、人更圆。

尊敬的各位同事、朋友们：

大家晚上好！

今天我们欢聚一堂，喜迎一年一度的中秋佳节。俗话说，"每逢佳节倍思亲"，今天我们像亲人般坐在一起，共叙友情，共庆佳节，心中充满了欢欣和喜悦。在此，我代表公司领导向多年来对××公司付出与奉献的员工表示深深的感谢，并向你们致以诚挚的问候和最美好的祝福。

一个企业必须有一种文化作为它的精神动力，我们企业的口号是"把公司当成家"。我们一定要牢记，××就是我们的家，是××的一草一木养育了我们。回首昨天，大家都曾为××的强大和发展付出过汗水和心血，你们所做出的贡献，我们将永远铭刻心中。十几年的锻铸，使我们的团队更加精诚团结，使我们的员工更加尽职尽责。这些年来，在激烈的市场竞争中，我们的实力不断增强，我们的规模不断扩大，各项业绩也取得了骄人的成绩。这一切无不昭示着我们企业在新时期下的激烈竞争中拥有了别人无法企及的蓬勃朝气和生生不息的动力。

成绩的取得离不开在座的诸位，所以我真诚地希望今年的中秋月更圆、人更圆。我再一次向各位道一声祝福，说一声平安，并通过你们，向你们的家人致以亲切的问候，祝大家中秋节快乐。最后，我提议：为了大家的幸福生活，为了我们之间日渐深厚的情谊，为了朋友们的健康快乐，也为了××公司更加辉煌灿烂的明天，干杯！

▨ 范例28 ▨

【致辞人】亲属代表
【场　合】中秋节家庭聚会
【时　机】中场致辞
【风　格】朴实　真挚
【听　众】亲朋好友
【关键词】展望　幸福　重逢　团聚　畅谈
【金　句】这是一个团聚的日子，全家人能够坐在一起，畅谈过去的人生，展望美好的未来，配上这良辰美景，确实是幅非常美丽的图画。

各位朋友：

大家晚上好！

在这个举家欢庆的日子里我们能够相聚在此，真是异常兴奋，祝愿各位亲朋好友中秋节快乐！

这是一个团聚的日子，全家人能够坐在一起，畅谈过去的人生，展望美好的未来，配上这良辰美景，确实是幅非常美丽的图画。有个中秋节的传说：很久很久以前，后羿为人间射日。后来他去山中求道，得到了一粒仙丹，让妻子嫦娥保管，但是有个家人想趁后羿不在家时偷食仙丹，嫦娥在万般无奈之下吃下了仙丹，从此成仙，落在了离人间最近的月亮之上。后羿回来后只能望着月亮想念爱妻，从此在这一天，人们就会做上月饼与后羿一同拜祭月亮。这是一年中天气最适宜的时候，不冷也不热，我们能围坐于此赏月委实是幸福的。有神话相伴，我们眼前的一切就变得更加美丽了。

一年已经过去了大半，我们春天的播种这时也得到了收获，这是我们庆祝收获的节日。经过这么久的奋斗，我们都有了些成绩，希望大家能够继续发扬之前的精神，让我们的收获更大，而且要让我们的收获更合理地支配和应用。能在这么美好的时刻欢聚一堂，我们应该珍惜这花好月圆的夜晚，载歌载舞，把我们的中秋佳节过得更加有意义，更加丰富多彩。相信在今后的生活和工作中我们会以更大的热情去面对，让我们的生命更加有意义。

亲朋好友欢聚在此，让我们面对皎洁的月光，斟满杯，把酒问天，共同庆祝这美好的节日，同时也祝愿大家身体健康、幸福安康！干杯！

■ 范例 29 ■

【致辞人】 支部领导
【场　合】 民建××支部座谈会中秋晚宴
【时　机】 开场致辞
【风　格】 文采飞扬
【听　众】 支部领导、各界来宾、支部委员
【关键词】 欢聚　感谢　问候　幸福　安康
【金　句】 天上一轮月，人间万里明。清光同会合，秋色正平分。琼宇高寒，捧出一轮月影；冰壶朗澈，平分五夜天香。

各位来宾、各位委员，同志们、朋友们：

晚上好！

在中秋佳节到来之际，我们有幸能与各位领导、兄弟支部的朋友、××支部全体会员，在这美好的夜晚欢聚一堂，我谨代表××支委及支部全体会员，向重视、关心和支持政协工作的各位领导、社会各界朋友，致以衷心的感谢和诚挚的问候，祝愿大家节日愉快、阖家欢乐、幸福安康、

事业有成！

天上一轮月，人间万里明。清光同会合，秋色正平分。让我们衷心祝愿我们的工作更上一层楼，再上新台阶！祝愿我们的同志在新的一年里大展宏图，再立新功！祝愿我们的领导和朋友们身体健康，万事如意，阖家欢乐！

琼宇高寒，捧出一轮月影；冰壶朗澈，平分五夜天香。秋已至，天气凉，鸿雁正南翔。红花谢，寒气长，冷时添衣裳。让我们举起酒杯，为我们在座的领导和全体同志们的友谊、健康和事业成功，干杯！

■ **范例30** ■

....

【致辞人】中华总商会领导
【场　合】中华总商会中秋联欢晚会
【时　机】开场致辞
【风　格】吉祥　真挚　文辞精彩
【听　众】商务部领导、中华总商会成员、媒体记者
【关键词】传统　交流　凝聚力　和谐　幸福
【金　句】叶脱疏桐秋正半；花开丛挂树齐香。一帆风顺，二龙腾飞，三阳开泰，四季平安，五福临门，六六大顺，七星高照，八方来财，九九同心，十全十美，百事亨通，千事吉祥，万事如意！

....

女士们、先生们，朋友们：

晚上好！

叶脱疏桐秋正半；花开丛挂树齐香。欢迎大家出席我们的中秋联欢晚会。

在华人的传统节日中，中秋节是欢庆丰收的节日，也是阖家团聚，把酒邀月的喜庆之时，更有"嫦娥奔月"的美丽传说，将中秋月夜点缀得浪漫迷人。每年此时，总商会都会举办各种各样的活动欢度中秋佳节，这不仅加强了会员和朋友们之间的融合及生意交流，也让我们趁此机会加深对

悠久的中华文化的了解，使不同种族、语言和宗教的同胞相互交流，增进认识，进一步加强种族和谐与社会凝聚力。

今晚，我们非常荣幸地邀请到了××参加我们的中秋联欢晚会。我谨代表××中华总商会，向您及您的家人致以真诚的祝福，祝愿您和您身边的亲朋好友中秋愉快，身体健康，家庭美满，阖家幸福；所有的希望都能如愿，所有的梦想都能实现，所有的等候都能出现，所有的付出都能兑现，诚挚地祝福您，福气多多，快乐连连，万事圆圆，微笑甜甜。祝女士们、先生们、朋友们一帆风顺，二龙腾飞，三阳开泰，四季平安，五福临门，六六大顺，七星高照，八方来财，九九同心，十全十美，百事亨通，千事吉祥，万事如意；365天天天快乐，没有烦恼。中秋快乐！干杯！

⑬ 重阳节祝酒词

■ 范例 31 ■

....

【致辞人】区委领导
【场　合】老干部重阳节庆祝宴会
【时　机】中场致辞
【风　格】感情真挚　深情祝福
【听　众】区领导、工作人员、老干部、老领导
【关键词】欢聚　高兴　敬意　支持　榜样
【金　句】尊重老同志就是尊重党的历史，爱护老同志就是爱护党的财富。

....

尊敬的各位老领导、同志们：

岁岁重阳，今又重阳。今天，与各位老领导、老同志欢聚一堂，共庆我国传统节日重阳佳节，我们由衷地感到高兴。在此，我代表区委办公室全体职工向你们表示节日的慰问，并致以崇高的敬意！

我虽然有多年在区政府办公室工作的经历，但比起你们，我可以说还是一名新兵。我也深知，区委办公室所取得的每一点儿成绩和进步，都离

不开各位老领导的关心、理解和支持。在这里，我也希望各位老领导、老同志一如既往地关注区委办公室，为我们的工作把关定向。我们一定以各位老领导为榜样，继续保持和发扬党的优良传统和作风，不断推进区委办公室工作。

尊重老同志就是尊重党的历史，爱护老同志就是爱护党的财富。在你们面前，我们永远是晚辈，永远是学生。在区委办公室这个大家庭里，我们是你们的子女和亲人。记得有位哲人曾经说过这样一句话："不尊重老人的人，不可能是一个真诚的人，也不可能是一个值得信赖的人。"因此，尊重和孝顺老人，是做人做事的起码要求。区委办公室历来就有尊老敬老的优良传统，我们一定会团结全体干部职工，继续重视老干部工作，继续按照"再苦不能苦老同志，再难也要从优照顾老同志"的要求，喜老同志之所喜，忧老同志之所忧，更有成效地做好老同志工作，在政治上关心老同志，在生活上照顾老同志，确保老同志的待遇，真心诚意地解决好各种实际困难，努力把为老同志服务的工作做得更细、更实、更好。我们衷心祝愿各位老领导、老同志老有所乐、老有所为、晚年幸福，继续为建设富裕文明、和谐安康的新××发挥余热，献计献策，作出新的贡献。最后，受××委托，我代表区委办公室全体干部职工，向各位老领导、老同志敬上一杯薄酒。现在，我提议，为各位老领导、老同志生活幸福、健康长寿，干杯！

圣诞节祝酒词

范例 32

【致辞人】总经理
【场　合】公司圣诞节聚会
【时　机】开场致辞
【风　格】激情飞扬
【听　众】公司领导、公司员工

【关键词】愉快 欢聚 壮大 幸福 创新 自豪

【金　句】你们的付出让我们感动，你们的精神让我们自豪，你们的成绩让我们骄傲。

．．．

各位同人、各位朋友，同志们：

大家晚上好！

今天是圣诞前夜，一个令人非常愉快的日子。今晚，我们有机会在一起欢聚，我感到很高兴。在这里，我们感受到的不仅是圣诞节喜庆的气氛，还有我们公司发展壮大的幸福和快乐。云卷云舒、花开花落，又是一年。一年来，大家在××的带领下，团结奋斗，勤奋进取，开拓创新，走过艰辛，赢得辉煌。你们的付出让我们感动，你们的精神让我们自豪，你们的成绩让我们骄傲。在此，我代表分公司党委、总经理室向你们表示诚挚的谢意！希望你们继往开来、与时俱进，百倍地珍惜过去的荣誉和成就，把它变成前进的巨大动力，奋勇拼搏、不懈努力，力争百尺竿头，更进一步。希望大家以后继续支持我的工作，为实现公司做大做强的战略目标奋勇前进。今天的圣诞晚会给了我们相聚的机会，也将给我们一个愉快的夜晚。

最后，请大家举杯，为我们公司的昨天、今天和明天，也为大家的幸福和健康，干杯！祝大家圣诞快乐！

漫话节庆酒

酒·文·化

一、万紫千红在节日

中国人一年中的几个重大节日都有相应的饮酒习俗，如端午节饮"菖蒲酒"，重阳节饮"菊花酒"，除夕夜饮"年酒"。在一些地方，如江西民间，春季插完禾苗后要欢聚饮酒，庆贺丰收时更要饮酒，酒席散尽之时，往往是"家家扶得醉人归"。

1. 春节。俗称过年。汉武帝时规定正月初一为元旦；辛亥革命后，正月初一改称为春节。春节期间要饮用屠苏酒、椒花酒（椒柏酒）；寓意吉祥、康宁、长寿。

2. 灯节。又称元宵节、上元节。这个节日始于唐代，因为时间在农历正月十五，是三官大帝的生日，所以过去人们都向天宫祈福，用五牲、果品、酒供祭。祭礼后撤供，家人团聚畅饮一番，以祝贺新春佳节结束。晚上观灯、看烟火、食元宵（汤圆）。

3. 中和节。又称春社日，时间在农历二月初一，祭祀土神，祈求丰收，有饮中和酒、宜春酒的习俗，据说是可以医治耳疾，因而人们又称之为"治聋酒"。

4. 清明节。时间约在阳历 4 月 5 日前后。人们一般将寒食节与清明节合为一个节日，有扫墓、踏青的习俗，始于春秋时期的晋国。这个节日饮酒不受限制。清明节饮酒有两种原因：一是寒食节期间，不能生火吃热食，只能吃凉食，饮酒可以增加热量；二是借酒来平缓人们哀悼亲人的心情。

5. 端午节。又称端阳节、重午节、女儿节、天中节、地腊节。时间在农历五月初五，大约形成于春秋战国之际。人们为了辟邪、除恶、解毒，有饮菖蒲酒、雄黄酒的习俗，同时还有为了壮阳增寿而饮蟾蜍酒，为镇静安眠而饮合欢花酒的习俗。最为普遍及流传最广的是饮菖蒲酒。

6. 中秋节。又称仲秋节、团圆节，时间在农历八月十五。在这个节日里，无论家人团聚还是挚友相会，人们都离不开赏月饮酒。中秋节有饮桂花陈酒的习俗。

7. 重阳节。又称重九节、茱萸节，时间在农历九月初九，有登高饮酒的习俗。重阳节多饮菊花酒，有的还饮用茱萸酒、茱菊酒、黄花酒、薏苡酒、桑落酒、桂酒等酒品。

8. 除夕。俗称大年三十。时间在农历一年最后一天的晚上。人们有别岁、守岁的习俗。即除夕夜通宵不眠，回顾过去，展望未来。除夕守岁都是要饮酒的，唐代白居易在《客中守岁》一诗中写道："守岁樽无酒，思乡泪满巾。"孟浩然写有这样的诗句："续明催画烛，守岁接长宴。"宋代苏轼在《岁晚三首序》中写道："岁晚相馈问为'馈岁'，酒食相邀呼为'别岁'，至除夕夜达旦不眠为'守岁'。"除夕饮用的酒品有屠苏酒、椒柏酒。这原是正月初一的饮用酒品，后来改为在除夕饮用。

至今有些关于节庆酒的习俗依然在流传着。比如春节晚辈要向长辈敬辞岁酒。古代人的节日酒通常只能叫作家宴，无论哪种节日，饮酒的宴会仅限于家族或血统之内，我们姑且称这种饮酒习俗为家宴型。今天，节日酒已经不局限于家宴了，比如企事业单位庆祝佳节酒宴，政府部门庆祝佳节酒宴。节日也多了，不再局限于传统节日，比如在五一劳动节、七一建党节、八一建军节、十一国庆节、元旦等重大节日里，举行酒会或者酒宴也像传统节日家宴一样成为习惯了。因此，在中国这个礼仪之邦，无论什么样的节日，都变得非常重要了。

二、节日祝酒词

在这个传统节日和新节日并行的时代，你不但要知道家宴型的传统节日祝酒词要如何讲，更要知道公共宴会中的节日祝酒词如何说。在致节日祝酒词时应该注意以下几点：

1. 节日家宴祝酒词可以多表达亲情、多说吉祥话，以真情流露的衷心祝福为主。

2. 公务型节日祝酒词应以郑重、严谨的公文形式为主，以单位或部门的实际情形、发展情况、工作进展情况等为辅。

3. 祝酒词一定要言简意赅，无须长篇大论。

三、节日宴上的礼仪

如果是节日家宴，礼仪相对宽松，因为都是亲朋好友，以温馨、快乐、气氛活跃为主，怎么高兴怎么来，怎么好玩怎么喝，顾忌不会太多。如果是公共事务中的节日酒宴，因为场面宏大，人数众多，领导很多，也有外国来宾，这时就不能把节日酒会当成家庭聚餐了。

节日宴上的礼仪有以下几点：

1. 如果是公司节日宴会，穿着应该和公司的企业文化相匹配，切忌太过另类；如果是政府部门的节日宴会，男性应该穿正装，女士应该穿晚礼服。

2. 在与宴会的其他来宾握手问候时，握手的先后顺序为：男女之间，男方要等女方先伸手后才能握手，如女方不伸手，无握手之意，方可用点头或鞠躬致意；上下级之间，下级要等上级先伸手，以示尊重。多人同时握手切忌交叉，要等别人握完后再伸手。

3. 就餐时，餐巾要放在腿上。从餐桌上拿起餐巾，先对折，再将褶线朝向自己，摊在腿上。

4. 用餐完毕要站起来，首先将腿上的餐巾拿起，随意叠好，再把餐巾放在餐桌的左侧，然后起身离座。

5. 在宴席上，如果你先吃完了，而别人仍在就餐，你可以将自己的筷子轻轻地横放在餐盘上，表示"自己已经吃饱，不需要再进食了"，这时候服务员会过来收拾已经使用完的碗筷。

四、节日宴上的禁忌和应急技巧

公共事务中的节日酒宴应禁止以下不恰当的行为：

1. 切忌赴宴比领导晚，如果是公共节日宴会，最好提前 15 分钟到达。

2. 不宜在公开场合赠送礼物。通常情况下，当众只给某一个人赠送礼物是不合适的。因为受礼人会有受贿和受愚弄之感，而且会使没有受礼的人有受冷落和受轻视之感。只有礼轻情义重的特殊礼物，表达特殊情感的礼物，才适宜在大庭广众面前赠送，因为这时公众已变成你们真挚友情的见证人。

3. 就餐时，绝不能把餐巾抖开像围兜一样围在身上或塞在领口，把餐巾的一角塞进扣眼或腰带里，也是错误的方法。

4. 切忌饮酒过量，因为领导、来宾众多，醉酒会让你很没有面子。

5. 如果是政府领导参加的节日酒会，尽量不要来回跑动或到别桌敬酒，这样会显得你没有风度。

6. 节日宴会，特别是"年终岁尾"的年会，通常是一年里单位最大的一次总结性活动。一般来说会融合好几部分内容：领导致辞，表彰员工，表演抽奖，吃团圆饭等。除非是有不得不出的差，或是病得下不了床，否则这种年会都要求公司或单位全员出席。

这种岁末年会说白了，是各大小领导们对员工表示关心、慰问、体贴的秀场，也是普通员工抓住机会让领导对你留下深刻印象的战场，所以在这种时候，主动出击，向领导表示感谢，敬个酒啊，聊个天啊，成功率会是相当高的。即便领导连你的名字都不知道也不要怕，主动上去介绍自己。最要紧的是记住突出自己的特长，能喝酒、会说笑话这些可都是优点！遇到曾有过节的同事或同行怎么办？带着微笑主动上去跟对方打招呼。谁占得先机，谁就赢了。如果你的即时反应是刻意地回避他们，那绝对是极大的不智。要知道，避之则吉的心态不单单是懦夫的行为，更会让你丧失了主动权。同时也要切忌应酬时抢风头。

◆ 节庆祝酒词集锦

新的一年，钟声开启了新的希望。新的一天，拂晓带来了新的梦想。让新年的喜庆拂拭岁月的尘埃，让我们的欢笑带来新春的吉祥，佳节美酒，不胜醉人！祝大家新年快乐！

聆听着新年到来的脚步声，感受着新春时节的暖和，在这个快乐的时刻，让我们欢饮达旦，共同迎接新年的到来！祝大家新年快乐，万事如意！

新的一年里要有新的希望和新的追求，新的一年会带来新的机遇和新的挑战，让我们一起新年倒计时，簇拥着我们的梦想时刻！干杯！

岁月更新春不老，我提议，让我们为了新年的到来，为了在这新的一年中获得更加骄人的成绩，为了我们的新生活，干杯！

让我们共同举杯，祝福公司所有的女员工节日快乐，祝她们能够拥有美满的现在和未来，祝愿她们家庭和睦、生活幸福，为她们在事业上获得更大的成功而干杯！

女人是这个世界上最漂亮的风景线，她们的独立和坚强让我们赞叹，她们的美丽和温顺让我们沉迷，让我们为了这群迷人的女人干杯！

红花献英雄，美酒敬模范，为我们的劳动模范干杯！祝他们身体健康，合家幸福！

高山虽高，攀登便可到达顶峰；奇迹虽奇，劳动即可创造奇迹。为了劳动着的人们，干杯！

想方设法创造物质财富，万众一心建设精神文明。为这永久而伟大的劳动，我们干杯！

一颗雄心，敢创四化千秋业；两只巧手，能描九州万代春。在这个万众欢聚的时刻，让我们举起手中的羽觞，为了祖国，为了劳动人民，干杯!

岁月的流逝固然让您容颜渐渐老去，但您在我心里永远年轻漂亮;时间的行走固然让您身形逐渐佝偻，但您在我心里永远高大英勇。在这个属于您的日子里，我要告诉您:我爱您!

您的爱只是给予，从不求回报，这爱是崇高的爱;您的情不溯以往，不讨恩情，这情是最真的情。在这个属于您的节日里，我敬您一杯酒，祝您身体健康，永远快乐!

我永远不会忘记您放在我肩膀上的双手多么温暖;我会永远记得您伴随着我成长的背影，您的辛劳岁月换来的是我的无忧成长。这二十年来，您为我付出的太多了，而我能做的，就是在父亲节这天，敬您一杯酒，说一句:您辛劳了，爸爸!

各位，请举起手中的羽觞，为军民鱼水情，为各位领导和来宾的身体健康和家庭幸福干杯!

让我们紧密团结在这面旗帜下，为了我们的战友情谊，为了我们美好的明天，干杯!

"桃李不言，下自成蹊。"让我们举起手中的羽觞，向人类灵魂的工程师致敬!

十卷诗赋九章勾股，八索文史七纬地理，连同六艺五经四书三字两雅一心，点点血汗育英才，泽神州。我提议，让我们为老师们的身体健康、家庭幸福，干杯!

繁星都藏匿在了天边，只有您的窗前还闪烁着模糊的灯光，然而，正是这灯光，照亮了我们的前程!在教师节来临之际，让我们共同举杯，为了这伟大的职业，干杯!

月到中秋分外明，在这个美满和喜庆的节日里，让我们借酒祝大家身体健康、阖家幸福!

祝大家节日快乐、工作顺利、家庭幸福!值此良宵佳节，希望大家都可以尽兴举金梅，以酒寄相思!

山的巍峨描绘不出您的伟岸，岁月的痕迹刻画不出您面容上的风霜。爸爸，我爱您，祝您身体健康，父亲节快乐!

您是我人生中的最大支柱，是您给了我支持，给了我人生的方向，给了我远行的气力。而今，我走在自己人生的风雨之路上，即便您不在我身边，我也会牢记着您的爱、您的教导，认真规划自己的人生。爸爸，我敬您一杯，祝您身体健康，永远快乐！

祝愿大家在新的一年里，所有的心愿都能实现，所有的希望都能如愿，所有的等候都能到达，所有的付出都能兑现！祝大家福气多多，快乐连连！新年快乐！

风和日丽，阳光明媚，在这个春光明媚的日子里，为了我们的相聚，为了快乐的春节，我们干杯！

鲜花美酒，美人如玉，在这个女人们的节日里，让我们祝愿天下所有的美女们身体健康、心情愉快，永远年轻！

第11章
庆典酒：凭君满酌酒，听我醉中吟

庆典酒概要
酒·常·识

　　庆典祝酒词是领导干部在为诸如工程奠基、落成、项目投产，以及企业或者学校周年纪念等庆祝活动而举办的酒宴上发表的祝酒词。庆典祝酒词要表达致辞人的祝贺与祝福，如果致辞人身居领导岗位，则更要表达出对这些活动的关注和对举办者的期望。

祝酒词范例
酒·词·话

❶ 公司庆典祝酒词

■ 范例1 ■

【致辞人】总经理
【场　合】公司周年庆
【时　机】开场致辞
【风　格】热情真挚

【听　众】公司领导、公司员工、各界来宾

【关键词】七周年 感谢 合作 支持 友谊 共赢

【金　句】这杯酒，是壮行的酒，在未来的征程中，充满了
坎坷和艰辛，让我们手挽着手，心连着心，踏着泥泞的路，
迎着朝阳，朝着更高、更远的目标前进！

女士们、先生们，各位来宾、朋友们：

今天，我们欢聚一堂，共同庆祝××公司成立七周年。在此，我代表公司全体员工，向出席今天宴会的各位来宾、各位朋友表示最热烈的欢迎和最诚挚的问候！并致以最真诚的感谢！

今天在座的各位来宾中，有许多是我们的老朋友，我们之间有着良好的合作关系。公司七年来能取得今天的成绩，离不开老朋友们的真诚合作和大力支持。对此，我们表示由衷的感谢！同时，我们也为有幸结识新朋友而感到十分高兴。在此，再次向新朋友们表示热烈欢迎，并希望能通过合作与大家建立广泛的联系和深厚的友谊！

朋友们，金秋送爽，既意味着我们收获了辛勤耕耘的回报，更预示着我们开始迈向新一轮的风雨征程。今天，××公司特备薄酒，谨以此答谢朋友们多年来和××风雨同舟，携手同进，合作共赢。为此，我提议，请举杯：

这杯酒，是感谢的酒，感谢各位多年来对××的厚爱和鼎力支持！

这杯酒，是喜庆的酒，庆祝今天的合作成功，分享收获的喜悦。庆祝明天的胜利，我们再相逢！

这杯酒，是祝福的酒，祝福大家身体健康、家庭幸福、万事如意、大展宏图！

这杯酒，是祝愿的酒，祝愿在未来的合作中，我们的友情更深、心情更好、生意更旺！

这杯酒，是壮行的酒，在未来的征程中，充满了坎坷和艰辛，让我们手挽着手，心连着心，踏着泥泞的路，迎着朝阳，朝着更高、更远的目标前进！干杯！

■ 范例 2 ■

【致辞人】集团领导

【场　合】某销售公司成立十周年暨新店开业庆典

【时　机】中场致辞

【风　格】激情四射　充满希望

【听　众】集团领导、公司员工、伙伴公司代表

【关键词】成绩　支持　共赢　合作　里程碑

【金　句】××销售公司要拿出十年前创业时的激情，敢闯敢试，增强危机感和紧迫感，抓紧每一天，抢先每一步，捕捉和创造一切可能的机遇，继续发扬迎难而上、开拓进取的精神，同心同德，扎实工作，再接再厉，为推进营销工作再上新台阶做出更大的新贡献！

尊敬的各位领导、各位营销精英，各位嘉宾：

大家晚上好！

金秋十月，丹桂飘香。在这样一个丰收的季节里，××机电集团××销售公司迎来了十周年庆典和新店开业的双重惊喜！在此，我谨代表××机电集团公司，向出席今天庆典的各位领导、各位嘉宾，以及各位营销精英表示热烈的欢迎和崇高的敬意！

××销售公司十年来取得的成绩是有目共睹的，特别是今年，在国家宏观调控、银行信贷收紧、融资成本高的背景下，××公司1~9月的销售额依然保持着持续、快速的增长。我们深切地感到，公司有今天的成就，得益于各级领导和职能部门的关心、呵护和大力支持，得益于社会各界朋友的关爱和帮助，是广大合作伙伴，特别是分销商与公司荣辱与共、合作共赢的结果，也是公司全体员工团结一心、艰苦创业、开拓拼搏的结果。

过去的十年，已成为××销售公司的一个里程碑。展望未来，更承载着××销售公司新的梦想。我希望，××销售公司要拿出十年前创业时的激情，敢闯敢试，增强危机感和紧迫感，抓紧每一天，抢先每一步，捕捉和创造一切可能的机遇，继续发扬迎难而上、开拓进取的精神，同心同德，

扎实工作，再接再厉，为推进营销工作再上新台阶做出更大的新贡献！我相信，在集团公司的大力支持下，在公司全体员工的共同努力下，××销售公司一定会再创新辉煌！

最后，衷心祝福各位领导、各位营销精英，以及各位嘉宾工作顺利、万事如意！谢谢大家！

■ 范例3 ■

【致辞人】总经理

【场　合】保险公司成立百日酒会

【时　机】开场致辞

【风　格】感情饱满　回顾过去　展望未来

【听　众】公司领导、员工、嘉宾

【关键词】欢聚　竞争　任劳任怨　知名度　感谢

【金　句】枫叶流丹，北雁南归，正是秋光好。伙伴们，创业之路，道阻且长，但是我始终相信没有比人更高的山，没有比脚更长的路，最美的风景总是在前方。

各位领导、各位伙伴，女士们、先生们：

晚上好！

枫叶流丹，北雁南归，正是秋光好。在这金秋收获之际，我们迎来了××公司百日之庆。今晚，在这宾朋满座、欢聚一堂的时刻，我谨代表公司总经理室向今天光临现场的各位朋友表示最热烈的欢迎！向三个多月来努力奋斗的公司全体员工表示最诚挚的感谢！

三个多月前，××公司在欢庆的鞭炮声中成立了，三个多月来，××公司全体员工在竞争日趋激烈的市场环境下，以饱满的激情和艰苦的努力，以开拓者的崭新姿态勇猛拼杀，短短三个多月就累计完成保费893.3万元，承保保费806.9万元。

在这几个月的创业历程中，我们每个人都经历磨难，也经历成长，一切从零起步，业务从无到有，队伍从小到大，实力从弱到强。现在，公司业务已初具规模，在××市场也占据一席之地，公司的知名度日益提升，这些成绩的取得，是上级公司正确领导和亲切关怀的结果，是我们全体员工锐意开拓、辛勤工作的结果。应该说，这些成绩的取得与我们各位伙伴的充分理解、全力支持、任劳任怨、无私奉献密不可分，息息相关。在这里，我代表××公司总经理室再次向在座的各位伙伴表示衷心的感谢和崇高的敬意！并说一声：辛苦了，谢谢大家。

当然，我们目前取得的成绩距上级公司的要求还存在差距，我们离拥有××市场话语权还有相当大的一段距离，但是我相信，只要我们共同努力，我们的未来是美好的。下阶段的工作，我们将按照省公司"一个目标、两个率先、三个自主、四项工作"的具体要求，一方面做好队伍的建设，另一方面做好渠道的开拓，确保各渠道畅通，同时做好××内部互动机制，利用现有资源竭力发展团险业务。我们要以"攻城莫畏艰，登山不怕难"的斗志开展下季度的工作，打好下季度的硬仗，为来年的"开门红"夯实基础。

伙伴们，创业之路，道阻且长，但是我始终相信没有比人更高的山，没有比脚更长的路，最美的风景总是在前方，只要我们团结一心，齐心协力，开拓进取，我们成为××保险市场主力军的时刻指日可待。展望未来，让我们风雨同舟，携手共进，共同开拓，开创更加壮丽美好的新事业。

现在让我们共同高举幸福的酒杯，祝愿××明天更美好，同时祝愿大家身体健康、工作顺利、万事如意！

■ 范例 4 ■

· ·

【致辞人】项目负责人

【场　合】大厦开盘庆祝酒会

【时　机】最后总结

【风　格】面面俱到　情深意切

【听　众】地方领导、集团领导、全体员工

【关键词】感动　难忘　成熟　关注　快乐　未来

【金　句】感谢大家在百忙之中抽出时间和我们一起在这里分享大厦的成长欢乐，更要感谢大家一直以来对××大厦的关注和厚爱。没有你们的支持，就不会有××大厦的今天。

尊敬的各位来宾，女士们、先生们：

大家晚上好！

今晚我代表××大厦项目的全体团队成员站在这里，想说的只有三个词。

第一是感动。今天我和在场的每一位来宾一起经历了一个难忘的日子：××大厦在经过×个月的精心筹备之后，终于在这个月的下旬要正式和大家见面了。这×个月对于我们来说是具有非凡意义的×个月。在这×个月里面，××大厦在全体员工的共同努力下，在各位朋友的支持和关注下从诞生到成熟，从默默无闻到发展成为备受多方关注的商业地产项目。今天，莅临酒会的各位朋友和我在这里分享××大厦成长的快乐，共同期待××大厦的辉煌未来。

第二是承诺。××大厦承诺以保障每个客户的利益为我们考虑问题的根本出发点。对于每一个投资××大厦的客户，我们都会充分替您考虑可能面对的风险和问题，并且我们会在操作模式上充分保障您的收益。我们的项目经营模式和高质量的运营管理服务都是为了这一目标。

第三是感谢。感谢大家在百忙之中抽出时间和我们一起在这里分享大厦的成长欢乐，更要感谢大家一直以来对××大厦的关注和厚爱。没有你们的支持，就不会有××大厦的今天。在这×个月里，你们深深的信赖始终是我们战胜一个个困难，精益求精，打造建筑精品的动力。

最后，再次感谢大家光临××大厦的庆祝酒会，在不久的将来，我们会以项目的成功运作与良好的回报向每一个关注××大厦的客户做出回答。朋友们，让我们举杯，共祝××大厦美好的未来，也祝愿光临本次庆祝酒会的各位朋友身体健康、生意兴隆、万事顺利！干杯！

■ 范例 5 ■

【致辞人】 县交通局局长

【场　合】 庆祝公路胜利竣工典礼

【时　机】 开场致辞

【风　格】 激动 情真意切 语调高亢

【听　众】 地方领导、当地群众、媒体记者

【关键词】 不辞辛苦 深情厚谊 支持 鼓励 丰碑

【金　句】 中央精神送春风，建设扶贫花果红。千年天堑出通途，××从此远贫穷！

尊敬的各位领导、各位来宾，先生们、女士们：

你们好！

正值寒冬季节，你们从四面八方风尘仆仆，远途跋涉，不辞辛苦地来到了××。你们给××人民带来了深情厚谊，也给了我们莫大的支持和鼓励。在此，我谨代表××向各位表示最热烈的欢迎和衷心的感谢！特别要感谢中共××市委、市人民政府对我们公路建设的英明领导和热情支持；特别要感谢××市建设扶贫办、××市交通局对我们公路建设的重点扶持和热情指导；同时也要感谢为××公路冒暑顶寒苦干一年的施工老板和工人师傅们的辛勤奉献。在此，我代表××向你们致以崇高的敬意！

中央精神送春风，建设扶贫花果红。千年天堑出通途，××从此远贫穷！公路通了，××人民胜利了，××从此打开了与世隔绝的门，告别了交通闭塞的时代，也连通了××的西环道，结束了××村级不通公路的历史，这是一曲胜利的凯歌，这是一座历史的丰碑。

××公路的胜利竣工，全靠党的光辉照耀，全靠各级领导对××人民的热情关怀，是建设扶贫这座高山上结出的硕果，是全体施工人员用血汗浇出的成就，是各兄弟单位热情支持的胜利，××人民永远感谢你们！

××人民将带着胜利的喜悦，沐着建设扶贫的春风，在科学发展观的

指引下，充分利用交通条件，发挥山区的资源优势，后发赶超，与时俱进，与全国人民共同建成小康社会，早日走出贫穷困境，创造美好的明天！为了××更美好的明天，干杯！

■ 范例 6 ■

【致辞人】公安局局长
【场　合】在建局五周年庆典午宴上的祝酒辞
【时　机】中场致辞
【风　格】实事求是　平易朴实
【听　众】管委会副巡视员等
【关键词】五周年　感谢　心血　汗水　艰苦　开拓　展望
【金　句】成就是昨天的句号，开拓是永恒的主题。展望未来，××公安局任重而道远。

尊敬的××厅长、××主任，各位嘉宾，女士们、先生们：

在举国欢庆中国共产党建党九十周年之际，××公安局迎来了建局五周年的喜庆日子，在此，我谨代表××公安局党委和全体民警向前来参加庆祝活动的各位领导和各位嘉宾表示最热烈的欢迎和最衷心的感谢！向亲自前来参加庆祝仪式的××厅长、××主任表示深深的敬意，向所有为××公安局建设给予大力支持和帮助的兄弟单位表示诚挚的谢意，也向五年来一直默默付出心血和汗水的战友们道一声：你们辛苦了！

在省公安厅和××管委会的正确领导下，××公安局历经五年的艰苦奋斗，从无到有，从弱到强。在警力少、基础差、底子薄等实际情况下，结合特殊区位特点，紧紧围绕公安工作的核心，团结拼搏，锐意进取，全力推动区域经济社会发展，不断完善工作职能和工作机制，较好地完成了省公安厅和××管委会交付的各项工作，有力地维护了××地区的政治稳定和社会安定。

成就是昨天的句号，开拓是永恒的主题。展望未来，××公安局任重而道远。在下一步的工作中，我们仍然要紧紧依靠省公安厅和管委会强有力的领导，充分发挥主观能动性，不断挖掘自身的潜力，不管遇到什么困难，我们都会一如既往地加快建设和发展××公安事业的步伐，全力做好各项工作，为全面建设生态××、魅力××、和谐××，保障和促进××地区经济社会全面发展做出更大的贡献！

值此××公安局建局五周年庆典之际，我们在这里欢聚一堂，共谋公安工作的新途径，共绘社会和谐的新蓝图。让我们共同举杯，杯中的酒洋溢着××公安局对领导、朋友、战友的热情！让我们共同举杯，杯中的酒充盈着上级领导对我们的关爱，充盈着朋友战友的友谊，充盈着全区人民群众热情的期待！让我们共同举杯，祝××公安局的明天更加美好！祝各位领导、各位嘉宾身体健康、工作顺利！

干杯！

❸ 学校庆典祝酒词

■ 范例7 ■

【致辞人】校长助理
【场　合】某学校十周年庆典宴会
【时　机】开场致辞
【风　格】情理交融　文采飞扬　激情四射
【听　众】校领导、师生代表
【关键词】感谢　支持　关照　厚爱　领导　成就
【金　句】十年寸草心，联结的都是××人的这个情。我们的心，你们的情；你们的心，我们的情，如此紧密地连为一体，才使得我们今天的××山美，水美，人更美，事业尤其美上美。

尊敬的各位来宾，女士们、先生们：

大家晚上好！

今天我们以无比欢乐的心情会聚在美丽的××，热烈庆祝我们的××

十岁的生日。请允许我代表××大学六千余名师生员工，向在百忙中前来与我们共度这欢乐时光，分享这成功喜悦的各位尊敬的领导和亲爱的校友，表示最热烈的欢迎和最诚挚的感谢！

××大学能在美丽而浪漫的××落户办学并快速成长，得益于国务院侨办的大力支持，得益于××省的热情关照，得益于××市各级领导和人民的特别厚爱！得益于××大学领导的正确领导和各部门的支持配合！十年的辛勤努力，十年的精心打造！我们的每一步前行，我们每一个成就的取得，都紧紧和你们相连！所以，我和我们的学校，再一次由衷地感谢那些从不同方面、以不同途径帮助和支持过××大学创建和发展的领导和人们！

尊敬的各位领导，尊敬的各位来宾，正是你们的支持和厚爱，使我们充满了办好××大学的决心和信心，也使我们有了高标准打造××大学的思路和实践。

十年里，我们营造了一个属于我们××特有的美丽校园。这是我们的生命赖以依存和发展的乐园！凡是走进××的人们，都会发自内心地说这是一个花园学校，这是最适合读书的地方。

十年里，我们探索了一个××特有的创新教育人才培养模式。这是我们安身之根本，立命之灵魂！我们不再墨守成规，我们要建设创新型多能人才起飞的基地。正因此，我们的学生无论是在校期间参与的各种国内、国际比赛，还是走向社会后立业发展，都取得了十分突出的成就。

十年里，我们凝聚出了一种××人特有的创业自强、和谐共进的××精神。这是我们能创造、有特色的动力源！短短十年，我们能形成创新发展的优势，全是我们这些××人团结拼搏、自强不息、乐于奉献、善于创新的结果。十年里一路走来，酸甜苦辣，风雨兼程，我们有的就是这颗以校为家的心，以业为命的情。

尊敬的各位领导，尊敬的各位来宾，十年寸草心，联结的都是××人的这个情。我们的心，你们的情；你们的心，我们的情，如此紧密地连为一体，才使得我们今天的××山美，水美，人更美，事业尤其美上美。已逝的十年只是一个发展的起点，将来更多的十年才是我们××人播种春天美，收获秋天美的新时代。为了我的美，为了你的美，更为了我们××的美上加美，让我们举起这手中的美酒，为美干杯！

▦ 范例 8 ▦

· ·

【致辞人】党委书记
【场　合】建校 30 周年庆典招待酒会
【时　机】中场致辞
【风　格】语调高亢　回顾过去　展望未来
【听　众】校领导、师生代表
【关键词】喜悦　教育事业　新纪元　开拓创新　锐意进取
【金　句】××电大走过的 30 年，是风雨兼程的 30 年，是
自强不息的 30 年，是开拓创新的 30 年，是人才辈出的 30 年。
感恩知福，饮水思源。

· ·

尊敬的各位领导、各位来宾，校友们、老师们：

在这丹桂飘香的季节，宾朋校友欢聚一堂，共庆××广播电视大学 30 年华诞，我们感到无比欢欣和喜悦。在此，我谨代表学校党委、行政，以及全体师生向出席今天宴会的各位领导、各位嘉宾、各位老师、各位校友和社会各界的朋友表示热烈的欢迎！

20 世纪 70 年代末，"文革"后的中国百废待兴，急需大量的专门技术人才。邓小平同志高瞻远瞩，借鉴英国利用电视等现代化手段办开放大学的经验，提出"两条腿"办教育的思想。1978 年 2 月 6 日，邓小平同志亲自批示创办广播电视大学。从此，开创了中国远程教育事业的新纪元。

××电大走过的 30 年，是风雨兼程的 30 年，是自强不息的 30 年，是开拓创新的 30 年，是人才辈出的 30 年。我们不会忘记，电大发展的每一步，离不开各部委办公厅、合作高校的支持和帮助，离不开校友和社会各界的关爱和鼓励，更离不开人民群众的认可和厚爱。

感恩知福，饮水思源。今天我们略备薄酒向各位领导、嘉宾、校友、教职工和朋友们表示衷心的感谢！成绩只代表过去。如今，××电大已经站在了一个新的历史起点上，我们正在谋划美好的未来。学校将乘着 30 年

校庆的东风，秉承"有教无类、自强不息"的校训，继续发扬优良传统，不断开拓进取，锐意创新，为中华民族的伟大复兴，为建设文明和谐的新××而努力奋斗。现在，我提议，让我们举起杯中酒，为我们深厚的友谊，为××电大明天更美好，为各位身体健康，干杯！

■ 范例 9 ■

【致辞人】校领导
【场　合】学校建校周年庆典祝酒词
【时　机】结尾致辞
【风　格】简洁 质朴 感情深厚
【听　众】校领导、师生代表
【关键词】喜庆 骄傲 展望 品牌 成绩 报答
【金　句】历经30年的拓荒播种，这里已成为一片沃土，一株株幼苗茁壮成长，桃李成荫，春华秋实。回首往昔，我们骄傲；展望未来，我们向往；恩随荫庇，我们感激；承前启后，我们深感任重道远。成就是昨天的句号，开拓是永恒的主题。

亲爱的老师、同学们：

大家好！

今天××中学迎来了30年华诞。值此喜庆时刻，我谨代表××中学向多年来为学校的发展勤勤恳恳工作的全体教职员工们，为学校的荣誉而刻苦攻读的全体学子们，表示崇高的敬意和衷心的感谢！

斗转星移，岁月沧桑。风风雨雨中，××中学走过了30年的光辉岁月。历经30年的拓荒播种，这里已成为一片沃土，一株株幼苗茁壮成长，桃李成荫，春华秋实。

回首往昔，我们骄傲；展望未来，我们向往；恩随荫庇，我们感激；承前启后，我们深感任重道远。成就是昨天的句号，开拓是永恒的主题。在新的岁月里，在新的征程中，我们将紧紧把握时代的主旋律，狠抓"三风"建设，积极推进"名师"工程，并继续深化新课程改革，大力推进素质教育，向着"积淀文化底蕴，注重精细管理，打造××品牌，创办特色学校，培育一流人才"的目标迈进，争取更大成绩，报答所有关心××中学的父老乡亲。

我坚信：××中学的明天会更灿烂！为了明天，干杯！

④ 家庭庆典祝酒词

■ 范例 10 ■

【致辞人】丈夫
【场　合】结婚 15 周年庆典
【时　机】开场致辞
【风　格】深情厚谊 深情祝福
【听　众】亲朋好友
【关键词】15 年 帮助 支持 谦让 幸福
【金　句】15 年的风风雨雨，一路相爱表真心。我们牵手走过了 15 个春秋，相互帮助、支持、谦让、友爱，时间让爱情像水晶一样晶莹，也让生活更加甜蜜，更加幸福，美满无比。

尊敬的各位亲朋好友：

大家好！

15 年的风风雨雨，一路相爱表真心。

今天，是××年×月×日，是一个平凡而又普通的日子。但是，对于我们夫妻来说，却是一个意义非凡而又值得回忆的日子——结婚纪念日。

结婚 15 周年，又称为"水晶婚"！古人视水晶如冰或视冰如水晶。它晶莹剔透，被人们认为是"此物只应天上有，人间难得几回寻"。无色水晶，是结婚 15 周年纪念的宝石。水晶，是我们平凡人家平凡婚姻的象征——透明、纯洁、坚固、美好。我们牵手走过了 15 个春秋，相互帮助、支持、谦让、友爱，时间让爱情像水晶一样晶莹，也让生活更加甜蜜，更加幸福，美满无比。

最后，祝愿大家爱情甜蜜，生活幸福。干杯!

漫话庆典酒

酒·文·化

一、庆典宴上的礼仪

1. 庆典仪式礼仪

参加庆典时，不论是主办单位的人员还是外单位的人员，均应注意自己临场之际的举止和表现。其中，主办单位人员的表现尤为重要。按照仪式礼仪的规范，作为东道主的商界人士在出席庆典时，应当严格注意的问题涉及以下七点:

第一，仪容要整洁。所有出席本单位庆典的人员，事先都要洗澡、理发，男士还应刮光胡须。无论如何，届时都不允许本单位人员蓬头垢面、胡子拉碴，这样会给单位形象"抹黑"。

第二，服饰要正式。有统一式样制服的单位，应要求以制服作为本单位人士的庆典着装。无制服的单位，应规定届时出席庆典的本单位人员必须穿礼仪性服装。

第三，时间要遵守。遵守时间，是基本的商务礼仪之一。对本单位庆典的出席者而言，更不得小看这一问题。上到单位的最高负责人，下到级别最低的员工，都不得迟到、无故缺席或中途退场。如果庆典的起止时间已有规定，则应当准时开始，准时结束。要向社会证明单位言而有信。

第四，表情要庄重。在庆典举行期间，不允许嬉皮笑脸、嘻嘻哈哈，或是愁眉苦脸、一脸晦气、唉声叹气，否则会使来宾产生很不好的想法。在举行庆典的整个过程中都要表情庄重、全神贯注、聚精会神，在起立或坐下时把座椅搞得乱响、一边脱帽一边梳头，或是在此期间走动和找人谈话，都会被视为是破坏单位形象的极其严重的事件。

第五，态度要友好。这里所指的主要是对来宾态度要友好。遇到来宾要主动热情地问好。对来宾提出的问题，都要立即友善地予以答复。不要围观来宾、指点来宾，或是对来宾怀有敌意。不论来宾在台上台下说了什么话,主办方人员都应当保持克制,不要吹口哨、鼓倒掌、敲打桌椅、胡乱起哄。不允许打断来宾的讲话,向其提出挑衅性质的问题,与其进行辩论,或是对其进行人身攻击。

第六,行为要自律。既然参加了本单位的庆典,主办方人员就有义务以自己的实际行动来确保它的顺利与成功。至少,大家也不应当因为自己的举止失当,而使来宾对庆典作出不好的评价。在出席庆典时,主办方人员在举止行为方面应当注意的问题有:不要想来就来,想走就走;不要在庆典举行期间到处乱走、乱转;不要让人觉得自己心不在焉。

第七,发言要简短。倘若商务人员有幸在本单位的庆典中发言,则务须谨记以下四个重要的问题:一是上下场时要沉着冷静。在开口讲话前应平心静气。二是要讲究礼貌。在发言开始时,勿忘说一句"大家好"或"各位好"。在提及感谢对象时,应目视对方。在表示感谢时,应郑重地欠身施礼。对于大家的鼓掌,则应以自己的掌声来回礼。在讲话结束时,应当说一声"谢谢大家"。三是发言一定要在规定的时间内结束,而且宁短勿长,不要随意发挥,信口开河。四是应当少做手势。含义不明的手势在发言时坚决不用。

2. 饮酒礼仪

庆典酒自然是高兴的酒,它与庆功酒、开业酒仪式类似。来参加庆典酒宴会的一般都是公司(或单位)的领导和员工,学校庆典不但有学校的领导、教职工参加,还有老校友,此外还会邀请相关部门的领导参加。在饮酒礼仪上要注意以下事项:

①下级敬酒礼仪:下级向上级领导敬酒必须毕恭毕敬地站着,面含微笑,双手捧着酒杯,酒杯的高度不能超过领导的酒杯。喝酒的时候,要微微欠着身子,说声"领导您请"!领导没有举杯你千万不能先喝,等领导喝了,你才能喝。

②女性饮酒的礼仪:因为是公司的庆典宴会,公司(或单位)的员工或领导说不定也有不少女性,在这种情况下,免不了要敬酒,或被男士敬酒,或主动饮酒。敬酒时,要有度。在酒桌上女人给男人敬酒是很恐怖的事,因为男士根本没有拒绝的余地。哪怕女士拿的是饮料,男士也得喝酒。

鉴于此种男女有别的情况，女士敬酒要适可而止，不可"死皮赖脸"，失去优雅风度。

被敬酒时，女士应该这样想：不能在家门外喝醉是女人保持仪态的头条原则。知道自己的酒量，并适当拒绝劝酒是相当重要的，要兼顾对方的面子和自己的里子，最好的方式就是适当小饮后搬出个令人信服的理由，"医师的建议"则是很不错的方式。主动饮酒时，女性要特别注意举止优雅，浅尝辄止，不要因为自己的酒量大就不顾礼仪，失了风度。

二、庆典宴上的禁忌和应急技巧

在参加庆典宴的时候，要注意以下禁忌，时刻保持彬彬有礼，不失态才会受人尊重。

1. 庆典酒会往往在白天举办，所以着装时要注意配合白天的环境，不要任何场合都一身晚礼服出场。

2. 男士切忌穿正式的服装不穿袜子，露出脚踝。

3. 男士不能穿黑鞋配白袜或色彩鲜艳的袜子参加庆典宴会。

4. 太另类、太招摇的服饰风格不适合庆典宴。

5. 女士忌穿裙装露出半截丝袜或穿短丝袜。

6. 忌衣服的底边或衬衣有褶皱却没有熨烫。

7. 忌身上有过浓的烟味、厨房的油烟味，以及过浓的香水味。

8. 女士忌指甲油脱落或残缺。

9. 忌头发不洁或肩上有头屑。

10. 在庆典场合应关掉手机或将其调成振动。

11. 女士不可当着别人的面补妆，这是不礼貌的。

12. 参加庆典酒会时化淡妆是对主人和宾客的尊重，素面朝天在某些国家相当于没穿内衣。

◆ 庆典祝酒词集锦

　　普天同庆艳阳天，霖霖甘露兆丰年。

　　包打天下宏图展，装潢华丽伟业坚。

十年耕耘磨一剑，周全服务暖人间。

年年好运财源广，庆语欢歌谱新篇！

昔时神鲲弄红潮，今朝振翅冲云霄。

惨淡经营历千辛，一举成名天下闻，

虎啸龙吟展宏图，盘马弯弓创新功！

在风雨中走在泥泞的路上，我会想起探索者，想起您曾在冷嘲热讽和满地世俗的泥泞中跨出坚定的脚步。于是，我赞美：风雨的路、泥泞的路——勇敢者的路！

一些貌似偶然的机缘，往往使一个人生命的分量和色彩都发生变化。您的成功，似偶然，实不偶然，它闪耀着您的生命焕发出来的绚丽色彩。

您永远微笑着，微笑着，您是一朵微笑的花，在四季里开放，永不凋谢。愿您的事业在微笑中愈展愈盛。

您不图舒适和轻松，承担起艰巨的重任，在别人望而却步的地方，开始了自己的事业。我由衷地祝您成功！

公司风风雨雨走过这些年，已过少年期，正处青年期，正是成熟壮大的年龄，正是成功和收获的季节。愿我们的公司强大，愿我们的员工成功、富有。

事业在发展，集团在壮大，我们一起拼搏，一起成长。我坚信只要我们所有员工同心协力、勇于开拓、甘于奉献、不断进取、不断创新，集团的明天会更加辉煌、更加灿烂！

我们是人，我们为此而感到骄傲和自豪！让我们一起携手未来，同心协力，并肩作战，共同谱写和谐发展的诗句，谱写事业辉煌的历史篇章！

这金秋送爽、举国欢庆之际，也正是我公司历经风雨、喜迎华诞之时，它的成长犹如苍松翠柏、傲雪冬梅，处风雨不动摇，迎寒雪不折腰。

××年虽只是历史长河中短短的一瞬，但成长发展的每一步都包含着创业的艰辛、拼搏的磨难，凝聚着成功的喜悦、超越的自豪，更寄托着所有人对美好未来的期盼与追求。我们的青春和热血必将浇铸成功，我们的理想和信念必将成就荣光。

律回春晖渐，万象始更新。我们告别了成绩斐然的××年，迎来了充满希望的××年。值此新春到来之际，我谨代表集团董事局向全体职员的努力进取和勤奋工作，向投资者给予公司的真诚信赖，向中外客户的热情支持致以深深的谢意！祝大家在新的一年里和气致祥、身体健康、家庭康泰，万事如意！忆往昔，桃李不言，自有风雨话沧桑；看今朝，厚德载物，更续辉煌誉五洲。

回顾过去，我们无比自豪；展望未来，我们信心十足。我们相信，母校的××年华诞将成为承前启后，继往开来，开拓创新和再创辉煌的新起点。

在这特殊的日子里，我向母校致以最诚挚的祝福，愿母校永远年轻，永远充满生机！

今天是母校的生日，我们的母校已经走过了极不平凡的风风雨雨与创业艰辛，但在我们这些学子的心目中，母校依然年轻，风华正茂，充满活力，正站在昂扬向上、开拓创新和再创辉煌的新起点。

××年的风雨兼程，母校几经沧桑，奋发图强，赢得桃李满天下，为祖国培养了数以万计的各类人才。

半世纪风雨兼程积淀深厚底蕴，万师生团结一心创造美好明天。

三十年的辉煌历程为××规划院积淀了厚重的传统和文化，也为将来的发展奠定了良好的基础。希望××规划院深入贯彻落实科学发展观，进一步增强历史责任感和紧迫感，以推进建设事业，服务城市发展为己任，继续秉承"专心务本，追求卓越"的价值理念，巩固并发扬人才和技术优势，不断提高规划成果的质量和水平，更好地发挥规划对城乡建设事业的引导和调控作用，为××又好又快发展和实现"两个率先"做出新的更大贡献！相信规划院的未来将更辉煌！××的城乡将更加美好！谢谢大家！

祝愿省××医院的明天更加美好！祝各位领导、来宾和朋友们工作顺利，身体健康，万事如意！

"喝××美酒，交天下朋友"，××取得的辉煌业绩凝聚着全社会，特别是各级政府部门的关注和支持，我希望以后市县商务部门和各级有关部门一如既往地继续关心和支持××，促其加快发展，尽快实现总量扩张和质的提高，进一步唱响××品牌，为加快地方经济社会发展，促进商贸流通做出更大的贡献。

第**12**章
答谢酒：何处难忘酒，
军功第一高

答谢酒概要
—— 酒·常·识 ——

中国是礼仪之邦，客人在主人的热情款待或受助方在施助方提供帮助之后总要表达自己的谢意，此来达到加深感情的目的。答谢祝酒词就是酒宴上发表的这类感谢词。值得注意的是，答谢祝酒词在表达谢意的同时，还应着重强调宾主双方今后的团结与协作，从而扩大社交效果。

祝酒词范例
—— 酒·词·话 ——

◆ 答谢客户祝酒词

■ **范例1** ■

【致辞人】董事长
【场　合】客户座谈会后答谢酒会
【时　机】开场致辞
【风　格】激情四射 总结过去 展望未来

【听　众】公司领导、各界来宾、公司员工

【关键词】憧憬 感谢 克服困难 危机意识 友好合作 共赢

【金　句】回首过去峥嵘岁月欣慰神驰，展望未来锦绣前程壮怀激越。

尊敬的各位来宾，广大客户朋友们：

大家晚上好！

在这充满希望与憧憬的2012年初，在这振奋人心的夜晚，我谨代表××县××公司向在百忙之中抽出时间参加××新年答谢座谈会的客户表示热烈的欢迎，对一年多来一直关注和支持××发展的客户表示由衷的感谢！

心怀感激，继续前进。从2009年一期项目投产以来，××克服了生产销售等重重困难，产品产量与质量不断提升，产品遍布全国各地。虽然××刚刚起步，但××的未来前景广阔。通过这次座谈会听取客户反馈的意见和建议，不断提高产品的质量和公司的服务，是××召开客户座谈会的意义。在未来的一年中××会严格兑现对客户的承诺，我们会把客户的意见当成我们不断改进技术、提高质量、提升服务的动力，客户的意见和要求只会激发我们的危机意识，使我们的企业在激烈的市场竞争中变得更加成熟，希望客户座谈会能成为我们之间一个相互沟通、相互支持、友好合作、互利共赢的平台。

我相信在××全体员工的共同努力下，在各位客户朋友的鼎力支持下，××公司一定会从一个辉煌走向另一个辉煌。

回首过去峥嵘岁月欣慰神驰，展望未来锦绣前程壮怀激越。

现在我提议，让我们共同举杯，为我们的友谊，为我们的合作，为我们的成功，为我们的健康，为我们的美好未来，干杯！

谢谢大家！

【致辞人】公司领导
【场　合】答谢客户酒会
【时　机】中场致辞
【风　格】激情四射　心情激动
【听　众】公司领导、客户代表、员工
【关键词】支持　厚爱　成绩　突破　双赢
【金　句】金猿腾空昔年去，雄鸡唱晓新春来。

尊敬的各位来宾，女士们、先生们：

在我们满怀豪情迎接新的一年之际，我们以最真诚的感谢、最真挚的祝福在这里举办迎新春答谢客户酒会。首先我代表××科技大厦向一直给予我们支持和厚爱的新老客户朋友们表示谢意，并祝你们在新的一年里身体健康、工作顺利、生意兴隆、万事如意！

过去的一年是××科技大厦快速发展的一年，我们在集团公司的领导下，在各位客户的支持下，经过全体员工的共同努力，取得了一定的成绩。

金猿腾空昔年去，雄鸡唱晓新春来。回首过去峥嵘岁月欣慰神驰，展望未来锦绣前程壮怀激越！

在新的一年里我们将继续努力，不断取得新突破来回报广大客户的厚爱，为您事业的成功尽我们的绵薄之力。我们将以百倍努力和良好服务，以及崭新的精神风貌服务于您。我相信经过我们的相互支持和友好合作，一定能实现双赢的目标。让我们携手奔向美好的明天！

再次祝福全大厦客户及各公司员工新年快乐、万事如意！祝各位事业辉煌、如日中天！祝各单位百业俱兴、宏图大展、前程无限、吉年大发！干杯！

◼ 范例 3 ◼

【致辞人】公司领导

【场　合】公司答谢晚宴

【时　机】结尾致辞

【风　格】情真意切　语调高亢　深情祝福

【听　众】与会厂商、公司领导、公司员工

【关键词】合作　感谢　支持　友谊　新征程

【金　句】这杯酒，是感谢的酒，是喜庆的酒，是祝福的酒，是祝愿的酒，祝愿在未来的岁月中，我们的友情更深、心情更好、生意更旺！

女士们、先生们，各位来宾，广大经销商朋友：

今晚，我们欢聚一堂，共同祝贺××公司 2009 年度全国订货会圆满结束。值此良辰美景，请允许我代表公司全体员工，向出席今晚酒会的各位来宾、各位朋友表示热烈的欢迎和诚挚的问候！并致以最真诚的感谢！

今天在座的各位来宾中，有许多是我们的老朋友，我们之间有着良好的合作关系。公司成立近半个世纪以来能取得今天的成绩，离不开老朋友们的真诚合作和大力支持。对此，我们表示由衷的感谢！同时，我们也为有幸结识来自全国各地的新朋友感到十分高兴。在此，我再次向新朋友们表示热烈欢迎，并希望通过这次合作能与大家建立广泛的联系和深厚的友谊！

朋友们，金秋送爽，既意味着我们收获辛勤耕耘的回报，更预示着我们开始迈向新一轮的风雨征程。为此，我提议，请大家举杯：

这杯酒，是感谢的酒，感谢各位多年来的关怀、厚爱和鼎力支持！

这杯酒，是喜庆的酒，庆祝今天的合作成功，分享收获的喜悦！

这杯酒，是祝福的酒，祝福大家身体健康、家庭幸福、万事如意、大展宏图！

这杯酒，是祝愿的酒，祝愿在未来的岁月中，我们的友情更深、心情更好、生意更旺!

干杯!

② 答谢员工祝酒词

【致辞人】公司总经理
【场　合】新年答谢酒会
【时　机】开场致辞
【风　格】回顾过去　展望未来
【听　众】公司领导、各界来宾、公司员工
【关键词】欢聚一堂　宏图大展　抚养　智慧　克服　优秀　任重而道远　团结一心
【金　句】在新的一年里,让我们团结一心,克服一切困难,为把公司打造成一个"打工挣钱的理想场所、学习进步的课堂、努力成才的摇篮、成就个人事业的平台"而努力奋斗!

尊敬的各位领导、同事:

晚上好!

就要告别精彩而难忘的 2011 年了,今天我们全体××餐饮人又欢聚一堂,以无比兴奋的心情,满怀着对来年的希望,在这充满喜庆祥和气氛的新年晚会上,共同迎接更加美好的 2012 年的到来。

值此新年到来之际,我首先代表公司向莅临今天晚会的全体干部员工致以新年的祝福!恭祝各位身体健康、万事如意,祝××餐饮文化有限公司宏图大展、兴旺发达!并请允许我代表公司和我本人,向全体职员致以崇高的敬意,大家辛苦了!感谢大家一直以来为公司付出的辛勤劳动和做出的卓越贡献,更加感谢你们的父母辛苦将你们抚养大,送到公司来和我们一起工作、一起生活,××餐饮的发展也有他们的功劳。

在这欢庆的时刻,我们不禁回想起令每个××人都难以忘怀的那几年。公司自从 1999 年 1 月成立以来,在我们不断地努力奋斗下进步和成长,使

2011年的××餐饮发生了天翻地覆的变化。从门店的整体经营规划到办公室行政战略策划，所有的改变都体现了我们××人的智慧。在这一年里，我们接待了许许多多外来客户，也充分说明了我们××人的成绩。我们对××餐饮的蓬勃发展信心十足，为××餐饮的腾飞感到无比自豪！另外，这一年又是餐饮行业经历疾风暴雨洗礼的一年，我们公司在全体员工的共同努力下，克服了重重困难，我们走过来了！我们用事实证明了××餐饮是优秀的，我们公司每一位员工也是优秀的。在此，我再次以公司的名义向和××餐饮一起走过不平凡的2011年的全体职工表示感谢！

今天我们满怀信心地迎接充满挑战与机遇的2012年！展望新的一年，我们深感任重而道远，面对这更加广阔的发展空间和更加激烈的竞争环境，在这希望与困难同在的新形势下，我们企业要继续生存和发展，今年要取得更大的成就，就必须全方位地提升我们的品质和管理水平，创造出更大的效益，以更多的福利待遇回馈广大员工。在新的一年里，让我们全体××人团结一心，克服一切困难，为把公司打造成一个"打工挣钱的理想场所、学习进步的课堂、努力成才的摇篮、成就个人事业的平台"而努力奋斗！

祝大家今晚开心愉快！让我们举起酒杯，开怀畅饮，尽兴而归！谢谢大家！

■ 范例5 ■

【致辞人】董事长
【场　合】迎新春答谢酒会
【时　机】开场致辞
【风　格】情真意切　充满希望
【听　众】公司全体领导和员工
【关键词】合家幸福　凝结　心血　牺牲　风餐露宿
【金　句】有语云："无酒，何以逢知己；无酒，何以壮行色。"

××的兄弟姐妹们：

大家好！

值此新春佳节之际，公司董事会给你们及大力支持和深深理解你们的亲人们拜年！祝大家新年快乐、身体安康、合家幸福、万事如意！

令人难忘的××年过去了。在这一年里，全体员工牢记"服务顾客，奉献社会"的企业宗旨，为实现"建设温馨和谐卖场，创造幸福美好生活"的战略目标，继续发扬"勤奋、细致、跟进、微笑"的企业精神，不断创新，努力奋斗，圆满完成了公司全年的各项工作任务。这一切成绩的取得无不凝结着各位兄弟姐妹们的辛勤汗水和无私奉献，更离不开广大职工家属对我们的理解和支持！

在过去的一年里，我们的管理干部在认真做好本职工作的同时，深入卖场第一线，为保证各项工作的有序进行耗尽了心血；广大一线员工，尤其是广大女员工，舍小家顾大家，一心扑在工作上，为××的发展做出了巨大的牺牲；广大业务人员，长年奔波在外，风餐露宿，四处奔波，保证了一线商品的供应；广大后勤人员，树立了牢固的为一线服务的意识，及时解决基层的实际困难和问题，保证了卖场的正常营运。在此，让我真诚地向大家道一声：××的兄弟姐妹们，你们辛苦了！

充满希望的××年已经到来。新的一年，××将实现跨越式发展，希望全体兄弟姐妹们继续勤奋学习，努力拼搏，用我们勤劳的双手托起××这轮冉冉升起的太阳！

有语云："无酒，何以逢知己；无酒，何以壮行色。"让我们举起杯，为了我们相聚的岁月，为了我们相约的时光，为了我们灿烂美好的明天，为了表达我们××人的感恩之情，也为了我们每一个人在新的一年里健康、快乐，干杯！

■ 范例6 ■

【致辞人】员工家属代表

【场　合】第一届答谢员工父母宴会

【时　机】结尾致辞

【风　格】情真意切　语调高亢　深情祝福

【听　众】党政领导、员工及其父母

【关键词】欢歌笑语　奇葩　财富　感恩　平台　炫目

【金　句】职业没有高低贵贱之分，只是分工不同。平凡的工作岗位同样可以做出不平凡的业绩，奋斗的人生肯定炫目多彩。

··

尊敬的各位来宾，××公司的全体同志们：

今天是××年元旦，××公司隆重举行第一届答谢员工父母酒会，在此我对宴会的顺利举行表示热烈的祝贺！今天的大厅里处处欢歌笑语，处处洋溢着节日的气氛，时光流转，新的一年又翻开了崭新的一页。祝大家节日快乐、身体健康、家庭幸福、万事如意！

××公司在大家的共同努力下，内强素质，外塑形象，在日趋激烈的市场竞争中打拼出一片天地，树立起自己的品牌，成为××百花园中一朵奇葩。我们为××公司取得的成绩感到骄傲和自豪。

企业往往以效益为先，看重的是经济利益，而今天××公司能拿出新年的第一天——××市场的黄金时间来搞如此隆重热烈的大型感恩活动，作为公司员工家属的代表，我的心情也和在座的各位一样，十分激动。在此也请允许我代表前来出席今天活动的家属以及由于各种原因没到场的家属，真心地对××公司说一声"谢谢"，感谢××公司为员工们的成长提供了如此宽松和谐的平台。

三百六十行，行行出状元。职业没有高低贵贱之分，只是分工不同。平凡的工作岗位同样可以做出不平凡的业绩，奋斗的人生肯定炫目多彩。

一元复始，万象更新。衷心地祝愿××公司在牛年里，生意兴隆、牛气冲天。祝公司全体员工天天有个好心情、工作顺利、事业进步，祝所有员工的父母身体健康、牛年大吉。祝我们的明天更加美好！现在，我提议各位举杯，为××公司的事业，为我们的幸福快乐干杯！

范例 7

【致辞人】公司领导

【场　合】公司年会答谢宴

【时　机】开场致辞

【风　格】总结过去 展望未来 心情激动 充满希望

【听　众】公司领导、全体员工

【关键词】感谢 支持 优秀 榜样 再接再厉 辛苦

【金　句】是你们的努力和敬业使××取得了今天的成绩。还要感谢你们的家人，是他们在背后默默的支持、鼓励和帮助，使你们能全身心地投入到工作中来，他们是当之无愧的幕后英雄。

尊敬的嘉宾，朋友、全体同人：

大家晚上好！

首先，我代表××公司感谢各位嘉宾、各位朋友对××一贯的支持和帮助！

其次，我要感谢××的全体员工！是你们的努力和敬业使××取得了今天的成绩。还要感谢你们的家人，是他们在背后默默的支持、鼓励和帮助，使你们能全身心地投入到工作中来，他们是当之无愧的幕后英雄。值此新春来临之际，祝你们家庭和睦、身体健康、新春快乐、幸福如意！

在过去的一年里，我们公司涌现了大批优秀员工，我感谢他们在各自的岗位上做出的榜样！希望他们在新的一年再接再厉，取得更大的成绩！我还要感谢战斗在全国各地的一线员工，是他们的努力使我们××的产品走进了千家万户，在这里，我要对他们说声：你们辛苦了。

2004 年，在各届朋友的大力支持下，在全体员工的共同努力下，××公司取得了可喜的成绩，可以说是一个丰收年。国际业务零的突破，全国统一服务热线的推出，ISO 最高奖项"管理卓越奖"的获得，新厂房的落成……无不见证着我们的成功。

××的未来是非常美好的，让我们携手共进，打造出一个欣欣向荣的国际型企业！

最后，请大家举杯，为××美好的明天，为在座各位的健康，干杯！

❸ 答谢领导祝酒词

■ **范例8** ■

··

【致辞人】军人

【场　合】宴请长期关心自己的领导的宴会

【时　机】开场致辞

【风　格】情真意切

【听　众】领导、同事

【关键词】感谢　学习　关心　感动　鼓舞　坚强

【金　句】正是有了大家亲人般的关心，再苦的日子也能过甜；正是有了大家兄弟般的支持，再软弱的人也会变得坚强。

··

尊敬的×政委、×大姐、各位大哥：

非常感谢大家在"祥龙"新春的钟声即将敲响之际，在这辞旧迎新的美好时刻，给了我一个和大家欢聚一堂的机会，同时也给了我一个向大家学习的机会。

尊敬的×政委曾经多次这样评价我，说我一是个苦命的孩子，二是个真正的男人。第一句话体现了首长的关心，我深受感动；第二句话体现了首长的鼓励，我备受鼓舞。我想，正是有了大家亲人般的关心，再苦的日子也能过甜；正是有了大家兄弟般的支持，再软弱的人也会变得坚强。因此，我今天怀着一颗感恩之心，由衷地向大家道一声"谢谢"！

祝各位新年快乐、前程似锦！干杯！

❹ 答谢亲朋好友祝酒词

■ 范例9 ■

....

【致辞人】学生家长
【场　合】高考答谢宴
【时　机】中场致辞
【风　格】爱女情深　自豪　幸福　深情祝福
【听　众】亲朋好友，女儿的老师、同学
【关键词】感谢　喜讯　优异　青春　勤奋
【金　句】在大学的殿堂里，以科学知识为良种，用勤奋做
犁锄，施上意志凝结成的肥料，去再创一个比今天更令人赞
美的金黄与芳香。

....

尊敬的各位领导，亲爱的朋友们：

大家好！

今天的宴会大厅因为你们的光临而蓬荜生辉，在此，我首先代表全家人发自肺腑地说一句：感谢大家多年以来对我女儿的关心和帮助，欢迎大家的光临，谢谢你们！

这是一个秋高气爽、阳光灿烂的季节，这是一个捷报频传、收获喜讯的时刻。正是通过冬的储备、春的播种、夏的耕耘和秋的收获，才换来了今天大家与我们全家人的同喜同乐。感谢老师！感谢亲朋好友！感谢所有的兄弟姐妹！愿友谊地久天长！

女儿，妈妈也请你记住：青春像一只银铃，系在心坎，只有不停奔跑，它才会发出悦耳的声响。立足于青春这块处女地，在大学的殿堂里，以科学知识为良种，用勤奋做犁锄，施上意志凝结成的肥料，去再创一个比今天更令人赞美的金黄与芳香。

今天的酒宴，只是一点儿微不足道的谢意。现在我邀请大家共同举杯，为今天的欢聚，为我女儿考上理想的大学，为我们的友谊，为我们自己和我们的家人的健康和快乐干杯！

■ 范例 10 ■

【致辞人】学生家长
【场　合】升学宴
【时　机】开场致辞
【风　格】情真意切　爱女情深
【听　众】亲朋好友、老师、同学
【关键词】感谢　成绩　教诲　自豪　骄傲
【金　句】芳林新叶催陈叶，流水前波让后波。金榜题名也只是她人生旅途所踏出的第一步，希望她在今后的日子里百尺竿头，更进一步、学业有成、一路高歌。

尊敬的各位来宾、亲友们：

你们好！

首先，让我代表全家向光临的各位来宾及亲友们表示热烈的欢迎和衷心的感谢！

作为父亲，我为女儿实现了自己的梦想而无比激动和高兴。所以我今天宴请各位，请各位来分享我们全家的幸福与快乐。希望大家能开怀畅饮，共同度过一个美好的夜晚。

女儿能够取得今天的成绩，与她的恩师的谆谆教诲，在座亲友的鼎力相助是分不开的，所以我还要郑重地说声"谢谢你们"。

芳林新叶催陈叶，流水前波让后波。女儿的进步让我感到自豪和骄傲。但金榜题名也只是她人生旅途所踏出的第一步，希望她在今后的日子里百尺竿头，更进一步、学业有成、一路高歌。

最后，让我再次向多年来对我女儿关心和帮助的来宾表示衷心的感谢，为了大家的幸福、健康干杯！

▣ 范例 11 ▣

【致辞人】学生代表

【场　合】毕业谢师宴

【时　机】中场致辞

【风　格】情真意切 激情飞扬

【听　众】校领导、老师、全体毕业生

【关键词】新征程 感谢 新高度 骄傲 自豪

【金　句】我们即将分别，但此时的分别不是一段辉煌的结束，而恰是无数辉煌的开始。

尊敬的各位领导、各位老师、各位同学：

大家晚上好！

今天是一个值得庆祝和纪念的日子，我们圆满结束了大学生活，就要走向社会，走上新征程。在这里，请允许我代表××系××班80位毕业生，向辛勤培育我们的老师们致以崇高的谢意与敬意；同时，也祝贺同学们在人生道路上攀上了一个新高峰！

四年转瞬即逝，从一个个懵懂无知的新生到一名合格的毕业生，我们成熟了。我们要感谢××学院，感谢老师对我们的培养和教导，在此临别之际，我谨代表全体毕业生向我们尊敬的老师真心地道一句：谢谢老师，您辛苦了。

近一千五百个日子就在不经意间离我们远去了，当初我们总是渴望着毕业的那一天，如今却又有那么多的不舍，看着时间慢慢临近，每个人都感慨万千。此时的你又在想些什么呢？

四年里，曾经有过辗转于各教室上课的平凡与琐碎，也有过纵情高歌狂欢的淋漓尽致。还记得吗？军训时我们在烈日炎炎下的坚持，还记得吗？那蒙蒙细雨中唱的《说句心里话》，曾勾起了多少人的思乡情怀。如今我们又重新泛起了这种感觉，但是已经转化为对××学院的依依不舍！曾经我们很讨厌食堂的那份嘈杂，但是当我们上交饭卡的时候，你是否又感觉恋恋不舍呢？

我想你一定不会忘记象山的顶峰、嘉园的草木、周溪的河畔，还有老师们的谆谆教诲，正如你忘不了期末考试前的挑灯夜读，忘不了实习时第一次站上讲台的那份羞涩和紧张！我们忘不了，忘不了……

请你，认真保存好每张合影，因为合影上的灿烂笑容已经永远定格在了记忆当中。请你，用力拥抱"睡在你上铺的兄弟姐妹"，拥抱每一个你喜欢、你欣赏或曾帮助过你的人，因为很多人这一生你很难再相见！请你，对曾经起过冲突的人说声"对不起"，不再追究谁对谁错，因为我们不想把友情的缺憾带入今后的生活。请你，对你的老师，对校内各岗位上的工作人员说声"谢谢"，因为有他们的存在，你才可以舒心地学习和生活。最后，请你，在送别的时候，别泪水涟涟地让我心酸，因为我想记住你甜美的笑脸，一辈子！

我们即将分别，但此时的分别不是一段辉煌的结束，而恰是无数辉煌的开始。今天，我们为××学院××系而骄傲；明天，××学院××系也必将因我们而自豪。不管我们走到哪里，我们都会遥望嘉园，心中默默企盼，希望母校蓬勃发展，成为国内知名的大学。今后，我们也将以自己的成就来报答母校。最后，我谨代表××系××班全体毕业生向母校，向母系，向所有的老师致以最衷心的感谢！

请大家举起手中的酒杯，为了我们更加美好的明天，干杯！

⑥ 政府公务活动答谢祝酒词

■ 范例 12 ■

【致辞人】县领导
【场　合】县党政代表团香港答谢酒会
【时　机】开场致辞
【风　格】语调高亢 殷切期望

尊敬的各位企业家，女士们、先生们、朋友们：

在风和日丽的阳春时节，在繁华秀美的"东方之珠"，与香港各界儒商名流、有识之士真情相聚，共叙情谊，共谋发展，我和我的同事们都感到由衷的高兴。在此，我谨代表××县党政代表团，向关注、支持××发展的各位企业家、同志们、朋友们致以诚挚的问候和衷心的感谢！

香港领发展之先，产业隆达，人才会聚，而××则处于对外开放的前沿，口岸便利，商机无限。面对香港—内地间经贸合作渐趋紧密的良机，两地产业、市场、资金、技术等优势正加速互补、融合，双方互利合作的前景无比广阔。我们真诚地希望与各位新老朋友进一步增进友谊，密切联系，加强合作，携手创业！也诚挚地邀请尊贵的朋友们常到××走一走，看一看，寻找更多合作机会，共创锦绣发展前程！

最后，请各位开怀畅饮，为朋友们的健康，为我们的友谊，为共同的事业，干杯！

7 答谢社会捐助祝酒词

■ 范例 13 ■

【关键词】激动 振奋 感谢 困难 关爱 扶助

【金　句】捐赠仪式不仅是对山区贫困孩子的深切关爱，更是对革命老区、边远山区教育和社会各项事业发展的关心、支持和鼓舞，是以实际行动实践"三个代表"重要思想的具体表现，更是实现"三有一好"，永葆共产党先进性的最好体现，也是城市扶助农村政策的又一丰硕成果。

尊敬的各位领导、各位来宾，老师们、同学们：

今天是××小学一个很不平凡的大喜日子。全校师生和全村的父老乡亲以无比感激、无比振奋的心情，迎来了前来捐赠助学的领导同志们。在此，我谨代表××小学全体师生，向县委、公路局、教育局各位领导表示最诚挚的感谢和最崇高的敬意！

××镇是典型的老、少、边、穷的山区小镇，由于历史和客观原因，经济不够发达，人民生活比较困难，尤其是教育，因各种因素导致学校各种硬件设施严重缺乏，学校不能正常运转，还有不少贫困家庭的孩子难以正常完成学业，需要社会的援助和关爱。近年来，党和政府加大了扶贫攻坚的力度，通过多种渠道加强了对山区农村教育的帮助，社会各界也向我们伸出了热情的援助之手。"希望工程"、"春蕾计划"等一系列爱心行动不仅资助一些贫困孩子完成了学业，改变了他们一生的命运，而且还加大了教育经费支持农村小学兴建教学设施，这有力地推动了我镇农村基础教育事业的发展，塑造了时代新风。

××镇××村人民有着艰苦奋斗、奋发图强的光荣传统。我们定以本次捐赠仪式为契机，以山区纯朴、善良的优良作风为准则，以保持共产党先进性为动力，带领全校老师，抓住这大好机遇，进一步解放思想，与时俱进，开拓创新，努力把山区教育办好，把学校各项工作做好，真正让广大人民群众得到长期的实惠，向党和人民交一份满意的答卷。

我们衷心希望能珍惜和把握这次活动的大好时机，同时，我也衷心希望全体师生铭记各位领导的深情关爱，并以此为动力，刻苦学习，提高素质，练好本领，报效祖国，回报社会，报答各位领导和所有关爱我们的同志们。

我们的感激诉说不完，只能略备薄酒，祝各位领导、同志们身体健康、工作顺利、万事如意！祝愿好人一生平安！干杯！

漫话答谢酒

酒·文·化

感恩，是我们人际交往中产生的情绪。"施恩不图报"是施以帮助、支持的人的一种至高无上的境界，但对于接受过别人帮助或得到过别人恩惠的人，对"滴水之恩"以"涌泉相报"更是天经地义的事情。对于在传统文化熏陶下的中国人，感恩是主要的人际礼仪。

比如客户答谢酒会，客户是企业的上帝，也是企业的朋友，是他们成就了企业的事业，在欢庆企业丰收的时刻，也为企业的上帝与朋友斟满一杯甘醇的美酒，答谢他们一如既往的扶持与关爱。

比如上级主管部门到下级部门考察、指导工作，下级部门表现出热情欢迎并感谢他们的指导工作，为他们摆答谢宴，便能够加强与上级的沟通交流，利于今后工作的开展。比如客人为感谢东道主的盛情款待，也应相应地摆答谢宴回请东道主。这种答谢宴在对外事务中比较常见。来访国的领导人在离开邀请国之前，往往为东道国举行一次答谢宴会。有的以访问人名义举行，也有的授权驻东道国的使节出面举行。答谢宴会的规模与形式通常同东道国的正式欢迎宴会相仿，也有不举行答谢宴会，或者规模与形式不同于欢迎宴会的。一般视访问国和东道国的习惯而定。此外，商务场合、企业考察也举行这种答谢宴。不论哪种答谢原因，也不论哪种答谢仪式，答谢宴就要"杯里盛满浓浓的谢意"。一杯答谢酒不但使今后的合作关系更进一步，有时还能带来更多的机遇。学会答谢、学会感恩，你的人生将会有不一样的收获！

自古以来，人们就提倡"礼尚往来"、"知恩报德"、"来而无往非礼也"，于是在人际交往中便有了"谢"的言行：或作揖，或鞠躬，或以言辞道谢，或以纸笔作书（写成谢函、谢帖、感谢信），倘若在庄重的场合，那便要温文尔雅地致"答谢词"了。在答谢宴上有两种答谢词：

一是"谢遇型"答谢词。"遇"，招待，款待。"谢遇型"答谢词即用来答谢别人的招待的讲话，它常用于宾主之间，既可用于欢迎仪式、会见仪式上与"欢迎词"相对应，也可用于欢送仪式、告别仪式上与"欢送词"相对应。

二是"谢恩型"答谢词。"恩"，受到的好处，即别人的帮助。"谢恩型"答谢词即用来答谢别人的帮助的讲话。

答谢词的写作格式有以下四部分：

标题：在第一行居中的位置写上"答谢词"。

称谓：另起一行顶格写想要感谢方的姓名、头衔，既可以是广泛对象，也可以是具体对象。称呼后加"："以示引领全文。

正文：首先，对主办方的盛情表示感谢，并对感谢方的优越性予以肯定，表达出自己的荣幸与激动，这是答谢词的写作重点；其次，要对感谢方的情况做较详细的介绍，以示尊重；最后，应提出希望与之进一步发展关系的强烈意愿。

结语：再一次用简短的语言表示感谢。

一、答谢词要点

第一，感情要真挚、坦诚、热烈。既然要"答谢"，就应该动真情、吐真言，这就是所谓的"真挚、坦诚"。虚情假意、言不由衷或矫揉造作只能引来对方的反感。况且，"答谢"的本身，就是一种"言情"方式，既然要"言情"，就应热烈奔放、热情洋溢，给人以如沐春风的和煦感。那种薄情寡义、冷冰冰、干巴巴、硬邦邦的讲话是很难获得对方认可的。

第二，一般说来，对于对方的行动，"谢遇型"讲话不宜妄加评论、说三道四。而"谢恩型"讲话则可就其"精神"或"风格"做出评价，但要适度，要恰如其分，不可故意拔高、无限升华，以免造成"虚情假意"之嫌。

第三，答谢"仪式"毕竟不是开大会，讲话一般应尽量简短，决不可像某些领导的会议报告那样冗长。一般来讲，对于篇幅长短是没有一定限制的，通常情况下，只要是祝酒词，就要言简意赅，努力做到"文约旨丰"。

第四，答谢祝酒词要巧妙地借助酒来表达谢意，以示真情实意。要充分发挥酒的助兴功能。古代的人庆祝丰收要举行祭祀天地的仪式，酒作为粮食的产物便被当成佳品用于表达人们对天地的谢意。今天也是如此，酒的温存与浓烈饱含着人与人之间的感动和谢意。因此，在答谢祝酒时，一方面要从外在方面，发言时要配合举杯的动作，酒与言并行；另一方面从内在方面，发言中最好也要提到带"酒"的字眼儿，以配合举杯动作和答谢心意。

二、答谢宴上的礼仪

答谢宴会邀请的正是要感谢的人，有贵宾、领导，相比于其他亲朋好友、同学相聚的宴会更加要注意细节。因为一个细节能够决定一个人的成败，一个公司的发展，一个国家的外交形象。以商务活动中客户答谢酒会为例，讲一下都有哪些细节要注意：

1. 宴会前的准备

不管你是公司领导还是公司一员，都要注意仪表：

①穿职业装，头发整洁、指甲剪短、口气清新无异味，以体现良好的个人形象。

②精神饱满。面带微笑、热情自信，不卑不亢，以体现对客户的欢迎和诚意。

③相关物品。尽可能细致地准备好相关物品（如资料、口香糖、纸巾等），以保证能够应对突发事件。

④详细了解答谢宴会的每个环节。事无巨细，均在掌握之中（如场地布置、宴会流程等），给客户最亲切的关怀。

2. 宴会座次安排

感谢宴的目的就是表达对来宾的感谢，所以座次的安排比较重要。如果是中餐宴会，国内通行的座次排列方法如下：

第一，居中为上。即居于正中央的那张餐桌应为主桌。

第二，以右为上。

第三，临台为上。

在排列每张桌子上的具体位次时，主要有"面门为主"、"右高左低"、"各桌同向"三个基本惯例。所谓"面门为主"，是指在每张餐桌上，以面对宴会厅正门的正中座位为主位，通常应请主人在此就座。所谓"右高左低"，是指在每张餐桌上，除主位之外，其余座位位次的高低应以面对宴会厅正门为准，右侧的位次高于左侧的位次。所谓"各桌同向"，则是指在举行大型宴会时，其他各桌的主陪之位均应与主桌主位保持同一方向。

3. 敬酒礼仪

现在很多公司为了业务发展，公司壮大，都要举办大型的联谊会、年会，或者特殊情况下的招商合作或订货会等商务宴请，以此表达对合作方或客户的感谢。这样的商务宴请一般情况下规模较大、来宾众多，因此具体负责某项业务的公司职员在这种场合也发挥着重要的作用，既要照顾到自己公司，也要招待好来宾，也就是公司的客户。如果你是公司的职员，在酒桌上，敬酒时有五点需要注意：

①先敬同桌的领导，表示敬意。

②再敬自己的客户，表达感谢客户对公司的信任；表达感谢客户对自己的支持；请客户一如既往地继续支持和帮助。

③同桌同事之间相互敬酒注意言语分寸。

④敬酒时如隔人须起身从后面绕过去。

⑤当领导前来敬酒时要起身相迎，并向自己的客户介绍领导。因为公司领导可能不负责具体业务，对来宾并不是特别熟悉。

三、答谢宴上的禁忌和应急技巧

1. 注意答谢宴的主题是什么，来宾都有哪些，要做到心中有数，酒桌不慌。避免因无大局意识而破坏自己所代表的公司形象。无论东道主或是被宴请的宾客都一样。

2. 学会感谢。用心感谢，用行动感谢，用语言感谢。真情流露别人能看得出来，虚情假意也会毫无保留地写在脸上。既然是感谢宴，就要真诚地感谢。

3. 被感谢的一方，即来宾方，也要做到语言得体、行为有度。切忌因为自己是被感谢者而对东道主横挑鼻子竖挑眼，比如饭菜不合口味，酒水不好。这样别人也会认为你做人不厚道。即使宴会东道主真有某些方面做得欠佳，也要表现得宽容大度。要了解人心，要会左右逢源，要会掩盖某些方面的不足，才能扮演好酒桌上的角色。

◆ 答谢祝酒词集锦

◇ 开篇词

万里东风送暖，九州又是新春……

在这个岁末年初、辞旧迎新的黄金季节……

烟花四月，春色迷人，在这生机勃勃、繁花似锦的季节……

我们满怀无比激动的心情在这里相约相聚，分享硕果，共同参加……

五月，是万紫千红的季节，在蓝天、白云、绿草、鲜花的交相辉映下……

缤纷五月，花香四溢，草长莺飞，在这个充满激情，放飞梦想的季节……

在这个骄阳似火，激情飞扬的火红七月，我们满怀激动的心情迎来了……

灯火熠熠，谈笑风生，高朋满座，胜友如云，到处洋溢着一派吉祥喜庆的景象……

欢聚一堂，互吐乡音，互叙乡情，其乐融融……

◇ 感谢语

你们的到来让这里蓬荜生辉，让我们备感亲切与自豪！

你们的光临，给我们带来了无上的荣耀，让我们备感亲切与自豪！

××集团与××集团的合作源远流长，双方多年来本着"至诚、互信、多赢、发展"的合作精神，取得了令人满意的丰硕成果，我们集团将一如既往地与××集团携手共进。共谱厂商合作新篇章！

集团的今天，得益于各位同人的大力支持；集团的明天，依然有赖于大家的继续关注和帮助。

◇ 结束语

回顾过去的一年，硕果累累，收获颇丰。展望新的一年，生机勃勃，前景美好。

回首过去峥嵘岁月欣慰神驰；展望未来锦绣前程壮怀激越！

昨日熠熠生辉，明天任重道远。

累累硕果，凝聚着××的智慧和汗水；风和日丽，昭示着××的成就和辉煌。

第 *13* 章

开幕酒：劝君金屈卮，
满酌不须辞

开幕酒概要

酒·常·识

开幕祝酒词是主办方在一些展览会、交易会、赛事的开幕招待酒会上发表的祝酒词。开幕祝酒词的语言要求简洁明了、通俗易懂。它要有效地表达领导的宣告、提示、指导等意图。

祝酒词范例

酒·词·话

① 会议开幕祝酒词

■ 范例 1 ■

【致辞人】县领导
【场　合】全省创建新农村档案工作示范县工作座谈会宴会
【时　机】开场致辞
【风　格】热情 真挚
【听　众】地方领导、与会嘉宾、地方媒体

【关键词】感谢 肯定 激励 鞭策 深情厚爱

【金　句】化龙翘首迎嘉宾，南江放歌献衷情。各位领导和嘉宾携陕北高原之新风，带关中平原之锐志，汲陕南汉水之灵气，不辞辛劳，满怀深情厚爱而来，满载丰富经验而至，××山水为之增色，××人民为之鼓舞。

尊敬的各位领导、各位来宾，同志们：

化龙翘首迎嘉宾，南江放歌献衷情。在这满目苍翠、万木争荣的初夏时节，我们非常荣幸地迎来了全省创建新农村档案工作示范县工作座谈会在我县隆重召开。借此机会，我谨代表中共××县委、县人大、县政府、县政协，向各位领导、各位来宾表示最热烈的欢迎和最衷心的感谢！

全省创建新农村档案工作示范县工作座谈会在我县召开，这既是对××新农村档案工作的充分肯定，又是对××新农村档案工作的激励和鞭策。各位领导和嘉宾携陕北高原之新风，带关中平原之锐志，汲陕南汉水之灵气，不辞辛劳，满怀深情厚爱而来，满载丰富经验而至，××山水为之增色，××人民为之鼓舞，××各项事业必将因此而加速发展。

××山清水秀、气候宜人；××人民真诚善良、热情好客。由于条件有限，给各位领导和来宾带来了诸多不便，请各位领导、各位来宾谅解。我们将满腔热忱地做好会议服务，祝愿大家在××度过愉快美好的时光。

现在，我提议，为会议圆满成功，为各位领导、各位来宾工作顺利、身体健康，干杯！

■ 范例 2 ■

【致辞人】集团工会主席

【场　合】工会动员大会开幕宴会

【时　机】开场致辞

【风　格】实事求是 积极 激励

【听　众】工会代表、集团领导

【关键词】目标 科学发展观 旗帜 契机 贡献

【金　句】我们××集团工会以建设全国领先的一流企业工会目标为引领，深入贯彻落实科学发展观，以建设"四会五家"为支撑，以实施"331工程"为抓手，全面加强工会自身建设，不断创新工作模式，成为了全国工会工作的一面旗帜。

尊敬的××主席，女士们、先生们：

大家中午好！

今天，我们在这里欢聚一堂，热烈祝贺全省工会开展对标全国"十面红旗"、"十大标兵"暨向××集团工会学习动员大会的胜利召开。我代表××集团公司党政和××集团工会向与会的各位领导、各位来宾表示热烈的欢迎！欢迎大家到美丽的××来做客，并向大家致以崇高的敬意！

近几年来，我们××集团工会以建设全国领先的一流企业工会目标为引领，深入贯彻落实科学发展观，以建设"四会五家"为支撑，以实施"331工程"为抓手，全面加强工会自身建设，不断创新工作模式，成为了全国工会工作的一面旗帜。今天这次会议的召开，既是对我们工作的一次检查，更是对我们工作的促进，为我们提供了一个向兄弟单位学习的大好机会，也必将对全省工会工作的创新发展起到重要的推动作用。我们决心以这次会议为契机，认真学习贯彻党的十七届六中全会精神，进一步加强工会自身建设，全面提升工会工作科学化水平，团结动员广大职工为全省经济发展做出新的更大贡献。

下面我提议，让我们为会议的胜利召开，为与会的各位领导和同志们的身体健康，工作顺利，干杯！

❷ 地方节日活动开幕祝酒词

■ 范例3 ■

【致辞人】旅游节组委会领导
【场　合】第三届中国××国际旅游节

【时　机】结尾致辞
【风　格】平易简洁　感情真挚
【听　众】地方领导、与会嘉宾、媒体记者
【关键词】欢迎　感谢　支持　时尚　合作　交流
【金　句】美丽的春城百花争艳、春潮涌动，迎来了四海宾客、八方友朋。

尊敬的各位来宾，女士们、先生们、朋友们：

值此第三届中国××国际旅游节开幕之际，美丽的春城百花争艳、春潮涌动，迎来了四海宾客、八方友朋。今晚，旅游节组委会和省人民政府在这里举行欢迎晚宴，热诚地欢迎莅××参加开幕式系列活动的海内外新朋老友，对各位长期以来给予××经济社会发展的关心、支持，表示衷心的感谢！

随着人类进入新世纪，旅游已成为新的生活时尚，极大地促进了人们的交流与沟通，发展旅游产业已成为世界人民的共识。中国国家旅游局和省人民政府共同举办中国国际旅游节，目的在于为中国人民和世界各国人民搭起友谊的桥梁，为我们共同的发展创造更多的机遇和更好的舞台。

我们真诚地希望各位来宾能够感受到××的神奇美丽和多姿多彩，并一如既往地关心××、支持××，把××介绍给更多的朋友，介绍给世界人民。

现在，我提议：为第三届中国××国际旅游节的圆满成功，为各位来宾的身体健康和工作顺利，干杯！

■ 范例 4 ■

【致辞人】市领导
【场　合】第五届中国××诗人节开幕欢迎午宴
【时　机】中场致辞
【风　格】感情真挚　情真意切
【听　众】地方领导、各界来宾、地方媒体

【关键词】欢迎 期待 支持 厚爱 振奋
【金　句】期待各位领导、各位嘉宾、各位朋友能够一如既往地关照××，支持××，常来××，期待诗人节能够在××扎根，常办常新，硕果累累。

尊敬的各位领导、各位嘉宾、各位朋友：

今天，是全国诗词界的大喜日子，也是××人民的大喜日子。我们××市委、市政府在这里略备薄宴，主要是想表达我们诚挚的欢迎之情、衷心的感谢之情和殷切的期待之情。

诚挚的欢迎之情，就是第五届中国××诗人节举办之际，能够有这么多上级领导、诗界名流和各界朋友大驾光临，是××之幸、是××之福，我们深表欢迎、备感振奋。

衷心的感谢之情，就是感谢各位领导长期以来对××的关心和支持，感谢诗词界的各位泰斗、各位专家、各位名流对××的垂青和厚爱，感谢各界朋友对××的关注与帮助。

殷切的期待之情，就是期待各位领导、各位嘉宾、各位朋友能够一如既往地关照××，支持××，常来××，期待诗人节能够在××扎根，常办常新，硕果累累。

最后，请允许我提议，让我们共同举杯，为诗人节的圆满成功，为各位领导、各位朋友的身体健康、家庭幸福、事业发达，为我们的友谊地久天长，干杯！

■ 范例5 ■

【致辞人】地方领导
【场　合】2005中国·吉林××蒙古族民俗旅游节欢迎晚宴
【时　机】开场致辞
【风　格】骄傲自豪 感情真挚
【听　众】地方领导、各界来宾、地方媒体
【关键词】开幕 感谢 恩赐 知名度 发展 盛会

【金　句】这次，我们以节庆为媒，以圣湖传情，举办2005中国·吉林××蒙古族民俗旅游节，目的在于扩大对外开放，结交各界朋友，提高××旅游知名度，巩固全县经济社会发展成果。

尊敬的各位领导、各位嘉宾，女士们、先生们、朋友们：

2005中国·吉林××蒙古族民俗旅游节经过精心筹备，就要开幕了。在这里，我代表中共××县委、县政府、××旅游经济开发区和全县57万各族人民，向莅临××的各位领导、嘉宾和新老朋友表示热烈的欢迎！向多年来关心、支持××发展的各级领导和各界人士表示衷心的感谢！

××历史悠久、文化灿烂、风光秀美、物产丰富，是一个文化旅游胜地。我相信2005中国·吉林××蒙古族民俗旅游节一定会成为××人民与国内外朋友加深友谊、共谋发展的桥梁和纽带，一定会成为各位领导和各位嘉宾的精神文化大餐，一定会办成凝聚人心、振奋精神、扩大开放、提升形象、加快发展的盛会！

最后，祝各位领导、各位来宾生活愉快，愿××能给您留下美好的记忆！

现在我提议：为2005中国·吉林××蒙古族民俗旅游节成功举办，为我们的真挚友谊和真诚合作，为各位朋友身体健康、家庭幸福、事业兴旺，干杯！

❸ **赛事开幕祝酒词**

■ **范例6** ■

【致辞人】副县长
【场　合】2011环中国国际公路自行车赛开幕宴会
【时　机】中场致辞
【风　格】朴实 简洁 自豪
【听　众】地方领导、参赛选手、媒体记者、当地群众

【关键词】隆重 殊荣 基地 百强县
【金　句】九月××，清爽怡人；七彩××，喜迎嘉宾。

··

尊敬的各位领导、各位来宾，朋友们：

　　九月××，清爽怡人；七彩××，喜迎嘉宾。在全国人民共同庆祝中华民族传统佳节——中秋节的美好时节，我们××顺利承办了 2011 环中国国际公路自行车赛××赛段的比赛。今晚，县委、县政府在这里隆重举行欢迎宴会，对各位领导、嘉宾的到来表示最热烈的欢迎！

　　近年来，我们立足于××山水资源优势，坚持把文化旅游产业作为县域转型发展的着力点和突破口，成功打出了一套县域经济发展组合拳，在全国唱响了"水韵江南、七彩××"的文化旅游品牌。

　　"环中赛"是一项代表国家体育品牌高水平的世界级公路自行车赛事。通过专业车手的比赛和开展业余骑行及大众骑游活动，使参与者在零距离接触"环中赛"、体验"环中赛"的运动魅力的同时，深深体味到"环中赛"倡导的"绿色、低碳、健康、快乐"的理念。2011 环中国国际公路自行车赛××赛段的顺利举行，将对展示××人文风貌，展现城市风采，打造××旅游名片，推动全民健身运动产生积极而深远的影响。

　　"环中赛"的顺利举行和××的发展离不开各级领导和朋友们的大力支持，我们热诚地欢迎各位领导和朋友们常来××考察指导、休闲度假，也祝大家在美丽、浪漫的××度过一个愉快的夜晚。

　　现在，我提议：为各位领导和朋友们的身体健康，为"环中赛"××赛段比赛的顺利举行，干杯！

■ 范例 7 ■

···

【致辞人】市领导
【场　合】在市政府礼堂举行的领导干部乒乓球赛开幕晚宴
【时　机】中场致辞
【风　格】激情飞扬 情真意切
【听　众】各级领导干部

【关键词】机会 友情 后盾 指导 美好和谐 紧密

【金 句】美好的未来要靠我们用激情和行动，用智慧和劳动，用汗水和奉献，用信念和奋斗去开创！

尊敬的各位领导、同志们、朋友们：

大家晚上好！

首先，我代表××市委、市政府向各位同志的到来表示热烈的欢迎！

××市领导干部乒乓球赛已于今天下午正式开幕，比赛场上，运动员们表现出良好的竞技状态，达到了以球会友、强健体魄的目的。同时，我希望借此机会，使各地、各部门领导欢聚一堂，借球赛之机，共叙友情，共谋地区发展更广大领域的合作。同时请你们放心，市委市政府就是你们相互合作的坚实后盾，会为你们提供必要的指导与帮助。

××市是我们共同的家园！无论是在企业还是在机关，无论在军队还是在地方，我们都共同生活、工作在××这片美丽的土地上，共饮××水，同为××人。携手共建一个美好和谐的新××，是我们无上的光荣。

振兴东北老工业基地为各区、县之间的合作开辟了更广阔的空间。我们要更加紧密地团结起来，树立区域一体、共谋发展的思想，走"项目联上、市场联开、城区联建"的发展之路，"构建金三角，再造新××"，在干事创业、造福于民的道路上再创新佳绩，再铸新辉煌。美好的未来要靠我们用激情和行动，用智慧和劳动，用汗水和奉献，用信念和奋斗去开创。现在我提议：让我们共同举杯，为你们能够在比赛中赛出水平，赛出风格，同时也为我们××市更加灿烂辉煌的明天，干杯！

■ 范例8 ■

【致辞人】市领导

【场 合】书法大赛开幕宴会

【时 机】开场致辞

【风 格】简洁平易

【听 众】政府领导、参赛人员、嘉宾

【关键词】历史 重要 宏大 深远 圆满
【金　句】书法有几千年的历史，在中国文化传承中起着不可替代的作用。所以，举办书法大赛是我市文化建设的重要项目。

尊敬的各位领导、各位嘉宾，女士们、先生们：

大家中午好！

今天，我们在××市政府礼堂隆重举行××市第×届书法大赛。在此，我谨代表××市委、市政府向出席今天开幕宴会的各位领导、各位来宾表示诚挚的欢迎！同时，向即将参加书法大赛的所有选手表示诚挚的祝福。

书法有几千年的历史，在中国文化传承中起着不可替代的作用。所以，举办书法大赛是我市文化建设的重要项目。

本次书法大赛以"和谐家园"为主题，必将成为一届规模宏大的书法盛会、文化盛会。这对于弘扬中华民族的传统文化，打造××市"文化名城"品牌，扩大××市知名度，促进××市经济社会更好更快地发展，都将产生有力的推动作用和深远的影响。

嘉宾们、朋友们，让我们共同举杯，为预祝本届书法大赛圆满成功，为各位参赛人员能够取得骄人的佳绩，为各位嘉宾的健康幸福，干杯！

④ 展览会开幕祝酒词

■ 范例9 ■

【致辞人】市委领导
【场　合】2010年首届中国××"百年新天地"兰花展览会开幕宴会
【时　机】开场致辞
【风　格】地方色彩浓郁
【听　众】市领导、参会代表、媒体记者
【关键词】感谢 得天独厚 丰富 崛起 优势

【金　句】清山秀水竞笑颜，空谷幽兰展奇香。

··

尊敬的各位领导、各位来宾，女士们、先生们：

清山秀水竞笑颜，空谷幽兰展奇香。在春天这个美丽动人的季节，我们十分高兴地迎来了 2010 年首届中国××"百年新天地"兰花展览会的隆重开幕。

在此，我谨代表中共××市委、××市人民政府和××八百多万人民，向远道而来的各位领导、各位嘉宾、台湾同胞们表示热烈的欢迎和衷心的感谢！

××素有"江南北国、北国江南"之美誉，得天独厚的地理条件孕育了丰富灿烂的自然和文化资源。既有全国闻名的避暑胜地"云中公园"鸡公山，又有"千峰披翠、万水竞绿"的国家森林公园黄柏山、国家地质公园金刚台、国家 AAAA 级景区南湾湖，还造就了治水名臣孙叔敖、砸缸救人司马光、中原硕儒马祖常、开漳圣王陈元光、明代文坛领袖何景明等知士名流。

××的兰花资源也是种类丰富、新品迭出，而且具有悠久深厚的兰花文化底蕴。近年来，随着××经济、社会的持续快速发展，兰花产业也迅速崛起。

"观××山水，赏天下名兰"是本届兰展会的主题。本届兰展会展出的兰花品种丰富，名品精品荟萃，奇花异草繁多，具有极高的观赏价值、经济价值和生态价值。同时还将开展书画、摄影作品展等文化交流活动。本届兰展会既是一次盛大的兰花展览会，又是一次兰花旅游的盛会。此次兰展会的举办，有利于开拓豫南地区广阔的兰花市场、形成良好的兰花氛围，促进社会和谐发展。在此，预祝各位参展商取得丰厚的参展效果。

最后，预祝首届中国××"百年新天地"兰花展览会取得圆满成功！祝各位领导、各位嘉宾、同志们、朋友们在秀美、迷人的××体验一次愉快的兰花之旅！

现在，我提议，为本届兰展会取得圆满成功，为各位来宾的身体健康，为我们的友谊，干杯！

■ 范例 10 ■

【致辞人】副市长
【场　合】第四届中国××国际汽车展览会开幕招待酒会
【时　机】开场致辞
【风　格】面面俱到　平易朴实
【听　众】地方领导、各界来宾、地方媒体
【关键词】梦想　规模　阵容　品牌　内涵　合作
【金　句】本届展会不仅为前来参观的中外朋友们提供了汽车工业发展的更加丰富的视觉享受，而且为中外汽车界的科技人员搭建起一个技术信息交流平台，为中外企业提供了一次商务合作的难得机会，也必将对中国汽车工业的发展和技术进步产生积极的影响和推动作用。

尊敬的各位领导、嘉宾，女士们、先生们：

晚上好！

今天，有机会同各位领导、各位嘉宾、各位朋友相聚，我非常高兴。我谨代表××市政府，代表本届展会的主办和承办机构，对光临今天晚上开幕招待酒会的各位领导、各位嘉宾、各位朋友表示热烈的欢迎和衷心的感谢。

本届展会以"承载梦想、畅想生活"为主题，集中展示……

本届展会不仅为前来参观的中外朋友们提供了汽车工业发展的更加丰富的视觉享受，而且为中外汽车界的科技人员搭建起一个技术信息交流平台，为中外企业提供了一次商务合作的难得机会，也必将对中国汽车工业的发展和技术进步产生积极的影响和推动作用。

本届展览会的成功举办，有赖于国内外有关单位的积极参与和大力支持。在此，我代表主办机构，向所有支持××汽车展的机构和朋友们表示衷心的感谢！并诚挚地希望在座各位一如既往地支持××汽车工业及××汽车展的发展。

现在，请大家举杯！为预祝本届展会圆满成功，为各位朋友的身体健康，干杯！

范例 11

【致辞人】某部领导

【场　合】为庆祝电子科技展览会开幕举办的晚宴

【时　机】开场致辞

【风　格】激情飞扬

【听　众】各级领导、商界代表、各界嘉宾

【关键词】欢迎　交流　推动　积极　机会　力量

【金　句】希望每一位有远见、有实力的朋友都能抓住机会，参与其中，施展才干，为国家的科技与经济建设添砖加瓦，为实现科技强国的伟大目标贡献出自己的力量。

尊敬的各位来宾，女士们、先生们：

大家晚上好！

第×届中国电子科技展览会于今天正式拉开了帷幕。我谨代表中国××部，对本次盛会隆重开幕表示热烈的祝贺！并对各位嘉宾的到来表示诚挚的欢迎！

一年一度的电子科技展览会，不但为国家科技建设输送了不少给养，同时还为来自全国各地的科技人员提供了经济技术交流的好机会。

毫无疑问，展览会在推动这一领域的技术进步以及经济贸易的发展方面将起到积极作用。希望每一位有远见、有实力的朋友都能抓住机会，参与其中，施展才干，为国家的科技与经济建设添砖加瓦，为实现科技强国的伟大目标贡献出自己的力量！

最后，请大家举杯，共同预祝第×届中国电子科技展览会圆满成功，干杯！

■ 范例 12 ■

【致辞人】企业代表
【场　合】首届化妆品交易会开幕酒会
【时　机】开场致辞
【风　格】真挚 简洁
【听　众】相关领导、商界代表、嘉宾
【关键词】感谢 信誉 基石 动力 机会 繁荣
【金　句】信誉是社会进步、市场繁荣的基石，也是我们美容美发化妆品行业不断发展的动力。

尊敬的各位领导、各位来宾，朋友们：

大家好！

今天我们在这里喜迎首届化妆品交易会盛大开幕，首先，请允许我代表所有参加盛会的商界人士，对为我们提供这样难得的交易平台的××市委、市政府的领导，表示衷心的感谢！

信誉是社会进步、市场繁荣的基石，也是我们美容美发化妆品行业不断发展的动力。今天，恰逢首届化妆品交易会隆重开幕，万商云集、精英荟萃，正是体现信誉至上的绝好机会。借此盛会，我们与来自全国各地的优秀美容美发化妆品经销商代表共聚一堂，携手共进，互利互赢，共同创造中国美容美发化妆品行业的新繁荣。

最后，我提议：请大家为预祝本届化妆品交易会圆满成功，为各位领导、嘉宾、朋友们身体健康，万事如意，乘兴而来，满载而归，干杯！

▨ 范例 13 ▨

【致辞人】副市长
【场　合】房地产交易会开幕招待酒会
【时　机】中场致辞
【风　格】平易朴实
【听　众】各级领导、商界代表、嘉宾
【关键词】欢聚　民心民业　支柱　密切　创新　发展
【金　句】希望借此机会，分析当前房地产业的发展方向，有效地解决部分房地产交易中的难题与弊病，创新模式，调整结构政策，以便使我市经济步入更好更快的发展阶段。

尊敬的各位来宾，朋友们、同志们：

大家晚上好！

值此春光明媚、万物复苏的季节，我们欢聚一堂，共同庆祝××市第×届房地产交易会隆重开幕。在此，我谨代表××市委、××市人民政府对本次盛会的召开表示热烈的祝贺！对各位嘉宾和各位朋友在百忙之中抽身参加此次宴会，表示诚挚的欢迎和美好的祝福！

房地产业是人民群众最为关心的民心产业，也是现阶段我国国民经济的重要支柱产业，与社会发展和群众生活密切相关。发展以住宅为主的房地产业，提高人民群众的居住水平，是全面建设小康社会的需要。近年来，我市的房地产业取得了令人瞩目的建设成就，这与大家对我市经济建设的密切关注和热情投入密不可分，在此，我向你们表示衷心的感谢。

同时，也希望借此机会，分析当前房地产业的发展方向，有效地解决部分房地产交易中的难题与弊病，创新模式，调整结构政策，以便使我市经济步入更好更快的发展阶段。

最后，请让我们共同举杯，预祝本届房地产展示交易会取得圆满成功，干杯！

▓ 范例 14 ▓

【致辞人】 公司领导

【场　合】 新年员工联谊会

【时　机】 中场致辞

【风　格】 真挚 积极 青春澎湃

【听　众】 地方领导、公司员工

【关键词】 扬扬得意 喜气洋洋 默默耕耘 无私奉献 打折 美梦成真

【金　句】 爆竹声中一岁除，春风送暖入屠苏。古人在新年来临的时候，合家欢饮屠苏美酒；今天，在这分享快乐的时刻，在这祝福、关怀的时刻，在这希望美梦成真的时刻，让我们斟满联谊美酒。

各位来宾、各位朋友：

大家晚上好！

今天，我们在这里欢聚一堂，隆重举办 2012 年××之夜员工联谊会，希望大家开心愉快。2012 年，在董事局和局党组织的正确领导下，在局有关处室的大力支持下，在全体员工的共同努力下，公司传承"恒以达业，信以至诚"的企业宗旨，以实践运筹财政为中心，完成了全年收益预算任务。在确保国有资产保值增值，国有资产收益应收尽收的同时，其他各项工作也是亮点多多，××公司开创了扬扬得意、喜气洋洋的新局面。

在此，我谨代表公司班子，向长期以来为××公司的成长和壮大默默耕耘、无私奉献的各位员工致以诚挚的谢意；向长期以来支持大家工作的员工家属致以崇高的敬意，当然，这需要各位回去以后认真转达，不能打折，更不能自己"贪污"了。

……

让我们抓住这不可多得的机遇，奋发向上，开拓进取，努力实现××公司的再次飞跃，开创更加美好的明天。

爆竹声中一岁除，春风送暖入屠苏。古人在新年来临的时候，合家欢饮屠苏美酒；今天，在这分享快乐的时刻，在这祝福、关怀的时刻，在这希望美梦成真的时刻，让我们斟满联谊美酒。在这里我祝愿大家新年快乐，佳节如意！我提议：为了××公司美好的明天，为了各位来宾和朋友的健康，干杯！

■ 范例 15 ■

【致辞人】同学代表
【场　合】老同学联谊会
【时　机】开场致辞
【风　格】层层递进　文采斐然
【听　众】母校老师、老同学
【关键词】紫薇花开　流萤漫舞　浓缩　止不住　道不完　说不尽
【金　句】相逢是段诗，相逢是幅画，相逢是首歌。让我们把所有的思念和祝福都化作这杯中的美酒，来尽情品尝这相逢的喜悦吧！

尊敬的老师，亲爱的同学们：

大家晚上好！

在这七月流火，紫薇花开的激情季节；在这皓天华月，流萤漫舞的美好夜晚，我们××级七班43位同学在阔别20年后，在这里欢聚一堂，隆重聚会。首先，请允许我代表联谊会筹备组对前来参会的领导、老师和全体同学表示热烈的欢迎，向联谊会的成功举办表示热烈的祝贺！

20年的梦想与追寻，20年的思念与祝福，要表达的可以说上千言万语。此时此刻，我只想将它浓缩成三句话：

第一句话是：止不住的感动。24年前，我们43位懵懂少年，怀揣着梦想来到××，用我们的歌声和激情，凝结成一个响亮的名字：××级七班。在这个集体里，我们一起学习，一起欢歌，度过了令人难忘的岁月，结下了难以割舍的情缘。这些怎不令人感动？20年前的夏天，我们满怀豪情，告别母校，步入社会。悠悠20年，尽管我们在生活的道路上有了不同的选择，在人生的旅途中有着不同的际遇，然而，每一位同学都用自己的青春和才华，描绘出一幅幅流光溢彩的动人画卷，演奏出一曲曲荡气回肠的华美乐章。这怎能不让我感动?! 我还为 20 年后的今天的成功相聚而感动。20 年思念，一朝梦圆；20 年追寻，今天实现。我怎能不为之感动?!

第二句话是：道不完的感谢。今天，××位恩师应邀来参加我们的联谊会，使我们有幸再次沐浴浓浓的师恩，再次聆听谆谆的教诲。在这里，我提请我们全班同学对恩师表示诚挚的感谢! 同时，为筹备本次联谊会，筹备组的××、××和市区其他同学做了许多辛苦细致的工作，使酝酿了近一年的联谊会得以顺利举行。在此，请允许我代表全班同学向尊敬的××老师，向筹备组的全体同学表示衷心的感谢! 这次联谊会，还得到全班同学的大力支持和积极响应，今天，你们冒着酷暑专程赶来，在此也向你们表示衷心的感谢! 还要感谢的是××、××等同学对联谊会的大力赞助；感谢××、××在联谊会期间对大家热情的款待；最后，还要感谢母校为我们提供了活动场所，感谢××大酒店热情周到的服务。

第三句话是：说不尽的感想。××级七班，是我们心中永远的情结。四年的学习生活，是我们一生永远的眷恋。这段经历，随光阴的荏苒越发醇香；这份记忆，随岁月的流逝越发难忘；这段情感，随时空的久远越发绵长。每一个昨天都是今天的回忆；每一个今天都是昨天的延伸；每一个明天都是对未来的憧憬。

相逢是段诗，相逢是幅画，相逢是首歌。让我们把所有的思念和祝福都化作这杯中的美酒，来尽情品尝这相逢的喜悦吧!

老师们，同学们，现在，我提议：请举起我们手中的酒杯，为我们今天的成功相聚，为老师们的健康幸福，为我们的美好明天，为友谊地久天长，干杯!

漫话开幕酒
酒·文·化

开幕祝酒词是在为重要会议或重大活动开始而举行的酒会上，由会议主持人或主要领导人祝酒所需要的讲话。开幕祝酒词的主要特点是宣告性和引导性。不论召开什么重要会议，或开展什么重要活动，按照惯例，一般都要由主持人或主要领导人致开幕祝酒词。这是一个必不可少的程序，通常要阐明会议或活动的性质、目的、任务、要求和议程安排等，集中体现了大会或活动的指导思想，起着定调的作用，引导会议或活动朝着既定的正确方向顺利进行，保证会议或活动圆满成功。

开幕祝酒词的特点是：①简明性。开幕祝酒词要简洁明了、短小精悍，最忌长篇大论，言不及义。要多使用祈使句，表示祝贺和希望。②口语化。开幕祝酒词的语言应该通俗、明快、上口。

◆ 开幕祝酒词集锦

美好的未来要靠我们用激情和冲动，用智慧和劳动，用汗水和奉献，用信念和奋斗去开创！现在我提议，让我们共同举杯，为预祝本次会议圆满成功，为××更加灿烂辉煌的明天，干杯！

下面我提议，让我们共同举起这醇香的美酒，为项目的顺利开工和早日投产运营，为××在××辉煌灿烂的明天，为各位领导的身体健康、万事顺达，干杯！

最后，我再次对各位领导、专家、来宾参加这次会议表示衷心的感谢。预祝××市经济社会发展规划战略规划研讨会取得圆满成功！谢谢大家！

最后祝大会圆满成功！祝各位委员、同志们在新的一年里工作顺利，身体健康，合家欢乐，万事如意！让我们举起酒杯，干杯！

以上介绍有不当之处，敬请各位领导、各位专家、各位朋友批评指正。预祝××模式暨健康××工程专家研讨会圆满成功！祝各位在会议期间心情愉快，身体健康！愿美丽的大草原和××给各位留下美好的印象！让我们干杯！

最后，预祝这两天的会议取得圆满成功，在此期间，希望大家随时给我们提宝贵意见，并且希望大家度过一段愉快美好的时光。我提议，大家共同举杯，开怀畅饮！

第 *14* 章
闭幕酒：斗酒相欢娱，
聊厚不为薄

闭幕酒概要

酒·常·识

闭幕祝酒词是主办方在一些展览会、交易会、赛事的闭幕庆祝酒宴上发表的祝酒词。主办方致闭幕祝酒词时一定要把诸如大会进展的情况和成果、对活动的评价以及对今后的展望等内容包含进去，做到总结性与评价性相结合。

祝酒词范例

酒·词·话

1 政治性会议闭幕祝酒词

■ 范例 1 ■

【致辞人】市委书记

【场　合】市党代会闭幕晚宴

【时　机】结尾致辞

【风　格】实事求是　平易朴实

【听　众】各级领导、党代表
【关键词】激动　喜悦　感谢　使命感　圆满
【金　句】大会期间，全体与会代表以高度的政治责任感和历史使命感，解放思想，实事求是，团结一致，同心同德。

同志们、朋友们：

大家晚上好！

历时两天，备受瞩目的中国共产党××市第×次代表大会，今天胜利闭幕了！此时此刻，我们怀着无比喜悦和激动的心情，欢聚一堂，共同庆祝本次盛会的圆满结束。在此，我代表市委、市政府，向与会全体代表、列席代表和全体工作人员，向所有指导、支持、帮助我们大会的同志们、朋友们表示衷心的感谢和崇高的敬意。大会期间，全体与会代表以高度的政治责任感和历史使命感，解放思想，实事求是，团结一致，同心同德，选举出了第×届××市委员会和纪律检查委员会，圆满完成了大会各项工作任务。

在今后的日子里，第×届市委将在省委的直接领导下，以邓小平理论和江泽民同志"三个代表"重要思想为指导，坚持以胡锦涛同志关于科学发展观的领导方向，统领经济社会发展全局，团结和带领全市各级党组织、全体党员和广大干部群众，抢抓机遇，加快发展，为全面实现××市新一轮跨越式发展而努力奋斗。

最后，请允许我提议：让我们共同举杯，为了祖国的繁荣富强，为了我党的事业辉煌，为了我们市更加美好的明天，干杯！

■ 范例2 ■

【致辞人】地方领导
【场　合】县政协九届一次会议招待酒会
【时　机】中场致辞
【风　格】文采飞扬　语调高亢
【听　众】地方领导、与会代表、媒体记者

【关键词】圆满 祝贺 发展 努力 贡献 新台阶

【金　句】"山积而高，业广惟艰；泽积而长，业广惟勤。"
"天时人事日相催，冬至阳生春又来。"

....

各位委员、同志们：

县政协九届一次会议今天胜利闭幕了。两天来，全体政协委员以高度的责任感和使命感，积极参政议政，认真履行职责，圆满完成了大会各项议程，选举产生了新一届政协班子。在此，我谨代表县委对与会的各位委员致以真诚的感谢！对当选的新一届政协班子成员表示热烈的祝贺！

"山积而高，业广惟艰；泽积而长，业广惟勤。"过去五年，我县的各项事业均得到了较大的发展，全县上下呈现出了人心思进、团结奋进、开拓前进的大好局面！这些成绩的取得离不开八届政协领导班子以及全体委员所做出的不懈努力，在此，我向八届政协表示崇高的敬意！

这次，××同志因为年龄原因，不再担任县政协主席职务，但是他为××的改革、发展和稳定，为统一战线和人民政协事业发展倾注的心血和汗水，所做的一切工作和贡献，××人民不会忘记！在此，我谨代表××县委，向他致以衷心的感谢和崇高的敬意！

"雄关漫道真如铁，而今迈步从头越。"未来几年，将是我县经济社会发展的关键时期。区域竞争日益激烈，全县人民加快发展的愿望空前强烈。承接大好来势，推动××加速发展任重而道远。在此，我真心希望新一届政协领导班子及全体政协委员，在××主席的带领下，充分发挥政协人才荟萃、智力密集、联系广泛的政治优势，切实履行政治协商、民主监督、参政议政职能，为把我县建设成"大开放、大发展、大繁荣，充满生机活力的××明珠"做出新的更大贡献！

"天时人事日相催，冬至阳生春又来。"各位委员、同志们，让我们共同举杯，为政协事业的蓬勃发展，为××经济社会发展再上新台阶，再铸新辉煌，干杯！

■ 范例 3 ■

【致辞人】地方领导
【场　合】县人代会胜利闭幕宴会
【时　机】开场致辞
【风　格】简明 朴实
【听　众】地方领导、与会代表、媒体记者
【关键词】喜悦 感谢 努力 责任 未来
【金　句】我们有义务、有责任，更要有能力把这片属于自己的家园建设好、发展好，不辜负党和人民的重托，把期望化为动力，共同绘出××未来的华丽画卷。

尊敬的各位代表：

大家好！

值此××县人代会胜利闭幕之际，我们怀着喜悦的心情共聚于××宾馆。在这里，我谨代表县委、县政府对各位代表的到来表示热烈的欢迎和衷心的感谢，并祝愿各位代表在今后的日子里，工作顺利，事业有成，生活美满。"十一五"期间，××县经济保持良好的发展势头，社会大局稳定，人民安居乐业，这些成绩与各位代表的努力付出是分不开的。

2011 年是××县实现"山川秀美，生态发展，人文和谐"的起步年，也是完成"十二五"规划的开局年，搞好今年的工作，意义尤为重大。希望与会的新老代表充分发扬××人特有的××精神，积极投身于岗位工作，敢于担当，尽职尽责，用聪明才智为××建设献言献策，用勤劳的双手创造出更多的××奇迹、××速度。

各位领导、各位代表，××的发展倾注着各位无数的心血和智慧，未来的事业更离不开你们的关心与帮助。在座的各位代表虽然身处不同岗位，但是我们有一点是相同的，那就是共同生活在××这片 2.2 万平方千米的热土上，我们有义务、有责任，更要有能力把这片属于自己的家园建设好、发展好，不辜负党和人民的重托，把期望化为动力，共同绘出××未来的华丽画卷。现在，我提议，大家共同举杯，为大会的胜利结束，为建设未来的新××干杯!

■ 范例4 ■

【致辞人】地方领导
【场　合】县第十六届人民代表大会闭幕酒会
【时　机】结尾致辞
【风　格】实事求是　简洁
【听　众】地方领导、与会代表、媒体记者
【关键词】闭幕　激动　使命感　感谢　科学发展观　奋斗
【金　句】大会期间,全体代表以高度的政治责任感和历史使命感,解放思想,团结一致,圆满完成了大会预定的各项议程。

各位领导、各位委员、代表,同志们:

今天,县第十六届人民代表大会在全体代表和同志们的共同努力下胜利闭幕了!此时此刻,我们怀着无比激动的心情,共同庆祝本次大会的胜利闭幕。

大会期间,全体代表以高度的政治责任感和历史使命感,解放思想,团结一致,圆满完成了大会预定的各项议程。在此,我代表县委,向多年来支持人大工作的各位领导、各界朋友表示衷心的感谢!向五年来为人大工作洒下辛勤汗水的各位委员、代表、同志们表示崇高的敬意!向新一届人大委员表示热烈的祝贺!

过去五年,县委县政府在各位代表和县人大常委会的监督和支持下,坚持以科学发展为主线,团结和带领全县人民,开拓进取,扎实苦干,全县经济社会各项事业呈现出一片欣欣向荣、蓬勃发展的良好态势,为未来的发展奠定了坚实的基础。

同志们,××县的发展倾注了各位无数的心血和智慧,未来的事业更离不开你们的关心与帮助。新的形势和任务为人大工作提出了更高的要求,县委、县政府真诚地希望大家能够一如既往地关心和关注××的发展,监督和支持县委县政府的各项决议和部署，为实现"五个新跨越"的奋斗目标，建设活力、幸福××县而努力奋斗。

下面，我提议：为本次人代会的胜利闭幕，为今后五年人大职能作用的充分发挥，为各位领导、各界朋友、各位代表工作顺利、身体健康、阖家幸福，干杯！

② 职工大会闭幕祝酒词

■ 范例 5 ■

【致辞人】集团工会主席
【场　合】职工代表大会闭幕宴会
【时　机】结尾致辞
【风　格】语调高亢　激情飞扬
【听　众】集团领导、分公司负责人、职工代表
【关键词】祝贺　支持　成绩　挑战　团结　奋斗
【金　句】站在新起点的我们，应该有更多的企盼、更高的追求。风劲潮涌，自当扬帆破浪；任重道远，更需策马加鞭。

尊敬的各位代表、同志们、朋友们：

大家晚上好！

在这秋意盈盈、硕果累累的季节里，××集团××年工作会议暨第×届职工代表大会胜利召开了。在此，我们首先对大会的胜利召开表示热烈的祝贺。

过去的一年里，在集团领导的正确指引和大力支持下，××集团全体员工团结一心，奋发拼搏，各方面工作都取得了可喜的成绩。

××年是××集团顺利完成上届大会规划目标，实现跨越发展至关重要的一年，也是充满希望和挑战的一年。站在新起点的我们，应该有更多的企盼、更高的追求。风劲潮涌，自当扬帆破浪；任重道远，更需策马加鞭。我们深信，与会代表一定会以高度的责任感、强烈的使命感，从××

集团的发展大局出发，不负集团全体员工重托，行使好职能，带头宣传、贯彻、执行好本次大会的精神，带领集团全体员工，以无比的热情投身于集团的发展洪流，绘制××集团更加宏伟的发展蓝图。

在集团领导层的正确领导下，让我们紧密地团结起来，为了明天而奋斗，创新务实，锐意进取，努力开创××集团又好又快的发展新局面。

最后，我提议：为了庆祝××集团第×届职工代表大会的顺利闭幕，为了××集团的美好未来，干杯！

❸ 年会闭幕祝酒词

■ 范例6 ■

....

【致辞人】公司领导
【场　合】公司2011年度总结表彰会议闭幕酒会
【时　机】结尾致辞
【风　格】感情质朴 真挚
【听　众】公司员工、领导
【关键词】繁重 成功 动员 突破 感谢
【金　句】我要感谢全体××人，你们是××这支火箭的助推器，是你们的辛勤付出和不懈努力给了××更加美好的未来。

....

尊敬的各位领导，××公司的同志们：

今天我们用了一天时间召开公司2011年度总结表彰会议，会期紧凑，会务繁重，在全体与会人员的共同努力下会议圆满完成了各项议程，顺利闭幕。会议时间虽短，但主题鲜明，目标明确，开得非常成功，使大家进一步统一了思想，明确了任务，振作了精神，鼓舞了斗志，增强了做好工作的自觉性和主动性。可以说，本次会议既是一次解放思想、开拓进取的鼓劲儿会，也是一次真抓实干、谋划长远的动员会。

××公司在过去一年里各项工作都取得了骄人的业绩和重大突破，首先，我要感谢社会各界领导、同人、友人的大力支持和鼎力相助，在此我提议大家用最热烈的掌声欢迎今天光临我们宴会的领导同志们；其次，我要感谢全体××人，你们是××这支火箭的助推器，是你们的辛勤付出和不懈努力给了××更加美好的未来。××人有着特别能吃苦、特别能战斗、特别能奉献的精神血统，大家长年累月奋斗在生产一线，很少有机会能像今天一样聚在一起，希望大家尽情放松、开怀畅饮。

同志们！在完成2012年生产经营目标的道路上没有退路可言，更没有逃路可选，××公司将竭尽所能为大家提供施展才华、实现自我的广阔平台和绝好契机，让我们以科学发展观为指导，保持奋发有为的精神状态，坚持求真务实的工作作风，发扬只争朝夕的拼搏精神，理顺工作思路，创新工作方法，紧密团结，迎难而上，为实现我们的宏伟目标努力奋斗。

预祝晚宴热烈愉快，预祝在座的各位新春快乐。

❹ 专业性会议闭幕祝酒词

▧ 范例 7 ▧

【致辞人】副会长
【场　合】世贸研究会会议闭幕酒会
【时　机】开场致辞
【风　格】切中要点，表达友谊
【听　众】与会来宾、学者、媒体
【关键词】世贸 生机 发展 交流 友谊
【金　句】我们回顾过去，展望未来，会议内容是丰富的，更是卓有成效的。今后我们之间的交流将更加频繁，我们之间的友谊将与日俱增。

尊敬的各位来宾，女士们、先生们：

晚上好！

中国世界贸易组织研究会第二届理事会第一次会议即将落下帷幕。在此，我谨代表中国世界贸易组织研究会，向与会的所有来宾、理事和朋友们表示衷心的感谢！

过去的一年，在商务部和民政部的正确领导和大力支持下，我会各项工作取得了显著的成绩。今天短短两小时的会议，我们回顾过去，展望未来，会议内容是丰富的，更是卓有成效的。各位代表、理事之间富有建设性的交流和建议，为中国世界贸易组织研究会今后的工作注入了更多的生机和活力。

在今后的工作中，中国世界贸易组织研究会的发展仍离不开各位代表、理事的关心、支持和帮助。今后我们之间的交流将更加频繁，我们之间的友谊将与日俱增。我们相信，在第二届理事会的共同努力下，中国世界贸易组织研究会的明天必将拥有更加光辉灿烂的前景！

各位代表、理事为推动中国世界贸易组织研究会的事业发展作出了很大的贡献，在此，我向你们表示诚挚的谢意。现在，请允许我提议，让我们共同端起酒杯，为中国世界贸易组织研究会第二届理事会第一次会议的圆满成功，为中国对外开放事业的更好更快发展，为中国世界贸易组织研究会更加美好的明天，为各位来宾的工作顺利、身体健康、家庭幸福，为朋友们的友谊，干杯！

▨ 范例 8 ▨

【致辞人】大会领导
【场　合】××年国际豆类贸易与产业联盟大会闭幕晚宴
【时　机】中场致辞
【风　格】简洁质朴
【听　众】各国代表、地方领导、媒体记者
【关键词】圆满　感谢　合作　商机　欢聚
【金　句】今宵来自世界各地的朋友们欢聚一堂，共叙友情，我在这里借用中国的一句名言："有朋自远方来，不亦乐乎。"希望你们度过一个美好的夜晚。

尊敬的××主席，女士们、先生们：

晚上好！

今晚，我们在著名的北京饭店金色宴会大厅，共同庆祝××年国际豆类贸易与产业联盟大会取得圆满成功。在这难忘的时刻，我谨代表中国食品土畜进出口商会和中国豆类业界向国际豆类产业及贸易联盟和各国同行、中外嘉宾对本次年会的大力支持和积极参与表示衷心的感谢，对所有的赞助商表示衷心的感谢，特别向晚宴赞助企业××公司致以诚挚的谢意。

为期两天的会议，有近30名业内人士和专家做了精彩的演讲。整个会议充满了合作与商机，充满了信心与发展，这是一次高起点、高水平的国际专业会议，必将在推动全球豆类产业发展进程中起到积极的作用。

今宵来自世界各地的朋友们欢聚一堂，共叙友情，我在这里借用中国的一句名言："有朋自远方来，不亦乐乎。"希望你们度过一个美好的夜晚。

最后，我提议大家举杯，共祝××年国际豆类贸易与产业联盟会议取得圆满成功，共祝国际豆类贸易与产业联盟发展壮大，共祝在座的朋友们身体健康、事业兴旺。

干杯！

⑤ 工作会议闭幕祝酒词

■ 范例9 ■

【致辞人】油田公司领导
【场　合】油田公司工作会议闭幕酒会
【时　机】中场致辞
【风　格】环环相扣　实事求是　斗志昂扬
【听　众】公司领导、与会代表
【关键词】奋发　成绩　突破　生机　追求　蓝图
【金　句】潮平两岸阔，风正一帆悬。风劲潮涌，自当扬帆破浪；任重道远，更需策马加鞭。

各位代表，同志们、朋友们：

潮平两岸阔，风正一帆悬。在这充满喜庆、孕育希望的元月，油田公司 2008 年工作会议暨第八届一次职代会、第九届工会会员代表大会胜利闭幕了。在此，我们首先对"两会"的胜利闭幕表示热烈的祝贺！

过去的 2007 年，在集团公司、股份公司的正确领导和大力支持下，油田公司全体员工团结一心，奋发拼搏，各方面工作都取得了可喜的成绩和突破。职工生产、生活条件进一步改善，队伍团结稳定，油区各项事业欣欣向荣，处处呈现勃勃生机。

2008 年是××油田顺利完成"十一五"规划目标，实现跨越发展至关重要的一年，也是充满希望和挑战的一年。站在新起点的××石油人，应该有更多的企盼、更高的追求。风劲潮涌，自当扬帆破浪；任重道远，更需策马加鞭。我们深信，与会代表一定会以高度的责任感、强烈的使命感，充分发扬民主、凝聚民智、反映民意、共谋民利，一定会从××油田的发展大局出发，不负全公司员工重托，行使好职能，带头宣传、贯彻、执行好本次大会的精神，带动公司全体员工，以无比的热情投身到公司的发展洪流中去，绘就××油田的宏伟发展蓝图。

面对××油田新时期的目标和任务，我们豪情满怀，信心倍增。让我们紧密地团结起来，在集体公司的正确领导下，为油奋斗，创新务实，锐意进取，努力开创××油田公司又好又快的发展新局面。

我提议，为油田公司"两会"的顺利闭幕，为"十一五"规划进程的顺利推进，为油田的美好未来，干杯！

❈ 范例 10 ❈

【致辞人】地方领导
【场　合】省艺术创作工作会议闭幕酒会
【时　机】开场致辞

【风　格】简洁
【听　众】地方领导、与会代表、媒体记者
【关键词】闭幕 感谢 艺术 友情 盛会 宝地
【金　句】群贤毕至，惠者咸集；良宵美酒，举杯同庆。

尊敬的部长、厅长，各位领导、朋友们：

晚上好！

群贤毕至，惠者咸集；良宵美酒，举杯同庆。我们相约名城，共话艺术，共叙友情，共庆省艺术创作工作会议胜利闭幕。值此，我谨代表县委、县人大常委会、县政府、县政协、县纪委及91万全县人民，对各位领导和艺术工作者表示衷心的感谢！

××县是文化的沃土，艺术创作的宝地。本次盛会在××召开，对加快××县文化艺术事业的发展将起到积极的推动作用。我们坚信，有各位领导和艺术工作者的关心、支持和帮助，××的文化艺术事业必将取得长足发展。今宵欢聚话友情，来日奋发作华章。让我们共同举杯，为省艺术创作工作盛会的圆满成功，为文艺事业的蓬勃发展，为各位领导和各位艺术工作者的健康，干杯！

⑥ 洽谈会闭幕祝酒词

■ 范例 11 ■

【致辞人】公司经理
【场　合】客户咨询洽谈会闭幕酒会
【时　机】最后总结
【风　格】积极 简洁
【听　众】客户代表
【关键词】圆满 传播 密切 新篇章 影响
【金　句】这次会议的胜利完成，揭开了我们公司和各位客户合作的新篇章，将对我们公司的未来发展产生积极重大的影响。

· ·

各位来宾，各位朋友：

××家电公司大型客户咨询洽谈会在大家的共同努力和积极配合下，已经圆满地完成了预定的各项任务，今天就要胜利闭幕了。

这次大会，我们的专家对我公司的新产品做了详细具体的介绍，使得新产品得到了更加广泛的传播，同时与各位客户签订了新的协议，使得我们之间的合作更加深入密切。这次会议的胜利完成，揭开了我们公司和各位客户合作的新篇章，将对我们公司的未来发展产生积极重大的影响。

朋友们，我们公司即将迈进一个新的阶段，回望过去，令人欣喜；展望未来，令人振奋。未来的发展任重道远，希望各位朋友在今后一如既往地关注和支持我们公司，在双赢的路上走得更远！

最后，我代表公司全体人员再次感谢大家的配合，同时也向为本次会议提供热情、周到服务的全体工作人员和有关单位的员工表示衷心的感谢！

现在，我宣布××家电公司大型客户咨询洽谈会胜利闭幕！干杯！

7 艺术节闭幕祝酒词

■ **范例 12** ■

· ·

【致辞人】组委会领导
【场　合】某国际民间艺术节闭幕联谊会
【时　机】最后总结
【风　格】简洁　质朴
【听　众】相关领导、民间艺术家、各界嘉宾、媒体记者
【关键词】祝贺　交流　舞台　友谊　精彩　难忘
【金　句】虽然我们相隔遥远，但我们的心灵是相通的，我们的友谊是永恒的。

· ·

尊敬的××先生，各位艺术团团长，各位民间艺术表演家：

晚上好！

刚才在我们的闭幕式上，每个艺术团都拿到了一个精致的奖杯，在此，我代表艺术节组委会向大家表示衷心的祝贺！

××国际民间艺术节是世界民间艺术交流的舞台，在这个舞台上，我们交流艺术，增进友谊。正是有了大家的参与，才使我们的艺术节举办得如此绚丽多姿、精彩无比。

在过去的八天里，大家的精彩演出给××人民留下了难忘的印象，我们已经为大家做好了精美的影集和开幕式 DVD 光盘，明天各位将陆续离开××，我希望大家能把这些照片和图像带回自己的家乡，和家人、朋友共同分享艺术节的成功和喜悦。

我相信，虽然我们相隔遥远，但我们的心灵是相通的，我们的友谊是永恒的。

××国际民间艺术节是大家共同的节日，我现在给大家透露一个消息：今天也是波兰××民间艺术团××小姐的生日。

最后，我提议：让我们共同举杯，为艺术节的成功，为我们的友谊，为祝贺××小姐的生日，干杯！

⑧ 比赛闭幕祝酒词

■ 范例 13 ■

．．．．．．．．．．．．．．．．．．．．．．．．．．．．．．．．．．．

【致辞人】市领导
【场　合】某音乐大奖赛颁奖典礼闭幕酒会
【时　机】最后总结
【风　格】简洁 大气
【听　众】各级领导、各界来宾
【关键词】紧张 圆满 感谢 祝贺 向往 引领
【金　句】我们将坚持不懈、一如既往地办好××奖，勇立潮头，开拓创新，更好地发挥××奖落户地和大本营的作用，

各位领导、各位来宾、朋友们:

晚上好!

经过一周以来的紧张比赛,第×届中国音乐××奖今晚落下了帷幕。今晚,××市委、市政府在这里举行闭幕酒会,答谢各位领导、嘉宾,庆祝本届××奖音乐大赛取得圆满成功。首先,请允许我代表××市委、市政府向为本届××奖音乐大赛付出辛勤劳动的相关领导、各位评委、嘉宾及全体工作人员表示衷心的感谢和诚挚的问候!同时,向获得本届音乐大赛终身成就奖的老一辈音乐家,向在音乐大赛各项比赛中获得奖项的选手们表示热烈的祝贺!

经过×届的打造,××奖已成为全国最具影响力的音乐比赛,全国无数从事音乐行业的青年才俊无不向往和追求。××奖为他们提供了一个检验实力,展示才华,走向成功的重要平台,刚才走过的红地毯犹如一条"星光大道",将引领他们走向音乐艺术的巅峰!

在过去一周的××奖举办期间,全国音乐界顶级的艺术家们云集××,在数十场精彩的比赛中,近200位参加复赛的选手激烈角逐××大奖,让××市民尽情地享受了音乐艺术的盛宴。同时,各类系列活动营造了浓浓的文化氛围。中国音乐学院高水平的开幕式音乐会令人振奋和难忘;××奖公众论坛、××奖专题音乐讲座、××新秀歌手大赛、全市各地广场文艺演出、文化市场文艺调演等活动此起彼落,高潮迭起,有26万多人直接参与了××奖各类系列活动,××人民欢度了一个盛大的"音乐节"。

我们高兴地看到,××奖永久落户××市,不但对中国音乐事业的发展起到了重要的推动作用,同时也促进了××文化事业的发展。××市因××奖而更具魅力,××人民因音乐的熏陶而更加美丽。我们将坚持不懈、一如既往地办好××奖,勇立潮头,开拓创新,更好地发挥××奖落户地和大本营的作用,推动××奖走向新的辉煌!

再次感谢大家!让我们一同举杯,为庆祝本届××奖的圆满成功,为××奖的美好未来,干杯!

范例 14

【致辞人】全国老龄办副主任

【场　合】第一届全国老年人体育健身大会闭幕晚宴

【时　机】开场致辞

【风　格】面面俱到 语调高亢

【听　众】与会老年人代表、工作人员、地方领导、媒体记者

【关键词】交流 圆满 祝贺 敬意 精神 健康 丰富

【金　句】展示了亿万老年人传承奥运精神、展示健康风采，快乐、积极、向上的精神风貌，也向全世界展示了我国经济社会发展的辉煌成就和保障维护人权的文明进步成果，进一步昭示了我国老年体育健身事业蓬勃发展的美好前景。

尊敬的各位领导、各位嘉宾，女士们、先生们、朋友们：

首届全国老年人体育健身大会在各级党政领导的高度重视和亲切关怀下，在三个主办部门的密切配合和精心组织下，在全国各地亿万老年人积极踊跃的参与下，从 7 月 20 日柔力球交流活动到现在，历时 99 天，分 9 个赛区进行了 10 大类体育健身项目的比赛与交流，今天终于圆满、顺利、平安地闭幕了。在这里，我代表国家体育总局、全国老龄工作委员会办公室、中国老年人体育协会三家主办单位向大会的成功举办表示热烈祝贺，向参加今天晚宴的各位领导、嘉宾表示热烈欢迎，向参加本届大会的所有老年运动员、教练员、裁判员和承办交流活动的九个地方政府及有关部门表示衷心的感谢，向赞助和支持本届大会的企业、社会团体和多年来关心、支持老年体育事业发展的各界人士致以崇高的敬意！

首次成功举办范围广、赛程长、影响大的全国老年人体育健身大会，充分体现了党和政府对老龄工作的重视与关心，充分展示了亿万老年人传承奥运精神、展示健康风采，快乐、积极、向上的精神风貌，也向全世界展示了我国经济社会发展的辉煌成就和保障维护人权的文明进步成果，进一步昭示了我国老年体育健身事业蓬勃发展的美好前景。我们决心认真总结和吸收借鉴这届老年体育健身大会的成功经验，继续为亿万老年人搭建

舞台，创造机会，不断引导和带动老年群体开展更加丰富多彩的健身运动，提高身体素质和生命质量，以实际行动践行"健康老龄化、积极老龄化"的理念，共建和谐社会，共享社会文明成果。

今天是九九重阳，也是我国老年人自己的节日。借此机会，我提议：为第一届全国老年人体育健身大会的成功举办，为全国亿万老年朋友们的节日快乐，为在座各位朋友们的身体健康、家庭幸福、事业兴旺，干杯！

漫 话 闭 幕 酒

酒·文·化

闭幕祝酒词具有简明性和口语化两个特点，凡重要会议或重要活动，一般都有闭幕祝酒词，这是一道必不可少的程序，标志着整个会议或活动的结束。闭幕祝酒词通常要对会议或活动做出正确的评估和总结，充分肯定会议或活动所取得的成果，强调会议或活动的主要精神和深远影响，激励有关人员宣传会议或活动的精神实质和贯彻落实有关决议或倡议。

闭幕祝酒词具有以下特点：

总结性。闭幕祝酒词是在会议或活动的闭幕式上使用的文种，要对会议内容、会议精神和进程进行简要的总结并做出恰当的评价，肯定会议的重要成果，强调会议的主要意义和深远影响。

概括性。闭幕祝酒词应对会议进展情况、完成的议题、取得的成果、提出的会议精神及会议意义等进行高度的语言概括。因此，闭幕祝酒词的篇幅一般都短小精悍，语言简洁明快。

号召性。激励参加会议的全体成员为实现会议提出的各项任务而奋斗，增强与会人员贯彻会议精神的决心和信心。闭幕祝酒词的行文充满热情，语言坚定有力，富有号召性和鼓动性。

口语化。闭幕祝酒词要适合口头表达，写作时语言要求通俗易懂、生动活泼。

总之，闭幕祝酒要热情洋溢，要简洁有力，起到激发斗志，增强信念的作用。一般以坚定的语气发出号召，提出希望，表示祝愿等。

现在，我提议：为本次邀请赛的成功举办，为我们共同的友谊，为朋友们的健康、幸福，干杯！

愿大家在今天的团聚中尽情地享受××人的真心、友情、美酒和音乐，现在我提议：请大家举起手中的酒杯，为联赛胜利闭幕，为我们的友谊，为我们的身体健康、家庭幸福，为××明天更美好，干杯！

今宵欢聚话友情，来日奋发作华章。让我们共同举杯，为省艺术创作工作盛会的圆满成功，为文艺事业的蓬勃发展，为各位领导和各位艺术工作者的健康幸福，干杯！

面对××新时期的目标和任务，我们豪情满怀，信心倍增。让我们紧密地团结起来，在集体公司的正确领导下，为油奋斗，创新务实，锐意进取，努力开创××公司又好又快的发展新局面。我提议，为××公司××的顺利召开，为"十二五"规划进程的顺利推进，为××的美好未来，干杯！

各位代表、理事为推动××的事业发展做出了很大的贡献，在此，我向你们表示诚挚的谢意。现在，请允许我提议，让我们共同端起酒杯，为××第二届理事会第一次会议的圆满成功，为中国对外开放事业的更好更快发展，为××更加美好的明天，为各位来宾的工作顺利、身体健康、家庭幸福，为朋友们的友谊，干杯！

今天是九九重阳，也是我国老年人自己的节日。借此机会，我提议：为第一届全国老年人体育健身大会的成功举办，为全国亿万老年朋友们节日快乐，为在座各位朋友们的身体健康、家庭幸福、事业兴旺，干杯！

第 *15* 章
励志酒：荆轲饮燕市，酒酣气益震

励志酒概要

酒·常·识

　　励志是一门学问，不仅仅是要激活一个人的财富欲望，更要激活一个人的生命能量。失去创造力是一种悲哀，而励志，便是让一个人重新焕发力量。在各种类型的宴会中，祝酒时说上两句励志的话，是非常必要的。这种励志的话语，在庆祝成人礼、升学、毕业和学生进入社会时的宴会中使用得最为广泛，也可以在企业或事业单位的聚会中，领导用来鼓舞下属。这就是励志酒祝酒词。

祝酒词范例

酒·词·话

① 年会励志祝酒词

■ 范例1 ■

【致辞人】医院科室主任
【场　合】内一科 2012 年新年宴会

【时　机】开场致辞

【风　格】朴实　真挚　情真意切

【听　众】内科领导、医生

【关键词】欢聚　欣慰　圆满　感谢　齐心协力

【金　句】这些目标都要靠我们全科同志共同努力来实现，只有我们心往一处想，劲儿往一处使，才能把我们这个科室、我们这个大家庭建设得更好。

....

各位医生、各位护士、内一科全体兄弟姐妹们：

中午好！

今天，咱们科室全体同志共同欢聚在一起，吃一顿辞旧迎新的年饭。此时此刻，每个人的心情都十分放松和高兴。借此机会，作为科室负责人，我有几句心里话想对大家说。

第一句话是：2011年工作任务圆满完成。

今年，咱们科患者量始终居高不下，工作量很大，同时医院实行了新的目标管理制度，给我们提出了很多新的要求。尽管困难很多，压力很大，但在大家的共同努力下，科室全年工作成绩显著，安全平稳，这是很不容易的，也是最值得欣慰的。院领导对我们科的工作也给了很高的评价，我们共同为2011年画上了一个圆满的句号。

我想说的第二句话是：大家辛苦了，谢谢你们。

一年来，我们每个人的工作都积极主动，认真严谨，任劳任怨、尽职尽责，使科室内形成了良好的作风。同时，大家对我的各项工作安排都特别支持和理解，在这里我真心地向大家道一声辛苦，你们受累了，谢谢你们。

我要说的第三句话是：居安思危，齐心协力。

行医者如履薄冰，我们从事的是一个高风险的行业，这就要求我们时刻要有风险意识。2012年即将来临，新的一年给我们带来了新的憧憬。我想，在新的一年里，我们还是要立足医疗安全，立足医患和谐，在稳定中求创新、求突破、求发展。而这些目标都要靠我们全科同志共同努力来实现，只有我们心往一处想，劲儿往一处使，才能把我们这个科室、我们这个大家庭建设得更好。

最后，我要用最真诚的心和杯中酒把最美好的祝愿送给咱们全科的兄弟姐妹，祝你们在新的一年里，身体健康、家庭幸福、财源滚滚、心想事成！

▨ 范例 2 ▨

··

【致辞人】董事长
【场　合】新东方年会酒宴
【时　机】开场致辞
【风　格】情深意长　鼓舞激励　深情祝福
【听　众】新东方领导、教师
【关键词】新起点　大家庭　家人　努力　成长
【金　句】一年 365 天，我们数着日子一天天过去，到每年年底，我们总是会有一些收获，也会有一些遗憾；我们总是希望下一年会过得更好。

··

亲爱的新东方人：

2010 年伊始，我代表新东方祝福大家，祝大家在新的一年里心情愉快，万事如意，全家安康幸福！

新的一年开始了，新年总要有新的起点、新的想法、新的计划和新的生活。一年 365 天，我们数着日子一天天过去，到每年年底，我们总是会有一些收获，也会有一些遗憾；我们总是希望下一年会过得更好。日子有两种过法，可以随随便便过一天算一天，也可以把每一天都筹划好。前一种日子过得像一堆散乱的砖头，后一种日子就像把砖头砌成了房子。我们当然愿意要房子，但要房子需要两个条件：第一是把要什么样的房子先想好；第二是知道每一块砖应该放在什么地方。希望新东方人在新的一年里，都为自己留下一座时间砌成的房子，里面充满了 2010 年美好的回忆。

一个好的身体是做成事情的重要条件，身体好意味着可以承载更大的压力，工作效率更高，心情更加愉快！在新的一年里，大家要多多安排体育活动，实在不行就多走路，多爬楼梯，在工作的时候要多站起来伸伸懒腰、动动脖子。在新的一年里，我会要求各新东方机构多多安排户外活动，让大家多见一些阳光，多看一些蓝天，多一些海阔天高的心情，也多一些团队精神和大家庭的温暖。

还有，一个人的归宿不是工作，你真正安心的地方是你的家，真正关心你的人是你的家人，他们同时也需要你的关心。在新的一年里，别忘了多多问候你的父母，当然如果你已经结婚，千万别忘了问候你的公公婆婆或岳父岳母；另外，你很累，你的另一半儿也很累，所以你们之间需要的不是纠正和指责，任何一个人心底最需要的都是温柔的眼神和理解的拥抱，然后大家一起手牵手度过生活。如果你已经有了孩子，一定要把尽可能多的时间留给孩子，孩子不需要玩具，孩子最需要的是你和你的时间。不要把时间都交给工作，工作可以慢慢做，但生活失去了就不会再回来了。

最后，大家确实需要努力工作，才能使生活更好。工作中最重要的是成长，有成长就会有成就，就会有更好的收入保障，就会有更好的生活。在这点上，我需要比大家更加努力，更加不懈怠。因为大家能否在新东方有一份安定的工作，关键是我及新东方管理层能否做出正确的决策，能否领导大家向着正确的方向前进，能否把新东方越做越好。过去的新东方有了一定的成就，未来的新东方，我们希望为大家提供更好的平台和更大的发展空间。让我们祝愿新东方越来越好，因为这意味着在新东方的每一个人会越来越好。我会全力以赴，和大家一起努力！

再次感谢大家 2009 年的努力，让我们一起把 2010 年的每一天，都变成值得我们回忆和品味的日子！干杯！

❷ 成人礼励志祝酒词

■ 范例 3 ■

....

【致辞人】教师代表
【场　合】某高中十八岁成人礼宴会

【时　机】中场致辞
【风　格】文采飞扬
【听　众】全体高三学生、教师
【关键词】朝气蓬勃　梦想起航　成熟　人生
【金　句】一个人到底能走多远，不要问双脚，而要问志向；
一个人到底能攀多高，不要问双手，而要问意志。

···

同学们、朋友们：

大家好！

今天是个特别的日子，我以特别的感动、特别的体会来到这个特别的
聚会。能作为教师代表发言，我感到特别的荣幸。

同学们，站在这里，看到你们满怀憧憬的年轻脸庞，看到你们充满朝
气的青春身影，此时此刻，我感慨良多。

首先，我衷心地向你们表达我最诚挚的祝贺！你们告别了天真的童年，
走过了懵懂的少年，步入了成年人的行列。你们长大了，成人了！

十八岁是一个值得记住的年龄，这是一个狂妄的年龄，这是一个心想
事成的年龄，这是一个飞扬青春、放飞梦想、收获希望的年龄，这是一个
我怕谁、谁不怕我的年龄……自豪吧，同学们！你们正值这个年龄！十八
岁的青春最富生机，十八岁的年华最具魅力，十八岁的天空是澄澈的，十
八岁的世界是多彩的，十八岁的人生刚刚起航，十八岁的未来不可估
量……

骄傲吧，同学们！你们正值十八岁！作为放飞你们的守巢人，真的很
羡慕你们！羡慕之余，我又感到无比的幸福，因为你们把人生中最美丽的
时刻留给了我们，在此，请让我由衷地向你们道一声"谢谢"！

同学们，成长是一种美丽的痛，你们可能会说"白天不懂夜的黑"，但
无论如何，在此我想说，十八岁不仅是一个生命个体成熟的体现，更是一
个生命个体肩负责任的开始！十八年的岁月，陪伴你们的是父母师长的含
辛茹苦和呕心沥血；十八年的成长，留给他们的却是两鬓斑白甚至老态
龙钟。

同学们，有些事情，当我们年轻时，无法懂得，而当我们懂得时，已

不再年轻；有些东西我们可以弥补，有些东西我们永远也无法弥补。中国有句俗语叫"百善孝为先"，在此，我只想提醒同学们，母爱无边，父爱无涯，孝心无价！感恩不容错过！

同学们，最后我想说的是，十八岁是一个标志，它标志着人生从此掀开最绚丽、最浪漫的一页；十八岁是一个里程碑，它昭示着一个成熟的人由此开始加入到改造世界、造福人类的行列中。同学们，你们人生的序幕已经拉开，你将在人生的舞台上扮演什么角色呢？请用实际行动做出选择吧！

一个人到底能走多远，不要问双脚，而要问志向；一个人到底能攀多高，不要问双手，而要问意志。同学们，带着你的志向和意志上路吧！路上风光正好，天上太阳正晴！守巢人永远祝福你们！

为了你们更光辉灿烂的明天，让我们一起举起酒杯，干杯！

■ 范例4 ■

··

【致辞人】学生家长
【场　合】十八岁成人礼宴会
【时　机】结尾致辞
【风　格】情真意切　感情质朴热烈　鼓舞激励
【听　众】全体高三学生、教师、家长代表
【关键词】友谊　自豪　转折点　感激　梦想　后盾
【金　句】十八岁，成人，意味着什么？意味着成熟，意味着你们已经作别懵懂的少年时代，有了自己思考问题的独特方式。希望你们树立正确的价值取向和人生态度，温润而不偏激，厚实而不虚浮，从容而不焦躁。

··

尊敬的×校长、各位老师、亲爱的同学们：

大家好！

今天，我非常荣幸，也感谢你们给我这样一个机会——以一个家长的身份为孩子们祝福。

衷心祝贺今天参加仪式的每一位孩子携着友谊，带着微笑，披着阳光，和着细风走进十八岁的殿堂。衷心祝贺你们从现在起，真正跨入了你们梦寐以求的成人行列，真正成为了一名具有完全行为能力的公民。

十八年前，你们从母亲的腹中呱呱落地，带给父母无法言语的惊喜，因为有了你们的诞生，父母的生命才更加充实、完整。把你们培养成一个身心健康，人格完整的人，成了每个家庭经营的最重要的大事。看着你们从蹒跚学步到如今的疾步如飞，从牙牙学语到如今的口若悬河，你们的这十八年带给我们多少快乐，也带来了多少烦恼；带来了多少自豪，也带来了多少焦虑。父母所有这些艰辛的付出，在你们一步一个脚印的成长中化为甘甜。而今回首，感谢他们十八年来休戚与共的相随相伴，正是这十八年的休戚与共，才有了你们今天面带微笑，体魄健康地顺利走向十八岁这一人生转折点。

同样，我们也要感谢这十几年中不断精心辅导你们的老师们，尤其要感谢在你们人生最易迷茫而重要的高中三年中给予你们细心指导和循循教诲的××高中的每一位老师。犹记得炎炎烈日下，班主任老师不辞辛劳一家一家地家访，了解学生家庭教育状况，以自身的经验对孩子的教育给予有益的建议。面临高三时，学校领导更是予以高度的重视，配备了最好最有经验的教学团队，老师们毫无怨言，牺牲了自己的休息时间、牺牲了与家人在一起的时间，每天教学结束后义务为孩子们加课，甚至连星期天也顾不得放松劳累了一个星期的身体，继续为孩子们全天补课。每当华灯初上，家长们在家里等着上课归来的孩子，想着站在明亮的教室里老师们依然讲课的身影，心里就会升起深深的感激之情。感谢你们的辛勤耕耘，感谢你们的呕心沥血，正是这润物细无声的、绵延不断的教诲，才有了孩子们今天面无愧色，坦荡潇洒地站到十八岁这一人生新起点上。

十八岁，成人，意味着什么？意味着成熟，意味着你们已经作别懵懂的少年时代，有了自己思考问题的独特方式。希望你们树立正确的价值取向和人生态度，温润而不偏激，厚实而不虚浮，从容而不焦躁。锁定理想中的目标，披荆斩棘，迎难而上，相信终有与成功结缘的一天。十八岁，成人，意味着责任。对自己负责，对家庭负责，对他人负责，对社会负责。这是一种担当，需要自信自励，需要热情热心，需要把世事洞明，需要把人情练达。自我张扬和责任义务，矛盾而和谐，需要你们睿智地去把握。十八岁，成人，意味着感恩。感恩上苍，赐予你们家园；感恩父母，赐予你们生命；感恩朋友，赐予你们温暖；感恩社会，赐予你们成长的历程。心中怀着感恩，你们才是大气而快乐的人。

十八岁，成人了，太多的梦想、太多的憧憬等着你们去实现。在今后追求的道路上，可能会处处看到鲜花，时时听到掌声；也会经常碰到礁石，不断遇到旋涡。但不管怎样，孩子们，请你们记住：父母始终在你们身后默默地支持你们，父母也永远是你们最可依赖的臂膀和最可靠的港湾；同样，也请你们铭记：你们的学校，你们的老师始终为你们默默地提灯引路，做你们坚强的后盾！

最后，感谢学校为孩子们创设这样的机会，营造这样的氛围，为孩子们人生的成长中添上这珍贵的记忆。让我们举起酒杯，感谢亲爱的老师，感谢亲爱的父母，感谢亲爱的同学们。为了未来，干杯！

❸ 升学励志祝酒词

■ 范例 5 ■

【致辞人】学生家长
【场　合】升学宴会
【时　机】开场致辞
【风　格】简洁质朴　逻辑严谨
【听　众】老师、同学、亲朋好友
【关键词】放弃　共享　心路历程　阳光雨露　感恩　乐观豁达 真才实学
【金　句】上大学只是人生的开始，可能会遇到许多困难和挫折，要有勇气面对，要有乐观的态度，豁达的胸怀，坚韧不拔的毅力。

各位领导、老师、亲朋好友：

中午好！

首先感谢各位领导、亲朋好友百忙之中放弃休息与我们共享这份快乐！感谢关心支持帮助过我们的所有朋友！尤其要感谢为××同学的成长付出过辛勤劳动的×××班主任老师及所有教过她的老师，在这里真诚地说声"谢谢"！

孩子的成长其实是心灵的成长，从小到大她的心路历程都是随着她的成长环境而变化的。××同学之所以有今天，就是在她成长的过程中，有老师的阳光雨露，有家人的关爱呵护，有朋友的关心帮助，所以，在这里我对××同学提出三点希望：

一是希望她成为一个懂得感恩的人。滴水之恩当涌泉相报，这是古训也是为人之本。希望你能把这份感恩之心变成勤奋学习的无穷动力，将来用自己的行动来回报帮助过你的人，回报社会。

二是希望她成为一个乐观豁达的人。上大学只是人生的开始，可能会遇到许多困难和挫折，要有勇气面对，要有乐观的态度，豁达的胸怀，坚韧不拔的毅力。孟子说："天将降大任于是人也，必先苦其心志，劳其筋骨，饿其体肤，空乏其身，行拂乱其所为，所以动心忍性，曾益其所不能。"要有继续吃苦耐劳的准备，要有积极向上的态度。

三是希望她成为一个有真才实学的人，能在大学的四年里，勤奋学习，不为杂念所扰，不为诱惑所动，专心致学，为将来立足于社会打下坚实的基础。

提这三点希望，希望我们的孩子×××牢记于心，不负众望。淡酒素菜不成敬意，希望大家开怀畅饮。最后祝大家健康、快乐、幸福、平安！

■ **范例 6** ■

· ·

【致辞人】中学校长
【场　合】学校为优秀毕业生及其家长举办的集体升学宴
【时　机】开场致辞

【风　格】感情真挚　文采飞扬

【听　众】领导、老师、同学、亲朋好友

【关键词】继往开来　感恩　磨炼　同窗情谊　志存高远　敢为人先　永不言败

【金　句】祝愿同学们在新的人生旅途上学习进步、前程似锦，早日成为祖国的栋梁、母校的骄傲。

尊敬的各位领导、老师们、家长同志们，亲爱的同学们：

大家好！

今天，我们欢聚一堂，在这里为我校优秀的毕业生举办集体庆祝励志酒宴。首先，向2012届××学生圆满完成高中学业，如期毕业，表示衷心的祝贺。

同学们，今天，你们学有所成，高中毕业了。你们即将离开母校，以成人的姿态融入高校和社会生活。作为××的校长，我代表全体教师，给大家提三点希望：

第一点希望：常记做人为先的道理。我们的××是一所有着65年光荣历史的学校，有着深厚的文化积淀、丰硕的办学成果，更因为有了你们这些一代代奋发有为的青年学子的继往开来而保持了她旺盛的生命力。在引导学生学会求知、提高能力的同时，我们更注重教大家学会做人，做"讲诚信、负责任、有爱心、敢作为"的人。我希望大家走出××后，能时刻牢记做人为先。要成才，必先成人。一个人格高尚的人，一个能与他人和谐共处的人，一个有原则、肯奉献、能宽容的人，是最能体验幸福人生之真谛的人。我希望，你们能成为这样的人！

第二点希望：常怀感恩之心。一个高素质的公民应是一个懂得感恩的人。记得在四川抗震救灾的时候，来自唐山的一支农民志愿队感动了整个中国。今年，当青海玉树受灾后，这支农民志愿队又出现在玉树，因为在唐山地震后全国人民曾给予他们无私的支援。因为感恩，他们要回报国家和社会，为灾区重建尽自己的一份力量。同学们，感恩是一种文明，感恩是一种心灵的动力！因为懂得感恩，才会懂得珍惜；懂得感恩，才会懂得回报；懂得感恩，就会变得豁达；懂得感恩，就会真正获得快乐和幸福。希望同学们都能常怀感恩之心，记得对辛勤操劳的父母、默默耕耘的老师和关心支持的同学说声"谢谢"，并感谢成功的激励、失败的磨炼，感谢生活的酸甜苦辣给予了你丰富而独特的体验，让你变得更加成熟、更加坚强。

第三点希望：常回母校看看。同学们，高中阶段的学习生活是人生中很特别的一个阶段，一千多个日子里，留下了你们最宝贵的青春年华、最难忘的求学岁月、最真挚的同窗情谊。不知不觉中，你们已站在了高中的终点处，即将挥别熟悉的校园、亲爱的老师和同学，开始人生的下一站旅程。同学们，离别总是伤感的，但我们今天的离别是为了追求自己的理想、创造更美好的前程，所以，让我们笑着分别吧！用微笑为彼此加油！××的校园是美丽的，虽然不大，但很精致；××的老师是优秀的，他们敬业，而且关爱自己的学生。今后，当你疲倦烦累时，当你委屈难过时，当你面临困境不知所措时，别忘了还有母校的老师愿意为你分忧解难。你们永远是××的学生，是××的骄傲，在你成长的身影后面永远有母校关注的目光。母校永远是你可以停泊的港湾，母校总是在期盼着你们传来好消息。同学们，毕业以后，记得常回母校看看，常浏览学校的网站，多关心母校的发展，让我们共同见证××的美好明天！

"路漫漫其修远兮，吾将上下而求索。"××的学生就应该牢记"爱、博、健、严、敬、实"的校训，志存高远、敢为人先、永不言败，以大卜国家为己任，承担国家强大、民族复兴、人民幸福的社会责任。最后，祝愿同学们在新的人生旅途上学习进步、前程似锦，早日成为祖国的栋梁、母校的骄傲。让我们共同举杯，为你们的未来扬帆起航而庆祝。谢谢大家！

▓ 范例7 ▓

【致辞人】老师
【场　合】升学宴会
【时　机】开场致辞
【风　格】情真意切　感情深沉

【听　众】老师、同学、亲朋好友

【关键词】坚忍 情怀 心弦 蓦然 青春万岁

【金　句】在此，我给你布置最后一次作业，那就是：莫让青春付水流。但愿将来我们相逢时，我们每个人身上都荡漾着青春的活力，都有源于青春的成功！

....

××同学的家长和亲朋好友：

大家好！

在今天这个场合，我想起了一首古诗："家在闽山东复东，其中岁岁有花红。而今不在花红处，花在旧时红处红。"它歌颂了花的坚忍，也反衬出"年年岁岁花相似，岁岁年年人不同"的伤时情怀。这复沓回荡、音律优美的诗句，拨动着古往今来多少人的心弦！是啊，时光流逝的确无情，岁月的沧桑将带走我们的青春美貌，生活的艰辛将销蚀我们的少年豪情。用不了多久，在一阵阵落花吹过后，面对满目落英，我们蓦然会有"夜来风雨声，花落知多少"的惊心。当我们不再是红颜美少年时，我们看花，它还在"人面不知何处去，桃花依旧笑春风"——花有多么长的青春哟！

难道我们就不能将人生的花季一直延续下来？难道我们就不能让自己的青春也"年年岁岁花相似"？能的，一定能的。

不知大家是否听到过这样一个故事：古希腊哲学家苏格拉底曾要求他的弟子每天做若干个甩手动作，一直坚持下去。许多年以后，坚持下来的只有一个人，他就是柏拉图——和他的老师一样伟大的哲学家。这件事给我们一个什么启示呢？那就是：一切成功，都源于坚持。

为了年轻永驻，为了青春万岁，我们坚持什么呢？坚持我们年轻时的理想和信念，坚持我们对生活的热爱和向往！一位70多岁的老人曾说："年轻，不是人生旅程的一段时光，也不是红颜、朱唇和轻快的脚步，它是心灵的一种状态，是头脑的一个意念，是理性思维中的一段勃勃生机，是使人生春意盎然的源泉。"只要心灵不老，我们都将永远年轻，我们都将青春万岁！

××同学，你即将踏上人生的新征程，自己将要面对各种各样的新挑战。作为老师，我对你的将来充满信心。在此，我给你布置最后一次作业，那就是：莫让青春付水流。但愿将来我们相逢时，我们每个人身上都荡漾着青春的活力，都有源于青春的成功！

最后请大家举起酒杯，共同祝××同学一路顺风！

▪ 范例8 ▪

【致辞人】准大学生
【场　合】升学宴会
【时　机】开场致辞
【风　格】简洁质朴
【听　众】老师、同学、亲朋好友
【关键词】百忙之中　回馈　含辛茹苦　蓬勃　迎受　优秀
【金　句】亲爱的叔叔、阿姨，今后，我一定更加努力学习，更加顽强拼搏，争取以更优异的成绩回报大家的关爱，回报故土深情，争取有益社会、有益人生。

亲爱的叔叔、阿姨：

大家好！

很高兴大家能在百忙之中抽出时间来参加我的升学宴会。在这里，我向大家表示衷心的感谢（鞠躬）。此时此刻，我的心情非常激动。我终于能通过自己的努力考进理想的大学，并以此来回馈长辈的教导、亲朋的关爱、父母的培养。正是由于你们的倾注和付出，才让我将自己的梦想转化为现实的行动，将少年的天真转化为青年的成熟。

首先，我要感谢生我养我的父母，是他们的含辛茹苦、默默奉献，把我养育成人。他们虽然坚守在平凡的岗位，却用最伟大的爱教会我做人，教育我成才，培养我走向成功的道路。此时此刻，我想说："爸爸妈妈，你们辛苦了，女儿永远爱你们！"（向父母鞠躬）我更要感谢在座的各位叔叔阿姨。你们对我、对我父母、对我们家庭的真诚友谊和无私关怀，是我今生今世至为宝贵的财富。12年来，在我成长、求学的路上，这友谊、这关怀，都幻化成了我无尽的上进勇气和蓬勃的奋进力量。

以后，我无论走到哪里，都不会忘记你们对我、对我父母、对我们家庭的真诚友谊和无私关怀。这种故土亲情，将更加激励我迎受人生的风雨，创建巨大的辉煌。亲爱的叔叔、阿姨，今后，我一定更加努力学习，更加顽强拼搏，争取以更优异的成绩回报大家的关爱，回报故土深情，争取有益社会、有益人生。

最后，祝福大家事业蒸蒸日上，家庭幸福美满！更祝福我的恩师身体健康、事业有成，教出比我更优秀的学生！请大家举起酒杯，为我们所有人的未来，干杯！

■ 范例 9 ■

· ·

【致辞人】家属代表
【场　合】升学宴会
【时　机】中场致辞
【风　格】激情四射　文采飞扬
【听　众】老师、同学、亲朋好友
【关键词】灿烂　喜报　金榜　默默支持　殷殷关爱　耕耘　出息
【金　句】为了表示深深的谢意，主人特备薄酒一杯，酒水虽然淡薄，但情意深厚。在此，我请大家举杯，为我们的孩子个个有出息，干杯！

· ·

尊敬的各位来宾、各位亲戚朋友：

大家好！

今天，阳光灿烂，秋风送爽，喜报传来，××同学荣登金榜，考上了××大学。在此，我代表大家对他们全家表示衷心的祝贺，同时，也代表他们全家对各位的光临表示衷心的感谢和热烈的欢迎！

十年寒窗苦读，一朝金榜题名，这是每一位学子所追求的目标。××同学苦读十二年，终于好梦成真，实现了自己多年的愿望。这既是她个人努力的结果，也饱含了父母、家人、师长及所有亲朋好友的默默支持与殷殷关爱。

希望××同学永远铭记这一份深情厚谊。再过几天，××同学就要怀着新的梦想和希望，踏上北去的列车，步入大学殿堂，进入一个更广阔的知识天地里去深造，去耕耘，去奋斗。在此，我们要送她一个美好的祝愿，祝她用勤奋的笔书写生命的精彩，用拼搏的双手创造人生的辉煌！

为了表示深深的谢意，主人特备薄酒一杯，酒水虽然淡薄，但情意深厚。在此，我请大家举杯，为我们的孩子个个有出息，干杯！

▨ 范例10 ▨

【致辞人】母亲
【场　合】升学宴会
【时　机】中场致辞
【风　格】爱女情深 文辞精彩
【听　众】同学、老师、亲朋好友
【关键词】收获 荣登 扎实 银铃 心坎儿 回报 高尚
【金　句】青春像一只银铃，系在心坎儿，只有不停奔跑，它才会发出悦耳的声响。立足于青春这块处女地，在大学的殿堂里，以科学知识为良种，用勤奋做犁锄，施上意志凝结成的肥料，去再创一个比今天更令人赞美的金黄与芳香。

各位老师、同学、亲朋好友：

大家好！

首先，让我代表全家向各位的到来表示热烈的欢迎和衷心的感谢！初秋时节，凉风送爽。在这个满怀喜悦、收获成功的季节，我们怀着同一心情，欢聚一堂，共同庆祝小女××荣登科第、金榜题名。站在这里，我很荣幸，也很激动。回首十载寒窗，在良师的教诲下，在亲朋好友的帮助下，××取得了一定的成绩，考上了××大学，在人生旅途上迈出了扎实的第一步。在此，我向××的老师表示衷心的感谢！

女儿，妈妈也请你记住：青春像一只银铃，系在心坎儿，只有不停奔跑，它才会发出悦耳的声响。立足于青春这块处女地，在大学的殿堂里，以科学知识为良种，用勤奋做犁锄，施上意志凝结成的肥料，去再创一个比今天更令人赞美的金黄与芳香。

我希望××珍惜宝贵的四年时光，磨砺自己、充实自己、提高自己！我相信，××一定会用优异的成绩回报父母，回报家人，回报亲朋，回报社会，成为一个自尊、自爱、自立、自强的好姑娘！将来成为一名医德高尚的好医生，祝愿她的明天更美好，也祝愿各位亲朋好友身体健康、家庭幸福、事业兴旺、天天发财！并对主持人、××酒楼及全体员工的辛勤劳动表示衷心的感谢！谢谢大家！

④ 毕业励志祝酒词

■ 范例11 ■

【致辞人】学生代表
【场　合】毕业聚会
【时　机】开场致辞
【风　格】文辞精彩 深情厚谊 激情飞扬
【听　众】学校领导代表、老师、同学
【金　句】一粒种子总要找到一片适合自己生长的土壤，因为只有在那里它才能开出更加鲜艳的花朵；一滴水总是要回归大海，因为只有在波涛汹涌的大海中它才能绽放出生命的光彩。

各位领导、老师、同学们：

大家晚上好！

首先让我代表辅导员××老师和全班同学对各位领导和老师的到来表示热烈的欢迎！

时光如流水般转瞬即逝，四年的大学生活即将结束，此时此刻我们的心情非常激动！四年来，在恩师的教诲下，我们知道了怎样学习、怎样做人；四年来，伴随着朋友的关怀，我们知道了怎样交往、怎样生活。此刻我们即将离开这美丽的校园、慈爱的老师和友好的同学。但是，我们不会忘记母校，这个曾给予我们知识和能力的殿堂；我们不会忘记，为了我们的成长而辛勤耕耘的领导和老师；我们更不会忘记，在校四年我们所结下的深厚情谊。然而，时光无情。离别的心是伤感的，分别的情是难舍的。但有一句话说得好，今天的分离是为了明天更好的相聚。一粒种子总要找到一片适合自己生长的土壤，因为只有在那里它才能开出更加鲜艳的花朵；一滴水总是要回归大海，因为只有在波涛汹涌的大海中它才能绽放出生命的光彩。而我们又何尝不是，学校只是暂时的港湾，前方的路还很长，还需要我们去跋涉，去征服。

大学生活的故事与心情对于我们每个人来说都是一首唱不完的歌，而明天又有太多太多的故事需要我们去书写。只要我们心中拥有一片希望的田野，勤奋耕耘，终会收获一片翠绿。今晚岁月静好，今晚师生齐聚，今晚酒色醉人。此时此刻我提议：让我们共同举杯，为我们美好的明天而干杯！

希望各位今晚都能玩得开心，聊得畅快！最后祝大家在以后的日子里都能快乐伴随每一天。谢谢！

▨ 范例 12 ▨

....

【致辞人】学生代表

【场　合】毕业聚会

【时　机】中场致辞

【风　格】情理交融　文采飞扬　激情四射

【听　众】老师、同学

【关键词】相聚　离别　并肩　情深意长　珍重　明天

【金　句】大海边，我们中秋聚首赏明月；长城上，我们烈日挥汗诉豪情；田径场，我们奋力拼搏争荣誉；教室里，我们埋头苦读修人生。

....

各位同学：

今宵我们又欢聚一堂。只是，今宵的聚首是为了离别，就要离别了，我们每个人的心里都有很多话要讲。

四年前，我们从祖国的大江南北、四面八方来到了大学的菁菁校园。四年的同窗生活中，我们同心并肩，一起走过了许多风风雨雨的日子。

犹记得，大海边，我们中秋聚首赏明月；

犹记得，长城上，我们烈日挥汗诉豪情；

犹记得，田径场，我们奋力拼搏争荣誉；

犹记得，教室里，我们埋头苦读修人生。

犹记得，校园里，我们点点滴滴的纯真故事。

正是这点点滴滴，情深、意长、味重，我们一生都忘记不了。在十年、二十年、三十年之后，当我们细细地回想这一切时，我们仍会记得那菁菁校园里的良师益友，仍会记得那流金岁月里的成长故事。

要离别了，我想起了古人的十里长亭别友人，那里头是一丝丝的忧愁和悲壮。但我们拥有更多的快乐和更多的豪情，"十年寒窗苦，今朝凌云志"，我们就要怀着成熟的人生理想、丰富的专业技能踏上工作岗位了。曾经有一首歌中唱道："再过20年，我们来相会"，今天，让我们也来相约20年。20年后，希望我们在座的各位中既有IT界的精英，又有军队里的将才，更有企业界的巨子，我深信我们大家都将会在各自的岗位上做出一番骄人的业绩。

有语云：无酒，何以逢知己；无酒，何以诉离情；无酒，何以壮行色。让我们举起杯，为了我们这四年的相聚，为了我们的相约20年，为了我们辉煌灿烂的明天，干杯！

漫话励志酒

酒·文·化

酒是丰收的产物，酒可以麻醉人，也可以使一个人意气风发，踌躇满志。人只有在一种亢奋的环境下才能把自己的心灵之门完全打开，任由心灵的喜怒哀乐倾出！可以说酒是励志诗词的把门人！贫贱可以励志，酒可以激发人的情感，好的诗词绝句也由此而来。

在古诗文中，酒文化有魅力，有壮胆励志之功能。在古代，将士出征，饮酒壮行是惯例。施耐庵在《水浒传》中塑造了一百单八将，个个是英雄好汉，人人性格豪爽，他们大碗喝酒，大块吃肉，该出手时就出手；他们劫富济贫，替天行道，而壮胆励志，酒是载体。行者武松，景阳冈一举喝酒十八碗，重拳出击"吊睛白额大虫"，乃名扬天下，气壮山河。

古往今来，酒与英雄们结下了不解之缘，这样的典故信手拈来，比如曹操与刘备"青梅煮酒论英雄"，赵匡胤"杯酒释兵权"，项羽兵败饮酒悲歌，张飞醉失徐州……英雄爱酒，是因为本色相近。在战争年代，他们面对的是刀光剑影、生死搏杀，有了酒，可壮胆励志。

酒壮英雄胆，古今佳话连篇——关云长温酒斩华雄、单雄信醉踏唐营、牛皋醉破金兵、李逵醉闹东京……再看咱们的军队，打日本、打老蒋、抗美援朝，出征前将士们喝壮行酒，胜利归来也摆庆功宴。

◆ 励志祝酒词集锦

◇ 升学祝酒

十年学子苦，一世父兄恩。

智慧源于勤奋，天才出自平凡。

持身勿使丹心污，立志但同鹏羽齐。

自古风流归志士，从来事业属良贤。

苦经学海不知苦，勤上书山自恪勤。

天下兴亡肩头重任，胸中韬略笔底风云。

书山高峻顽强自有通天路，学海遥深勤奋能寻探宝门。

大本领人平素不独特异处，有学识者终生难有满足时。

入学喜报饱浸学子千滴汗，开宴鹿鸣荡漾恩师万缕情。

跃步启风雷一朝大展登云志，雄风惊日月一载自能弄海潮。

进入大学意味着你的人生迈出了重要的一步，想要在若干年后不抱怨自己的境遇，就要从这一刻起奋斗不息。学习是一块跳板，彼端连着成功；

理想是一块画板，笔尖流淌幸福。愿你学业有成，开心快乐！快乐生活，开心学习，青春在激励你，理想在等待你，鲜花在召唤你。新学府，新起点，愿你永不停息！为理想奋斗，值得；为青春拼搏，无悔；为生命歌唱，最美。新起点，祝你绽放光彩，永不止步，向前冲！

无论风光与失意，把它留在过去；无论希望与梦想，把它行动在今天；无论幸福与美好，把它展现在明天。新起点，加油！金榜题名，愿你满怀新的希望，绽放年轻的笑容，张扬青春的个性，追寻自己的梦想，勇往直前，拼搏不息！有梦想谁都了不起，为梦想而拼搏不息就更了不起。愿你在象牙塔中挥洒激情，张扬青春，为梦想奋斗！

◇ 表彰／庆功祝酒

业著光荣榜，花开报喜春。功高且把云为鉴，誉重宜将岭做师。

巨手回天四化业，群英向党百花红。

声声颂誉催人奋，朵朵红花向党红。

改革涌新潮群龙戏水，振兴挥壮志人浪催舟。

◇ 鼓励员工祝酒

不要总拿自己与别人相比，从而造成你失去自信，贬低了自身的价值。正因为人与人之间存在着各种差异，我们每一个人才会各有所长，各有所为，也就是人们通常所说的各有千秋。

别人认为重要的事情，你不能把它作为实现自己目标的依据。只有通过你自己的实践经历与认真思考之后，才知道什么东西对你最好，什么事情对你最重要。

与你内心最贴近的东西，切莫等闲视之。要像坚守生命一样坚守它们，因为一旦你丢失了它们，生活就会变得毫无意义。

切莫只是沉湎于过去或者只是幻想未来而让生命从手指间悄悄地溜走。努力让每一天的生活过得好，过得有意义，你就会乐观而充实地度过你的整个人生。

如果你还可以努力，可以付出，就不要轻言停止和放弃。在你停止努力的那一刻之前，一切都还没有真正的结果。

不要害怕遭遇风险。只有通过冒险，我们才能学会如何变得勇敢。

别说真爱难求而将爱拒于生活之外。获得爱的最快途径是接受爱，而保持爱的最好途径是给爱插上人格的翅膀。

不要使一生庸庸碌碌、匆匆奔忙，以至于忘记了自己曾去过何处，今后又要去往何方。

不要忘记：一个人最大的感情需要是取得别人的赏识和尊重。

不要害怕学习，知识没有重量，它是你随时可以获取又随时可以携带的宝库。

◇ 鼓励朋友祝酒

每一件事都要用多角度来看。机会是什么？是不可错过的刹那间。呐喊是什么？是为那刹那间的真心祝愿。"加油，加油"，你肯定听到了那一声声呐喊，你肯定看到了那一双双期待的眼睛，你肯定感受到了那发自内心的祝愿。

泥泞的路走过无数，累了，告诉自己：快了，再坚持一会儿；身上的伤流出血来，疼了，告诉自己：别哭，会好的；摔倒了，告诉自己：快爬起来，世上很少有坦途。

你是运动场的心脏，跳动梦想；你是漫长路的精神，激励辉煌。你是将上下求索的人！风为你加油，云为你助兴。坚定，执着，耐力与希望，在延伸的白色跑道中点点凝聚！力量、信念、拼搏与奋斗，在遥远的终点线上渐渐明亮！时代的强音正在你的脚下踏响。

不为掌声的诠释，不为刻意的征服，只有辛勤的汗水化作追求的脚步。心中坚定的信念，脚下沉稳的步伐，你用行动诉说着一个不变的真理：没有比脚更长的路，没有比人更高的山。希望在终点向你招手，努力吧！用你坚强的意志，去迎接终点的鲜花与掌声，相信成功属于你。

生活中，我们每天都在尝试，尝试中，我们走向成功，品味失败，走过心灵的阴雨晴空。朋友不要放弃尝试，无论失败与否，重要的是你们勇于参与的精神，付出的背后是胜利。无论是否成功，我们永远赞美你，你们永远是我们的骄傲。

漫漫长路，你愿一人独撑，忍受着孤独与寂寞，承受着体力与精神的压迫，只任汗水融于泪水，可脚步却从不停歇。好样的，纵然得不了桂冠，可坚持的你，定会赢得最后的掌声。

深深的呼吸，等待你的是艰难的 1500 米。相信胜利会属于你。但在这征途上，需要你勇敢的心去面对。我们在为你加油，你是否听到了我们发自心中的呐喊？困难和胜利都在向你招手，去呀，快去呀！不要犹豫。快去击败困难，快去夺取胜利！相信你会送给我们一个被汗水浸湿的微笑！

人生是一次航行。航行中必然遇到从各个方面袭来的劲风，然而每一阵风都会加快你的航速。只要你稳住航舵，即使是暴风雨，也不会使你偏离航向。

第16章

聚会酒：此时无一盏，
何以叙平生

聚会酒概要

酒·常·识

聚会祝酒词就是在亲友、同事聚会上发表的旨在畅叙友情、加深友谊的祝酒词。其中企业的同事聚会祝酒词主要是在一些旨在加强管理层与员工之间、员工与员工之间、管理层与管理层之间沟通与合作而举行的酒宴上发表的祝酒词，讲话时应突出强调团队合作的作用和意义。同学、战友、知青、老乡、家庭聚会等的聚会祝酒词也与此相似，这类聚会祝酒词主要表达的是对过去生活的认可和对未来的展望。

祝酒词范例

酒·词·话

◆ 单位聚会祝酒词

■ 范例1 ■

【致辞人】股东代表
【场　合】公司年终聚会

【时　机】开场致辞

【风　格】平易朴实

【听　众】公司领导、员工

【关键词】最大 事业 团结 沟通 发展

【金　句】事业留人，待遇留人，制度留人，感情留人。

各位股东、各位同事、各位朋友：

大家好！

岁月如梭，一转眼，忙碌的××年已经离我们远去，在这将近除夕，将近新春之际，我代表××的全体股东，向各位致以节日的问候，祝大家身体健康、工作顺利、阖家欢乐！

过去的一年里，在各位的努力下，我们××的事业在不断发展……我一直有一个想法，就是要让大家在这里快活地工作。今年我们在这方面也做了一些工作：第一，强调团结。只有团结才有力量，只有团结才有好的心情，才能高效率地完成工作，才能让许多同事在工作中能互相帮助，互相体谅，互相谦让，互相关心。第二，强调沟通。这一年中，我们每周都能召开会议，互通信息，互相交流经验，使大家共同提高。平时我们还进行深入的个人交谈，在沟通中我们增进了了解，消除了误会，产生了灵感，改变了工作的方式方法，提高了思想认识。第三，丰富了业余生活，使大家感受到集体生活的快乐，给今后的生活留下了美好的回忆。第四，不断改善大家的工作待遇。我们把月工作的标准时从296小时降到了266小时，取消了值夜24小时服务的规定，增加了工龄工资。今后我们还将改变评议考核制度，真正体现"多劳多得，能者多得"的原则。要坚决改变"干多干少一个样，干好干差一个样"的局面。

我们××在员工管理方面的指导思想就是：事业留人，待遇留人，制度留人，感情留人。我们要不断壮大××的事业，使××成为大家学习进步的平台，为大家提供个人发展的空间。今年我们采用了店长负责制，有四位同事从一般员工中脱颖而出，相信他们的管理才能也得到了锻炼，长了不少的见识与智慧。只要我们××店的生意能蒸蒸日上，我们的店长负责制这种模式就是成功的，那么我们的事业还会不断地得到发展，还会有更多的同事在我们××得到一份比较稳定的工作。

同志们，让我们齐心协力，全心全力，一心一意把××办成"百年老店"而努力奋斗吧！

最后，请大家举起杯，为××年的灿烂与辉煌，为预祝我们事业的成功，干杯！

■ **范例 2** ■

·······································

【致辞人】局长
【场　合】新年公司聚会
【时　机】开场致辞
【风　格】总结过去
【听　众】供电局领导、员工
【关键词】感慨　澎湃　承上启下　突破　敬业
【金　句】此时，抚今追昔，我们感慨万千；展望前程，我们心潮澎湃。

·······································

同志们、朋友们：

今晚，我们欢聚在环境怡人的××酒店，共度迎接新年的美好时刻。此时，抚今追昔，我们感慨万千；展望前程，我们心潮澎湃。

即将过去的 2010 年是电力行业实施改革与发展战略承上启下的一年，是全局职工迎接挑战、经受考验、努力克服困难、出色完成全年任务的一年。

回顾过去的一年，我们在争创一流……以上这些累累硕果，都与全体干部职工所付出的艰辛和努力密不可分，与我们顽强拼搏、开拓创新、无私奉献的敬业精神密切相关。这种艰辛和努力将功垂局史，这种敬业精神令人敬佩。

在此，我代表局党政班子全体成员向为我局建设和发展做出贡献的全体干部、职工以及你们的家属表示亲切的问候和衷心的感谢！

同志们，新的一年即将来临，我们在品尝美酒，分享胜利喜悦的同时，还要清醒地认识到：我国加入世贸组织后，电力企业将面对更多的机遇和严峻的挑战。我们必须抓住新机遇，迎接新挑战，以高度的使命感和责任感来推进我局的改革和发展，承担起历史赋予我们的神圣使命。

朋友们，再过二十几个小时，和着新年的钟声，我们将携手跨入崭新的一年。我坚信，有省公司党组织的正确领导，有全局广大干部职工的众志成城，我们的目标一定会实现，我们的企业一定会不断发展壮大，我们电业局一定能铸就更加壮美的新辉煌。

最后，让我们共饮庆功美酒，祝愿各位新年快乐、身体健康、家庭幸福、事业成功！

❷ 家庭聚会祝酒词

■ 范例 3 ■

【致辞人】晚辈
【场　合】家庭聚会
【时　机】开场致辞
【风　格】简洁明快　感情真挚
【听　众】亲戚朋友
【关键词】团圆　幸福　感谢　扶持　激励　和谐
【金　句】在生命的旅途中，感谢你们的扶持和安慰，让我们在疲惫时停留在爱的港湾，沐浴着温暖的目光；在困难时听到不断的激励；在满足前理解淡然的和谐之美。

敬爱的长辈们：

晚上好！

新春共饮团圆酒，家家幸福贺新年。在今天这个辞旧迎新的日子里，我谨代表晚辈们，对在座的各位长辈说出我们的感谢和祝福……

在生命的旅途中，感谢你们的扶持和安慰，让我们在疲惫时停留在爱的港湾,沐浴着温暖的目光;在困难时听到不断的激励;在满足前理解淡然的和谐之美。

谢谢,感谢有你们陪伴一起走过的每个日夜!

新年新祝福,祝愿长辈们在新的一年里身体健康、心情愉快、生活幸福。干杯!

❸ 同学聚会祝酒词

■ **范例 4** ■

【致辞人】班长
【场　合】××中学78届同学联谊会
【时　机】开场致辞
【风　格】回顾过去 展望未来 深情厚谊
【听　众】老同学、老师、学校老领导
【关键词】25周年 欢聚 真谛 感谢 呕心沥血 幸福
【金　句】为了生活,我们四处奔波;为了理想,我们各奔东西。有过彷徨与迷茫,有过失意与沉沦,甚至走过弯路。但我们最终战胜了自我,克服了困难,找到了自己在社会和生活中的位置,开创出了属于自己的一片新天地。

尊敬的××校长、××书记,各位老师、同学们:

在告别中学生活25周年之际,我们78届学生怀着十分喜悦的心情重返母校,欢聚一堂,共同怀念我们曾经一起度过的美好时光,交流我们各自经历的工作体会,领悟我们切身感受的人生真谛,展望我们继续开拓的美好前程。这是一项十分有意义的活动,也是一个姗姗来迟的团聚。借此机会,请允许我代表78届全体学生,向大力支持并莅临这次联谊会活动的各位领导,向曾经呕心沥血培育并始终关注我们成长进步的各位老师,表示热烈的欢迎和衷心的感谢!

25年前,我们风华正茂,意气风发,怀揣眷恋与志忑,满怀憧憬与激情，从这里走向社会，在希望的田野上辛勤耕耘，开始了真正意义上的人生旅程。为了生活，我们四处奔波；为了理想，我们各奔东西。有过彷徨与迷茫，有过失意与沉沦，甚至走过弯路。但我们最终战胜了自我，克服了困难，找到了自己在社会和生活中的位置，开创出了属于自己的一片新天地。25年的风雨历程，既让我们深刻感受了创业的艰辛、生活的困顿，又让我们切身体会了收获的喜悦、人生的真谛。不论我们生活中的收获是丰是欠，工作中的成就是大是小，成长中的进步是快是慢，我们都已尽心尽力。现在，可以告慰母校：这25年，我们不会因为碌碌无为而追悔。我们对生活、对社会、对家庭、对母校都是无愧的。

今天，我们年逾不惑，不再年轻。携带成熟与收获，满怀喜悦与自信，回这里叩谢母校，在年少的情谊中回味纯真。为了圆梦，我们重返故里；为了友谊，我们会聚在一起。不论走到哪里，不论事业成败，我们始终没有忘记，曾经是××中学的学生。不论身处何地，不论遭遇何境，夜深人静，时常魂牵梦绕的还是童年的趣事，年少的情谊，中学的欢歌笑语，故乡的绿水青山。多少次风霜雪雨，多少个阴晴圆缺，多少回悲欢离合，我们渐渐淡忘了许许多多伤痛与苦难，喜乐与哀怒，却久久铭记那一份珍藏心中的纯真友情。大家更不会忘记，我们的每一点儿成就，都离不开中学时代打下的基础；我们的每一份果实，都浸透着恩师们当年洒下的辛勤汗水。母校的哺育之恩，故里的养育之情，我们无以为报，只有把心中的永久记忆化作美好愿望，变成我们奋发图强的精神动力。

春华秋实25载。我们惊喜地发现，我们曾经生活和工作过的故乡有了很大发展。职工收入不断增加，生活质量逐步改善。特别是近两年，道路平了，楼房高了，园林多了，环境美了。我们曾经熟悉的校园，也发生了巨大变化，变得更有生机与活力，变得更加美丽与新鲜。教学设施日益完善，教学质量逐年提高。这是学校党委正确领导和广大职工艰苦奋斗的丰硕成果，是母校师生长期不懈、自强不息创造的宝贵财富，也是我们引以为傲的资本和奋发进取的动力。为此，我提议，让我们再次以热烈的掌声，向各位领导和母校师生，致以崇高的敬意。

同学们，25年，在历史长河里并不长久，但在人生旅途中绝不短暂。

岁月，带走了我们的青春与激情，带不走我们的年少记忆；生活，改变了我们的容颜与秉性，改变不了我们的纯真友谊。告别今宵，大家又要风雨兼程，各奔西东。结识新朋友，不忘老朋友。但愿再次相聚，不待牙脱鬓衰。为此，我们郑重相约：省内同学五年一次小聚会，省外同学十年一次大团圆，以此巩固和发展我们的同学情谊。用行动证明，我们××中学78届学生，同学一场，受益终生。

各位同学，让我们在全面建设小康社会的进程中，在各自的工作岗位上，同歌共勉，相扶互助，成就事业，创造辉煌。并在力所能及的范围内为母校和农场的建设做出自己的贡献。

最后，让我们举杯共同祝愿故乡社会安定、经济繁荣、文化进步、职工富裕，明天更美好！祝愿母校建设蒸蒸日上、欣欣向荣，人才济济、硕果累累，前程更光明。

衷心祝愿各位领导身体健康、合家欢乐、工作顺利、步步高升！祝愿各位老师和同学们身体安康、家庭幸福、心想事成、万事如意！

▧ 范例5 ▧

【致辞人】老班长
【场　合】大学同学聚会
【时　机】中场致辞
【风　格】回顾过去 文采飞扬
【听　众】老同学、老师、学校老领导
【关键词】友谊 美好 激动 感恩 明天
【金　句】童年是一场梦，少年是一幅画，青年是一首诗，壮年是一部小说，中年是一篇散文，老年是一套哲学，人生各个阶段都有特殊的意境，构成整个人生多彩多姿的心路历程。

亲爱的老师、同学们：

一位作家曾经说过：童年是一场梦，少年是一幅画，青年是一首诗，壮年是一部小说，中年是一篇散文，老年是一套哲学，人生各个阶段都有特殊的意境，构成整个人生多彩多姿的心路历程。友谊是人生旅途中寂寞心灵的良伴，更是陈年老酒，越久越是醇香甘甜。

××年前，我们正是十七八岁、朝气蓬勃、风华正茂的青年，在××师范度过了一生中最美好、最难忘的岁月。转眼间，走过了××个春夏秋冬，终于实现了分手时的约定，又重聚在一起，回味当年的书生意气，咀嚼××年来的酸甜苦辣，真是让我感受至深。我非常感动，这次同学会有这么多同学参加。同学们平时工作都很忙，事情也多，但都放下了，能来的尽量都来了，这就说明大家彼此还没忘记，心中依然怀着对老同学的一片深情，仍然还在思念和牵挂。我非常高兴，这欢聚一堂、激动人心的场面，让我回想起了××年的夏天依依不舍挥泪告别的情景，一晃××年啊，确实是分别得太久太久了，人的一生还有多少个××年啊！这样的重聚怎么能不叫人高兴万分、感慨万千呢！

记得在××师范时，我们大多孩子气、孩子样，如今社会这所学校已将我们历练得坚强、成熟了，各位同学在各自的岗位上无私奉献，辛勤耕耘，成为社会各个领域的中坚力量，这使每一位老同学深感自豪。

同学们，走遍天涯海角，从教为官经商，难忘的是故乡。难忘的是××师范的老同学。分别了××年，才盼来了这次聚会，这对全体同学来讲是多么具有历史意义的一次盛会啊，我们应该珍惜这次相聚。就让我们趁着这次机会在一起好好聊一聊、乐一乐吧；让我们叙旧话新，谈谈现在和未来，谈谈工作、事业和家庭。每个人都能从别人的经历中得到感悟和收获，那么这次的同学会将是一个圆满的聚会！愿同学会的举办能增进我们之间的同学情谊，让我们互相扶持、互相鼓励，把今后的人生之路走得辉煌、美好！

俗话说：一辈子同学三辈子亲，同学友谊是割不开的情，分不开的缘。这次相聚，相信将永远定格在每个人的人生记忆里！聚会是短暂的，但只要彼此的心不老，同学的青春友情就会像钻石一样永恒……从现在起，只要经常联系，心与心就不再分离，每个人的一生都不会再孤寂。就让我们像呵护生命、珍爱健康一样来珍惜我们的同学情吧！

同学们，令人遗憾的是有些同学因特殊情况，未能参加这次聚会，希望我们的祝福能跨越时空的阻隔传到他们身边。让我们再一次祝愿全体同学们家庭幸福、事业发达、身体安康！

亲爱的同学们，为地久天长的友谊，为明天的相聚干杯！谢谢大家！

■ 范例 6 ■

【致辞人】班级干部
【场　合】毕业 18 年同学聚会
【时　机】中场致辞
【风　格】简洁明快　朴实
【听　众】老同学、老师、学校老领导
【关键词】岁月　18 年　相聚　记忆　真诚　情谊
【金　句】回溯过去，同窗三载，情同手足，一幕一幕，就像昨天一样清晰。

各位同学：

时光飞逝，岁月如梭。毕业 18 年后，在此相聚，圆了我们每一个人的同学相聚梦。感谢发起这次聚会的同学！

回溯过去，同窗三载，情同手足，一幕一幕，就像昨天一样清晰。今天，让我们打开珍藏 18 年的记忆，敞开密封 18 年的心扉，尽情地说吧，聊吧，诉说 18 年的离情，畅谈当年的友情，也不妨坦白那曾经躁动在花季少男少女心中朦朦胧胧的爱情。让我们尽情地唱吧，跳吧，让时间倒流 18 年，让我们再回到中学时代，让我们每一个人都年轻 18 岁。

窗外漫天飞雪，屋里却暖意融融。愿我们的同学之情永远像今天大厅里的气氛一样，炽热、真诚；愿我们的同学之情永远像今天窗外的白雪一样，洁白、晶莹。

现在，让我们共同举杯：为了中学时代的情谊，为了 18 年的思念，为了今天的相聚，干杯！

【致辞人】同学代表

【场　合】同学聚会

【时　机】中场致辞

【风　格】情真意切　回忆过去　朴实

【听　众】班主任、各科老师、老同学

【关键词】10 年　感谢　耕耘　中坚　友情

【金　句】时光荏苒，日月如梭，从毕业那天起，转眼间十个春秋过去了。当年十七八岁的青少年，而今步入了为人父、为人母的中年行列。

亲爱的老师们、同学们：

十年前，我们怀着一样的梦想和憧憬，怀着一样的热血和热情，从祖国各地相聚在××。在那四年里，我们生活在一个温暖的大家庭里，度过了人生中最纯洁、最浪漫的时光。

为了我们的健康成长，我们的班主任和各科老师为我们操碎了心。今天我们特意把他们从百忙之中请回来，参加这次聚会，对他们的到来我们表示热烈的欢迎和衷心的感谢。

时光荏苒，日月如梭，从毕业那天起，转眼间十个春秋过去了。当年十七八岁的青少年，而今步入了为人父、为人母的中年行列。

同学们在各自的岗位上无私奉献，辛勤耕耘，都已成为社会各个领域的中坚力量。但无论人生浮沉与贫富贵贱，同学间的友情始终是纯朴真挚的，就像我们桌上的美酒一样，越久就越香越浓。

来吧，同学们！让我们和老师一起，重拾当年的美好回忆，重温那段快乐时光，畅叙无尽的师生之情、学友之谊吧！

为十年前的有缘千里来相会，为永生难忘的师生深情，为人生角色的增加，为同学间真挚动人的友谊，为同学会的胜利举办，干杯！

▪ 范例 8 ▪

··

【致辞人】班级干部

【场　合】12年同学聚会

【时　机】中场致辞

【风　格】回忆过去　情真意切

【听　众】班主任、各科老师、老同学

【关键词】12年　回忆　友谊　思念　祝福

【金　句】忆往昔，同窗共读，朝夕相伴，情谊地久天长！
分别之后，念天各一方，叹音信渺茫。人生沉浮十几载，同
学情谊始最真。百般努力终重逢，执手相看，感慨何止万千。
思念更要相见，诉衷肠，情更浓。

··

尊敬的老师、亲爱的同学们：

　　大家好！

　　时光飞逝，岁月如梭，不知不觉之间，我们已经分别了太久太久，屈指一算整整12年，寒来暑往恰恰一个轮回。想当初，我们懵懵懂懂进入××，同窗苦读，朝夕相处，在相同的压力下挣扎求索，在艰苦的条件中成长成熟。今天回想起来，那高中时代生活的一幕幕、一桩桩仍然历历在目，让人激动不已！可记得当年睡过的大通铺，可记得半夜起来我们一起打老鼠，可记得排着长长的队吃上一碗"素素面"依然喜气洋洋？可记得教室里那做不完的试卷，听不完的老师的谆谆教导？可记得傍晚的操场埋藏着我们多少心事？可记得校园的银杏树下刻了多少少男少女的情怀？还有你的初恋，我的暗恋，他的没有说出口的话，她的藏在心里的爱，等等等等。那4年发生的故事，沉淀了12年依然那么新鲜，那么让人感动，也许需要我们用一生去回忆、去咀嚼、去收藏。特别是当我们走上社会，在品尝了人生的苦辣酸甜之后，在经历了世事的浮浮沉沉之后，才发觉××的岁月和同学之间真诚、质朴的情谊如同一首深情的歌，悠远而回味无穷。那种经过艰苦岁月沉淀的同学友谊是一段割不断的情，是一份分不开的缘，就像陈年的美酒，愈久愈醇香，愈久愈珍贵，愈久愈甘甜。多

少欢笑、多少故事，校园里点点滴滴的往事多少次出现在你我的梦里，闪现在我们眼前。尽管由于通信地址的变化，我们曾经无法联系；由于工作的忙碌，我们疏于联络，可我们之间的友谊没变，我们彼此的思念日益加深，互相默默的祝福从未间断。因此，一个月前，一位同学在网上发出聚会的倡议，一下子激活了大家沉默的心，一拍即合，一呼百应，思念之情，想念之火燃成了今天这场激情相约的燎原之势，12年来的××高中同学的首次大规模聚会终于实现了！

在这里，我代表聚会筹备组向百忙之中出席本次聚会的各位同学表示最衷心的感谢，也要向因种种原因未能到场的同学表示诚挚的问候和美好的祝愿，参加聚会的每个同学都在想念着你们！

如果说，十年才能修得同船渡河的缘分，那么同窗几载应该有一万年的亲近。希望我们今天的聚会能够成为亲如兄弟姐妹般的同学情的碰撞、同乡谊的升华。让我们在这重逢的二十多个小时里，坦诚相待，真心面对，不问收入多少，不问职务高低，不比老公英俊，不比老婆漂亮，更多地说说心里话！让我们抛开种种顾虑，放下所有的恩恩怨怨，倾情交谈，共诉衷肠，传递真诚，共浴2006年××明媚的阳光！让我们尽情地谈笑风生，畅叙友情吧！让我们狂欢劲舞，重新抓住青春的尾巴吧！让我们的聚会成为一道让人羡慕的风景线，让我们的聚会成为一种美丽的永恒！

最后，让我用一段诗句来结束讲话：

忆往昔，同窗共读，朝夕相伴，情谊地久天长！

分别之后，念天各一方，叹音信渺茫。

人生沉浮十几载，同学情谊始最真。

百般努力终重逢，执手相看，感慨何止万千。

思念更要相见，诉衷肠，情更浓。

共祝愿，手和手相握，心和心靠近。

今日得欢聚，他日常联系！干杯！

❹ 战友聚会祝酒词

■ 范例 9 ■

···

【致辞人】老班长

【场　合】建军节战友聚会

【时　机】开场致辞

【风　格】情深意重　文辞精彩

【听　众】老领导、老战友

【关键词】强大　幸福　男子汉　洗礼　相聚　情谊

【金　句】战友是灯，帮你驱散寂寞，照亮期盼；战友是茶，帮你滤去浮躁，储存宁静；战友是水，帮你滋润一时，保鲜一世；战友是泪，帮你冲淡苦涩，挂满甜蜜。

···

各位战友、各位兄长、各位小弟：

大家好！

今天是我军建军××周年，在这特殊的节日里，我衷心地祝愿我们的军队更加强大，祝在座的各位哥哥弟弟身体健康，青春永驻。祝愿我们每个人的家庭幸福美满，祝我们的下一代人生活美满幸福。

我们曾是军人，我们曾是祖国的长城，我们为了祖国曾献出了我们的青春年华；我们曾让他人羡慕过，我们曾让我们的下一代自豪过，我们在座的还有曾经亲临战场浴血奋战的热血男子，因为我们是军人，因为我们是真正的男子汉。

我们曾经年轻，我们曾穿过军装，我们曾历经军队的洗礼。如今，我们都已不再年轻，但军人那优良传统却时刻在伴随着我们，影响着我们，我希望军人那"召之即来，来之能战"的风格也将体现在今天的酒桌上。

今天在这里相聚，虽然没有把所有战友聚齐，可没有到场的战友永远还是我们的战友，我们的好兄弟。战友是灯，帮你驱散寂寞，照亮期盼；战友是茶，帮你滤去浮躁，储存宁静；战友是水，帮你滋润一时，保鲜一世；战友是泪，帮你冲淡苦涩，挂满甜蜜。

同志们，让我们的战友之情像四季碧绿的松柏，情深、意深、交往更深。

酒越久越醇，水越流越清。世间沧桑越流越淡，战友情谊越久越浓。也许岁月将往事褪色，也许空间将彼此隔离，永远值得珍惜的依然是战友情谊。

弟兄们，战友战友开怀喝酒。杯杯美酒显豪放，句句话语动真情。

在八一建军节这一天，让我们为我们曾是军人而自豪吧。

年年相聚，朝朝相逢。相聚虽然是短暂的，友情却是永远的。我再次祝福在座的各位战友工作顺利、生活幸福、家庭美满、心情愉快、身体健康，愿我们永远保持当兵时的身体素质，为我们曾是军人，为我们自己，为我们下一个八一建军节再相聚，干杯！

■ 范例 10 ■

【致辞人】部队老兵
【场　合】战友聚会
【时　机】中场致辞
【风　格】感情真挚
【听　众】老领导、老战友
【关键词】欢聚 激动 亲切 战友 真挚 幸福
【金　句】二十个悠悠岁月，弹指一挥间。真挚的友情，紧紧相连，许多年以后，我们战友重遇，依然能表现难得的天真爽快，依然可以率直地应答对方，那种情景让人激动不已。

老战友们：

晚上好！

在这个欢聚时刻，我的心情非常激动，面对一张张熟悉而亲切的面孔，我心潮澎湃，感慨万千。

回望军旅，朝夕相处的美好时光怎能忘，苦乐与共的峥嵘岁月，凝结了你我深厚的战友之情。

二十个悠悠岁月，弹指一挥间。真挚的友情，紧紧相连，许多年以后，我们战友重遇，依然能表现难得的天真爽快，依然可以率直地应答对方，那种情景让人激动不已。

如今，由于我们各自忙于工作，劳于家事，相互间联系少了，但绿色军营结成的友情，没有随风而去，已沉淀为酒，每每启封，总是回味无穷。今天，我们从天南海北相聚在这里，畅叙友情，这种快乐我们将铭记一生。

最后，我提议，让我们举杯，为我们的相聚快乐，为我们的家庭幸福，为我们的友谊长存，干杯！

⑤ 知青聚会祝酒词

■ 范例11 ■

【致辞人】地方领导
【场　合】知青聚会
【时　机】开场致辞
【风　格】深情厚谊
【听　众】老知青
【关键词】欢聚　友情　建设　纽带　幸福
【金　句】在火热的劳动生活中，各位知青朋友和××人民凝结的深厚情谊，就像一条穿越时空的纽带，将上海和××紧紧地联结在一起；就像家乡珍藏的一坛老酒，清冽而醇厚，历久而弥香。

各位在故乡××工作过的知青朋友们、同志们：

大家新年好！

伴随着喜庆的鞭炮和声声的祝福，我们送走了羊年，迎来了猴年新春。在这辞旧迎新的日子里，来自故乡××的县委书记、县人大主任××同志带领我们一行赴上海欢聚一堂，回顾过去，展望未来，共叙友情，更感到乡情的温馨和友谊的可贵！在此，受××书记的委托，我谨代表××县几套班子和全县116万人民对长期关心、支持家乡建设的上海朋友表示衷心的感谢和节日的问候！

遥想当年，各位知青朋友胸怀壮志，辞别亲人，远离繁华的大都市，只身前往××，同勤劳智慧的××人民一道，日出而作，日落而息，为改变××贫穷落后的面貌奉献自己的青春和汗水。在火热的劳动生活中，各位知青朋友和××人民结成的深厚情谊，就像一条穿越时空的纽带，将上海和××紧紧地联结在一起；就像家乡珍藏的一坛老酒，清冽而醇厚，历久而弥香。

"美不美，家乡水；亲不亲，故乡人。"××是上海知青朋友的"第二故乡"。多年来，各位知青朋友对这片热土一往情深、恋恋不舍，心系××。"海内存知己，天涯若比邻。"各位知青朋友，××的山山水水在日日夜夜思念你们，家乡的父老乡亲在翘首盼望你们。作为当年的××人，我真诚地欢迎大家"常回家看看"，看看当年共同奋斗在黄土地上的父老乡亲，亲身感受××在改革开放之后发生的巨大变化，争取为××明天的振兴，再次做出自己的贡献！各位知青朋友、同志们！××未来的宏伟蓝图已经绘就，要将蓝图变成美好的现实还有很长的路要走，还有不少困难需要克服。我们相信，有116万勤劳智慧的××儿女的共同努力，有广大上海知青朋友的热情帮助，有关注××发展的社会各界人士的大力支持，我们的目标一定能够实现。

最后，祝大家在新的一年里身体健康、事业发达、家庭幸福、万事如意！干杯！

谢谢大家！

漫话聚会酒

酒·文·化

为某种被一致认可的理由，有一定关联的人，根据事先预定好的时间，从四面八方来到事先预定好的地点，经过发起者与参与者共同的努力，完成事先预定好的程序，称为聚会。人是一种讲究感情，讲究友谊，讲究怀念的动物。人也是一种依靠智慧，依靠群体，依靠求利而生存的动物。于是，为了感情，为了友谊，为了怀念，为了智慧，为了群体，为了求利，聚会便会不可避免地发生。聚会通常以饭店、酒店、食堂、餐馆为地点，周末或假日为最合适的时间，充满激情的讲话，给与会者留下深刻的印象。

聚会可细分为更多层次，如同学聚会、朋友聚会、战友聚会、同事聚会、家庭聚会、同乡聚会等。

总而言之，聚会以气氛热闹、喝得开心为首要目的。其次，可以通过聚会进行生活、工作等方面的交流，进一步加深生活圈子的感情。再者，聚会上饮酒也成为一个必不可少的环节，因为都是亲朋好友、同学、同事、战友，感情本身就很好，好久不见喝酒自然不可避免。"酒逢知己饮，诗向贵人吟"就是这种聚会的真实写照。

一、聚会宴上的礼仪

如果是家庭聚餐或朋友、战友、同事聚餐，礼仪相对不必拘泥，气氛以友好、欢快为主。如果是非常重要的单位同事聚会，礼仪就不得不讲究一些了。

守时：一般要准点或提前两三分钟到达最为适宜。

装束：如果是由公司举行的正式聚会，虽然不用珠光宝气地盛装出场，但是也不能不拘小节。

气氛：虽然是同事，但是工作之余的聚会也应该以轻松为主调，和同事之间的话题最好也选择与工作无关的轻松话题。

话题：像对老朋友那样的调侃式对话在同事聚会时要小心使用，不要无心中得罪了同事。

付账：同事间的聚会宜事先商量好付账方式。

职场中的朋友，在敬酒时，说些得当的话语更能打动人心，给别人留下好印象。

二、聚会宴上的禁忌和应急技巧

如果是去高档餐厅聚会，应注重细节，勿失礼，具体有以下五个方面：

1. 在接到他人邀请时，应尽早回复，这是最起码的礼节。一般采用电话答复，简单快捷。如果不能出席，应该婉转地说明一下不能出席的理由。

2. 去高档餐厅时，男士要穿上整洁的衣服和皮鞋；女士要穿套装和有跟的鞋子。再昂贵的休闲服也不能穿进餐厅。进餐过程中，不要解开纽扣或当众脱衣。如主人请客人宽衣，男客人可将外衣脱下搭在椅背上，不要将外衣或随身携带的物品放在餐台上。

3. 聚会是交流信息的重要场合，因此参加聚会时不可矜持不语，故作深沉，而要抓住时机，积极主动地选择自己感兴趣的对象进行交谈。这样才能达到获得信息、联络感情、结交新知的目的。对于旧友，首先主动打声招呼往往使自己显得亲切、友善，有利于双方关系的深化。对于想要结识的新朋友，则要具备自我介绍的信心，踊跃自荐，以使交际局面迅速打开。

4. 同他人攀谈，若话不投机，千万不要显出不耐烦的神色，或急于脱身而造成他人的不愉快。谈话时，也不要心不在焉，掠过对方的肩膀扫视别人或左顾右盼。那样的行为很容易让人理解为敷衍，是对对方不重视的一种明显表现，就像自己是在寻找更重要、更吸引人的谈话对象似的，是十分失礼的。最好的办法是，交谈时给对方留出随意离开的机会，或提议两人一起去见同一位都熟识的人，或是参加到附近的人群中。

5. 虽说酒精能使人兴奋起来，让整个聚会的气氛更加热闹，但是喝多了，不管是胡言乱语或是当场呕吐，都会让聚会变成一场闹剧。作为主人，不妨在美酒旁置备小点心和牛奶等保护胃壁的食物。作为客人，酒量如何，自己心里应该有数。记住微醺是性感，喝醉后出丑可就相当失态了。

◆ 聚会祝酒词集锦

二十年前，我们怀着一样的梦想和憧憬，怀着一样的热血和热情，从山东各地相聚在××师专××级××系××班。在那三年里，我们学习在一起，吃住在一起，生活在一个温暖的大家庭里，度过了人生最纯洁最浪漫的时光。为二十年前的"有缘千里来相会"干杯！

为了我们的健康成长，为了我们最终能够成为教育战线上的教学骨干，我们的班主任××老师为我们操碎了心。今天我们特意把他从百忙之中请来，参加我们的同学聚会，对他的到来我们表示热烈的欢迎。为永生难忘的师生深情干杯！

时光荏苒，日月如梭，从毕业那天起，转眼间十七个春秋过去了。当年十七八岁的青少年，而今步入了为人父、为人母的中年人行列。为人生角色的增加干杯！

十七年的时光足以让人体味人生百味。在我们中间，有的早已改行另谋发展，现在已是事业有成，业绩颇丰；有的已经买断工龄，下海经商挣大钱；有的已经内退，安享天伦之乐……但更多的同学依然坚守在教育第一线，无私奉献，辛勤耕耘，成为各学校的中坚力量。但无论人生浮沉与贫富贵贱如何变化，同学间的友情始终是真挚的，就像我们桌上的美酒一样，越久就越香越浓。为同学间真挚的友谊干杯！

来吧，同学们！让我们暂且放下各种心事，和我们的班主任一起，重拾当年的美好回忆，重温那段快乐时光，畅叙无尽的师生之情、学友之谊吧。为过去的好时光干杯！

一日同学，百日朋友，那是割不断的情，那是分不开的缘。在短暂的聚会就要结束的时候，祝同学们家庭幸福、身体安康、事业发达！只要我们心不老，青春友情就像钻石一样恒久远。为地久天长的友谊干杯！

遗憾的是有些同学因事务缠身，未能参加我们今天这个聚会。希望我们的祝福能跨越时空的阻隔，传到他们身边。在如此明媚的春光里，再一次祝愿同学们和我们的××老师幸福吉祥。为有朝一日能够再次相聚干杯！

风雨感时，犹恋千般情结；岁月做证，当歌百味人生。新的一年，让我们互勉一句：生命不息，奋斗不止！让我们互祝一声：阖家欢乐，万事如意！工作再接再厉，再创佳绩；身心长健长怡，祥和长在；生活有滋有味，共享天伦！

友谊是一种温静与沉着的爱，为理智所引导，习惯所结成，从长久的认识与共同的契合而产生，没有嫉妒，也没有恐惧。——荷麦

不论是多情的诗句，漂亮的文章，还是闲暇的欢乐，都不能代替亲密的友情。——普希金

人的生活离不开友谊，但要得到真正的友谊却是不容易的。友谊需要

用忠诚去播种，用热情去灌溉，用原则去培养，用谅解去护理。

——马克思

友情是天堂，没有它就像地狱；友情是生命，没有它就意味着死亡。

——威廉·莫里斯

大丈夫处世，当交四海英雄。——《三国志·蜀书·刘巴传》

人生所贵在知己，四海相逢骨肉亲。——《雁门集》

山河不足重，重在遇知己。——鲍溶

第*17*章
婚嫁酒：酒为看花酝，
花须趁酒红

婚嫁酒概要
酒·常·识

婚嫁祝酒词是指致辞人在婚礼宴会上发表的祝酒词。在致辞时一定要表达出自己的喜悦之情和对当事人的祝福。

祝酒词范例
酒·词·话

❶ 主婚人、证婚人祝酒词

▣ 范例1 ▣

【致辞人】主婚人
【场　合】婚宴现场
【时　机】开场致辞
【风　格】幽默风趣
【听　众】亲戚、朋友、邻居、领导、同事、同学
【关键词】荣光　真挚　恩爱　胸怀　同心永结

各位宾朋好友，女士们、先生们：

晚上好！

在这春风和煦，百花盛开，气候宜人的美好季节里；在这歌声飞扬，欢声笑语，天降吉祥的美好日子里，我受新娘、新郎的重托，担任××小姐和××先生婚礼的主婚人及主持人。对此，我十分乐意并感到万分荣幸，在这神圣而又庄严的婚礼仪式上，能为这对珠联璧合、佳偶天成的新人致证婚词，我感到分外荣幸。

现在，我宣布：××小姐和××先生的感情是真挚的，他们对共创未来已经有了充分的心理和物质准备，他们的婚姻是合乎逻辑的，程序是合法有效的！青山为你们做证！秀水为你们做证！在座的亲朋好友为你们做证！

此时此刻，新娘、新郎结为恩爱夫妻。在这庄严而隆重的婚礼上，作为证人，我要说三句话。第一句，是一副老对联：一等人忠臣孝子，两件事读书耕田。做对国家有用的人，做对家庭有责任的人。好读书能受用一生，认真工作就一辈子有饭吃。第二句话，是一句老话："浴不必江海，要之去垢；马不必骐骥，要之善走。"做普通人，干正经事，但必须有大胸怀。第三句话，还是一句老话："心系一处。"在往后的岁月里，要创造、培养、磨合、建设、维护、完善你们的婚姻。从今以后，无论如何，你们都要一生一心一意忠贞不渝地爱护对方，在人生的旅程中永远心心相印、白头偕老，美满幸福。

最后，祝你们俩钟爱一生，同心永结，幸福美满，直到地老天荒！并代表新人全家向出席婚礼的来宾朋友表示由衷的感谢！谢谢大家！请大家举起酒杯，干杯！

■ 范例2 ■

【致辞人】证婚人
【场　合】婚宴现场
【时　机】开场致辞
【风　格】朴实　真实　深情祝福
【听　众】亲戚、朋友、邻居、领导、同事、同学
【关键词】荣幸　珠联璧合　佳偶天成　才华出众　温柔体贴　幸福美满
【金　句】古人常说：心有灵犀一点通。是情是缘还是爱，使他们俩相守在一起，上帝不仅创造了这对新人，而且还要创造他们的后代，创造他们的未来。

各位来宾，各位女士、各位先生：

今天，我受新郎、新娘的重托，担任××先生与××小姐婚礼的证婚人。在这神圣而又庄严的结婚仪式上，能为这对珠联璧合、佳偶天成的新人致证婚词，我感到十分荣幸。

各位来宾，新郎××先生现在在××单位，从事××工作，担任××职务。新郎不仅外表英俊潇洒、忠厚诚实，而且有颗善良的心，为人和善；他不仅工作上认真负责、任劳任怨，而且在业务上也刻苦钻研，成绩突出，是一位才华出众的好青年。

新娘××小姐现在××单位，从事××工作，担任××职务。新娘不仅长得漂亮可爱，而且还具有东方女性的内在美。她不仅温柔体贴，而且勤奋好学、气质高雅、心灵纯洁；不仅能当家理财，还手巧能干，是一位可爱的好姑娘。

古人常说：心有灵犀一点通。是情是缘还是爱，使他们俩相守在一起，上帝不仅创造了这对新人，而且还要创造他们的后代，创造他们的未来。

此时此刻，新郎新娘结为恩爱夫妻，从今以后，无论贫富、疾病、生死，你们都要一生一心一意忠贞不渝地爱护对方，在人生的旅程中永远心心相印、白头偕老，美满幸福。

最后，祝一对新人钟爱一生，同心永结、幸福美满。谢谢大家！

【致辞人】新娘的领导
【场　合】婚宴现场
【时　机】中场致辞
【风　格】幽默风趣
【听　众】亲戚、朋友、邻居、领导、同事、同学
【关键词】新驿站　同风共雨　神圣　期待　和美
【金　句】你们已经告别过去，走上了精彩的人生新舞台，在这个舞台上，你们将扮演丈夫、妻子、父亲、母亲、女婿、儿媳等诸多角色，也肩负着时代寄予你们的重托。

各位来宾、领导，女士们、先生们：

我是艳冠群芳的新娘××的领导和同事，但我今天在这里扮演的角色既非领导，也非同事，而是光荣、伟大、神圣的新角色——证婚人！

虽然我对新郎先生并不非常熟悉，但凭我对新娘的了解，就完全可以准确地推测出新郎曾经一路奔波、饱受磨难，才如愿以偿地修成正果。而新娘作为爱情伯乐，当然也是千里挑一地找到了自己的如意郎君。相信两个人一定在爱情的路上同风共雨、长途跋涉，才最终在这个让人难忘的周末走进了神圣的婚姻殿堂，到达爱情长跑的新驿站！

此刻，我作为在场每一位贵宾的代表，来读出我们共同的见证，并通过声波、磁场、脑电波等一切无线传输系统，向全世界70亿人宣布：他们结婚了！

我们无法用语言描述这对新人的结合是多么令人震撼！因为人们都在期待并坚信：这会是一个伟大的历史时刻！他们的结合，将成为人类爱情史上具有划时代意义的伟大里程碑！五十年以后，一百年以后，一万年以后，当人们茶余饭后之时，仍旧会对他们的爱情故事津津乐道。女人们会以新郎作为标准要求自己的老公。而男人们则总是在老婆面前假装不经意地提起新娘同志，以暗示老婆效仿。

这几天，社会各界都对本次婚礼给予了高度关注，美国总统奥巴马在

谈论本次婚礼时，充满深情地说：新郎和新娘将向人们证明，他们的结合将和我当选美国总统一样具有历史意义。

说到这里，我不知道新娘新郎是否感受到了婚姻之重。你们的父母、家人、同事、朋友以及一切关心你们的人，从此刻起，都会充满期待地注视着你们的婚姻之路，你们已经告别过去，走上了精彩的人生新舞台，在这个舞台上，你们将扮演丈夫、妻子、父亲、母亲、女婿、儿媳等诸多角色，也肩负着时代寄予你们的重托。在这里我作为证婚人，能够代表大家给予你们的仅仅是"祝福"二字。祝福你们能够相亲相爱、和和美美、白头偕老！不要辜负家人，不要辜负朋友，也不要辜负奥巴马！更不要辜负全世界所有关心你们并对你们寄予深深祝福的 70 亿人民！谢谢。

② 介绍人祝酒词

■ **范例 4** ■

【致辞人】介绍人
【场　合】婚宴现场
【时　机】中场致辞
【风　格】文采飞扬
【听　众】亲戚、朋友、邻居、领导、同事、同学
【关键词】端庄　潇洒　郎才女貌　喜结良缘　百年偕老
【金　句】牡丹丛中蝴蝶双舞，荷花塘内鸳鸯对歌。他们本就是天生的一对，地造的一双，而今喜结连理，今后更需要彼此宽容，互相照顾。愿你俩恩恩爱爱，意笃情深，此生爱情永恒，感情与日俱增。

各位来宾：

大家好！

今天是××先生和××小姐喜结良缘，百年好合的大喜日子。作为他们的介绍人参加这个新婚典礼，我感到非常荣幸。同时，我也感到惭愧，

因为我这个介绍人只做了一分钟的介绍工作，就是介绍他们认识，其余的事情都是他们自己完成的。

这也难怪，你们看新娘这么端庄秀丽，新郎这么英俊潇洒，又有才干，他们确实是郎才女貌，天作之合。

牡丹丛中蝴蝶双舞，荷花塘内鸳鸯对歌。他们本就是天生的一对，地造的一双，而今喜结连理，今后更需要彼此宽容，互相照顾。愿你俩恩恩爱爱，意笃情深，此生爱情永恒，感情与日俱增。让我们一起举杯，衷心祝福这对新人情切切，意绵绵，百年偕老。干杯！

❸ 父母祝酒词

■ 范例 5 ■

....

【致辞人】新郎的父亲
【场　合】婚宴现场
【时　机】中场致辞
【风　格】平易朴实
【听　众】亲戚、朋友、邻居、领导、同事、同学
【关键词】激动 祝福语 互敬互爱 新台阶 幸福
【金　句】缘分使我的儿子与××小姐相识、相知、相爱，到今天成为夫妻。从今以后，希望他们能互敬、互爱、互谅、互助，用自己的聪明才智和勤劳的双手创造美好的未来。

....

两位亲家，尊敬的各位来宾：

大家好！

今天我的儿子与××小姐在你们的见证和祝福中幸福地结为夫妻，我和我太太无比激动。作为新郎的父亲，我首先代表新郎、新娘以及我们全家人向百忙之中赶来参加结婚典礼的各位表示衷心的感谢和热烈的欢迎！同时，也感谢两位亲家培养了这么出色的××小姐。

缘分使我的儿子与××小姐相识、相知、相爱，到今天成为夫妻。从

今以后，希望他们能互敬、互爱、互谅、互助，用自己的聪明才智和勤劳的双手创造美好的未来。

祝愿二位新人白头到老，恩爱一生，在事业上更上一个台阶，同时也希望大家在这里吃好、喝好！

来！让我们共同举杯，祝大家身体健康、阖家欢乐，干杯！

▧ 范例6 ▧

【致辞人】新娘的父亲
【场　合】婚宴现场
【时　机】中场致辞
【风　格】真挚 情深意切 深情祝福
【听　众】亲戚、朋友、邻居、领导、同事、同学
【关键词】平凡 感恩 信任 如愿以偿 幸福
【金　句】婚姻只是个空盒子。你必须往里面放东西，才能取回你要的东西。你放得越多，得到的也就越多。

亲爱的女儿：

在这个庆典上我要告诉你的有两件事：

第一，我和你母亲只是天底下最平凡的父母，我们的孩子也只是人世间最平凡的女儿，在你刚刚踏上社会时就有这么多亲朋好友关心你，爱护你，帮助你，你应该永远铭记在心，在走向人生之旅后能够满怀感恩，一路平安。

第二，我想把我们在三十多年的婚姻生活中得到的最主要的体会告诉你。首先要告诉你的是：家不是一个讲理的地方。这句话乍听起来像是一句气话。但确实是千真万确的真理。当夫妻之间开始据理力争时，两个人都会不知不觉地各自抱着一堆歪理去伤害对方，最后落得两败俱伤。他们不知道，家不是讲理的地方，家也不是算账的地方。那么，家是什么地方？

家应该是讲爱的地方。爱一时很容易，但是爱一生一世却很不简单。这里面有许多奥妙需要你们去总结和体会。有这样一种说法，你大概还没

体会到，那就是：婚姻只是个空盒子，你必须往里面放东西，才能取回你要的东西。你放得越多，得到的也就越多。很多人结婚的时候，对婚姻有很多期盼，盼望从中得到富贵、爱情、快乐、健康。其实婚姻从开始起，就是一个空盒子，走到一起的两个人，一定要养成一个习惯，那就是去给，去爱，彼此侍奉，彼此赞赏。这样，空盒子才会一天天地丰富起来。

空盒子里还要放进去的是"艺术"。在婚姻生活中需要讲艺术的地方无处不在。生气有艺术，吵架也有艺术。我要告诉你我和你妈妈之间发生的一件事：一天，为了一件小事，我和你妈妈吵得不可开交，不知道怎样才能停下来，这时你妈忽然说："吵吵吵，你药也忘记吃了。"这就是吵架的艺术。婚姻的盒子里除了"艺术"还有很多东西可以放进去，这有待你们自己去发现。

你已经结婚了，找到了称心如意的另一半。我们的责任尽到了，我们的心愿也偿了。我们对这个世界充满了感激，我们别无所求了，我们也同样别无所有了，能送给你们的礼物只是一对翅膀，希望我们的女儿能带着我们的祝福，快乐自由地展翅飞翔。

举起这杯酒，亲爱的女儿，今天你就要嫁人了，爸妈祝你能够幸福快乐！干杯！

④ 亲友祝酒词

■ 范例 7 ■

【致辞人】新娘的阿姨
【场　合】婚宴现场
【时　机】中场致辞
【风　格】深情祝福
【听　众】亲戚、朋友、邻居、领导、同事、同学
【关键词】祝福 信任 扶持 通话 幸福
【金　句】王子和公主结婚之后要面对很多现实问题，生活不是童话，希望你们能够有心理准备。同时，也希望你们能

够在今后的生活中磨合、相互宽容、相互谅解，把生活过得像童话一样美好。

....

各位来宾、各位亲朋好友：

今天是两位新人的大喜之日，作为新娘的阿姨，我代表在座的各位亲朋好友向新娘、新郎表示衷心的祝福，同时受新娘、新郎的委托向各位来宾表示热烈的欢迎。

在人生最喜庆的时刻，我衷心祝福你们小夫妻能够互相信任、互相扶持。在这个令人羡慕的日子里，所有的亲友都在为你们的新婚祝福，你们也将永远幸福、快乐地生活在一起。

王子和公主结婚之后要面对很多现实问题，生活不是童话，希望你们能够有心理准备。同时，也希望你们能够在今后的生活中磨合、相互宽容、相互谅解，把生活过得像童话一样美好。

最后，我提议：为了两位新人的幸福生活，为了双方父母的身体安康，也为在座诸位嘉宾的有缘相聚，干杯！

▇ 范例8 ▇

....

【致辞人】来宾代表
【场　合】婚宴现场
【时　机】中场致辞
【风　格】简洁 明快 有文采
【听　众】亲戚、朋友、邻居、领导、同事、同学
【关键词】荣幸 祝愿 佳偶 美满 努力
【金　句】二位新人可谓郎才女貌，佳偶天成。十年修得同船渡，百年修得共枕眠。无数个偶然堆积而成的必然，怎能不是三生石上精心镌刻的结果呢？

....

女士们、先生们、朋友们：

大家好！

今天是我的好朋友××的大喜日子，小弟得以参加盛会，感到万分荣幸。在此，我谨向他们表示真诚的恭贺和美好的祝愿，向养育他们成才的双方父母、亲眷和前来贺喜的各位来宾、好友表示真挚的谢意与问候！二位新人可谓是郎才女貌，佳偶天成。十年修得同船渡，百年修得共枕眠。无数个偶然堆积而成的必然，怎能不是三生石上精心镌刻的结果呢？用真心呵护这份缘吧。

我希望你们互助互谅，共同努力，创造美满幸福的家庭。最后，我祝愿新郎、新娘健康快乐，鸾凤和鸣，白头偕老。干杯！

⑤ 领导祝酒词

■ 范例 9 ■

【致辞人】新郎的领导
【场　合】婚礼宴会
【时　机】中场致辞
【风　格】情真意切　平易朴实
【听　众】新人双方的亲戚、朋友、邻居、领导、同事、同学
【关键词】新生活　里程碑　美好　责任　互助
【金　句】秋水银堂鸳鸯比翼，天风玉宇鸾凤和声。

尊敬的各位嘉宾，先生们、女士们、朋友们：

大家好！

在这个秋水银堂鸳鸯比翼，天风玉宇鸾凤和声的喜庆日子里，××先生与××小姐跟随着金秋的脚步，踏上了婚礼的红地毯，从此开始携手走进崭新的生活。

新婚，是人生重要的阶段，是人生中一个新的里程碑，它将给人生留下一个永久的美好记忆。新婚标志着新生活的开始，也意味着一对新人从此将肩负起社会和家庭的新责任。

正所谓，千里姻缘一线牵，两位新人是有缘人，作为男方单位的领导

代表，我首先代表我们单位全体同事，祝贺新人新婚幸福。同时，希望你们在今后的共同生活中，要互相敬爱，互相帮助，互相支持，共创事业的辉煌。也希望两位继承和发扬中华民族的优良美德，肩负起为人父母的家庭责任，孝敬双方父母，尊老爱幼，阖家欢聚，共享天伦之乐。

最后，我提议：请大家举起酒杯，将今天的欢乐和喜庆倒进酒杯里，装进肚中，带回家里，让我们的亲朋好友及家人尽享快乐，尽情享受这美好的时刻。

朋友们，让我们为这对新人的幸福美满、白头偕老、阖家欢乐、万事如意，干杯！

■ 范例 10 ■

【致辞人】新郎的领导
【场　合】婚礼现场
【时　机】中场致辞
【风　格】简洁 祝福
【听　众】新人双方的亲戚、朋友、邻居、领导、同事、同学
【关键词】美好 激动 事业 经营 呵护
【金　句】所谓经营爱情和婚姻，就是要用心去呵护你们的爱情，去呵护你们的婚姻，去呵护你们的家庭，共同努力使你们的爱情之花常开、婚姻之树常绿。

尊敬的各位来宾，女士们、先生们、朋友们：

今天高朋满座，喜气洋洋，大家欢聚在××大酒店，为××先生与××小姐这对新人祝福，"××"是一个吉祥的名字，昭示着一对新人在这里走向神圣的婚姻殿堂，走进幸福的港湾。今天在这里我们共同见证这一美好时刻，共同为这对新人献上美好的祝福。作为今天新郎的领导代表，此时此刻，我的心情和大家一样，非常高兴，非常激动！

新郎××先生在我们单位工作，小伙子聪明机灵、踏实厚道、好学上进，是一位有事业心、有责任感的好青年；新娘××小姐虽然不在本公司

上班，但我们早已相熟，她是一位年轻的大学教师，这个女孩儿美丽善良，热情大方，两位青年从相识到相爱，再到今天走进神圣的婚姻殿堂，真可谓是郎才女貌，珠联璧合，佳偶天成，套用一句老话叫"天生的一对，地造的一双"。我和我的同事们能够有幸成为你们婚姻从生根、发芽到结果这一整个过程的见证人，感到非常高兴。

希望你们在今后的生活中要相互尊重，互敬互爱，互谅互让。所谓经营爱情和婚姻，就是要用心去呵护你们的爱情，去呵护你们的婚姻，去呵护你们的家庭，共同努力使你们的爱情之花常开、婚姻之树常绿。

朋友们，请允许我提议：让我们共同举杯，祝福这对儿新人事业有成、婚姻美满！祝愿他们恩恩爱爱、幸福永远！干杯！

⑥ 新人祝酒词

■ 范例11 ■

【致辞人】新郎
【场　合】婚宴现场
【时　机】中场致辞
【风　格】幽默 真挚
【听　众】亲戚、朋友、邻居、领导、同事、同学
【关键词】难忘 激动 幸福 感谢 信任
【金　句】有专家说，现在世界上男性人口超过三十亿，而我竟然有幸得到了这三十亿分之一的机会，成为××小姐的丈夫，三十亿分之一的机会相当于一个人连中500万元的彩票一个月，但我觉得今生能和××在一起，是多少个500万元都无法换来的！

各位领导，各们亲朋好友：

人生能有几次最难忘、最幸福的时刻？今天我才真正发自内心地感到无比激动，无比幸福，更无比难忘。今天我和××小姐结婚，我们的长辈、

亲戚、知心朋友和领导在百忙之中远道而来参加我们的婚礼，给今天的婚礼带来了欢乐，带来了喜悦，带来了真诚的祝福。

借此机会，让我们真诚地感谢父母把我们养育成人，感谢领导的关心，感谢朋友们的祝福！

我还要深深地感谢我的岳父岳母，您二老把你们手上唯一的掌上明珠交给我，谢谢你们对我的信任，我也绝对不会辜负你们。我要说，我可能这辈子也无法让您的女儿成为世界上最富有的女人，但我会用我的生命使她成为世界上最幸福的女人。

有专家说，现在世界上男性人口超过三十亿，而我竟然有幸得到了这三十亿分之一的机会成为××小姐的丈夫，三十亿分之一的机会相当于一个人连中 500 万元的彩票一个月，但我觉得今生能和××在一起，是多少个 500 万元都无法换来的！

最后，祝各位万事如意、阖家幸福。请大家共同举杯，与我们一起分享这幸福快乐的时刻。

谢谢！

■ 范例 12 ■

【致辞人】新郎
【场　合】婚宴现场
【时　机】中场致辞
【风　格】深情厚谊　真挚
【听　众】亲戚、朋友、邻居、领导、同事、同学
【关键词】憧憬　幸福　感谢　包容　关照
【金　句】我怀着无比激动的心情站在这里，幸福、紧张，充满着对未来的美好憧憬。

各位领导、各们亲朋好友：

在这样一个美好的日子里，首先感谢在座各位来宾能一起见证我们的婚礼。此时此刻，我怀着无比激动的心情站在这里，幸福、紧张，充满着

对未来的美好憧憬。

我们从××年底认识，到现在将近 6 年了，回想以前的每一天，都仿佛是昨天一样，我们一起经历欢笑，一起走过风雨，到今天在一起真的很不容易。她是个急脾气，我是个慢性子；她是个实践者，我是个空想家。很多事情如果没有她的督促和鼓励，我想我可能没有办法取得今天的成就，在这里我想说：亲爱的，我最美丽的新娘，谢谢你，感谢你一直以来对我的包容和理解。这段时间你付出了太多太多，受委屈的地方也太多太多，结婚后我一定好好弥补。

我要感谢我的父母和我的岳父岳母，感谢爸爸妈妈把我抚养成人，给了我良好的教育，你们对我的教导我将永生不忘，你们对我们物质上和精神上毫无保留的支持，我都铭记在心。儿子今天成家了，你们一定为我感到高兴吧！我的岳父岳母，感谢你们长期以来对我的关照，让我有和在自己家一样的感觉，××经常说你们对我比对她还好，确实是这样，你们为我们的新房忙前忙后，为我们的婚礼不遗余力，你们能把××放心地交给我，是对我最大的信任。

在这里我给我的两位爸爸妈妈鞠躬了！

感谢我的证婚人——我的领导××总，也感谢各位领导对我的关心和对我工作的支持。

我的同事和同学们，同样谢谢你们，你们都是我们今后工作生活中最重要的朋友，没有你们的鼎力相助，就不会有如此圆满的婚礼。

最后，所有到场的亲朋好友，哥哥姐姐弟弟妹妹，叔叔阿姨们，感谢你们的祝福，也祝你们万事如意、心想事成！希望大家今天能尽兴，招待不周的地方还请多多包涵，谢谢大家！

■ 范例 13 ■

【致辞人】新娘
【场　合】婚宴现场
【时　机】中场致辞

【风　格】回顾过去 展望未来

【听　众】亲戚、朋友、邻居、领导、同事、同学

【关键词】感动 出色

【金　句】四月的季节，在那个桃花盛开的地方，我们相遇、相知。

....

女士们、先生们，朋友们：

大家好！

那一年，我遇上了一个能令我感动的男孩儿，帅气、出色，他就是那样吸引我！四月的季节，在那个桃花盛开的地方，我们相遇、相知。那是缘分吗？应该算是吧！早就承认过，我是个相信宿命的人，我相信，从每个人出生的那天起，上帝就已经把他（她）的一生安排好了！于是我相信，在我出生的那天，上帝——我们在天上的父，让我在某年某月的某一天遇上某个他。

我喜欢看琼瑶的小说，虽然我很清楚地知道那只是虚构的故事，但我就是那样固执地喜欢。我相信，一定有一生一世的爱，也一定有一辈子的依靠。或许，我们还太年轻，还没有足够的阅历来告诉我们什么叫爱情。于是，我们一起尝试，一起经历，一起哭，一起笑，一起感动！有人会问自己，为什么在结束一段感情的时候会那样不能自已，不能解脱？或许，那一份牵挂就是来自回忆吧！就是因为一起拥有过共同的回忆，那一份解脱才来得那样迟缓。

他对我的在乎和爱护，我真不知道如何去回报。但是爱情里面应该没有"回报"吧？于是我就放下一切顾虑，敞开心扉，尽情享受他对我的好！记得他曾说——嫁给我，我会好好疼你的！我真的好感动！作为一个男人，能够全心全意地去疼一个女人，那就是一个好男人！作为一个女人，能够得到一个男人无怨无悔的疼爱，那也不枉此生了！曾经只感受过父母的疼爱，而他让我知道，原来另一种疼爱也那样令人刻骨铭心。

他，不曾给过我任何山盟海誓，因为未来实在太不可测。他，只用他的宽容、他的宠爱、他的用心，来让我体会他的付出。有一句歌词是这样写的："也许承诺只能证明没把握。"也有一句俗语——希望越大，失望越

大。在一段没有承诺的感情里，或许收获的几率反而大一些吧！

如果说，在我们的港湾中没有风暴，那是假的。如果说，他只是一味地宠爱我，那是假的。我们吵架，是很经常的。但所幸，我们可以把心中的不满毫无顾忌地向对方袒露。于是，我们越吵越好。看到过那么一段话："如果你们一个月吵一次，你们就是好朋友；如果你们一个星期吵一次，你们就是情侣；如果你们天天吵却还在一起的话，那么你们已经可以结婚了。"看来，我们真的可以结婚了！

很高兴，我们的感情得到了对方父母的认可。很高兴，我们可以拥有疼爱我们的父母。很高兴，我们正在拥有着一段得到祝福的感情。

让我们举起酒杯，祝福我们，相爱一生，幸福一辈子！祝福大家，幸福快乐到永远！干杯！

❼ 伴郎伴娘祝酒词

■ 范例 14 ■

....

【致辞人】伴郎
【场　合】婚宴现场
【时　机】结尾致辞
【风　格】感情深厚　幽默　兄弟情深
【听　众】亲戚、朋友、邻居、领导、同事、同学
【关键词】荣幸　会议　自豪　高兴　责任　幸福
【金　句】名花已然袖中藏，满城春光无颜色。请你们将这份幸福和爱好好延续下去，直到天长地久、海枯石烂，直到白发苍苍、牙齿掉光！

....

尊敬的各位来宾、朋友们：

大家好！

今天作为××的伴郎，我感到十分荣幸。

同窗十载，岁月的年轮记载着我们许多美好的回忆。曾经在上课时以

笔为语、以纸为言，谈论着我们感兴趣的话题；曾经在宿舍内把酒问天，挥斥方遒，曾经逃课去吃早饭、溜出去玩一会儿，回来时在老师严肃的目光下相视一笑，正襟危坐。可无论我们怎样"不努力"，每次考试都名列前茅。

有一次我和××闲聊，他说如果谈恋爱一定会去追××。如今，他成功了，终于如愿以偿地娶到了美丽而柔婉的××，我和全班同学为你感到自豪和由衷的高兴。

名花已然袖中藏，满城春光无颜色。结婚是幸福、责任和一种更深的爱的开始，请你们将这份幸福和爱好好延续下去，直到天长地久、海枯石烂，直到白发苍苍、牙齿掉光！今晚璀璨的灯光将为你们做证，今晚羞涩地躲在云朵后面的月亮将为你们做证，今晚在座的两百多位怀着真诚祝福之心的亲朋好友们将为你们做证。

最后，让我们共同举杯，祝愿这对新人白头偕老，永结同心！

谢谢！

■ 范例 15 ■

···

【致辞人】伴娘

【场　合】婚宴现场

【时　机】结尾致辞

【风　格】质朴 情真意切

【听　众】亲戚、朋友、邻居、领导、同事、同学

【关键词】美好 坎坷 坚持 信任 爱 珍惜

【金　句】愿你们互相珍惜，同心永结；用轻盈的脚步去踏绿美丽生活的芳草园；用劈浪的英姿去搏击人生路上的烦恼；用深沉的爱去温暖父母夕阳般的暮年；祝你们共沐爱情，白头偕老。

···

女士们、先生们：

大家好！

今天我们一同站在××的婚礼上，感受一段美好姻缘。

成为新娘的好朋友将近两年，在这段时间里，我有幸作为一个旁观者了解一对恋人从相爱到结婚的过程。用两个字概括，那就是：坎坷。一个个电话跨洋跨州；一次次长途奔波劳顿不已。其间有欢乐、有悲伤，有戏言、有争吵，有时哈哈大笑、有时泪流满面。谁说恋爱只会有笑容！

但是，最终他们走到了一起，他们的爱情开花结果了。我一直在想，是什么令他们坚持到了最后，不管是一年前的跨州奔波，还是两年前的隔洋相望？我想是爱、信任和彼此对未来的信念。朋友们，难道我们不应该从他们身上学到点什么吗？也许你的另一半离你很远，也许你们之间出现了矛盾，但是请你相信，只要彼此努力，希望始终伴随。请相信，明天的你是主角。

最后，让我们再次祝福这对新人。愿你们互相珍惜，同心永结；用轻盈的脚步去蹚绿美丽生活的芳草园；用劈浪的英姿去搏击人生路上的烦恼；用深沉的爱去温暖父母夕阳般的暮年；祝你们共沐爱情，白头偕老，干杯！

■ 范例 16 ■

【致辞人】伴娘
【场　合】婚宴现场
【时　机】结尾致辞
【风　格】平易朴实
【听　众】亲戚、朋友、邻居、领导、同事、同学
【关键词】品德　喜悦　祝福　幸福
【金　句】祝愿你们永结同心，执手白头；祝愿你们的爱情如磐石般坚韧，可逾千年万载不变；愿你们在未来的日子里甘苦与共，笑对人生。

尊敬的各位来宾、朋友们：

大家好！

××以其美丽与品德在同学和朋友中深受欢迎，今天她终于将自己的一生交给了与她相知相爱的人。

我与××是大学同学，四年的相处让我们成为无话不谈的挚友。毕业后我们天各一方，但时间与空间的距离并没有影响我们的友谊。当我知道自己将要作为××的伴娘时，心中的喜悦不言而喻。今天，我来到这座城市参加××的婚礼，为的就是能向你们表达我的祝福。

祝愿你们永结同心，执手白头；祝愿你们的爱情如磐石般坚韧，可逾千年万载不变；愿你们在未来的日子里甘苦与共，笑对人生；愿你们婚后能互爱互敬、互怜互谅，岁月愈久，感情愈深；愿你们的未来多姿多彩，儿女聪颖美丽，永远幸福！干杯！

⑧ 集体婚礼祝酒词

■ 范例 17 ■

【致辞人】县委领导
【场　合】县第五届"绿色低碳"公益集体婚礼现场
【时　机】开场致辞
【风　格】新颖　简洁　大气
【听　众】新人亲戚、朋友
【关键词】绿色　公益　祝福　幸福　新观念
【金　句】新人朋友们，今天你们满怀喜悦携手踏上红地毯，迈入新生活，使你们的爱情得到了升华。

各位来宾、青年朋友们：

今天，在这阳光明媚、天降吉祥的美好日子里，县第五届"绿色低碳"公益集体婚礼正式拉开了序幕，我们将见证 66 对新人最美好、最幸福的时刻。首先，请允许我代表主办方向参加今天活动的各位来宾表示诚挚的欢迎和衷心的感谢！向今天喜结良缘的新人以及新人的亲属表示热烈的祝贺和衷心的祝福！

新的世纪，新的时代，呼唤新的观念。举行集体婚礼旨在推进婚俗改革，倡导婚事新办，弘扬文明新风。本次集体婚礼得到了各级领导、社会各界的广泛关注和大力支持，也得到了广大适龄青年的积极响应和踊跃参与。这充分反映了社会各界和广大青年关心社会公益事业、勇树文明新风的强烈社会责任感，展现了我县在文明城市创建方面取得的明显成效。

今天参加集体婚礼的青年朋友们本着"弘扬社会新风、倡导婚事新办"的原则，率先转变婚俗观念，积极参与文明婚礼，践行绿色低碳的生活理念，大力弘扬文明社会新风尚，为全县青年移风易俗开了先河，走在了时代的前列，为自己的人生写下了精彩的一笔，充分体现了当代青年崭新的精神风貌。新人朋友们，今天你们满怀喜悦携手踏上红地毯，迈入新生活，使你们的爱情得到了升华。

在这终生难忘的日子里，让我们举杯，衷心祝愿你们在今后的生活中互敬互爱，尊老爱幼，风雨同舟，携手并肩，以对社会高度负责的态度搞好家庭建设，争做公民道德建设的实践者；衷心祝愿你们在今后的工作中爱岗敬业，开拓进取，勇于拼搏，敢于创新，以勤奋的工作态度、扎实的工作作风、良好的工作成绩树立起青年崭新的社会形象！

最后，衷心祝愿各位来宾工作顺利、万事如意！祝愿各位新人的父母和亲属身体健康、家庭美满！谢谢大家！

⑨ 军人婚礼祝酒词

■ 范例 18 ■

【致辞人】新郎的领导
【场　合】军人婚宴现场
【时　机】中场致辞
【风　格】情真意切 文辞精彩
【听　众】亲戚、朋友、邻居、领导、战友、同学
【关键词】喜庆 美好 祝福 事业 军人
【金　句】爆竹声声，红尘中诞生了一个幸福的家庭；喜字对对，人世间缔结了一桩美好姻缘。长天欢翔比翼鸟，大地

喜结连理枝。

••

各位来宾、领导，女士们、先生们：

你们好！

今天是一个喜庆的日子，我们欢聚一堂，为一对新人举行婚礼。在此，我对各位来宾、领导们的到来表示衷心的感谢和热烈的欢迎。

经过了春的孕育，夏的热恋，一对新人走进了绚丽成熟的收获季节。爆竹声声，红尘中诞生了一个幸福的家庭；喜字对对，人世间缔结了一桩美好姻缘。长天欢翔比翼鸟，大地喜结连理枝。在此，让我们举起一杯醇香的美酒，送上一片深深的祝福：祝成双鸾凤海阔天空双比翼，贺一对鸳鸯花好月圆两知心。

新婚新起点，喜事喜开端。终身大事而今已毕，百年事业刚刚起步，望新郎莫沉浸在温柔乡中，成家当思创业苦，举步莫恋蜜月甜。结婚只是人生的一个驿站，学无终止业无尽，来日方长任重道远，仍须努力莫松劲儿。爱情只有附属在事业上，才能常新；小家只有融入在大家之中，才能永固。望新娘全力支持丈夫的事业，军人的生活多是苦涩的滋味，当你尝到两地之苦时，要想到一人辛苦方能万人甜；军人的生活相聚时少别时多，当你感到离别之苦时，要想到一家不圆才能万家圆。年年有别离，岁岁难相聚，在短短的相聚之后，便是长长的别离，新娘要忍受难耐的寂寞，要独自挑起沉重的家务，要伺候老人，要抚育儿女，所有这一切，都要用柔弱的双肩去承担。"两情若是久长时，又岂在朝朝暮暮"，你会觉得只要爱情纯洁，花开花谢就永好；只要情真意切，月缺月圆便常圆；只要心心相印，山远水远不算远；只要相亲相爱，千难万难不觉难。

最后，我代表大家送上三重祝愿：一愿你们夫妻恩爱，白头偕老，情有自由爱有属。愿你们一朝结下千种爱，百岁不移半寸心，在漫漫人生路上相依相伴，相濡以沫，休戚与共，风雨同舟。二愿你们比翼双飞，事业有成。愿你们做一对事业伴侣，互相学习，互相支持，互相勉励，在各自的岗位上都做出优异的成绩，像荷花并蒂相映美，如海燕双飞试比高。三愿你们优生优育，只生一个孩子。今日银河初渡，愿他年玉树连枝。请大家一起举起酒杯，祝一对新人明天更美好，干杯！

漫话婚嫁酒

酒·文·化

一、喝喜酒的传统习俗

在古代，婚嫁是大事，所以礼仪也很多。比如，旧俗"三茶六礼成亲"。其中"六礼"，即婚嫁过程中的六项进程：

1. 纳彩：男方托媒人去女方家提亲。

2. 问名：问女方名字及生辰，俗称"开小八字"。

3. 纳吉：男方卜得吉兆，双方八字相合，男方备礼通知女方，决定成亲。

4. 纳征：男方给女方送彩礼（要有礼金、衣衫、食物），俗称"开红帖"、"开大八字"、"大定"、"过定"，今谓"订婚"。

5. 请期：男方择定婚期，备礼告知女方，求其同意。俗称"报日子"、"定茶"。

6. 亲迎：新郎亲至女家迎娶，一般称为"迎亲"。民间俗称男方叫"归亲"，女方叫"行嫁"、"归门"，今谓"结婚"。

结婚的当天，要大宴宾客，就是我们常说的"喝喜酒"。喝喜酒的习俗在北方一些地区一般是中午摆酒宴招待亲朋好友。在现代，由于生活节奏加快，摆喜酒也不再像以前那样看"黄道吉日"了，选择双休日摆宴待客越来越被社会认可和接受。晚上摆喜酒也成为很多都市人的选择，因为这样时间充足，很多人都可以抽出时间赴宴，在新婚的喜酒宴会上吃吃喜糖、喝喝喜酒、沾沾喜气。婚宴的地点选择也不再单一。西餐厅、自助餐厅，甚至咖啡馆都成了他们演绎浪漫婚礼的地方。无论什么样的形式，什么样的就餐环境，结婚就是图个喜庆，就是要个"今儿个高兴"的热闹氛围！

二、婚嫁祝酒词

今天，许多婚嫁流程和习俗都被简化了，而保留下来的婚宴，则成为最重要的节目。祝酒词自然在保留之列。婚嫁当天的祝酒词，可以煽情、可以讲故事、可以祝福，不一而足。总而言之，婚嫁祝酒词一定要起到活跃气氛、拉近感情的作用，同时送上美好的祝愿。当然在祝酒词中适当来点幽默也是必不可少的，如果你有刘姥姥在大观园里的本领，自然可以用诙谐的方法来发表你的祝酒词。比如：可以从你个人的工作角度调侃：

网站 CEO 说："我已经制作并给你们发出了一张电子贺卡，你们收到了吗？"

居委会大娘说："你们一定要拥护国家计划生育政策，只生一个好。"

医生说："你们要注意身体，平时不要暴饮暴食，生小孩的时候，希望你们到条件优越的医院去接生，我们医院的地址是……"

科学家说："科学的发展一日千里，过几年如果你们还没生下小孩，只要法律允许，完全可以克隆一个。"

房地产开发商说："家是放'心'的地方，你们需要一个既舒适豪华，又充满温馨气息，而且位于繁华闹市的爱巢吗？请联系我吧，凭我们的关系，可以考虑给你们选个好楼层。"

婚嫁祝酒词切忌表达失当，使场面尴尬，不要说让新人双方父母感觉比较敏感的话题，如果把握不准，可以提前向新人询问，使婚嫁祝酒词更加完美到位。

三、婚嫁宴的礼仪

婚宴的主要环节是新郎新娘敬酒。新人敬酒要注意一些细节：

在宴会中新人要到各桌给宾客敬酒，无论是在交谈中还是在行进间，酒杯应时刻端在胸前的位置。不要一只手拿着空杯子乱晃，这样对宾客十分不尊重。新郎新娘都用外侧手持杯子，姿势会比较好看。伸直手臂像欢呼万岁那样的干杯方式要避讳，要尽量保持优雅矜持。

新人敬酒时酒杯应稳稳端在胸前的位置。饮酒时注意要让杯子靠近嘴，而不要用嘴去靠近杯子，否则会显得有失礼节。杯子应举到脸的前下方，注意不要举太高。

寒暄的时候要把杯子端在胸前的位置，在大家齐喊"干杯"的时候，再将杯子端到脸部的前下方，此时注意不要端至与面部平行的位置。目光要投向典礼仪式上起立的客人，不要托着杯肚、轻捏杯腿。

新人在敬酒时，说些俏皮话更能活跃婚礼气氛。当然，饮酒要适可而止，不宜过量。下面是一些常用的敬酒词：

敬领导：领导在上我在下，您说多喝我多喝。

新娘给领导敬酒：激动的心，颤抖的手，我给领导倒杯酒，领导不喝嫌我丑。

敬父母：要让客人喝好，自家先得喝倒。

敬同辈：啥话也别说，最亲是大哥。

敬同辈：山高流水觅知音，我与大哥酒连心。

敬朋友：天蓝蓝，海蓝蓝，一杯一杯往下传。天上无云地下旱，刚才那杯不能算。

敬晚辈：小荷才露尖尖角，今天喝酒大敬小。

伴娘替新娘挡酒：万水千山总是情，这杯我喝行不行？

伴郎替新郎挡酒：危难之处显身手，该出手时就出手，兄弟我替他喝个酒。

宾客在接受新人敬酒或向别人敬酒时，言行举止也要符合一定的礼仪规范，这既是对新人的祝福，也是对所有来宾的尊重。那么，宾客敬酒需要注意哪些细节呢？

1. 要敬酒时，如果席间有十位以上的宾客，务必要站起身来。如果是在人数较少、彼此都熟识的场合，则可以坐着敬酒。为了引起他人的注意，可以先说句开场白，如"各位女士，各位先生，我想向先生（小姐）敬个酒"，或者也可以不必说得那么正式，只要声音比正常说话时大一点儿说："现在我想说一些话。"不过，如果你是以敲杯沿的方式来引起他人注意，可千万不要太过用力，以免把杯子敲碎了。

2. 婚宴上每一次敬酒时间不宜超过三分钟。因此，应该避免东拉西扯，没完没了。向新人致意时，话语中可以表达关怀，语言要幽默风趣、率真感人，甚至可以戏谑，这些都无伤大雅。你的态度可以严肃，也可以机敏有趣。不过，最重要的是你应该事先演练一番。

四、婚嫁宴上的禁忌和应急技巧

1. **新人敬酒时的注意要点**

①敬酒有序，主次分明。一般情况下敬酒应以年龄大小、职位高低、

宾主身份为序，敬酒前一定要充分考虑好敬酒的顺序，分清主次。即使向不熟悉的人敬酒，也要先打听一下身份或是留意别人如何称呼，这一点心中要有数，避免出现尴尬或伤感情的局面。如果在场有更高身份或年长的人，切忌先对帮助你筹办婚礼的人敬酒，不然会使大家都很难为情。

②敬酒时，新人应展示出自己的待客之道，以及个人的才华、学识、修养和风度，有时一句诙谐幽默的话会给客人留下很深的印象，使人无形中对你产生好感，对你以后的人际交往有很大好处。

2．来宾离席时的注意要点

①如果因为工作或家庭原因，中途需要离开婚宴现场，一定要向邀请你来的主人说明、致歉，不可随便离开。

②中途离席时，和主人打过招呼，应该马上就走，不要拉着主人在大门外聊个没完。因为当天对方要做的事很多，婚宴现场也还有许多客人等待他（她）去招呼，你占了主人太多时间会造成他（她）在其他客人面前失礼。

新郎在婚宴上也常被别人敬酒，于是喜宴挡酒、解酒妙招是每个新郎必须要掌握的婚前课程之一，如果想拥有浓情旖旎的浪漫初夜，准新郎就要先熟读以下法则：

第一，寻找一个善于周旋的挡酒师。

第二，安排正副挡酒手、挡酒群。

第三，绝对避免空腹饮酒。

第四，不要相信咖啡和茶能解酒，它们的功效最多只能醒酒。

第五，不要依赖解酒药物，最好用食物解酒。

第六，不要将汽水或苏打水掺入酒中以冲淡酒精浓度，这样做反而会适得其反。

第七，解酒一法：喝酒前多吃含油脂的食物，如肥肉、牛奶、凤梨、番石榴等；解酒二法：饮用高汤，尤以萝卜丝鱼汤最能发挥解酒功效。两法齐施，效果更佳。

第八，喝酒时，多吃乳酪、蛋、肉类等富含蛋白质的食物，有助于酒精的挥发。

第九，已喝酒过量，不妨多喝点热汤或大量饮用开水，以冲淡酒精的浓度。另外，水果和蜂蜜也有助于醒酒。

第十，婚宴的最高精神法则：饮酒不过量。

◆ 婚嫁祝酒词集锦

◇ 来宾祝酒词

牡丹丛中蝴蝶双舞；荷花塘内鸳鸯对歌。你们本就是天生的一对儿，地造的一双，而今共结连理，今后更需要彼此宽容，互相照顾。愿你俩恩恩爱爱，意笃情深，此生爱情永恒，感情与日俱增。

金结同心百年夫妻良匹偶；彩绳系足千秋鸾凤永和鸣。

宝殿焚香，心到虔时神有眼；西厢待月，情当钟处佛能言。让这缠绵的诗句敲响幸福的钟声，祝福你们新婚愉快，幸福美满，激情永在，永浴爱河，白头偕老！

试问夜如何？牛女双星渡河汉；欲知春几许，凤凰比翼下秦台。堪叹：只羡鸳鸯不羡仙。愿你们二人和睦到白首。

◇ 幽默祝酒词

男的最后想通了，女的终于看开了，恋爱虽然让人成熟，结婚更能使人进步！安慰好哭泣的情敌，告别了单身的兄弟，毅然走进围城里的90平方米。

憧憬着漫漫无边的婚姻长路，计算好不停涨价的油盐酱醋，相互关爱，相互搀扶，为每一次嘘寒问暖的欣慰，每一次上缴工资的幸福，举杯庆祝。

爽快地交出存折密码，小心地藏好初恋情书，用结婚的壮举，给所有单身汉带来最大的鼓舞！让我们热情高涨，满怀期待，热烈祝贺，一个好男人的幸福生活从此盛大开幕了！

第 *18* 章
生日酒：樽有乌程酒，
劝君千万寿

生日酒概要

酒·常·识

生日，顾名思义就是一个人出生的日子。在中国的传统中，比较重视老人和儿童的生日，每一年的生日都是一次家庭聚会。随着人民生活水平的日益提高，越来越多的年轻人也喜欢在生日这一天举办宴会招待亲朋，借此拉近彼此之间的感情，以生日聚会为背景的酒宴就是生日酒。喜得贵子，喜添千金，人逢喜事精神爽，邀请亲友来喝满月酒，宴席上的贺词是必不可少的了！无论是初为父母的主人，还是前来道贺的客人，得体的贺词往往能锦上添花。中国人的传统是在孩子满月、周岁、逢整数庆生，一般五十岁以上即为寿，在不同年龄的生日宴上说符合庆生者年龄的祝酒词，就显得尤为关键了。

祝酒词范例

酒·词·话

❶ 满月祝酒词

■ 范例 1 ■

【致辞人】孩子的父亲
【场　合】儿子满月酒宴现场
【时　机】开场致辞
【风　格】情深意切 爱子情深
【听　众】亲朋好友、单位领导、同事
【关键词】欢庆 感谢 感恩 劳苦功高
【金　句】感谢上苍赐给我一女一子，一女一子合起来就是
一个"好"字。这预示着我们生活的美好！

各位领导、各位来宾、各位朋友：

大家晚上好！

今天，我们欢聚在这里，共同欢庆小儿满月。我代表我的家人对大家的光临表示衷心的感谢！

今天我是怀着一颗感恩的心来举办这个晚宴的。首先，感谢上苍赐给我一女一子，一女一子合起来就是一个"好"字。这预示着我们生活的美好！其次感谢我的太太程女士，从怀孕到分娩，再到把儿子养大成人，太不容易了，她可谓劳苦功高。再次我要感谢陶瓷这个行业，由于这个行业我认识了这么多的好朋友，今天在座的各位都是我在从事这个行业中结识的朋友，感谢你们多年来对我的帮助！最后，我要隆重感谢我的领导和我的同事，感谢你们在工作中对我的支持和在生活中对我的关心！

请允许我对各位朋友的一路辛劳表示歉意，今天我们略备薄酒向大家表示衷心的感谢！

现在我提议：为我的小儿××的健康成长，为我们深厚的友谊，为我

们共同的陶瓷事业干杯！

望各位嘉宾开怀畅饮，一醉方休！

■ 范例 2 ■

【致辞人】孩子的父亲
【场　合】女儿满月酒宴
【时　机】开场致辞
【风　格】简洁 深情
【听　众】亲朋好友
【关键词】心头肉 和睦 新里程 成长 健康
【金　句】孩子是每个家庭爱的结晶和维系和睦的纽带，家有儿女方知为人父母的艰辛和不易。

各位亲朋好友：

感谢大家在百忙中前来为我的爱女满月道贺，我代表我们全家向你们表示热烈的欢迎和诚挚的谢意！

说句开玩笑的话，刚结婚时为了我们能过轻松愉快的生活而不想要孩子，随着年复一年时间的推移想要孩子时，她却迟迟不来。当我们对生孩子失去信心，甚至把准备生孩子的钱用在购置私家车后，这个孩子见我们条件已经具备便匆匆而来，这就是我们现在的小宝贝，她给我们带来了无比的欢乐和幸福！孩子是每对父母的心头肉，是每个家庭爱的结晶和维系和睦的纽带，家有儿女方知为人父母的艰辛和不易。时间飞逝，如今这个新生的小家伙已经满月了，从此她将开始步入人生的新里程。我们为此特邀诸位共同见证她成长的每一步！

借此满月宴之际，谢谢大家对小女的祝福，希望她健康快乐地成长，同时也祝福大家家庭和睦幸福，健康快乐！干杯！

■ 范例 3 ■

【致辞人】孩子的父亲
【场　合】满月酒宴
【时　机】开场致辞
【风　格】情真意切　深情厚望
【听　众】亲朋好友、单位领导、同事
【关键词】庆满月　帮助　灵魂　感谢　恩情
【金　句】她的每一声呀呀的啼哭，每一个甜甜的微笑，都是给我们这个家的最好的礼物。

各位来宾、各位同事、各位朋友：

大家好！

非常感谢大家来参加我家××满月的庆祝酒宴，在这里我和我妻子××代表我家××给大家鞠一躬。

在座的各位可以说都是我们最亲近的亲人和朋友，大家都见证了我和××从相识到结婚再到我们爱情的结晶××的出生，一直以来都给予了我们太多无私的帮助。××满月了，这是我生命中的一件大事，每一个孩子都是家的灵魂，我们家也一样。我老婆怀胎十月，在这段很短暂但又很漫长的日子里，你们的每一声嘘寒问暖，每一次亲切的关注与问候，都给了我们这个家庭莫大的鼓舞。在座的各位可以说没有外人，除了我们的同事，就是我们很亲近的朋友，可以说都是在我俩的事业上、生活上有直接帮助的人，是你们的存在让我们的人生这样的丰富多彩。

在此，我还要特别感谢我们俩的父母，即使在今天这样一个特殊的日子里，我的岳母和我的妈妈也没能来，她们正在家里照顾我们的××，这样的恩情，我们永生难忘，因为他们不仅给予了我们生命，更是为我们的生活操尽了心，费尽了力。从结婚，再到有了××，妻子怀孕的十个月，如果没有他们的帮助，我们不可能如此幸福。今天我和王×谢谢你们了。

最后我还想对我的老婆王×说几句，老婆！你辛苦了，在怀××的这些天里，你受的苦、遭的罪我最清楚，吃不下饭，睡不好觉，在产床上，平时那么爱哭的你没有哭，特别是在你难产的时候，医生已经跟我们说你自己生不出来了，需要剖腹，但你依然在那里使劲地想要把孩子生出来。你不知道看着你在那里用劲，当时我的心里有多难受。十个月来的一幕幕像电影一样在我眼前掠过。人们常说孩子的出生日就是妈妈的受难日，其实那只是在出生日受难，十个月来的每一天你都在受苦啊！现在××出生了，她的每一声呀呀的啼哭，每一个甜甜的微笑，都是给我们这个家的最好的礼物。亲爱的老婆谢谢你！

好了，不多说了，就请大家开怀畅饮，祝在座的各位身体健康，万事如意！

■ 范例4 ■

【致辞人】孩子的外公
【场　合】外孙满月酒宴
【时　机】中场致辞
【风　格】寄予厚望
【听　众】亲朋好友
【关键词】可爱　幸福　快乐　聪明　幸福
【金　句】一个可爱的小生命，一个幸福的宝宝，一个快乐的小天使，一个聪明的小帅哥

尊敬的各位领导、各位来宾、各位亲朋好友：

晚上好！

今天是公元××年×月×日农历七月初五，这是一个喜庆、欢乐的好日子！一个月前，一个可爱的小生命，一个幸福的宝宝，一个快乐的小天使，一个聪明的小帅哥降生了，宝宝的到来给我们带来了无限的喜悦和幸福。今天是宝宝满月的日子，各位尊贵的来宾都带着美好的情意前来祝贺，承蒙各位亲朋好友的关心厚爱，请允许我代表宝宝全家感谢大家的光临。下面让所有的祈祷和祝福都化作这热烈的掌声，欢迎宝宝××来到人间。

宝宝今天满月了，外公在这里祝宝宝健康成长，长命百岁！也祝宝宝

爸、宝宝妈、外婆、奶奶、姑姑、叔叔等所有亲人愉快健康！干杯！

■ 范例 5 ■

【致辞人】孩子父亲单位领导
【场　合】满月酒宴
【风　格】鼓励 深情祝福
【时　机】中场致辞
【听　众】亲朋好友、公司领导、同事
【关键词】喜事 感悟 优秀 祥和 栋梁
【金　句】人生最重要的东西莫过于生命

各位来宾、各位朋友：

大家好！

佳节刚过，喜事又临。今天是我们×先生的千金满月的大喜日子，在此，我代表各位来宾朋友们，向××先生和××女士表示最真挚和最衷心的祝福。

在过去的时光中，当我们感悟着生活带给我们的一切时，我们越来越清楚人生最重要的东西莫过于生命。××先生在工作中，是一个勤谨、奋进、优秀的人。

最后，让我们祝愿这个新的生命、祝愿×先生的千金，也祝愿各位朋友的下一代，在这个祥和的社会中茁壮成长，成为国家的栋梁之才！

也祝大家身体健康、喜事连连、全家幸福、万事圆满！为了小宝宝的健康成长，干杯！

② 周岁祝酒词

■ 范例 6 ■

【致辞人】孩子的母亲

【场　合】儿子周岁宴会
【时　机】开场致辞
【风　格】质朴感人
【听　众】亲戚、朋友、领导、同事
【关键词】激动 幸福 自豪 辛劳 回报
【金　句】为人父母，方知辛劳。菜虽不丰，但是我们的一片真情，酒纵清淡，但是我们的一份热心。

尊敬的领导，亲爱的朋友们：

首先对大家今天光临我儿子的周岁宴会表示最热烈的欢迎和最诚挚的谢意！

此时此刻、此情此景，我们一家三口站在这里，心情很激动。为人父母，方知辛劳。××今天刚满一周岁，在过去的 365 天中，我和丈夫尝到了初为父母的幸福感和自豪感，但同时也真正体会到了养育儿女健康成长的无比辛劳。今天在座的有我的父母，还有公婆，对于你们三十年的养育之恩，我们无以回报。今天借这个机会向四位老人深情地说声：谢谢了！并衷心祝他们健康长寿！

在过去的日子里，在座的各位朋友曾给予我们许许多多无私的帮助，让我感到无比的温暖。在此，请允许我代表我们一家三口向在座的各位亲朋好友表示感谢！现在和未来的日子里，我们仍希望各位亲朋好友对我们进行善意的批评和教导。

今天以我儿子一周岁生日的名义相邀各位至爱亲朋欢聚一堂，菜虽不丰，但是我们的一片真情，酒纵清淡，但是我们的一份热心。若有不周之处，还请各位海涵。

让我们共同举杯，祝各位工作顺利、万事如意！祝天下的宝宝们都健康快乐地成长！

▧ 范例 7 ▧

【致辞人】来宾代表

【场　合】龙凤胎周岁宴会

【时　机】中场致辞

【风　格】大气 真挚

【听　众】亲朋好友

【关键词】真挚 浪漫 幸福 喜悦 成长

【金　句】馨香传来麟儿啼声，积善之家双喜临门！

尊敬的各位来宾、各位亲朋好友：

大家下午好！

今天是××××年×月×日，一个春意盎然充满温暖的日子，我们大家在这里相聚。回顾××××年年初，一对幸福的新人王先生和赵小姐举行了隆重的婚礼，相信我们现场的所有来宾那时都感受到了他们真挚浪漫的爱情。一年后，他们终于喜得贵子，那就是他们的爱情结晶，活泼可爱的龙凤胎××和××！龙凤胎的诞生给这个原本幸福快乐的家庭更增添了双份的喜悦与快乐。这正是馨香传来麟儿啼声，积善之家双喜临门！

亲爱的朋友们，让龙凤胎愉快、活泼、健康、茁壮地成长，还有让这一家四口幸福快乐地生活，是我们在场所有的嘉宾共同的心愿。此刻让我们所有的好朋友端起手中的酒杯，一起祝愿可爱的孩子健康成长，祝愿他们一家幸福快乐！干杯！

❸ 十岁生日祝酒词

■ 范例8 ■

【致辞人】孩子的父亲

【场　合】爱子十岁生日庆典午宴

【时　机】开场致辞

【风　格】情深意切

【听　众】亲朋好友、孩子的老师同学

【关键词】感谢 幸福 养育 帮助 前程

【金　句】愿爸爸、妈妈的条条皱纹、缕缕白发化作你如花
的年华、锦绣的前程。

尊敬的各位长辈、各位领导、各位亲朋好友、小朋友们：

大家中午好！

今天是我的儿子××十周岁生日的大好日子，非常高兴能有这么多的亲朋好友前来捧场。在此，我代表我们全家对各位的光临表示最衷心的感谢和最热烈的欢迎！

此时此刻、此情此景，我的心情很激动。在过去的3650天中，我和妻子尝到了为人父、为人母的幸福和甜蜜，但同时也真正体会到了养育儿女健康成长的无比辛劳。养儿才知父母恩，今天在座的有我的父母，还有岳父岳母，对于他们的养育之恩，我们无以回报，也报答不完。今天借这个机会衷心地祝四位老人心情舒畅、健康长寿！

在过去的日子里，在座的各位朋友曾给予我们许许多多无私的帮助，让我感到无比的温暖。在此，请允许我代表我们一家三口向在座的各位亲朋好友表示感谢！

十岁是一个非常美好的年龄，是人生旅途中的第一个里程碑，在此我祝愿我的儿子生日快乐，学习进步，健康、愉快地成长，我更希望他能成长为一个有知识、有能力、人人喜欢的人，愿爸爸、妈妈的条条皱纹、缕缕白发化作你如花的年华、锦绣的前程。同时，××的成长也有劳各位长辈的关心和厚爱，希望大家能一如既往地给他鼓励和支持，这些都会给他的人生带来更多的动力和活力。

最后，祝各位身体健康、万事如意！干杯！

■ 范例 9 ■

【致辞人】小寿星
【场　合】十岁生日宴会
【时　机】中场致辞
【风　格】淡定

【听　众】亲朋好友、父亲、单位领导、同学

【关键词】感谢　荣耀　激动　长大　未来

【金　句】我相信，随着时间的积累，即使是清澈的水也定能散发出美酒的芳香。

各位嘉宾、各位长辈、各位老师，我亲爱的小伙伴们：

大家晚上好！

在这样一个美好的夜晚，感谢你们在百忙之中参加我的生日晚宴，共同庆祝我的十岁生日！你们的到来，是我们全家人的荣耀，也是我收到的最好的生日礼物，我非常的激动，非常的开心，非常的快乐！

在过去的十年里，我是爷爷奶奶的小开心、小宝贝，爸爸的小棉袄、小公主，谢谢爷爷，谢谢奶奶，谢谢爸爸！

在学校的学习中，我尽自己的努力，成为老师的小助手，同学的小伙伴，谢谢老师，谢谢同学们！

我是一个有着幸福童年的小女孩，我已经是四年级的学生了，我也已经长大懂事了。爷爷、奶奶、爸爸，你们博大深沉的爱教会了我很多，我希望，你们的每一天都能过得开心、快乐！

最后，感谢各位嘉宾，各位长辈，各位老师，各位同学对我和全家的关心、帮助和支持。祝大家今晚开心，愿你们天天开心。

我年纪还小，暂以水代酒，我相信，随着时间的积累，即使是清澈的水也定能散发出美酒的芳香。请大家端起酒杯，为了更美好的未来，干杯！

④ 十八岁生日祝酒词

■ 范例 10 ■

【致辞人】孩子的母亲

【场　合】儿子十八岁生日聚会

【时　机】中场致辞

【风　格】情真意切　爱子情深

【听　众】儿子、亲戚、朋友

【关键词】成年人 责任 积极 冷静 回报

【金　句】今后，你的嘴巴不但有喝酒的资格，还有去酿造生活之酒的责任。

....

亲爱的儿子：

今天是你十八周岁的生日，感谢你的成长过程给我们带来的甜酸苦辣的感受。从今天起，你就是成年人了，从此，你要承担起社会责任，在敬这第一杯酒之前，妈妈有些话要对你说。

第一，敬你的嘴巴。今后，你的嘴巴不但有喝酒的资格，还有去酿造生活之酒的责任。生活中的美酒和苦酒，你都要去面对。喝了这杯酒以后，你的嘴巴所说的每句话，别人都当真了，在别人的眼里你就是成人了。你要信守诺言，做个有诚信的人，你所说的每一句话，希望能带给别人愉快，而不是牢骚和抱怨。牢骚和抱怨只是逃避现实的借口，不是积极的人生态度。

第二，敬你的耳朵。你有两只耳朵，一边是听好话，一边是听坏话。今后，当你听到好话时要掌握分寸，不要飘起来。当你听到坏话时，请不要跳起来。好话坏话都请你冷静。好话是否真实？坏话是否属实？请思量自己是不是真的有欠缺。干了这杯，希望你能坦然接受好话坏话。

第三，敬你的眼睛。请你的眼睛能够学会看见"看不见"的东西。什么是看不见的东西？就如面前这丰盛的酒菜是你看得见的，而它是怎么来的，却是在书房里看书的你没看见的。就如别人的成功和荣誉、财富，这是我们一下子就看得见的。而别人的奋斗、汗水、努力，却是你看不见的，何况，并不是每滴汗水都有收获。但是没有付出汗水，那是绝对没有收获的。但是，付出汗水，即使没有收获也无悔。所以，请你学会用汗水换取收获，明白"看不见"的道理。

第四，敬你的"心"。你要有孝心，父母、长辈在你的成长过程中对你倾注了无数的心血，你应该孝敬。你要有责任心，你将来的角色肯定会多起来，家庭责任、社会责任都不轻，你都要尽心尽力去做好。你要有爱心、爱别人，别人才会爱你，付出了爱，才有爱的回报。

孩子，干了这一杯酒，意味着你已经长大了，自己要学会思考，学会怎么做人，学会怎么和人相处。

妈妈祝你今后的人生顺心如意，祝你幸福快乐！干杯！

⑤ 三十岁生日祝酒词

■ **范例 11** ■

....

【致辞人】女主人
【场　合】三十岁生日聚会
【时　机】开场致辞
【风　格】淡定从容　平易朴实
【听　众】亲朋好友、单位领导、同事
【关键词】分界线　内涵　自信　感恩　坚定
【金　句】三十岁是美丽的分界线。三十岁前的美丽是青春，
是容颜，是终会老去的美丽；而三十岁后的美丽，是内涵，
是魅力，是永恒的美丽。

....

各位亲爱的朋友：

万分感谢大家的光临，来庆祝我的三十岁生日。

常言道：三十岁是美丽的分界线。三十岁前的美丽是青春，是容颜，是终会老去的美丽；而三十岁后的美丽，是内涵，是魅力，是永恒的美丽。

如今，与二十岁的天真烂漫相比，已经不见了清纯可爱的笑容，与二十五岁的健康活泼相比，已经不见了咄咄逼人的好战好胜。在接连不断的得失过后，换来的是我坚定的自信、处变不惊和一颗宽容忍耐的心。

三十岁，这是人生的一个阶段，无论这个阶段里曾发生过什么，我依然怀着感恩的心说"谢谢"！谢谢父母赐予我生命，谢谢我生命中健康、阳光的三十岁，谢谢三十岁时我正拥有的一切！

我是幸运的，也是幸福的。我从事着一份平凡而满足的工作，上天赐

给我一个爱自己的老公和一个健康聪明的孩子。健康、关爱我的父母给了我一份内心的踏实，和我能真正交心的知己使我的内心又平添了一份温暖。我希望，在今后的人生路上，自己能走得更坚定。

为了这份成熟，为了各位的幸福，干杯！

❻ 四十岁生日祝酒词

▨ 范例 12 ▨

【致辞人】女儿
【场　合】四十岁生日聚会
【时　机】开场致辞
【风　格】文采飞扬　情真意切
【听　众】亲朋好友、单位领导、同事
【关键词】亲情　操心　崇高　无私　幸福
【金　句】母爱崇高有如大山，深沉有如大海，纯洁有如白云，无私有如田地。

各位亲朋好友、各位来宾：

今天是我敬爱的妈妈的生日，首先，我代表我的母亲及全家对前来参加生日宴会的各位朋友表示热烈的欢迎和深深的谢意。第一杯酒我想提议，大家共同举杯，为我们这个大家庭干杯，让我们共同祝愿我们之间的亲情、友情越来越浓，经久不衰，绵绵不绝，一代传一代，直到永远！

尽管我已经参加工作，可母亲事事都在为我操心，时时都在为我着想。母亲对儿女的爱是最无私的，母爱是崇高的爱，这种爱只是给予，不求索取。母爱崇高有如大山，深沉有如大海，纯洁有如白云，无私有如田地，我从她的身上深刻地体会到这种无私的爱。所以，这第二杯酒我敬在座的最令人尊敬和钦佩的各位母亲。常言道，儿行千里母担忧，母行千里儿不愁。言语永远不足以表达母爱的伟大，希望你们能理解我心中的爱。

最后这杯酒要言归正传，回到今天的主题，再次衷心地祝愿妈妈生日快乐，愿你在未来的岁月中永远快乐、永远健康、永远幸福！

🔷 五十岁生日祝酒词

■ 范例 13 ■

【致辞人】寿星儿子
【场　合】五十岁生日宴
【时　机】开场致辞
【风　格】文采飞扬 情深义厚
【听　众】亲朋好友、单位领导、同事
【关键词】养育 辛劳 奉献 含蓄 付出 给予
【金　句】树木的繁茂归功于土地的养育，儿子的成长归功于父母的辛劳。五十岁是您生命的秋天，是枫叶一般的色彩。

各位尊贵的来宾：

晚上好！

今天是家父五十岁的寿辰，非常感谢大家的光临！

树木的繁茂归功于土地的养育，儿子的成长归功于父母的辛劳。在父亲博大温暖的胸怀里，我真正感受到了爱的奉献。在此，请让我说声"谢谢"！

父亲的爱是含蓄的，每一次严厉的责备，每一回无声的付出，都诠释出一个父亲对儿子的那种特殊的关爱。它是一种崇高的爱，只是给予，不求索取。

五十岁是您生命的秋天，是枫叶一般的色彩。对于我来说，最大的幸福莫过于有理解自己的父母。我得到了这种幸福，并从未失去过。

今天我们欢聚一堂，为您庆祝五十岁的寿辰，这只是代表您在人生的长征路上走完了第一步，愿您在今后的事业树上结出更大的果实，愿与母亲的感情越来越温馨！

祝各位万事如意，合家欢乐！

最后，请大家欢饮美酒，与我们一起分享这个难忘的夜晚。

■ 范例14 ■

....

【致辞人】同事代表

【场　合】五十岁生日宴会

【时　机】中场致辞

【风　格】回顾过去 情深意切 美好祝福

【听　众】亲朋好友、单位领导、同事

【关键词】五十 好兆头 活力

【金　句】冬去春来百花开，年复一年五十载。你们为她带
来祝愿，我要为她披红挂彩。愿她将来的日子红红火火，愿
她每天高高兴兴！这是大家的心愿，让鲜花伴她一生，让阳
光普照她的未来。

....

各位亲朋好友，女士们、先生们；

新年好！

冬去春来百花开，年复一年五十载。

在这春回大地、万物复苏的美好季节里，在这欢度新春佳节的喜庆日
子里，大家怀着喜悦的心情，带着良好的祝愿，相聚在这喜庆气氛浓郁的
生日宴会厅里，来为我们姚大姐五十岁生日庆贺。

今天，是××年××月××日，是红日当空、艳阳高照的好日子。也
是我们寿星跨五奔六的特别日子。今年是奥运圣火在中国的土地上燃烧、
全国人民欢天喜地的年份。这个特殊的日子蕴含着七星高照、六六大顺、
四季平安、福寿双增之意。它预示着我们的寿星，是松柏长青，日月长明，
寿比天高，福比地大的好兆头。我们的寿星是一个勤劳俭朴、待人厚道、
开朗豁达、十分普通而又平凡的女姓，但是，她和我们在座的很多同志一
样有着不平凡的经历……不过，她并没有因此而丧失对生活的信心，而是
在人生的道路上走得更加坚定，更加自信。大家一定会问，那是为什么呢？
这就是因为有在座的各位亲朋好友对她的关心和帮助，有一个天真活泼、
乖巧懂事、孝顺自己的儿子为她的生活注入了活力。所以，她对生活总是

充满信心，对未来总是充满希望，她和大家一样生活得开心，生活得愉快。

在这快乐的时刻，你们为她带来祝愿，我要为她披红挂彩。愿她将来的日子红红火火，愿她每天高高兴兴！这是大家的心愿，让鲜花伴她一生，让阳光普照她的未来。

一愿各位家庭幸福，身体健康，财源广进。

二愿我们的亲情、友情、同学情，永远长存，四季常青。

三愿我们的寿星年年有今朝，岁岁有今日。

在这喜庆的日子里，我们是喜酒相逢，笑逐颜开。在这喜庆的时刻，我提议：让我们共同举杯，为××生日快乐、为各位身体健康，干杯！

⑧ 六十岁生日祝酒词

■ 范例 15 ■

【致辞人】儿子
【场　合】父亲六十岁生日宴会
【时　机】开场致辞
【风　格】情真意切　自豪幸福
【听　众】亲朋好友、单位领导、同事
【关键词】花甲　谢意　教诲　胸怀　幸福
【金　句】您以那谆谆的教诲、深爱的目光照耀着我们的哭，我们的笑，您的爱伴随我们在大千世界里踏响了人声的第一乐章。

尊敬的各位朋友、来宾：

你们好！

值此我父亲花甲之年、生日庆典之日，我代表我的父母，我们姐弟二人及我的家族向前来光临寿宴的嘉宾表示热烈的欢迎和最诚挚的谢意！我们在场的每一位都有自己可敬的父亲，然而，今天我可以骄傲地告诉大家，我们姐弟有一位可亲可敬可爱，世界上最最伟大的父亲！爸爸，您老人家含辛茹苦地扶养我们长大成人，您以那谆谆的教诲、深爱的目光照耀着我们的哭，我们的笑，您的爱伴随我们在大千世界里踏响了人声的第一乐章。孩子们把心酸与痛苦都洒向爸爸您那饱经风霜、宽厚慈爱的胸怀。爸爸的苦，爸爸的累，爸爸的情，爸爸的爱，我们将终生难以报答。爸爸，我代表我们姐弟，向您鞠躬了。

祝愿爸爸您老人家福如松江水，寿比不老松。愿我们永远拥有一个快乐、幸福的家。最后祝各位嘉宾们万事如意，让我们共同度过难忘的今宵，干杯！谢谢大家！

■ 范例 16 ■

【致辞人】亲属代表
【场　合】六十大寿宴会
【时　机】中场致辞
【风　格】文采飞扬　深情祝福
【听　众】亲朋好友、寿星儿女单位领导、同事、寿星弟子
【关键词】欢聚　感谢　至善　幸福　美满
【金　句】增福增寿增富贵，添光添彩添吉祥。亲朋共享天伦乐，欢声笑语福满堂。如日之恒，如月之升，如南山之寿，不骞不崩。如松柏之茂，无不尔或承。

各位来宾、各位亲朋好友：

大家中午好！

今天在这里我们欢聚一堂，为××老寿星举行六十大寿庆典。

首先请允许我，并代表老寿星及其家人，向在座各位嘉宾的光临表示最热烈的欢迎！对你们带来的吉祥和祝福表示衷心的感谢！

今天真是群贤毕至，高朋满座。前来祝贺的有亲人、老朋友、老同学，以及老寿星的弟子。大家在这里相聚，这既是对老寿星的祝贺也是分享老寿星的幸福，这正是：增福增寿增富贵，添光添彩添吉祥。亲朋共享天伦乐，欢声笑语福满堂。

《诗经》上说：如日之恒，如月之升，如南山之寿，不骞不崩。如松柏之茂，无不尔或承。让我们一起恭祝老寿星：福如东海、日月昌明、春秋不老、耄耋重新。

六十年的风风雨雨，留不住的时光让老寿星走向了人生的至善；60载生活沧桑，留得住的祝福将会伴随老寿星幸福永远。

孟子曰：老吾老以及人之老，幼吾幼以及人之幼。我们今天在此以拳拳的敬老之心，为花甲的老寿星拜祝，也为天下所有的像老寿星一样的老人们拜祝：

一拜，祝老寿星福如东海、寿比南山；

二拜，祝老寿星日月昌明、松鹤长春；

三拜，祝老寿星生日快乐、后福无疆。

最后，让我们用热烈的掌声有请老寿星举杯畅饮，让我们一起分享这欢乐美满的寿宴。

谢谢大家！

⑨ 六十六岁生日祝酒词

■ 范例17 ■

【致辞人】儿子

【场　合】六十六岁大寿宴会

【时　机】开场致辞

【风　格】深情祝福

【听　众】亲朋好友、单位领导、同事

【关键词】66岁　祝福　大顺　小康　养育

【金　句】天增岁月人增寿，福满乾坤富满门。今天，让我们重返时光的隧道，与我母亲一起共同回忆她6岁童年的天真、16岁青春的浪漫、26岁成熟的风韵、36岁轻盈的步履、46岁辛勤的劳作、56岁不辍的耕耘。六六大顺，百岁人生！

各位嘉宾、各位朋友：

大家好！

常言道：天增岁月人增寿，福满乾坤富满门。当日历翻到×××年8月14日的时候，我们共同迎来了家母66岁寿辰。在这里，我对各位亲朋好友的到来表示由衷的谢意！

首先，让我们用热烈的掌声请出今天的老寿星——俺妈与俺爸到寿堂前就座。

鲜花向来代表美好与爱意。下面就请××、××、××、××四位小朋友为他们尊敬的奶奶、姥姥献花。同时，也献上他们美好的祝福。

自古以来，6在中国人的心目中就是一个美好的数字。双六相逢，更是大顺。因此，中国人很早就有66岁祝寿一说。如今，我们喜逢盛世，每家都过上了衣食无忧的小康生活。一方面，我们要感谢国家改革开放强国富民的好政策。另一方面，我们时刻不能忘记父母的养育之恩。父母的恩情比山高，比海深。为了表达对父母的热爱，儿女们置办了几桌酒席略表寸心。请大家在尽享佳肴美味的同时，与我母亲一道分享这生活的快乐与幸福！

66年的生命历程中一定有许多酸、甜、苦、辣，讲也讲不完的故事。今天，让我们重返时光的隧道，与我母亲一起共同回忆她6岁童年的天真、16岁青春的浪漫、26岁年华的风韵、36岁盛放的步履、46岁辛勤的劳作、56岁不辍的耕耘。如今母亲66岁了，让我们衷心祝福她老人家：

六六大顺，百岁人生！

最后，请大家举起酒杯，与我母亲共同分享这生活的幸福与美好！共同品尝这美酒的甜美与芳香！让我们开怀畅饮，一醉方休！干杯！

⑩ 七十岁生日祝酒词

■ 范例18 ■

【致辞人】寿星的外孙

【场　合】七十寿辰宴
【时　机】中场致辞
【风　格】深情祝福
【听　众】亲朋好友
【关键词】祝福　同甘共苦　智慧　品格　伟大
【金　句】外公、外婆几十年的人生历程，同甘共苦，相濡以沫，品足了生活酸甜。在他们共同的生活中，结下了累累硕果，积累了无数珍贵的人生智慧，那就是他们勤俭朴实的精神品格，真诚待人的处世之道，相敬、相爱、永相厮守的真挚情感！

尊敬的外公、外婆，各位长辈，各位来宾：

大家好！

今天是我敬爱的外公七十大寿的好日子。在此，请允许我代表我的家人，向外公、外婆送上最真诚、最温馨的祝福！向在座大家的到来致以衷心的感谢和无限的敬意！

外公、外婆几十年的人生历程，同甘共苦，相濡以沫，品足了生活酸甜。在他们共同的生活中，结下了累累硕果，积累了无数珍贵的人生智慧，那就是他们勤俭朴实的精神品格，真诚待人的处世之道，相敬、相爱、永相厮守的真挚情感！

外公、外婆是普通的，但在我们晚辈的心中永远是神圣的、伟大的！我们的幸福来自于外公、外婆的支持和鼓励，我们的快乐来自于外公、外婆的呵护和疼爱，我们的团结和睦来自于外公、外婆的殷殷嘱咐和谆谆教诲！在此，我作为代表向外公、外婆表示：我们一定要牢记你们的教导，继承你们的精神，团结和睦，积极进取，在学业、事业上都取得丰收！同时一定要孝敬你们安度晚年，幸福安康。

让我们共同举杯，祝二老福如东海、寿比南山、身体健康、永远快乐！

【致辞人】寿星

【场　合】七十寿宴

【时　机】中场致辞

【风　格】简洁朴实

【听　众】亲朋好友、单位领导、同事

【关键词】感谢　天伦之乐　自强不息　荣归　感恩

【金　句】我觉得，懂得乐观、不屈、感恩，一个人就有幸福。

各位亲友、各位来宾：

今天，亲友们在百忙之中专程前来，欢聚一堂为我祝寿，我本人，并代表子女对诸位表示热烈的欢迎和衷心的感谢！

子女、亲友为我筹办这次寿宴，我心里非常高兴，我感受到了亲友的关怀和温暖，也体会到了子女孝敬老人的深情，让我能够尽享天伦之乐！

当年，我和父亲在农村，曾经度过一段困苦日子。一晃几十年过去了。我走过了大半生并不平坦的人生之路，历经磨难自强不息，在亲友的鼓励帮助下，随着国家的安定、社会的进步，终于走出困境，直到荣归故里颐养天年。

我觉得，懂得乐观、不屈、感恩，一个人就有幸福。生活中处处有快乐和幸福，它需要我们去不停地追求。

最后，祝各位亲友万事如意，前程似锦！干杯！

八十岁生日祝酒词

■ **范例 20** ■

【致辞人】寿星的儿子

【场　合】八十大寿生日宴会

【时　机】开场致辞

【风　格】回顾过去　情深意切
【听　众】亲朋好友、单位领导、同事
【关键词】八十　养育　伟大　幸福　天伦之乐
【金　句】天大地大，不如父母的养育之恩大；河深海深，不如父母的教诲之情深。

尊敬的父母、各位长辈、亲朋好友、兄弟姐妹及各位晚辈们：

大家好！

春秋交替，岁月轮回，八月桂花飘香之际，值此我父亲八十大寿生日庆典之际，我代表我父母亲及我们兄妹六人向前来祝寿的各位长辈、各位嘉宾，表示热烈的欢迎和衷心的感谢！

天大地大，不如父母的养育之恩大；河深海深，不如父母的教诲之情深。我们都有自己的父亲母亲，今天，我很自豪地告诉大家：我们兄妹六人有两位最可敬、最可亲、最可爱、世界上最伟大的父亲母亲。

我曾经有过许多不眠之夜，遥望着满天繁星，就会常常想起我的父亲——在孩提时代，父亲为了这个家，任劳任怨，把困难留给自己，把快乐留给儿女，为了这个家早出晚归披星戴月供儿女们上学，教儿女们做人，抚养我们长大成人。无论我们走到哪里都能浮现出你那慈祥的面孔、慈爱的目光。当我们受到委屈、经受挫折的时候，总把一切心酸洒向您那饱经风霜、宽厚慈爱的胸怀。我们更不会忘记：伴随着父亲一生忙碌的还有我们亲爱的母亲，她慈祥和蔼，但也已是两鬓成霜。这些往事是我们做儿女的人生最珍贵的记忆，最美好的画卷，我们永远铭记在心。如今我们兄弟姐妹六人都有了自己幸福的家庭。真是寿星高堂坐，儿孙堂下乐。如今我们儿孙满堂、根深叶茂。您就是那棵大树深深的根。您把所有的爱，全部奉献给了我们。如今，岁月已悄悄爬上了您的额头，染白了您的双鬓，父亲的苦，母亲的爱，儿孙们将终生难忘和难以报答。我们将永远牢记您的养育之恩。为此我代表我们兄弟姐妹六人、我们的后辈儿女子孙，向老父亲、老母亲鞠躬以表达我们的深深祝福。

八十年的风雨历程，八十年的辛酸苦辣，迎来了父母晚年的儿孙满堂、天伦之乐。我们要继承你们的精神，拧成一股绳，互相帮助使我们的家庭更加幸福、更加和谐。

　　在此，祝愿父母福如东海、寿比南山。最后也祝各位来宾身体健康，家庭幸福。干杯！

　　谢谢大家！

■ 范例 21 ■

　　【致辞人】嘉宾代表
　　【场　合】八十岁寿辰酒宴
　　【时　机】开场致辞
　　【风　格】深情祝福　心情激动　充满希望
　　【听　众】亲朋好友
　　【关键词】八十　沧桑　祝福　勤劳　幸福
　　【金　句】福如东海，寿比南山，健康如意，福乐绵绵，笑口常开，益寿延年！她一生积累的最大财富是她那勤劳、善良的品格。

尊敬的各位来宾、各位亲朋好友：

　　春秋迭易，岁月轮回。今天我们欢聚在这里，为××先生的母亲——我们尊敬的×妈妈祝贺八十大寿。

　　在这里，我首先代表所有老同学、所有亲朋好友向×妈妈送上最真诚、最温馨的祝福，祝×妈妈福如东海，寿比南山，健康如意，福乐绵绵，笑口常开，益寿延年！

　　风风雨雨八十年，×妈妈阅尽人间沧桑，她一生积累的最大财富是她那勤劳、善良的品格，她那宽厚待人的处世之道，她那严爱有加的朴实家风。这一切，伴随她经历了坎坷的岁月，更伴随她迎来了晚年幸福的生活。

　　而最让×妈妈高兴的是，这笔宝贵的财富已经被她的爱子××先生所继承。多年来，他叱咤商海，以过人的胆识和诚信的品质取得了巨大成功。

　　让我们共同举杯，祝福老人家生活之树常绿，生命之水长流，八十寿诞快乐！

祝福在座的所有来宾身体健康、工作顺利、万事如意！

谢谢大家！

⑫ 九十岁生日祝酒词

■ **范例 22** ■

【致辞人】寿星的儿子

【场　合】九十大寿宴会

【时　机】开场致辞

【风　格】语调高亢　深情祝福

【听　众】亲朋好友，子女单位领导、同事

【关键词】高寿　欢庆　感谢　祝福　美满

【金　句】人生七十古来稀，九十高寿正是福，与人为善心胸宽，知足常乐顺自然！

尊敬的各位来宾、各位亲朋好友：

大家好！

值此举家欢庆之际，各位亲朋好友前来为我父亲祝寿，使寿宴倍增光彩，我对各位的光临表示最热烈的欢迎和最衷心的感谢！

人生七十古来稀，九十高寿正是福，与人为善心胸宽，知足常乐顺自然！

我父亲心地善良，与人为善。他扶贫济困，友好四邻；他爱护晚辈，重亲情，惜友情，使刘家的老亲旧友保持来往，关系代代相传！

今天，在欢庆我父亲九十华诞之际，他的子孙和亲人有的前来，有的写信，有的致电，或献礼，或汇款，或送礼物，都发自内心地用不同方式祝福他老人家。

今天，在欢庆我父亲九十高寿之时，我代表我们全家衷心地恭祝各位亲友诸事大吉大利，生活美满如蜜！

为庆贺我父亲九十华诞，为加深彼此的亲情、友情，让我们共同举杯畅饮长寿酒，喜进长乐餐！

■ 范例23 ■

【致辞人】寿星的孙子
【场　合】九十岁寿宴
【时　机】中场致辞
【风　格】回顾过去 情真意切 语调高亢
【听　众】亲戚、多年好友、街坊四邻
【关键词】欢聚 祝福 养育 无怨无悔 与人为善
【金　句】嘉宾旨酒，笑指青山来献寿。百岁平安，人共梅
花老岁寒。祝福我爷爷生活之树常绿，生命之水长流，寿诞
快乐，春辉永绽！

尊敬的各位父老乡亲、亲朋好友们：

大家好！

春秋迭易，岁月轮回，当辛卯新春以温暖的怀抱迎接我们的时候，我们欢聚一堂，为我爷爷——我们尊敬的长辈共祝九十大寿。

我首先代表所有晚辈、所有来宾向爷爷送上最真诚、最温馨的祝福，祝爷爷福如东海，寿比南山，健康如意，福乐绵绵，笑口常开，益寿延年！

我爷爷生于××年。爷爷是个知足常乐的人，更是一个自得其乐的人，还很有幽默感。爷爷的一言一行，为我们晚辈树立了良好的学习榜样，他是儿女们的好父亲，是儿媳们的好公公。我很爱我爷爷，爷爷是一个伟大的父亲，也是一个伟人的爷爷。

九十年风风雨雨，九十载生活沧桑。岁月的痕迹爬上了爷爷的额头，将老人家的双鬓染成白霜。爷爷阅尽人间沧桑，一生中积累的最大财富是他那勤劳正直的朴素品格，爷爷那宽厚待人的处世之道，那严爱有加的朴实家风，伴随着爷爷经历了坎坷岁月，更伴随着爷爷迎来了今天幸福的晚年生活。如今爷爷可谓是子孙满堂，尽享天伦之乐。

嘉宾旨酒，笑指青山来献寿。百岁平安，人共梅花老岁寒。今天，这

里高朋满座，使这里暖意融融。让我们一起恭祝我爷爷增福增寿增富贵，添光添彩添吉祥。祝福我爷爷生活之树常绿，生命之水长流，寿诞快乐，春辉永绽！同时也祝愿在场嘉宾幸福安康，万事如意，心想事成！干杯！

13 百岁大寿祝酒词

■ 范例24 ■

【致辞人】单位领导
【场　合】百岁生日庆祝会
【时　机】开场致辞
【风　格】真挚 情真意切
【听　众】校领导、教师、寿星家属
【关键词】百岁 贡献 带头人 奠基人 卓越 楷模
【金　句】紫毫粉壁题仙籍，玉液琼书作寿杯！

各位老师、各位来宾：

今天我们欢聚一堂，隆重庆祝××先生百岁华诞。在此，我首先代表××向××先生表示真诚的祝福，衷心祝愿××先生身体健康！同时，也向今天到场的各位来宾表示诚挚的谢意。感谢大家多年来为××的发展做出的积极贡献！

××先生德高望重，学识渊博，在长达六十年的教学和研究生涯中，他淡泊名利，不畏艰难，孜孜不倦，为××做出了卓越的贡献。

几十年来，××先生以自己的学识和行动，深深影响和感染了他周围的同事和学生，为后辈学人树立了道德和学术的楷模。

在××先生百岁寿辰之际举行这样一个庆祝会，重温他的学术经历，是非常有意义的，这必将激励大家以××先生为榜样，进一步推进××的师德建设和学科建设。

紫毫粉壁题仙籍，玉液琼书作寿杯！最后，让我们再次衷心祝愿××先生身体健康！祝××蓬勃发展！请大家干杯！谢谢大家！

■ 范例 25 ■

【致辞人】学生

【场　合】恩师百岁寿宴

【时　机】开场致辞

【风　格】文采飞扬 情真意切 大气真挚

【听　众】学生、学校老师、领导

【关键词】健康 长寿 敬意 百岁 事业

【金　句】在所有的称呼中，有两个最闪光、最动情的称呼：一个是母亲，一个是老师。老师的生命是一团火，老师的生活是一曲歌，老师的事业是一首诗。

各位领导、老师、同学们：

值尊敬的××老师百岁华诞之时，我们欢聚一堂，庆贺恩师健康长寿，畅谈离情别绪，互勉事业腾飞，这一美好的时光，将永远留在我们的记忆里。

现在，我提议，首先向老师敬上三杯酒。第一杯酒，祝贺老师华诞喜庆；第二杯酒，感谢老师恩深情重；第三杯酒，祝愿老师福寿绵长！

一位作家说："在所有的称呼中，有两个最闪光、最动情的称呼：一个是母亲，一个是老师。老师的生命是一团火，老师的生活是一曲歌，老师的事业是一首诗。"那么，我们的恩师的生命，更是一团燃烧的火，他的生活，更是一曲雄壮的歌，他的事业，更是一首优美的诗。

老师在人生的旅途上历经沧桑××载，他的生命，不仅在血气方刚时喷焰闪光，还在壮志暮年时流光溢彩。

老师的一生，视名利淡如水，看事业重如山。

回想——恩师当年惠泽播春雨，喜看——桃李今朝九州竞争妍。

最后，衷心祝愿恩师福如东海，寿比南山！干杯！

■ 范例 26 ■

【致辞人】 领导代表

【场　合】 领导生日宴会

【时　机】 中场致辞

【风　格】 平易 朴实

【听　众】 单位领导、同事

【关键词】 祝福 核心 奉献 真诚 热情 执着 骄傲

【金　句】 他对事业的执着让同龄人为之感叹，他事业的成功更令同龄人为之骄傲。

各位朋友、各位来宾：

你们好！

今天是××先生的生日庆典，能受邀参加这一盛会并讲话，我深感荣幸。在此，请允许我代表××公司向××先生致以最衷心的祝福！

××先生是我们××公司的领导核心之一。他对本公司的无私奉献我们有目共睹，他那份"有了小家不忘大家"的真诚与热情，更是多次触动我们的心弦。

他对事业的执着让同龄人为之感叹，他事业的成功更令同龄人为之骄傲。

在此，我们祝愿他青春常在，永远年轻！更希望看到他在今后的道路上傲霜斗雪，取得更大的成功！

在此，请大家举杯，让我们共同为××先生的生日干杯！

■ 范例 27 ■

【致辞人】朋友代表
【场　合】朋友生日宴会
【时　机】中场致辞
【风　格】深情厚谊 真挚
【听　众】老朋友
【关键词】幸福 朋友 事业 幸福 健康
【金　句】朋友是我们站在窗前欣赏冬日飘零的雪花时手中捧着的一盏热茶；朋友是我们走在夏日大雨滂沱中时手里撑着的一把雨伞；朋友是春日来临时吹开我们心中冬的郁闷的那一丝春风，朋友是收获季节里我们陶醉在秋日私语中的那杯美酒……

各位来宾，亲爱的朋友们：

晚上好！

烛光辉映着我们的笑脸，歌声荡漾着我们的心潮。跟着金色的阳光，伴着优美的旋律，我们迎来了××先生的生日，在这里我谨代表各位好友祝××先生生日快乐，幸福永远！

在这个世界上，人不可以没有父母，同样也不可以没有朋友。没有朋友的生活犹如一杯没有加糖的咖啡，苦涩难咽，还有一点淡淡的愁。因为寂寞，因为难耐，生命将变得没有乐趣，也不复真止的风采。

朋友是我们站在窗前欣赏冬日飘零的雪花时手中捧着的一盏热茶；朋友是我们走在夏日大雨滂沱中时手里撑着的一把雨伞；朋友是春日来临时吹开我们心中冬的郁闷的那一丝春风，朋友是收获季节里我们陶醉在秋日私语中的那杯美酒……

来吧，朋友们！让我们端起芬芳醉人的美酒，为××先生祝福！祝你事业正当午，身体壮如虎，金钱不胜数，干活不辛苦，悠闲像老鼠，浪漫似乐谱，干杯！

漫话生日酒
酒·文·化

一、生日的故事

生日起于南朝时期，家中添了孩子，因为高兴，所以大宴宾朋。根据年龄的不同，过生日时的待遇也有一定的差别。一般年龄的生日多从简，而逢十的年龄，则比较隆重，称为"大生日"或"大寿"。二十岁之前是大人给孩子庆贺，父母长辈送孩子礼物以示祝贺；二十岁到五十岁之间是自贺；五十岁以上则是后辈给长辈贺寿以示孝心，称为"做寿"。但七十岁以后，又增加了很多说法。七十七又称"喜寿"，因为"喜"字的简写拆开看像"七"，八十八又称作"米寿"，这也是拆字的说法。这是因为人到七十古来稀，多一种说法也就多了一次阖家团圆让老人高兴的机会。百岁以后，更是年年都要办，而且要大办特办。在古代，寿命越长，越受人尊敬，因而老年人的生日都称为"寿辰"、"寿诞"，过生日称为"做寿"，贺生日称为"祝寿"等。

中国的传统文化一直延续着对智慧的崇拜、对生命的尊重，也延伸出了现代人的社会价值观——感恩。子女对父母感恩，父母对儿女期望。这种伦理观念在中国可以说是根深蒂固，家庭观念对于中国人来说，则是重中之重。由此又辐射到社会交际圈中，比如朋友过生日、同事过生日、自己的恩师过生日、领导过生日等。这些生日宴会都有一个共同特点，就是要场面喜庆、热闹，语言里透出祝福以及对未来美好的期盼等。

二、生日宴上的礼仪

生日宴会中的敬酒环节是个人与寿星之间表达和维系感情的最佳时机。一般情况下，生日宴会多属于家宴性质，宴请的多是亲人、朋友、邻居和关系较好的同事，家宴最重要的是要制造亲切、友好、自然的气氛，使宾主双方都感到轻松、自然、随意，能够彼此增进交流。因此，在赴宴时需要注意一些礼仪方面的规范，具体到细节有以下几点：

第一，赴宴前，要把自己打扮得整齐大方，这是对别人也是对自己的尊重，还要准时赴宴。

第二，当走进主人家或宴会厅时，应首先跟主人打招呼。同时，对其他客人，不管认不认识，都要微笑点头示意或握手问好；对长者要主动起立，让座问安；对女宾要举止庄重，彬彬有礼。

第三，入席时，应听从主人或招待人员的安排；如果座位没定或无人指引，应注意正对门口的座位是上座，背对门的座位是下座，应让身份高者、年长者以及女士先入座，自己再找适当的座位坐下。

第四，入座后坐姿端正，脚踏在本人座位下，腿不要任意伸直或两腿不停摇晃，手肘不得靠桌沿，或将手放在邻座椅背上。

第五，言辞得当，表达祝福。敬酒时，要送上深深的祝福。因为是生日宴敬酒，所以多是向长辈、恩师以及领导敬酒，礼仪和言辞表达方式要仔细斟酌。其中敬酒要有说辞，针对不同的人要有不同的祝福。

三、生日宴上的禁忌和应急技巧

虽然在生日宴上，你面对的可能没有外人，但若毫无禁忌、肆无忌惮地随性发挥，以至于搞出种种笑话，不仅主人脸上无光，说不定还会招致别人的反感；同样，为了应对宴会上的某些突发事件，我们也需要未雨绸缪，预先了解一些应急技巧，以免到时候手足无措、徒生尴尬。

第一，入座后，不要旁若无人，也不要眼睛直盯盘中菜肴，显出迫不及待的样子，可以和同席客人简单交谈。

第二，用餐时应该着正装，不要脱外衣，更不要中途脱外衣。要在主人示意开始后再进餐。就餐的动作要文雅，夹菜动作要轻，而且要把菜先放到自己的小盘里，然后再用筷子夹起放进嘴里。送食物入口时，要小口进食，两肘向外靠，不要向两边张开，以免碰到邻座。不要在吃饭、喝饮料、喝汤时发出声响。用餐时，如要用摆在其他客人面前的调味品，先打招呼再拿；如果太远，要客气地请人代劳。如在用餐时非得需要剔牙，要用左手或手帕遮挡，右手用牙签轻轻剔牙。

第三，喝酒的时候，一味劝酒、灌酒，呎五喝六，特别是向不胜酒力的人劝酒、灌酒，都是失礼的表现。

第四，如果宴会没有结束，但你已用好餐，不要随意离席，要等主人和主宾用餐完毕起身离席后，再和其他客人一起依次离席。

第五，发觉自己不胜酒力，要注意自己的形象，不能借酒撒疯。

第六，有人给你敬酒时，不要拒绝，但也不要一饮而尽，要态度诚恳地向对方说明你不能多喝。千万不要相信"感情深，一口闷；感情浅，舔一舔"之类的话，要学会委婉谢绝。比如：最近身体状况不太好；参加完宴会之后还有其他方面的工作要处理等。

四、生日祝酒词要点

生日宴会都有一个约定俗成的模式，其中祝酒词则是"大戏"开场的隆重前奏。如果是小孩子的生日酒会，祝酒词多是对孩子的美好祝福和期盼，祝酒词并不一定要写得中规中矩，而是要"活泼可爱"、具有"轻松幽默"的色彩。如果是年长者的生日宴会，祝酒词则要仔细斟酌。一要在情感上表达出感恩之心，也可以阐述往事，用精练的语言描述自己的敬仰之情；二要在事迹上讲寿星的艰苦奋斗历程，可以讲寿星取得的成就等，比如学术成就、事业成就，以及对社会、对团体、对单位做出的贡献等。除这些以外，生日祝酒词还包括寿星本人对赴宴来宾表示感谢的谢词，可以用诸如"招呼不周"、"酒席简陋"等谦词表达对来宾的感谢，这样能够更轻松地拉近人际关系。

祝福的话语暖人心间，像涓涓细流，不但温暖别人，而且能加深感情和友谊。生日的祝福有惯例话语、有新兴祝福，只要认准一个准则，你的祝福就不会偏差，那就是用心真诚地表达你的美好祝愿！

◆ **生日祝酒词集锦**

◇ **祝福父母**

对于我们来说，最大的幸福莫过于有理解自己的父母，我得到了这种幸福，并从未失去过，所以在您的生日时，我要对您说声：谢谢！

安逸静谧的晚年，是一种休息，一种愉悦，一种至高的享受！祝您福如东海长流水、寿比南山不老松！

你用优美的年轮，编成一册散发着油墨清香的日历；年年我都会在这一天，用深情的思念，祝福你的生日。

您用爱心为我们建造了一个温馨的世界，祝福你，我亲爱的母亲（父亲），祝您生日快乐！福如东海，寿比南山。

您是大树，为我们遮挡风风雨雨；您是太阳，为我们的生活带来光明。亲爱的母亲（父亲），祝您健康、长寿，生日快乐！

◇ 祝福爱人

时光永远不会改变我对你深深的爱恋，时间的流逝只会使它愈加深厚，祝你生日快乐，我的爱人！

日月轮转永不断，情若真挚长相伴，不论你身在天涯海角，我将永远记住这一天。祝你生日快乐！

水是云的故乡，云是水的流浪。云儿永远记着水故乡的生日，水儿永远惦着云的依恋。也许你并不是为我而生，可我却有幸与你相伴。愿我有生之年，年年为你点燃生日的烛焰。

我没有五彩的鲜花，没有浪漫的诗句，没有贵重的礼物，没有兴奋的惊喜，只有轻轻的祝福，祝你生日快乐！

为了你每天在我生活中的意义，为了你带给我的快乐幸福，为了我们彼此的爱情和美好的回忆，为了我对你不变的倾慕，请你幸福地度过世界上最美好的一天！

这个生日祝福表达了我对你的爱有多深，在我的日历里，你永远都年轻迷人，而这特别的一天似乎令你更加美丽。

今天是你的生日，我的爱人，感谢你的辛苦劳碌，感谢你给予我的关心、理解和支持。给你我全部的爱！

这一刻，有我最深的思念，让云捎去满心的祝福，点缀你甜蜜的梦，愿你度过一个温馨浪漫的生日！

祝我的爱人生日快乐！时光飞逝，在这特殊的日子里，我想告诉你，你的爱使我的生命变得完整。

◇ 祝福子女

亲爱的宝贝，祝福你每一天都如画一样美丽！生日快乐！

祝你生日快乐，你的善良使这个世界变得更加美好，愿这完全属于你的一天能带给你快乐，愿你在未来的日子里天天幸福！

青春、阳光、欢笑为这属于你的日子舞出欢乐的节拍。祝你生日快乐！

让阳光照耀你所有的日子，让花朵开满你人生的旅途。岁月的年轮像那正在旋转着的黑色唱片，在每一个人的内心深处播放着那美丽的旧日情曲。愿你十八岁后的人生依然充满欢愉和成功！

◇ 祝福领导

感谢您，我亲爱的领导，感谢您在工作上对我的帮助，感谢您对我的培养，感谢您对我的照顾，衷心祝愿您生日快乐！

您是大海包容不断，您是溪流滋润心田，您是导师诲人不倦，您是长辈关爱连连。在今天这个特殊的日子里，恭祝您生日快乐！

人生的风景有无数，愿幸福带您高居生活的榜首；情感的历程长而久，愿您的快乐领跑在最前头！愿我们的祝福相伴您左右。

领导您好，今天是您的生日，我特意送上祝福，愿它如这碗美味的长寿面，有嚼劲儿的面条是我长长的祝愿，可口的汤是我对您快乐、幸福和甜蜜的祝福。

◇ 祝福朋友、同事

自从与你相识，你的深厚情谊我牢牢铭记。在这特殊的日子里，我把祝福撒在春风里，祝你笑脸美如花，青春人人夸，生日真快乐，事业跨骏马。

祝福你，吉星日日照着你，财神天天撵着你，健康时时陪着你，幸福分分伴着你，快乐秒秒缠着你。

淡淡的烛光，醇醇的美酒，柔柔的音乐，甜甜的蛋糕，浓浓的情意，真真的问候，全都送给你，因为今天是你的生日，祝你生日快乐！

今天生日你最大，许个愿望会发芽，朋友祝福来浇水，好运施肥梦成真。祝你生日快乐，心想事成！

第 *19* 章
乔迁酒：迁人发佳兴，
弥胜未醉时

乔迁酒概要
酒·常·识

乔迁，就是迁居的意思。从古至今，中国人在迁居时有摆宴席宴请亲朋、庆祝新生活开始的习俗，现在的乔迁宴多指家庭、企业搬迁后举行的庆祝宴会。在宴会中，恭喜主人乔迁之喜说的话即为乔迁祝酒词。

祝酒词范例
酒·词·话

1 党政机关、事业单位乔迁祝酒词

■ 范例 1 ■

【致辞人】副局长
【场　合】县局机关新办公大楼乔迁酒宴
【时　机】开场致辞
【风　格】实事求是　平易朴实
【听　众】局机关领导、员工

【关键词】乔迁 增长 品牌 贡献 喜事 新阶段
【金　句】仲冬舞盛世，瑞气兆丰年。

………………………………………………………………

各位领导、各位嘉宾，朋友们：

仲冬舞盛世，瑞气兆丰年。今天，××县局在这里举行机关新办公大楼搬迁庆典仪式。在此，我代表市局对××县局机关新办公大楼乔迁之喜表示热烈的祝贺！同时对一直关心支持××县局工作的各位领导、各界朋友表示衷心的感谢！

县局机关新办公大楼的成功落成和整体乔迁是××县局发展史上的一大喜事，标志着××县局又进入了一个新的发展阶段。希望××县局在以此为荣的同时，也以此为起点和动力，认真贯彻××书记视察地税时提出的二十四字要求，继续保持经济与税收强劲发展的势头，继续保持开拓创新的求实精神，用一流的风貌、一流的管理、一流的作风、一流的业绩，把地税事业推向新水平，为××经济发展做出更大的贡献。让我们举起酒杯，为了各位领导和同事的健康，为了更加美好的明天，干杯！谢谢大家！

■ 范例2 ■

………………………………………………………………

【致辞人】乡领导
【场　合】林业站乔迁酒宴
【时　机】开场致辞
【风　格】总结过去 展望未来
【听　众】县局领导、乡领导、兄弟单位同志、林业站员工
【关键词】乔迁 高起点 高标准 硕果 后盾 服务
【金　句】入宅安居创伟业，酒香新乐庆乔迁；新宅窗前一片艳阳芳草地，主人眼下十分美景百花开。

………………………………………………………………

各位领导、各位来宾，女士们、先生们：

今天，××林业站正式在这新大楼里办公了！此时此刻，我们可以用"入宅安居创伟业，酒香新乐庆乔迁"来形容大家的心情。在这大喜的时刻，请允许我以××林业站的名义，向前来贺喜的县局领导、乡领导、兄

弟单位的朋友们表示衷心的感谢!

××林业站的乔迁,不仅喜逢吉时吉日,而且迁得顺心,住得舒畅。从此,他们将住得高,看得远,高起点、高标准地奔向比六楼更高的目标,登上比六楼更高的台阶,创造出更加辉煌的业绩。

××林业站的乔迁,是林业局解放思想的成果,也是我乡招商引资的成果,更是打工经济结出的硕果。作为分管林业的乡镇领导,我既为××林业站能住上这高高的新楼感到高兴,也为他们今后的工作感到担忧,首先是高处不胜寒,其次是农民办事不方便。但是,林业站的同志们让我不要担忧,说他们将一如既往地为××人民提供最优质的服务,创造出辉煌的业绩,让××的所有树木都长得比这六楼还要高大茂盛,以此来报答县局领导对他们的厚爱与关心。

××林业站是中华人民共和国最基层的林业主管部门,也是最基层的政府职能部门,他们的工作离不开乡村领导的支持和县局领导的关心,同时也需要兄弟单位的协助与合作,大家是××林业站的坚强后盾,有了你们的支持,他们的事业必将走向一个辉煌的起点。

新宅窗前一片艳阳芳草地,主人眼下十分美景百花开。为了感谢大家对××林业站全体职工的厚爱和关心,现在我提议:由××林业站的三位同志给在座的各位领导斟满美酒,请各位领导一起祝林业站的事业更上一层楼!

干杯!谢谢大家!

■ 范例3 ■

【致辞人】国土资源局领导
【场　合】办公大楼乔迁酒宴
【时　机】中场致辞
【风　格】总结过去 展望未来
【听　众】市领导、兄弟单位同志、国土资源局员工
【关键词】乔迁 支持 亮点 公开 质量 效益

【金　句】大象无形，润物有声。

．．．

各位领导、各位来宾：

今天，我局隆重举行办公大楼乔迁庆典。首先，请让我代表××市国土资源局向前来参加庆典活动的各位领导、各位来宾表示热烈的欢迎，并致以崇高的敬意！

为适应国土资源管理事业发展的客观要求，带动××开发区建设，我局办公大楼经市政府常务会议研究决定，于××年×月正式动工兴建。在办公楼建设过程中，我们积极筹划，确保建设资金到位，先后向上级主管部门及其他相关部门争取资金，得到了省市领导的高度重视和大力支持。为做到合理规划布局、科学设计，把国土资源局大楼建设成××开发区的一个亮点，建设过程中的各方面工作都得到了市规划部门、建设部门、质监部门的支持和帮助。为依法依规按程序操作，我们自觉接受监督，公开、公平、公正地招标施工单位，严格执行工程预算、核算方案，也得到了上级领导和社会各界的理解和肯定。为不增加财政负担，我们发扬自力更生、艰苦创业的精神，在足额完成财政上缴任务的前提下，既求生存，又图发展，秉着厉行节约的原则，紧缩开支，保证了建设速度，保证了施工安全，保证了工程质量。

大象无形，润物有声。经过艰苦的努力，国土资源局大楼现已正式落成，总建筑面积××平方米，总造价××万元。可以说，国土资源局大楼的落成与乔迁，倾注了省国土资源厅领导的热情关怀，体现了市委、市人大、市政府、市政协领导的英明决策，得到了相关单位和社会各界的大力支持，也凝聚了建设施工单位的艰辛劳动。

国土资源局大楼的落成乔迁改善了我局的办公条件，创造了优美舒适的办公环境，也必将给我局带来光辉的发展前景。目前，我局工作态势很好，在耕地保护上实现了占补平衡和耕地总量动态平衡；在土地收益上实现了翻两番的目标；在资产管理上实现了市场运作经营理念；在业务工作上实现了国家级先进单位零的突破。在新的工作环境中，我们决不辜负上级领导和社会各界的殷切期望，我们将在新的起点，以崭新的姿态，切实增强使命感和责任感，树立牢固的忧患意识，爱岗敬业，求真务实，与时俱进，开拓创新，为我局的文明建设和全市国土资源管理事业做出更新更大的成绩，为促进全市经济发展，全面建设小康社会做出应有的贡献。最后，请让我代表××市国土资源局全体干部职工，向所有关心支持局办公楼建设的各级领导、有关单位、社会各界人士，以及参加大楼建设的全体施工人员表示衷心的感谢，祝各位领导、各位来宾身体健康、工作顺利、万事如意！干杯！

▣ 范例 4 ▣

【致辞人】副书记
【场　合】区工商联乔迁暨揭牌庆典
【时　机】中场致辞
【风　格】总结过去，展望未来
【听　众】工商联代表
【关键词】乔迁 活力 项目 桥梁 贡献 机遇
【金　句】迁入新宅吉祥如意，搬进高楼福寿安康。

各位嘉宾、各位朋友，同志们：

迁入新宅吉祥如意，搬进高楼福寿安康。今天是××区工商业联合会、××区商会乔迁的大喜日子，这标志着工商联、商会从此拥有了新的办公场所，也为今后的工作注入了新的活力。在此，我谨代表××区四套班子对工商联的乔迁之喜表示热烈祝贺！

近几年来，我区牢牢抓住经济建设这一中心，紧紧围绕强区富民的目标，突出抓好工业化、城镇化、农业产业化三个重点，认真作好农业稳区、工业兴区、商业活区、科技兴区四篇文章，区国民经济连续几年发展态势良好，各项经济指标完成情况及年均增长幅度好于预期，好于全市平均水平。特别是今年以来，我们全力开展"项目建设年、服务招商年、营造环境年"的创建活动，按照服务项目建设"大工地"，营造投资创业福地，抢占经济发展新高地的工作思路，大力营造环境服务项目，吸引了一大批客商来考察洽谈，落实了一大批发展项目，促进了一大批项目的上马建设，使××区成为近来全市乃至全自治区人民最为关注和期待的地方。所有这些成绩的取得，凝聚了全区领导班子的心血，凝聚了全区人民的汗水，工商联、商会也功不可没。工商联、商会充分发挥联系非公有制经济人士的桥梁作用，活跃在我区招商引资、经济建设等各个领域，为我区的发展做出了不可磨灭的贡献。借此机会，我代表××区四套班子，向来自各行各业的工商界人士表示崇高的敬意和衷心的感谢！

让我们为了各位的健康，为了更加腾飞的工商联，干杯！

■ 范例5 ■

【致辞人】县社保局局长
【场　合】社保局乔迁庆祝宴会
【时　机】结尾致辞
【风　格】情真意切，深情厚望
【听　众】省市县领导、兄弟单位领导、社保局干部职工
【关键词】乔迁　改革　基础　支持　业绩
【金　句】回顾过去，令人欢欣鼓舞；展望未来，更是信心满怀。

各位嘉宾、各位朋友，同志们：

今天是一个特殊的日子，在蓝天高远金秋收获的九月里，我们相聚在一起，携手欢庆令人瞩目已久的大喜事——××县社保局办公楼乔迁之喜。首先，我谨代表社保局的全体干部职工，向百忙之中抽空前来庆贺的省市领导以及到会的所有兄弟单位的领导同志们致以诚挚的谢意和美好的祝福。

××县社保局建立于××年，至今已是第16个年头了。16年励精图治，16年不懈努力，16年风雨兼程，16年默默奋斗，尽管过去的16年道路不平，尽管过去的16年脚步蹒跚，我们还是一步一个脚印扎扎实实地走过来了。社保局为××县的经济发展和社会稳定做出了极大的贡献。这些成绩的取得，付出了社保工作人员无尽的精力与汗水，也蒙惠于社会各界

无数的关心与厚爱，在此我再次向帮助、支持我们的领导和同志表示衷心的感谢，并希望得到大家一如既往的关注。

近年来，随着社会保障体制改革的完善，服务对象的增多，社保局原来的简陋环境，落后的工作手段已与承担的工作任务和职责不适应、不相称。搞好基础设施建设，改善服务环境，改善办公环境，既能创造良好的工作条件，提高工作质量和效率，又能为广大群众创造良好的服务环境。为了让办公环境和工作条件有一个更大的改善，我们在财力十分紧张的情况下，以县城举办船山文化节为契机，争取当地政府的重视，积极筹措资金，通过努力将办公楼装饰一新，大大提高了现代化的办公条件和水平。

回顾过去，令人欢欣鼓舞；展望未来，更是信心满怀。过去已成为历史，从今天开始，我们将翻开新的一页，迈出新的一步。我们社保局的全体干部职工一定要用高度的使命感和责任感，切实担负起全县人民赋予的重要使命，在具体工作中奋力拼搏，扎实苦干，真正干出些让人看得见、摸得着的实绩，用一流的素质，树一流的形象，创一流的业绩，以此赢得人民的信任与支持，用真诚与奉献为劳动者编织晚年生活的安全网，谱写社会保障的新篇章。面对机遇，面临挑战，面向未来，我们已经开始了新的旅程。各位来宾，让我们相约，在新的旅程中肩靠得更近，手挽得更紧，心相连，情相系，昂首阔步，高歌猛进，走向辉煌的未来！

最后祝福大家身心健康、工作顺利、事业有成！干杯！谢谢。

■ 范例6 ■

【致辞人】镇领导
【场　合】社区乔迁宴会
【时　机】开场致辞
【风　格】情真意切 深切希望 回顾过去 展望未来
【听　众】镇领导、兄弟单位同事、社区工作人员
【关键词】乔迁 感谢 沃土 扎实 发展 创新
【金　句】晴日暖风生喜气，绿萌幽草胜花时。几度东风催

世换，千年往事浪淘沙。雄关漫道真如铁，而今迈步从头越。

尊敬的各位领导、各位来宾，同志们、朋友们：

晴日暖风生喜气，绿荫幽草胜花时。今天，我们在这里隆重聚会，热烈庆祝××镇××社区乔迁新址。在这里，我代表××镇党委、人大、政府向××社区乔迁揭牌表示热烈的祝贺。向应邀参加今天乔迁仪式的各位领导、各位来宾表示热烈的欢迎和衷心的感谢！

几度东风催世换，千年往事浪淘沙。××社区是一片发展的沃土，历史文化悠久灿烂，居民勤劳聪明。××社区成立以来，立足于扎实的根基，沐浴改革的春风，使××发生了翻天覆地的变化，各项事业得到了快速发展。近年来，××班子率领社区上下励精图治，抢抓机遇，务实奋进，使发展的××展现了迷人的新姿，经济社会各项事业驶上了可持续发展的"快车道"。商贸优势进一步巩固，项目建设全面提速，居民收入稳步增长，社会大局保持稳定，人民群众安居乐业，抚今追昔，令人感慨万千：唯有开拓，才能发展；唯有创新，才能跨越。

"雄关漫道真如铁，而今迈步从头越。"××社区"两委"班子，挖掘潜力、筹集资金，建起了社区新办公大楼，在全镇16个社区阵地建设中起到了表率作用。我们要以更加饱满的政治热情和良好的精神状态，按照永葆共产党员先进性的要求，牢固树立和全面落实科学发展观，始终坚持以人为本，解放思想，求真务实，奋发图强，开拓进取，聚精会神抓建设，一心一意谋发展，以更加坚实的步伐，踏上新的征程，实现新的飞跃。我提议：为了××社区更加美好的明天，干杯！谢谢大家！

❷ 公司乔迁祝酒词

■ 范例7 ■

【致辞人】总经理
【场　合】公司乔迁庆祝酒会

【时　机】开场致辞

【风　格】激情四射 语调高亢

【听　众】各银行代表、公司领导、兄弟公司代表

【关键词】乔迁 扩展 合作 回报 增值 发展

【金　句】四载岁月齐奋进，把酒同庆会英雄！

各位领导、各位来宾：

今天，这里高朋满座，喜气洋洋，我们在一起共同庆祝××市××投资有限公司乔迁之喜。参加今天庆典活动的有……在这里，我谨代表××投资公司董事长××先生和公司全体同事向莅临本次活动的各位领导、各位朋友表示热烈的欢迎和衷心的感谢！

为了提高投资者的回报，在一些老客户的建议下，我们组建了浙北投资俱乐部，邀请了杭州、上海的金融专家、业内高手来授课指导、传授技巧，定期组织沙龙、讲座，讨论热点投资话题。通过这样一个平台，我们不仅能学到具体的金融知识和交易技巧，还能结交志趣相投的朋友，找到更多的投资机会。我们也期望在金融投资领域有资源、有特长的专业人士给我们带来更新更好的理念。只要您对财富增值有兴趣，我们随时欢迎您的加入！

四载岁月齐奋进，把酒同庆会英雄！今天的庆典是一个新的开始，我们期待各位领导、各界朋友能够一如既往地给予我们更多的支持、关心和鼓励。同时也希望全体工作人员规范运作，热忱服务，爱岗敬业，把××投资有限公司建设成××市、××省，乃至全国有影响力的、高效益的、稳健发展的一流企业。

最后，祝各位领导、各位嘉宾身体健康，万事如意，投资顺利！让我们共同举杯，与××投资有限公司一起踏上新的光辉的发展旅程！谢谢大家！干杯！

■ 范例8 ■

【致辞人】经理

【场　合】公司乔迁开业酒会

【时　机】开场致辞

【风　格】质朴 简洁

【听　众】县领导、乡镇领导、社会各界朋友、全体员工

【关键词】欢聚 感谢 周到 发展 合作

【金　句】我恳请各位领导、各位嘉宾一如既往地关心和帮助我们。我也希望大家相互交流、广交朋友、寻求合作、共同发展。

尊敬的各位领导、各位来宾，女士们、先生们：

××保险公司今天正式乔迁开业，我们有幸请来了县有关部门的领导、各乡镇政府主要领导和社会各界朋友在此欢聚一堂，感到非常高兴。我谨代表××保险公司及全体员工，对各位领导、各位嘉宾的光临表示热烈的欢迎和衷心的感谢！

××保险公司将在××县良好的经济、社会发展环境下，努力为当地团体和个人客户提供热情周到的服务。我相信，在各位领导、各位嘉宾的关心、支持下，我们公司的发展前景必将十分美好！

在此，我恳请各位领导、各位嘉宾一如既往地关心和帮助我们。我也希望大家相互交流、广交朋友、寻求合作、共同发展。

最后，请大家举杯，我提议：为各位领导和嘉宾的身体健康、事业有成、家庭幸福，干杯！

■ 范例9 ■

【致辞人】律师事务所所长

【场　合】律师事务所乔迁酒宴

【时　机】开场致辞

【风　格】朴实无华 坚定执着

【听　众】律师事务所成员

【关键词】十年 自强不息 感恩 支持 发展

【金　句】阳光让万物生长，雨露滋润禾苗壮，阳光雨露是
我们一直需要的。

各位领导、各位朋友，女士们、先生们：

大家晚上好！

很高兴能在中国最大的城中湖——美丽的东湖湖畔与大家相聚，共度
这美好的夜晚，我代表律师事务所党支部欢迎各位嘉宾的到来。

阳光让万物生长，雨露滋润禾苗壮，阳光雨露是我们一直需要的。我
们在这里举办事务所乔迁庆典，目的就是为了感恩，感恩社会，感恩曾经
帮助过我们的人，没有朋友和领导们的大力帮助和支持，我们就不可能发
展壮大，更不可能有今天的成绩。

我们是律师，律师是维护权利的职业。做平民律师、务实律师、有为
律师一直是我们的追求。业务是根本，朋友是关键。朋友们的到来让今天
的酒会现场蓬荜生辉，让××人喜上眉梢。让我们共同祈祷世界和平、国
泰民安！让我们举起手中的美酒，为在场诸君生活愉快、身体健康，干杯！

❸ 新居乔迁祝酒词

■ **范例 10** ■

【致辞人】销售部经理
【场　合】同事乔迁新居宴会
【时　机】开场致辞
【风　格】情深意切 展望未来
【听　众】集团领导、部门同事
【关键词】超亿 乔迁 相聚 业绩 贡献 发展
【金　句】此时此地，此情此景，更让我们回首昨日，珍惜
今朝，畅想明天。

尊敬的女士们、先生们：

大家晚上好！在这生机勃勃、激情迸发的五月，我们迎来了××集团单月销售额超亿元的一大喜讯，同时也迎来了我们的销售老将××的乔迁之喜。我们各位同人、各位朋友欢聚一堂，真是难得的相聚，幸福的相聚。此时此地，此情此景，更让我们回首昨日，珍惜今朝，畅想明天。

××同志的销售精神令人佩服，销售业绩令人折服，他人老心不老，为我们××的销售事业做出了杰出的贡献，我代表××总及××的全体员工感谢他这么多年来辛苦的工作。同时，也感谢我们的××总给我们大家提供如此好的发展平台，创造如此美好的工作环境。我们每个人都要知恩惜福，以更好的成绩回报××。我提议：让我们举起酒杯，为大家的健康，为公司的发展，为××的乔迁之喜干杯！

■ **范例11** ■

【致辞人】户主
【场　合】家庭乔迁之喜宴会
【时　机】开场致辞
【风　格】激情飞扬　文采斐然　引经据典
【听　众】亲朋好友、邻居、同事
【关键词】乔迁　感谢　骄子　支持　儒商
【金　句】仲秋八月艳阳天，桂花盛开心怡然，至亲高朋同欢聚，共庆×家喜乔迁！客贺新居添喜意，愧无佳肴待宾朋。

尊敬的各位长辈、各位来宾，女士们、先生们：

大家中午好！

仲秋八月艳阳天，桂花盛开心怡然，至亲高朋同欢聚，共庆×家喜乔迁！今天是本人乔迁新居的大吉大利之日，承蒙各位厚爱前来贺喜，我谨代表我们全家向各位表示最热烈的欢迎，并致以诚挚的谢意！

飘香八月，相聚××，今天的来宾有××来的亲朋代表，有在××工作的老乡们，也有待我恩重如山的长辈和情深似海的兄弟，以及各行各业的朋友们。在座的朋友都是时代的骄子，行业的精英。各位来宾，今天既是在下的乔迁之喜，也是本人来××发展的十八周年纪念，可算是双喜临门。十八年前的今天，我来到人杰地灵的××，寻求财富之路。十八年的风风雨雨，十八年的坎坎坷坷，才换来今天这来之不易的成绩，这一切都应该感谢各位朋友的关心、支持和帮助。

展望未来，信心百倍，我期盼在座的各位朋友能一如既往地扶持和帮助我，我将恪守简单做人，认真做事，用真情换真心的原则，做新时代的儒商！

客贺新居添喜意，愧无佳肴待宾朋。由于场地和时间的限制，加上筹备工作不够充分，对各位朋友招待不周之处敬请包涵。为表谢意，在下先敬各位三杯酒：

第一杯，敬各位长辈，祝你们健康长寿，晚年幸福，请干杯！

第二杯，敬各位来宾，祝你们工作顺利，身体健康，事业有成，人兴财旺，请干杯！

第三杯，敬各位兄弟朋友，愿朋友友情更深，兄弟情谊更浓，亲情至高无上，合作互利双赢，请干杯！

酒饮三杯通大道，再敬一杯满堂红。请大家共同举杯，愿我们的亲情友情情深似海；愿我们的合作和友谊地久天长！谢谢各位，请吃好喝好。

■ **范例 12** ■

· ·

【致辞人】亲属代表
【场　合】家庭乔迁贺宴
【时　机】开场致辞
【风　格】情深意切　回顾过去　展望未来
【听　众】朋友、亲属、同事、邻居
【关键词】乔迁　感谢　勤劳　沧桑　拼搏　有成
【金　句】一帆风顺、二龙腾飞、三阳开泰、四季平安、五福临门、六六大顺、七星高照、八方来财、九九同心、十全十美！

···

各位来宾，女士们、先生们：

年末岁首，孕育新春。在元旦来临之际，择此大吉之日，我们在这里欢聚一堂，共同祝贺××先生乔迁新居之喜，承蒙各位来宾的深情厚谊，我受××家全家人的委托对各位来宾的到来表示最热烈的欢迎和衷心的感谢！

××家是勤劳致富、勤俭持家、和睦相处的一家人，他们经历了过去的艰难岁月，在种植黄姜惨痛失败的困境中东山再起，奋力拼搏，如今他们事业有成，家庭美满幸福。在此，我代表各位亲朋好友和各位来宾，向××家乔迁新居表示衷心的祝贺！

现在，让我们高举酒杯，共同祝福××家一帆风顺、二龙腾飞、三阳开泰、四季平安、五福临门、六六大顺、七星高照、八方来财、九九同心、十全十美！希望各位亲朋好友，不喝酒的少喝点儿，能喝酒的要尽兴，是领导的带个头，全席总动员，人人都争先，喝得高兴、玩得快乐。干杯！

■ 范例 13 ■

···

【致辞人】户主
【场　合】家庭乔迁庆祝宴会
【时　机】开场致辞
【风　格】简洁 亲切
【听　众】朋友、同学同事、邻居、亲属
【关键词】乔迁 乐事 喜事 友谊
【金　句】祝各位前程似锦、吉星高照、财运亨通、合家欢乐、飞黄腾达、幸福美满、美梦连连。

···

女士们、先生们：

晚上好！

首先，我要代表我的家人，对各位的光临表示由衷的感谢！

豪宅也好，蜗居也罢，只要真正属于自己那就是人生乐事。俗话说，人逢喜事精神爽。今天正逢中秋佳节，良辰美景，花好月圆。承蒙大家看得起，您的大驾光临使我的新居蓬荜生辉。在此，首先祝各位前程似锦、吉星高照、财运亨通、合家欢乐、飞黄腾达、幸福美满、美梦连连！女士们、先生们、朋友们，"有朋自远方来，不亦乐乎。"在此新朋老友相聚之际，我提议：为我们之间日益增进的友谊，为朋友们的健康幸福，干杯！

漫话乔迁酒
酒·文·化

不管是旧时还是当代，逢乔迁之喜，主人都会摆上一桌酒席邀请亲朋好友共同庆祝这美好的日子。"乔迁"二字典出《诗经·小雅·伐木》："伐木丁丁，鸟鸣嘤嘤，出自幽谷，迁于乔木。"这是用小鸟飞出深谷登上高大的乔木，比喻人的居所改变，步步高升。乔迁之礼多在亲朋好友之间举行，届时亲友携带礼物登门祝贺，主人摆酒款待，表示感谢。此礼传播甚远，至今犹存。此外，乔迁礼在少数民族地区还有"拥担达"（哈尼族）、"竹楼酒"（傣族）等称谓，大多与崇拜火神、祖灵有关，带有原始宗教习俗的遗风。

乔迁酒宴，主人通常会邀请亲戚、朋友、同事、新邻居、装修团队等参加，在酒宴上，主人致祝酒词是必不可少的，来宾为了表示祝贺，也会选择代表向主人致祝酒词。

主人祝酒的主旨是感谢，感谢亲朋好友多年以来的帮助和支持，感谢装修团队为新房辛苦工作，感谢来宾出席当天的酒宴，感谢大家美好的祝愿，并希望大家能与自己分享此刻的喜悦。

来宾祝酒一要表达对主人盛情款待的谢意，二要表达对主人乔迁之喜的祝贺。祝贺时要颂扬新房的种种优点，比如房屋地势之佳、装饰文雅、宽敞明亮等等。

此类私人酒宴的祝酒词，从内容到表达方式，都要表现出诚恳真挚的情感。诚则真，挚则切，情真意切是礼的灵魂，真诚才能使对方感受到以礼相待的情谊。诚挚不表现为浮词虚语，无原则的随意夸饰，相反，应该用质朴的语言叙事言情，达到双方情感上的交流和共鸣，从而使人们相互间的关系亲密起来。

◆ 乔迁祝酒词

◇ 公司、企业乔迁之喜祝酒词

华堂锦乡江山添异彩，甲第祥和农户乐重光。

创业正历改革日，迁居又逢泰运时。

迁入新宅吉祥如意，搬进高楼福寿安康。

迁新居千门开抬头见喜，创大业全家齐举步生风。

值升平华厦乔迁福禄满堂，遇盛世新楼矗立紫阳高照。

◇ 朋友、家人乔迁之喜贺词

良辰安宅，吉日迁居，幸福的生活要靠勤劳的双手来创造！

祝贺你，搬新家了，愿你的生活越过越好！

搬新家，好运到；入金窝，福星照；事事顺，心情好；人平安，成天笑；日子美，少烦恼；体健康，乐逍遥。

搬家的时候有些东西一定要带走，比如：幸福，快乐，健康等贵重物品。有些东西一定要扔掉，比如：忧伤。

房子换新的了，心情也变得更好了，孩子学习成绩更高了，夫妻变得更恩爱了，工作也更加顺心了，祝你万事顺意吧！

水往低处流，人往高处走，黄道吉日乔迁真是好时候；你迁向福源地，会越过越富有，福旺财旺人气旺。

吉日迁居万事如意，良辰安宅百年遂心。

莺迁仁里，燕贺德邻，恭贺迁居之喜，室染秋香之气。

阳光明媚，春风送情，喜迁新居，德昭邻壑，才震四方！

庆乔迁合家皆喜，居新宅世代永安。

迁入新宅吉祥如意，搬进高楼福寿安康。

乔迁喜天地人共喜，新居荣福禄寿全荣。